도암집

이 책은 2017 · 2018년도 정부(교육부)의 재원으로 한국고전번역원의 지원을 받아
수행된 '권역별거점연구소협동번역사업'의 결과물임.

This work was supported by Institute for the Translation of Korean Classics - Grant funded by the Korean Government.

한국고전번역원 한국문집번역총서/단국대학교 동양학연구원

도암집 9

陶菴集

이재 지음
李縡

최예심 옮김
장유승
권진옥
이승용

일러두기

1. 이 책의 번역은 한국고전번역원에서 간행한 한국문집총간 195집 소재《도암집(陶菴集)》을 대본으로 하였다. 번역 대본의 원문 텍스트와 원문 이미지는 한국고전종합DB(http://db.itkc.or.kr)에서 확인할 수 있다.
2. 내용이 간단한 역주는 간주(間註)로, 긴 역주는 각주(脚註)로 처리하였다.
3. 대본의 본문과 원주의 구분이 명확하지 않은 경우는 역자가 임의로 조정하였다.
4. 한자는 필요한 경우 이해를 돕기 위하여 넣었으며, 운문(韻文)은 원문을 병기하였다.
5. 맞춤법과 띄어쓰기는 한글 맞춤법과 표준어 규정을 따랐다.
6. 이 책에서 사용한 부호는 다음과 같다.
   ( ) : 번역문과 음이 같은 한자를 묶는다.
   〔 〕: 번역문과 뜻은 같으나 음이 다른 한자를 묶는다.
   " " : 대화 등의 인용문을 묶는다.
   ' ' : " " 안의 재인용 또는 강조 문구를 묶는다.
   「 」: ' ' 안의 재인용을 묶는다.
   『 』: 「 」 안의 재인용을 묶는다.
   《 》: 책명 및 각주의 전거(典據)를 묶는다.
   〈 〉: 책의 편명 및 운문·산문의 제목을 묶는다.

차례

도암집 제35권

묘갈墓碣

도암집 제36권

묘갈墓碣

도암집 제37권

묘갈墓碣

도암집 제38권

묘갈墓碣

도암집 제39권

도암집

제35권

묘갈 墓碣

생원 박공 묘갈[1]

生員朴公墓碣

국조(國朝 조선)의 정치를 말하자면 기묘년(1519, 중종14) 세상보다 훌륭한 시기가 없고, 소인(小人)의 화(禍)를 말하자면 기묘년보다 더 심한 때가 없다.[2] 그 당시에 인물을 등용하는 길은 현량과(賢良科)[3] 하나뿐이었는데, 사화(士禍)가 일어난 뒤에는 법 역시 곧바로 폐지되어 다시 시행할 수가 없었다.

삼대(三代)[4]이후로 초야에 버려진 현자가 없었던 시기[5]는 오직 이때뿐이었다. 만일 도(道)를 실천할 뜻이 있다면 은거하지 않고 출사해야 마땅할 듯하다. 노천(老泉) 김 선생(金先生)[6] 같은 분은 진실로 상하가

1 생원 박공 묘갈 : 이 글은 박이홍(朴以洪, ?~?)의 묘갈이다. 박이홍의 본관은 함양(咸陽), 자는 사의(士毅), 호는 월영당(月影堂)이다.

2 소인(小人)의……없다 : 1519년(중종14)에 벌어진 기묘사화를 말한다.

3 현량과(賢良科) : 중종 때 조광조(趙光祖) 등의 건의에 의하여 한(漢)나라의 현량방정과(賢良方正科)를 모방해서 실시한 과거 시험으로, 기묘년인 중종 14년(1519) 4월 120명의 후보자를 근정전(勤政殿)에 모아서 시험하여 김식(金湜), 박훈(朴薰) 등 28명을 뽑았다.

4 삼대(三代) : 중국 고대의 하(夏)・은(殷)・주(周) 삼대를 말한다.

5 초야에……시기 : 《서경》 〈대우모(大禹謨)〉의 "진실로 이와 같이 하면 훌륭한 말이 숨어 있지 않게 될 것이며, 초야에 유능한 이가 남아 있지 않게 되어 만국이 모두 안정될 것이다.〔允若茲, 嘉言罔攸伏, 野無遺賢, 萬邦咸寧.〕"라는 말에서 나온 것이다.

6 김 선생(金先生) : 김식(金湜, 1482~1520)을 말한다. 본관은 청풍(淸風), 자는 노천(老泉), 호는 사서(沙西)・동천(東泉)・정우당(淨友堂)이다. 1519년 4월 조광조, 김정(金淨) 등 사림파의 건의로 실시된 현량과에서 장원으로 급제하여, 성균관 사성을

모두 갈구하던 인물이었지만, 그 나머지 120명 중에 시험에 응시하지 않은 사람이 40명이었으니, 어쩌면 천거하는 법이 옛날의 제도에 조금 가깝기는 하지만 오히려 '과(科)'로 명칭을 삼은 것이 삼대의 제도가 아니라서 시험에 응시하기를 꺼렸던 것인가. 아니면 재앙의 기미가 이미 드러나서 큰일을 할 수가 없어서 그랬던 것인가. 이는 알 수가 없다.

박이홍(朴以洪) 공은 자가 사의(士毅)로, 정덕(正德) 정묘년(1507, 중종2) 생원시에 합격하였고, 현량과에 천거되었을 때에는 마음이 순후하고 조심하며 효제(孝悌)가 일찍부터 드러났다는 점으로 제목(題目)을 삼았다. 혹자는 정암(靜菴) 문정 선생(文正先生 조광조(趙光祖))이 천거했다고 하는데, 상세히 알 수가 없다. 공은 애당초 시험에 응시하지 않은 사람이었고, 사화가 일어난 뒤에는 천거된 여러 현인들이 모두 당파로 몰려 금고되었다. 그러자 공은 월봉산(月峰山)에 들어가 자취를 감추었는데, 월봉산은 창평현(昌平縣) 동쪽 맑고 깊숙한 골짜기에 있었다. 공은 마음으로 그곳을 몹시 좋아하여 봉우리 아래에 집을 지어 학문을 닦는 장소로 삼았는데, 도서(圖書)가 산뜻하여 전혀 세속의 기운이 없었다. 노년에는 공에게 배우는 자들이 많았는데, 한가롭게 학문을 강마하면서 여생을 마감하였다. 자호(自號)를 월영(月影)이라 하였으니, 이 또한 세상에 더럽혀지지 않으려는 뜻이리라.

박씨(朴氏)는 함양(咸陽)에서 나왔다. 원조(遠祖) 선(善)은 고려에

거쳐 홍문관 직제학에 올랐다. 그해 11월 기묘사화가 일어나자 선산(善山)에 유배되었다. 뒤따라 일어난 신사무옥에 연좌되어 다시 절도로 이배된다는 소식을 전해 듣고, 자결하였다.

서 벼슬하여 예부 상서를 지냈는데, 그 후손 중에 높은 벼슬아치가 끊이지 않고 나왔다. 이부 상서 신유(臣蕤)에 이르러서는 남쪽 지방의 역적을 토벌하여 평정하였는데,[7] 그 일이 《고려사》에 실려 있다. 증조 휘 득시(得時)는 사복경(司僕卿)을 역임하였고, 조부 휘 선(鮮)은 사온서 정(司醞署正)을 역임하였으며, 부친 휘 수화(遂和)는 진사를 지냈다.

공이 태어나 부모의 품을 벗어났을 때 부친상을 치르게 되었는데, 비린 고기와 훈채를 먹지 않아 당시 사람들이 '세 살 효자'라고 칭찬하였다. 모친은 언양 김씨(彦陽金氏)로 장사랑 백형(伯衡)의 따님이다. 사온공 이하는 모두 광주(光州)에 호적을 두었는데, 공에 이르러 비로소 창평(昌平)으로 이주하여 살았다. 세상에 전하기를, "공의 형 이관(以寬)이 모친의 봉양을 위해 담양(潭陽)의 수령으로 나가자, 김 부인(金夫人)이 관아로 가는 것을 기뻐하지 않았다. 그리하여 공이 모친을 모시고 창평으로 왔는데, 창평이 담양과 가까워서 봉양하기 편했기 때문이었다. 그 후 다시 고향으로 돌아가지 않아 자손들이 그대로 창평 사람이 되었다."라고 한다.

공의 첫째 부인은 최씨(崔氏)로, 일찍 세상을 떠나서 슬하에 자식이 없다. 둘째 부인은 광산 김씨(光山金氏)로, 부사 숭정(崇汀)의 따님이다. 슬하에 아들 다섯을 두었는데, 직장 유신(惟新), 유철(惟哲), 유년(惟年), 유성(惟成), 유길(惟吉)이다. 유신(惟新)의 아들은 첨지 오경(吳卿), 진경(眞卿), 효성으로 정려(旌閭)를 받은 참봉 장경(長卿),

7 남쪽……평정하였는데 : 박신유가 1237년(고종24) 초적(草賊) 이연년(李延年) 형제가 전라도 담양(潭陽) 지방에서 일으킨 민란을 진압한 일을 말한다.

인경(仁卿)이다. 유철의 아들은 충경(冲卿)이고, 유년의 아들은 춘경(春卿)이며, 유성의 아들은 원경(元卿), 형경(亨卿), 정경(貞卿)이다. 증손과 현손 이하는 다 기록하지 않는다.

공을 장사지낸 곳은 담양부(潭陽府) 남쪽 고좌원(高佐院)의 간좌(艮坐)의 언덕이다. 후손 신극(新克)이 찾아와 명(銘)을 구하니, 명은 다음과 같다.

기묘명현(己卯名賢)[8]의 명단에서는	黨錮籍中
정암이 으뜸이라네	以靜菴爲首
어찌 다만 노년의 영광일 뿐이겠는가	豈獨老年之光華
백세가 흘러도 절로 영원히 전하리라	自可百世而不朽

8 기묘명현(己卯名賢) : 1519년(중종14) 기묘사화 때 화를 입은 사림들을 가리키는 말이다. 이들 기묘사림들에 대해서는 김정국(金正國)이 편찬한 〈기묘당적(己卯黨籍)〉에 94명이 수록되어 있고, 또 김정(金淨)의 후손 김육(金堉)이 편찬한 〈기묘제현전(己卯諸賢傳)〉에는 218명이 수록되어 있다. 대체로 중종대의 개혁정치를 주도한 조광조・김정국・김안국(金安國) 등 김굉필(金宏弼)의 문인들이 주축을 이루고 있었다. 특히 사화에서 가장 혹심한 피해를 입은 사람들은 1518년(중종13) 현량과(賢良科)를 통해 등용되었던 김식(金湜), 안처근(安處謹), 박훈(朴薰), 김정(金淨), 박상(朴祥), 김구(金絿), 기준(奇遵), 한충(韓忠) 등과 조광조 등 30대의 소장파였다.

처사 신공 묘갈[9]

處士愼公墓碣

요수재(樂水齋) 신공(愼公)은 만력(萬曆) 계유년(1573, 선조6) 12월 23일 안음(安陰)의 서당에서 세상을 떠났으니, 향년 73세였다. 공이 세상을 떠난 뒤 백 년 하고도 몇 년이 지났는데, 고을 사람들이 공의 덕을 사모하여 사당을 세우고 제사를 지낸다. 《시경(詩經)》에 이르기를 "즐거워라 군자여, 덕음이 그치지 않는다.〔樂只君子, 德音不已.〕"[10] 라고 하였으니, 공과 같은 분을 두고 말한 것이다.

공의 휘는 권(權), 자는 언중(彦中)으로, 거창(居昌) 사람이다. 천성으로 덕성과 기국을 타고나 겨우 15세 무렵 이미 학문에 뜻을 두었으며, 부모의 명으로 억지로 과거에 응시하여 여러 번 초시(初試)에 합격하였으나 번번이 낙방하였다. 이윽고 탄식하여 말하기를,

"인작(人爵)은 남에게 달려있고, 천작(天爵)은 나에게 달려 있으니,[11] 어찌 나를 버리고 남에게서 구하겠는가."

9 처사 신공 묘갈 : 이 글은 신권(愼權, 1501～1573)의 묘갈이다. 신권의 본관은 거창(居昌), 자는 언중(彦中), 호(號)는 요수재(樂水齋)이다.

10 즐거워라……않는다 : 《시경》 〈소아(小雅) 남산유대(南山有臺)〉에 나오는 내용이다.

11 인작(人爵)은……있으니 : 인작은 공경대부(公卿大夫)와 같이 군주가 내려 주는 벼슬을 말하고, 천작(天爵)은 사람이 갖추고 태어난 인의충신(仁義忠信)의 미덕을 말한다. 《맹자》 〈고자 상(告子上)〉에 "하늘이 주는 관작이 있고 사람이 주는 관작이 있다. 인의충신과 선을 즐겨 행하고 게을리하지 않는 것은 하늘이 주는 관작이고, 공경대부는

하였다. 드디어 문을 닫고 독서하며 깊이 생각하고 실천하여 남에게 알려지거나 영달하기를 구하지 않고 평생을 보냈다.

공이 도달한 깊은 경지는 헤아릴 수가 없으나, 다만 볼 만한 행실로는 평상시에 공경을 지극히 하고, 봉양할 때는 부모의 즐거움을 지극히 한 것이니, 옛날의 이른바 '효(孝)'에 부끄러울 것이 없다. 제사를 지내는 예절에는 더욱 정성을 다하였으니, 일찍이 사당 서쪽 섬돌 옆에 작은 재실을 지어 여기에서 재계하고 여기에서 제사를 지냈다. 기일에는 반드시 열흘 전에 재계하였으며, 재계하는 날에는 자제들에게 음식을 올리게 하고, 여종은 감히 근처에 오지 못하게 하였으며, 제사를 지낼 때에는 돌아가신 분이 앞에 있는 것처럼 엄숙하였다. 나이가 들어 몸소 제사를 지내기 힘들 때에는 다른 사람의 부축을 받고 뜰 앞에 엎드렸으며, 제사 음식은 반드시 하나하나 점검한 뒤에 올렸다. 공의 순수한 효성이 이와 같았지만, 공은 오히려 위축되어 스스로 부족하게 여겼다.

그의 학문은 대체로 본체에 밝고 작용에 통달하였으니, 자신을 속이지 않고 홀로 있을 때 삼가는 것을 요체로 삼았다. 일찍이 말하기를,

"《소학》은 바로 사람답게 만드는 책이니, 자신을 다스리고 남을 다스리는 데에는 한결같이 이 책으로 모범을 삼는다."

하였다. 집안을 바로잡는데 엄정하고 친척 간에 돈독하였으며, 남의

사람이 주는 관작이다. 옛 사람들은 하늘이 준 관작을 닦음에 사람이 주는 관작이 저절로 따라왔다. 그런데 지금 사람들은 하늘이 준 관작을 닦아서 사람이 주는 관작을 구하려 하고, 사람이 주는 관작을 얻은 뒤에는 하늘이 준 관작을 버리는데, 이는 매우 미혹된 것이다. 끝내는 반드시 사람이 준 관작마저 잃게 될 것이다." 하였다.

선(善)은 드러내주고 악(惡)은 감춰주었다. 임종을 앞두고 자식들을 돌아보며 말하기를,

"너희들은 삼가 선하지 않은 일을 하지 말거라."

하였다. 아! 옛사람은 볼 수 없으나, 그 마음은 볼 수 있을 듯하니, 공과 같은 분은 행실이 돈독한 군자다운 사람이 아니겠는가.

공이 살던 곳에 경치가 좋은 산수가 있었는데, 공은 즐거워하면서 근심을 잊었다. 갈천(葛川) 임훈(林薰) 형제[12]는 공의 처남인데, 한가한 날에 어울려 꽃을 찾고 버들을 구경하였으며, 구암(龜巖) 이정(李楨)[13]도 자주 방문하여 머물면서 강독하고 토론하였으니, 안음 사람들이 지금까지 성대한 일로 전한다.

공은 같은 고을 초점리(草岾里)에 장사지냈으며, 유인(孺人) 임씨(林氏)를 부장하였으니, 이는 판서공의 선영을 따른 것이다. 판서는 휘가 인도(仁道)이다. 이분이 찬성 휘 이충(以衷)을 낳았고, 이충이 참판 휘 기(幾)를 낳았다. 참판의 손자 휘 우맹(友孟)이 공의 부친이다. 모친은 팔계 정씨(八溪鄭氏)로 부사 옥형(玉衡)의 따님이다.

공은 아들이 다섯인데, 복형(復亨), 복흥(復興), 복행(復行), 복진(復振), 복시(復始)이며, 딸은 사인 김성원(金聲遠)에게 출가하였다. 여러 손자는 증(證), 당(譡), 간(諫), 현(誢), 계(諴), 포(誧), 열(說), 탁(諄), 인(訒), 응(膺), 섬(譫), 침(誺), 낙(諾), 해(諧), 섭(讘)이

12 갈천(葛川) 임훈(林薰) 형제 : 갈천 임훈(1500~1584)과 그의 동생 첨모당(瞻慕堂) 임운(林芸, 1517~1572)을 말한다.

13 이정(李楨) : 1512~1571. 본관은 사천(泗川), 자는 강이(剛而)이며, 구암(龜巖)은 그의 호이다.

다. 증손과 현손 이하는 다 기록하지 못한다.

공의 5대손 수이(守彝)가 가학(家學)을 잘 잇고 있는데 찾아와서 묘갈을 부탁하니, 내가 그의 뜻을 가상히 여기고 또 공의 사적이 민멸되어 드러나지 않는 것을 슬퍼하여 드디어 명(銘)을 짓는다. 명은 다음과 같다.

덕유산(德裕山)[14]은	德裕之山
충만한 원기 우뚝하네	磅礴扶輿
수백 리에 걸쳐 영남과 호남을 끼고 있으니	跨數百里嶺湖
필시 그 사이에 뛰어난 재주와 큰 덕을 지니고서 세상을 피하여 알려지지 않은 분이 있을 터이니 공이 그 분이리라	意其間必有瓌才碩德遯世而不聞者公其人歟

14 덕유산(德裕山) : 전북 무주군 장수군과 경남 거창군 함양군에 걸쳐 있는 산이다.

처사 김공 묘갈[15]

處士金公墓碣

하서(河西) 김 선생(金先生 김인후(金麟厚))이 일찍이 문인에게 가르치기를,

"〈태극도설(太極圖說)〉[16]은 도리가 정밀하고 밝으며, 문체가 간명하고 의미가 충분하다. 〈서명(西銘)〉[17]은 규모가 드넓으며, 범범하지도 않고 빠트리지도 않았다. 타고난 자질이 고명한 사람은 먼저 〈태극도설〉부터 공부를 하고, 그렇지 않으면 우선 〈서명〉을 이해하고 〈태극도설〉로 나아가야 한다. 〈태극도설〉은 덕성의 본령이고, 〈서명〉은 학문의 벼리이니, 요컨대 한쪽을 버려서는 안 된다."

라고 하고는, 직접 써서 그들에게 주었다. 선생이 추구한 학문의 길을 여기에서 고찰할 수 있으며, 이를 주고받은 일에서 문인의 훌륭함 역시 알 수 있다. 공이 바로 그 사람이니, 휘가 제안(齊顔)이고, 자가

15 처사 김공 묘갈 : 이 글은 김제안(金齊顔, 1530~1594)의 묘갈이다. 김제안의 본관은 의성(義城), 자는 사우(士愚)이다.

16 태극도설(太極圖說) : 북송(北宋) 주돈이(周敦頤)가 지은 약 250자의 짧은 글이다. 도사(道士) 진단(陳摶)의 무극도(無極圖)를 태극도(太極圖)로 고쳐서 유가(儒家)의 우주 생성론을 서술한 것인데, 주희(朱熹)가 〈태극도설해(太極圖說解)〉를 지어 자신의 이론을 덧붙여서 상세하게 해설한 뒤로부터 성리학의 교과서로 자리잡았다.

17 서명(西銘) : 송(宋)나라 학자 장재(張載, 1020~1077)가 좌우명으로 삼아 쓴 글 중 하나이다. 송대 성리학 사상을 간결하게 표현한 글로, 후대 학자들에게 많은 영향을 주었다.

사우(士愚)이다.

의성 김씨(義城金氏)는 신라의 경순왕(敬順王)에게서 나왔으며, 우리나라에 들어와서는 의정(議政) 거익(居翼), 직제학 미(湄), 교리 운추(運秋)가 3대를 이어 현달하였다. 운추가 직장 부현(傅賢)을 낳았고, 부현이 호군 호(顥)를 낳았으니, 이분이 공의 부친이다. 호군 때부터 비로소 고부(古阜)의 우덕촌(優德村)에 정착하였다고 한다.

공은 부모를 잘 섬겼는데, 어릴 때부터 이미 그러하였다. 상을 당해서는 전후로 모두 6년 동안 시묘살이를 하였다. 한번은 몸을 상하여 병이 났는데도 물과 장을 입에 대지 않았는데, 꿈에서 어떤 사람이 신단(神丹)을 주어 소생하니, 사람들이 효성에 감응한 것이라 하였다. 상을 마치고는 또 묘소 아래에 초가를 짓고 아침저녁으로 참배하며 눈물을 줄줄 흘렸으며, 종신토록 화려한 옷을 가까이 하지 않고 음악을 듣지 않았다. 늘 기일에는 그 달 초하루부터 먹는 음식을 바꾸었다. 어릴 적에 모친이 직접 지어준 옷이 있었는데, 늘 깊숙이 보관해두었다가 제삿날이면 반드시 입고서 제사를 지냈다. 임종 때에는 또 탁상 위에 꺼내 놓고 울면서 말하기를,

"내가 죽으면 이 옷으로 염을 하여라."

하였으니, 공의 지극한 행실이 이와 같았다.

공은 하서에게 수학하고 나서 과거에는 뜻을 접고 마음을 가라앉혀 학문에 힘써 선생이 알려준 비결을 한결같이 따랐다. 《대학》을 더욱 좋아하였고, 자제들에게는 《효경》과 《소학》을 출발점으로 삼게 하였다. 가르칠 적에는 반드시 말하기를,

"아는 것이 밝지 못하면 실천에 반드시 막힘이 있다."

하였으니, 이 또한 선생에게 배운 것이다.

또 고봉(高峰) 기공(奇公 기대승(奇大升))과 도의(道義)로 교유하였으며, 사단칠정(四端七情) 및 이기(理氣)에 대해 논란한 것이 많다. 한번은 고봉이 관직에 나아가라고 권유하였는데, 공은 웃기만 하고 대답하지 않았다. 백씨(伯氏) 제민(齊閔)은 호가 오봉(鰲峰)으로, 이일재(李一齋 이항(李恒))의 문인이다. 형제의 학문에 모두 연원이 있어 사우(士友)가 모두 존경하였다. 공은 타고난 성품이 고매하고, 자유로워 세속에 얽매이지 않았다. 좋아하는 사물이 적었으나 유독 대나무를 사랑하여 뜰 여기저기 심어두고는 바라보며 즐거워하였으며, 대나무로 집의 이름을 삼았다. 또 시를 잘 지어 이따금 사람들의 입에 회자되었다.

65세의 나이로 만력 갑오년(1594, 선조27)에 세상을 떠났다. 같은 고을에 있는 선영 곁에다 장사를 지내고, 부인 남평 반씨(南平潘氏)를 합장하였다. 슬하에 아들과 딸을 둘씩 두었는데, 아들은 지(智)와 효성으로 가문을 이은 생원 성(晟)이며, 판관 한형(韓珩)과 김강(金剛)이 사위이다. 생원의 아들 지남(地南)은 문과에 급제하여 지평을 지냈고, 지서(地西), 지일(地一), 지정(地精)이 있다. 지남(地南)은 지일의 아들 팔주(八柱)를 양자로 들였다. 지서의 아들은 세주(世柱)와 종주(宗柱)이다. 지일의 아들은 오주(鰲柱)와 원주(元柱)이다. 지정의 아들은 하주(廈柱)이다. 일진(日晉), 일항(日恒), 일점(日漸), 일휴(日休), 일림(日臨), 일정(日井), 일승(日升), 일겸(日謙)은 현손이며, 외손으로 현달한 자는 참의 유간(柳諫), 장령 송사윤(宋思胤), 좌랑 송사익(宋思翊)이다.

내가 오봉이 공을 곡한 시를 보니, "마음이 깨끗하여 얼음조각 같았다.〔心淸似片冰〕"라는 구절이 있었으니, 여기에서 그의 사람됨을 짐작할 수 있다. 다만 독실한 행실과 깊은 학문의 수준은 들을 수가 없으니,

이 점이 한탄스럽다. 그러나 위대한 현인이 후학들에게 은혜를 베푼 뜻이 공 덕분에 세상에 전해지게 되었으니, 또 어찌 작은 일이라 하겠는가. 내가 그 때문에 '하서 선생의 문인 김공 아무개'라고 하니, 이것을 공의 묘소 비석에다 쓰면 충분하리라.

처사 신공 묘갈[18]

處士愼公墓碣

공의 휘는 복진(復振)이고, 자는 신지(伸之)이니, 요수재(樂水齋) 휘 권(權)의 넷째 아들이다. 신씨(愼氏)는 거창(居昌)에서 나왔으며, 판서 인도(仁道) 때부터 옆 고을 안음(安陰)에 장사지냈는데, 자손들이 그대로 그곳에 살았다. 좌통례 후경(後庚), 진사 영도(榮壽), 승훈랑 우맹(友孟)이 요수재(樂水齋) 이상의 3대이다. 외조부는 석천(石泉) 임득번(林得蕃)이며, 그의 두 아들 훈(薰)과 운(芸)은 바로 세상에서 갈천(葛川), 첨모당(瞻慕堂)이라 불리는 분이다.

공은 평소에 갈천의 문하에서 수학하였는데, 널리 배우고 뜻을 독실히 하여 갈천이 중시하였다. 처음에 부모를 위하여 과거에 응시하였으나, 회시(會試)에서 여러 번 낙방하자 더 이상 과거 공부를 하지 않았다. 상을 치르면서 3년 동안 죽을 먹었고, 묘소 옆에 여막을 짓고 늘 참배하며 슬피 울부짖다가 혼절하려고 하니, 곁에 있던 노승(老僧)이 탄식하며 뒤에서 합장하였다. 당시에 조정에서 명을 내려 사대부의 분암(墳庵)을 불태우라고 하였다. 관리가 공의 여막에 이르자 공이 불태우게 하였는데, 그 사람이 두 번 절하고 물러나서 말하기를, "차라리 관청에서 처벌을 받을지언정 나는 차마 그렇게 할 수 없소." 하였다. 장인에게 아들이 없어 공의 차남에게 제사를 받들게 하려고

18 처사 신공 묘갈 : 이 글은 신복진(愼復振, 1536~1619)의 묘갈이다. 신복진의 본관은 거창(居昌), 자는 신지(伸之), 호는 야천(夜川)이다.

하자, 공이 불가하다고 하였으며, 장인이 세상을 떠나자 속히 이씨(李氏)와 논의하여 그 후사를 세웠다. 군자들이 "예의가 있다."라고 하였으니, 이는 공이 성씨(姓氏)를 사라지지 않도록 한 것을 훌륭히 여긴 것이다. 장인의 형인 청련공(靑蓮公) 후백(後白)이 공에게 음직 천거에 응할 것을 권하자, 공이 말하기를,

"자신을 추천하여 벼슬을 구하는 것은 선비로서 부끄러운 일입니다."

하였다. 살던 곳의 산수가 맑고 빼어났는데, 공은 선인의 옛 여막에 나아가 날마다 이웃의 벗인 석곡(石谷) 성팽년(成彭年)과 함께 그곳에서 강학하였으니, 남은 알 수 없고 자신만 아는 즐거움이 있었다.

향년 84세로 만력(萬曆) 기미년(1619, 광해군11) 12월 12일 야천(夜川) 서재(書齋)에서 세상을 떠났으니, 야천은 공의 호(號)이다. 이듬해 2월에 같은 고을 고창리(古昌里)에 장사지내고, 이 유인(李孺人)을 합장하였다. 공은 아들이 넷이니, 탁(諄), 인(訒), 응(譍), 섬(譫)이며, 사위는 참판 조호익(曺好益)과 충의위(忠義衛) 유가(柳榎)이다. 손자는 생원 경직(景稷), 광성(光盛), 경망(景望), 경일(景逸), 경운(景運)이다.

공은 사람됨이 온화하고 공손한데다 화락하였으며, 향당(鄕黨)에서는 더욱 온화하고 돈독하였다. 비록 특이한 행동을 하지 않았지만, 의리를 분명히 구분하여 일처리가 구차하지 않았다. 여색을 가까이 하지 않았고, 교유를 즐기지 않았으며, 분수를 편안히 여기고 자신을 지켜 하늘에서 부여받은 천성을 온전히 하였으니, 이는 요수재를 부친으로 두고 갈천을 스승으로 삼았기 때문이다. 공이 일찍이 말하기를,

"기일은 종신지상(終身之喪)[19]이니, 어찌 맏아들이 아니라고 해서 제사를 지낼 수 없겠는가."

하였다. 늙어 병이 들자 탄식하기를,

“젊어서는 효도를 하지 못하였고, 늙어서는 제사에 참여하지 못하니, 죽는 것만 못한 지 오래이다.”

하였다. 또 자제에게 경계하기를,

“남의 과실을 말하지 않는 것이 우리 집안의 가법(家法)이다.”

하였다. 정인홍(鄭仁弘)이 명성이 높았을 때, 공은 홀로 그가 반드시 낭패를 보게 될 것이라고 미리 말하였는데, 과연 그렇게 되었다.

내가 이미 요수공의 묘갈을 지었는데,[20] 요수공의 후손 수이(守彝)가 또 공을 위해서 명(銘)을 부탁하니, 신씨 가문에는 하나같이 어찌 현인이 그리 많은가. 그러나 태어나서 당시에 현달하지 못했고, 죽어서도 역사서에 전하지 않으니, 백여 년이 흐른 지금에는 점점 멀어지고 잊혀져서 세상에서 아는 사람이 없다. 아! 슬픈 일이다. 그러나 공은 이미 실제로 자기 몸에 소유한 분이니,[21] 비록 사람들이 알지 못하더라

19 종신지상(終身之喪) : 평생토록 부모의 기일이면 모든 일을 접어두고 오직 부모만을 생각하고 슬퍼하여 상중에 있을 때처럼 처신함을 말한다. 《예기》 〈제의(祭義)〉에 “군자에게는 종신(終身)의 상(喪)이 있다고 하였는데, 이는 기일을 말한 것이다. 기일에 다른 일을 하지 않는 것은 상서롭지 않아서가 아니다. 기일에는 내 마음이 한곳으로만 쏠리기 때문에 다른 사사로운 일에 마음을 기울일 수가 없어서이다.〔君子有終身之喪, 忌日之謂也. 忌日不用, 非不祥也. 言夫日, 志有所至, 而不敢盡其私也.〕”라고 한 데서 온 말이다.

20 내가……지었는데 : 저자가 지은 신복진(愼復振)의 부친 요수재(樂水齋) 신권(愼權)의 묘갈로, 본서 제35권의 〈처사 신공 묘갈(處士愼公墓碣)〉을 말한다.

21 실제로……분이니 : 《근사록(近思錄)》권2 〈위학(爲學)〉 에 “배우는 사람이 인(仁)의 본체를 알아서 진실로 자기 몸에 소유하려 한다면 다만 의리로 배양해야 하니, 경전의 뜻을 찾는 것과 같은 것이 모두 배양하는 뜻이다.〔學者識得仁體, 實有諸己,

도 공에게 무슨 손해가 되겠는가. 훗날에 선(善)을 행하는 자는 행여 이 때문에 게을리 해서는 안 될 것이다. 명은 다음과 같다.

집안에서는 훌륭한 아들이고　　在家爲賢子
고을에서는 좋은 선비였네　　在鄕爲善士
이것으로 공의 명을 쓰니　　銘以此銘公
거의 부끄럽지 않으리라　　庶不愧已

只要義理栽培，如求經義，皆栽培之意〕" 하였다.

생원 박공과 유인 유씨 묘갈[22]

生員朴公孺人兪氏墓碣

아, 이는 고(故) 생원 박호현(朴好賢) 공과 그의 배필 유인(孺人) 기계 유씨(杞溪兪氏)의 묘이다. 공의 자는 계용(季容)으로, 밀양(密陽) 사람이다. 그 선대는 신라의 시조(始祖)[23]에게서 나왔으며, 본조(本朝 조선)의 집현전 부제학 강생(剛生) 이하 5세는 연이어 과거에 급제하여 현달하였다. 부친 휘 충원(忠元)은 이조 판서를 역임하였으며, 모친은 성산 이씨(星山李氏)로 첨정 인수(麟壽)의 따님이다.

공은 태어나면서부터 영민하고 뛰어났으며, 약관이 되기 전에 문장으로 크게 이름이 났다. 융경(隆慶) 경오년(1570, 선조3) 생원시와 진사시에 합격하였으며, 그 이후로 문과 초시(初試)에서 번번이 좋은 성적을 거두었다. 판서공이 세상을 떠나자 공이 너무 애통해 하다가 상(喪)을 이겨내지 못하고,[24] 서른둘의 나이로 신사년(1581, 선조14)에 세상을 떠났다. 그 후에 증손 박신주(朴新冑)가 존귀해져서 공을 사복시 정에 추증하였다.

22 생원……묘갈 : 이 글은 박호현(朴好賢, 1550~1581)과 그의 부인 기계 유씨(杞溪兪氏)의 묘갈이다. 박호현의 본관은 밀양(密陽), 자는 계용(季容)이다.

23 신라의 시조(始祖) : 신라 시조 박혁거세(朴赫居世)를 말한다.

24 상(喪)을 이겨내지 못하고 : 《예기》 〈곡례 상(曲禮上)〉에 "상례를 행할 때 질병이 있으면 술을 마시고 고기를 먹는다. 병이 나으면 다시 상례를 행하는데, 초상을 이겨내지 못함이 곧 자애롭지 못하고 효도하지 못함에 비유된다.〔居喪之禮, 有疾則飮酒食肉, 疾止復初, 不勝喪, 乃比於不慈不孝.〕"라는 말에서 유래하였다.

유인(孺人)의 부친은 군수 영(泳)이며, 조부는 판서 강(絳)이다. 유인은 임진왜란 때 모친 정씨(鄭氏)를 따라 양주(楊州) 차유령(車踰嶺) 아래로 병란을 피했는데, 왜적이 갑자기 들이닥쳤다. 정씨가 늙고 병이 들어 갈 수가 없자, 유인이 곁을 지키며 차마 떠나지 못하고 드디어 모친과 함께 죽었다. 차유령은 바로 유씨(兪氏)의 선산(先山)이다. 공을 처음에 임시로 여기에 장사를 지냈다가 유인이 죽은 뒤에 합장하였다.

효(孝)는 인도(人道)의 큰 법도이니, 사람이 누군들 한 번 죽지 않겠는가마는 효를 위해 죽기는 어렵다. 성인(聖人)은 원래 멸성(滅性)[25]을 효라고 하지 않았다. 그러나 예로부터 부모의 상에 죽는 사람은 적고, 죽지 않는 사람은 늘 많았으니, 부모의 상에 죽는 것은 결국 효에 해가 되지 않는다. 더구나 부인이 시집을 간 뒤에 자신을 낳아준 부모를 위해 죽음을 각오하는 것은 더욱 드문 일이니, 공의 배필이 되기에 부끄럽지 않다고 하겠다. 아, 장렬하구나.

슬하에 아들이 셋이니, 안절(安節)은 요절하여 후사가 없고, 안례(安禮)는 통정대부로 양주 목사(楊州牧使)를 역임하였으며, 안행(安行)은 진사시에 합격하여 종묘서 영을 역임하였다. 안례의 아들은 승임(承任)과 승유(承儒)이다. 안행의 아들 승인(承仁)은 천문학 겸교수로 일찍 죽었으며, 승휴(承休)와 승건(承健)은 모두 문과에 급제하여 집의를 지냈고, 딸은 감사 이동직(李東稷)에게 출가하였다. 현주(玄

25 멸성(滅性) : 멸성은 부모의 상을 당해 너무 슬퍼한 나머지 목숨을 잃는 것을 말하는데, 《예기》 〈상복사제(喪服四制)〉와 《효경》 상친장(喪親章) 등에서 사흘에 한 번씩이라도 음식을 들어 멸성에 이르지 않도록 경계하였다.

胄), 진주(震胄), 천주(天胄), 신주(新胄), 문주(文胄), 성주(聖胄), 경주(慶胄), 상주(相胄), 홍주(弘胄), 동주(東胄), 명주(命胄), 세주(世胄)는 모두 공의 증손이다. 외손으로 현달한 자는 감사 이동직의 아들 판서 수언(秀彦)이다.

현주의 손자 성원(聖源)이 지금 승문원 정자가 되어 여러 종인(宗人)의 요청으로 나를 찾아와 묘갈을 부탁하였다. 내가 일찍부터 박공의 효행(孝行)과 유인의 열행(烈行)을 사모하였기에 드디어 이와 같이 차례대로 서술한다.

생원 박공 묘갈[26]

生員朴公墓碣

산음(山陰)의 산수는 영남 제일이고, 용호(龍湖)는 또 산음에서 제일이다. '와룡정(臥龍亭)'이라는 곳은 고(故) 생원 박상규(朴尙圭) 공이 거처하던 곳이다. 공의 조부 문영(文楧) 역시 생원이며, 부친 이혁(以爀) 역시 사마시에 합격하였으나 곧 파방(罷榜)되었다. 2대가 문장과 행실이 있었고, 용호을 승경을 좋아하여 한적하게 지내다가 세상을 떠났다. 공에 이르러 옛집이 있던 곳에 가서 수리하고 이어 시대를 거슬러 올라가 융중(隆中)[27]을 벗 삼는데 뜻을 담았는데, 온 집에 도서가 가득하였으며 한 점의 티끌도 없었다. 각건을 쓰고 그 사이에서 시를 읊자, 사대부들이 그의 기풍을 사모하여 모두 자신을 낮추고 공과 교유하여 왕래하는 사람이 없는 날이 거의 없었다.

공의 자는 빈경(賓卿)으로, 나주(羅州) 사람이다. 비조(鼻祖)는 응주(應珠)이며, 7대조 맹지(孟智)는 교리를 역임하였고, 호(號)가 춘소(春沼)인데, 가장 현달하였다. 공은 아우 숭규(崇圭)와 우애가 몹시 돈독하여 부모를 섬기며 하루도 곁을 떠난 적이 없으며, 평상시에는

26 생원 박공 묘갈 : 이 글은 박상규(朴尙圭, 1621~1683)의 묘갈이다. 박상규의 본관은 나주(羅州), 자는 빈경(賓卿), 호는 경천(鏡川)이다.

27 융중(隆中) : 후한(後漢) 말에 제갈량(諸葛亮)이 은거하던 곳이다. 제갈량이 남양(南陽) 융중 땅에서 초가를 짓고 농사지으며 은거하고 있다가, 세 번이나 이곳을 찾아온 유비(劉備)의 정성에 감동하여 세상에 나왔다. 본문에서 융중은 제갈량을 의미한다. 《三國志 卷35 蜀書 諸葛亮傳》

부모를 즐겁게 해드리고, 병이 들었을 때는 근심을 다하고, 초상을 치를 때는 슬픔을 다하였다. 모친상을 당했을 때가 63세였는데, 상을 이기지 못하고 세상을 떠났으니, 계해년(1683, 숙종9) 12월 20일의 일이다.

공은 과거에 부친의 묘소를 용정(龍亭)의 서쪽으로 이장하였으니, 유지(遺志)를 따른 것이다. 이때에 이르러 공을 또 그 아래에 장사지냈다. 모친 장수 황씨(長水黃氏)는 익성공(翼成公) 상국(相國) 희(喜)의 후손으로, 현령 정열(廷說)의 따님이다. 공은 청주 한씨(淸州韓氏)에게 장가 들었는데, 그 부친은 찰방 몽삼(夢參)이다. 슬하에 아들이 둘이니, 수일(壽一)과 수제(壽齊)이다. 측실 소생은 수지(壽祉)와 수기(壽祺)이다. 수일의 아들은 진사 사량(師亮)과 지량(志亮)이며, 딸은 노세훈(盧世勛)과 어익룡(魚翼龍)에게 각각 출가하였다. 수제의 아들은 경량(景亮), 중량(仲亮), 계량(季亮)이다. 사량이 찾아와 명을 구하였다. 명은 다음과 같다.

용호의 물은	龍湖之水
맑고도 잔잔하네	淸且漣漪
아, 훌륭한 선비여	嗚呼善士
이곳에서 늙고 이곳에 묻혔구나	老於斯葬於斯

진사 양공 묘갈[28]

進士楊公墓碣

처사(處士) 양시면(楊時冕) 자정(子整) 공이 태산(台山)의 아래 적강(赤江) 가에 낙하정(落霞亭)을 짓고 살았다. 공은 만력(萬曆) 계축년(1613, 광해군5) 진사시에 합격하였으며, 중간에 성균관에서 유학하였다. 당시는 혼조(昏朝 광해군) 때라 정치가 어지럽고 인륜이 무너졌는데, 공이 〈장안곡(長安曲)〉 한 편을 읊어 뜻을 드러내고는 미련 없이 향리로 돌아왔다. 남쪽 지방의 수령이 된 흉인이 종종 집을 방문하면 그때마다 만나지 않았다. 인조반정이 일어난 뒤 권세를 잡은 처가 사람이 벼슬하기를 권하자, 공은 웃기만 하고 대답하지 않았다. 한가롭게 지내며 시를 읊조리고 즐겁게 세상일을 잊었으니, 사대부들이 공의 기풍을 고상히 여겼다. 42세로 병인년(1626, 인조4) 6월 20일 세상을 떠나 산의 중턱에 장사지냈으니, 정자와 몇 리 떨어진 곳이다.

양씨(楊氏)의 선대로는 고려 말 대제학 이시(以時)와 직제학 수생(首生)이 가장 저명한 인물이다. 직제학의 부인 이씨(李氏)가 일찍 과부가 되자, 부모가 다른 곳에 재가를 시키려고 하니, 유복자를 업고 남원(南原)으로 달아났는데, 남원은 남편의 관향으로 별업(別業)이 있던 곳이다. 부인은 도적의 난리를 피하여 비홍산(飛鴻山)에 올라 구악(龜岳)을 바라보고서 "산의 기운이 아름답구나."라고 하고는 드디어

28 진사 양공 묘갈 : 이 글은 양시면(楊時冕, 1585~1626)의 묘갈이다. 양시면의 본관은 남원(南原), 자는 자정(子整)이다.

순창(淳昌)에 집을 짓고 살았는데, 자손들이 그대로 그곳에 살았다.[29] 공은 직제학의 8세손으로, 부친 휘 사형(士衡)은 정랑을 지냈고, 조부 휘 홍(洪)은 부정을 지냈다.

부인 해남 윤씨(海南尹氏)는 단중(端中)의 따님이며, 관찰사 복(復)의 손녀이다. 아들은 한 명으로 여직(汝稷)이며, 사위는 생원 고두망(高斗望), 김오(金浯), 이문영(李文英)이다. 군수 오거(五擧), 순거(舜擧), 열거(說擧), 설거(卨擧)와 진기(震基), 재기(載基), 한기(漢基), 명기(命基), 생원 익기(翊基), 형기(炯基), 처기(處基), 도기(道基), 춘기(春基)가 손자와 증손자이다.

공은 15세에 부친을 여의고 스스로 학문에 힘써 모든 행동이 법도에 맞았으며 집안에 엄격한 법도가 있었으니, 공의 덕행이 이와 같았다고 한다. 공의 현손 응수(應秀)가 근래 내게 배웠는데, 일어나서 말하기를,

"우리 선조가 세상을 떠난 지 백여 년이 흘러 정자가 이미 허물어졌고, 묘소에도 새긴 글이 없으니, 한 마디 중한 말을 얻고자 합니다."

하였다. 내가 과거에 이른바 〈장안곡〉을 구해서 읽어보았는데, 시는 성정(性情)에서 나온 것이니 공이 어떤 인물인지 알 수 있다. 드디어 그를 위해 명(銘)을 짓는다. 명은 다음과 같다.

산은 높디높고 물결은 넘실넘실	山峨峨兮水泱泱
나는 고인을 생각하여 잊을 수가 없네	我懷古人兮不可忘

29 부인은……살았다 : 이씨에 대한 이야기는 본서 제25권 〈열부 이씨전(烈婦李氏傳)〉에 자세하며, 본서 제31권 〈정랑 양공 묘갈(正郎楊公墓碣)〉에도 나온다.

처사 권공 묘갈[30]

處士權公墓碣

안동(安東) 권흡(權翕) 자화(子和)가 내게 배웠는데, 틈을 타서 나에게 말하였다.

"저의 증조부 취성공(醉醒公)은 덕을 품고 빛을 감춘 채 세상을 떠나셨는데, 묘소에 비석을 새기지 못한 상태로 어언 70년이 흘렀습니다. 자취가 사라져 알려지지 않게 될 것이니, 그대가 안타깝게 여겨 주십시오."

내가 삼가 가장(家狀)을 살펴보니, 공의 휘는 이일(以一)이고, 자는 사중(士中)이다. 시조 행(幸)은 고려 태조(太祖)를 보좌하여 태사(太師)를 지냈다. 국조(國朝)에 들어와 판서 홍(興), 사간 삼(參), 장원급제하여 정랑을 지낸 극중(克中)이 이어서 현달하였으며, 그 후로 몇 대 동안 현달한 인물이 나오지 않았다. 조부 세우(世愚)는 종사랑을 지냈고, 부친 대신(大信)은 문천 군수(文川郡守)를 지냈으며, 외조부는 완산(完山) 이총(李叢)이다.

공은 어려서부터 총명하여 책을 볼 때는 눈을 지나기만 하면 암송하였다. 만력(萬曆) 병오년(1606, 선조39) 생원시에 합격하였는데, 얼마 뒤에 광해군(光海君)의 정치가 혼란하여 모후(母后 인목대비)가 유폐되었다. 적신(賊臣) 한찬남(韓纘男)과 박정길(朴鼎吉)은 모두 공의 친당

30 처사 권공 묘갈 : 이 글은 권이일(權以一, 1588~1661)의 묘갈이다. 권이일의 본관은 안동(安東), 자는 사중(士中), 호는 취성(醉醒)이다.

(親黨)으로 때때로 만나러 왔는데, 공이 그들을 싫어하여 뒷문으로 피하였다. 이어 가족들을 데리고 양성(陽城)의 덕산(德山)으로 돌아간 뒤로는 성시(城市)에 발을 들이지 않았다. 거친 밥조차 끼니를 잇지 못했으나 태연히 지냈으며, 혼탁한 속세를 경시하고 자취를 감춘 채 늙어가는 줄도 몰랐다. 취성(醉醒)은 공의 당호(堂號)이다. 고을 사람들이 여러 차례 재주와 행실이 있다고 추천하여 아뢰었으나, 공은 전혀 세상에 뜻이 없었다.

74세의 나이로 신축년(1661, 현종2) 모월 모일 세상을 떠났다. 처음에는 같은 고을 만상동(萬祥洞)에 장사지냈다가, 또 옛집이 있던 터로 이장하였다. 부인은 보성 오씨(寶城吳氏)로 진사 상길(尙吉)의 따님인데, 공과 합장하였다. 슬하에 아들이 다섯이니, 석로(碩老), 석필(碩弼), 석재(碩載), 석준(碩儁), 석현(碩賢)이다. 측실 소생은 석평(碩平)과 석홍(碩洪)이다. 석필의 아들은 도중(道重)이고, 석재의 아들은 의중(宜重), 태중(台重), 형중(衡重)이다. 석준의 아들은 만중(萬重), 기중(器重)이며, 석현의 아들은 태중(泰重)이다. 흡(翕)은 태중의 소생이며, 흡의 아우는 엄(弇)과 합(盒)이다. 나는 공의 뜻과 행실을 훌륭히 여겨 드디어 명(銘)을 짓는다. 명은 다음과 같다.

적성(赤城 양성(陽城))의 남쪽에 작은 집 있으니	赤城之陽一畝宮
취하였나 깨었나 아, 이 노인이여	醉耶醒耶嗟是翁
온갖 재앙 만나자 차라리 듣지 않으려 하였고	逢此百罹欲無聽
더러워질 것처럼 악을 멀리한 유풍이 늠름하네	去惡若浼凜遺風
해가 중천에 뜬 것처럼 임금의 교화 새로워졌는데	聖化方新如日中
누가 이 노인을 쑥대 무성한 곳에서 죽게 하였나	誰令此老死蒿蓬

초가집 터에 있는 넉 자 되는 무덤에　　衡茅之墟四尺崇
내가 명(銘)을 지어 길이 후대에 보이노라　　我作銘詩視無窮

용암 민공 묘갈[31]

龍巖閔公墓碣

내가 고금의 효자와 열녀를 참으로 많이 보았지만, 용암(龍巖) 민공(閔公)의 집안처럼 성대한 경우는 아직 없었다. 우암 선생(尤菴先生 송시열)이 일찍이 용암(龍巖)의 전(傳)을 지었는데,[32] 그 일이 상세히 실려 있다. 전의 내용은 다음과 같다.

민성(閔垶) 재만(載萬)은 여흥(驪興)사람이다. 일찍부터 과거를 포기하였으며, 문장과 사서(史書)에 널리 통하고 명예와 절개를 지키는 데 매우 힘썼다. 통진(通津)의 봉상리(鳳翔里)에 우거하였는데, 봉상리는 그의 10대조인 민유(閔愉)가 살던 곳이다. 민유는 고려가 곧 망할 줄을 알고 부원군으로서 향리로 물러나 살았고, 우리나라에 들어와서는 벼슬을 하지 않다가 그대로 봉상리에서 죽었다고 한다.

재만은 부모를 섬기고 제사를 받드는 데 성심을 다하였다. 네 아들을 두었는데, 큰아들은 지박(之鈢), 둘째는 지옥(之鈺), 셋째는 지혹(之鈅), 넷째는 지익(之釴)이다. 딸도 넷을 두었는데, 큰딸은 최여준(崔汝峻)의 아내가 되었다. 평소에 자녀들을 훈계할 적에는 반드시 의로운 방도로 하였다.

31 용암 민공 묘갈 : 이글은 민성(閔垶, 1586~1637)의 묘갈이다. 민성의 본관은 여흥(驪興), 자는 재만(載萬), 호는 용암(龍巖)이다.

32 우암……지었는데 : 송시열의 《송자대전(宋子大全)》권214에 실려 있는 〈민용암성전(閔龍巖垶傳)〉을 말한다.

숭정 병자년(1636, 인조14), 청나라 군대가 대거 침입하여 어가(御駕)가 남한산성으로 들어가자, 재만은 가속을 이끌고 강화도로 들어가 아들과 함께 의병(義兵)에 예속되었다. 정축년(1637, 인조15) 1월 21일, 적이 배를 끌고 육지로 들어와 갑곶이〔甲串〕 동쪽 언덕에 이르자, 재만은 여러 아들과 노복(奴僕)을 모조리 거느리고 책임진 곳으로 가서 지켰다. 23일 아침에 적선(賊船)이 곧 건너오려 하는데, 우리 쪽에는 방어하는 배가 한 척도 없었다. 잠시 후에 유수(留守) 장신(張紳)이 수군을 거느리고 당도하자 사람들이 모두 기뻐서 어쩔 줄을 몰랐다. 그런데 얼마 후에 장신이 깃발을 눕히고 북치기를 중지하자, 재만이 말하기를,

"이는 필시 싸울 뜻이 없는 것이다."

하였는데, 장신은 과연 배를 버리고 도주하였다. 어떤 사람이 재만에게 말하기를,

"어찌할 방도가 없습니다. 배 한 척이 해안가에 묶여 있으니, 우리들이 힘을 합해 강으로 끌고 들어간다면 도망칠 수 있습니다."

하자, 재만이 말하기를,

"사대부가 의병이라 이름하고서 일이 급하다 하여 먼저 도망쳐서야 되겠는가."

하였다. 그 말이 채 끝나기도 전에 의병장이 도망가서 군사들이 모두 흩어지자, 재만이 세 아들을 돌아보며 말하기를,

"행재소가 어떻게 되었는지 소식을 듣지 못했고, 또 남아 있는 강역이 얼마나 되는지 모르겠다. 팔도가 모두 더러운 오랑캐의 땅이 되었을 것인데, 이제 탄환만한 하나의 섬이 또 이런 곤경에 처했으니 비록 생명을 보존한들 어디로 가겠느냐."

하였다. 가속이 이미 마니산(摩尼山)으로 향했다는 소식을 듣고는 뒤쫓아 가서 덕포(德浦)에 당도하여 말하기를,

"지금 할 수 있는 의리는 오직 깨끗한 곳으로 가서 조용히 죽는 일뿐이다."

하였다. 어떤 이가 말하기를,

"여기에서 검도(劍島)까지의 거리가 멀지 않으니, 조수(潮水)가 물러간 뒤에는 비록 배가 없더라도 건널 수 있을 것입니다."

하니, 재만이 말하기를,

"진창을 건널 때 적의 기병이 갑자기 들이닥치면 비록 죽으려 해도 그리할 수 없을 것이다. 또 달아나면서 구차하게 요행을 바라는 것은 본래 내 뜻이 아니다."

하였다. 마침내 가족들과 함께 천등사(天登寺)에 이르러 법당(法堂)에 올라 죽 늘어앉은 다음, 처녀 세 사람에게 각기 비녀를 꽂고 시집간 부인의 의복을 입도록 하였다. 이때에 피난 온 사대부와 서인들이 절 안에 가득했는데, 재만이 시끄러운 상황을 싫어하여 조용한 곳을 찾으니, 절 뒤에 서너 칸 되는 토우(土宇)가 있어 즉시 옮겨가 앉았다. 부녀자들은 각자 차고 있던 흰 명주 수건을 풀어 모두 토우 안에서 스스로 목을 매었다. 재만이 영결을 앞두고 종에게 말하기를,

"어찌 시신을 수습하여 선영에 장사지내기를 바라겠느냐. 한집안 식구 10여 명이 이 한 곳에 함께 있어야 지하에서라도 서로 의지할 수 있을 것이니, 우리들이 죽은 뒤에는 즉시 이 토우를 헐어서 덮어 버리고 너희들은 각기 나가서 살기를 도모하라."

하였다. 지박이 말하기를,

"내가 어찌 차마 부친이 돌아가시는 것을 눈으로 볼 수 있겠는가."

하고는, 드디어 그의 부친보다 먼저 목을 매어 죽었다. 일가의 죽은 자가 13명이나 되었으니, 재만 및 그의 서자, 지박과 그의 아내 이씨, 지흑과 그의 아내 김씨, 지익과 그의 아내 유씨, 장녀인 최여준(崔汝峻)의 아내, 그 다음 처녀 세 사람과 첩(妾) 우씨(禹氏)였다.

재만의 부친 인백(仁伯)은 문학과 덕행이 있었는데, 호가 태천(苔泉)이다. 우계 선생(牛溪先生 성혼(成渾))에게 수학하였으며, 책훈되어 여양군(驪陽君)에 봉해졌다. 조부 사권(思權)은 부정을 지냈는데, 임진왜란 때 선조(宣祖)가 서쪽으로 몽진을 가려하자, 사권이 대가(大駕) 앞에 엎드려 청하기를,

"종묘사직이 여기에 있으니, 목숨 바쳐 지키고 떠나지 마소서." 하였다.

외조부 현령 정희린(鄭姬隣)은 온양(溫陽) 사람인데, 고상한 행실이 있어 율곡(栗谷)이 그를 대관(臺官)으로 천거하려 하였으나, 마침 율곡 선생이 세상을 떠나 마침내 그 일을 이루지 못하였다.

대체로 그의 집안은 기개를 숭상하고 절의를 높이며 행실을 닦아서 비록 부녀자나 어린아이들도 익숙히 보고 들었기에 모두 죽기를 마치 낙원으로 가는 것처럼 여겼다. 아, 어느 누군들 하늘에서 받은 양심(良心)이 없겠는가마는, 유독 민씨만 이렇게 하였으니, 어찌 까닭이 없겠는가.

아, 선생의 이 말씀이 먼 후대에 길이 전해질 것이니, 비록 해와 달과 빛을 다툰다고 해도 될 것이다. 공의 후손 혁(爀)이 공의 비문(碑文)을 부탁하기에 내가 드디어 그 대략을 모아서 서(序)를 쓰고 이어 말을 덧붙인다. 명(銘)은 다음과 같다.

이분에게는 천지 사이의 정기가 모였으니　此惟天地間正氣之所鍾

그 울분이 맺혀 뿜어져 나오면 어찌 바람과 우레로 변하고 긴 무지개가 되지 않을 줄 알겠는가　其鬱結噴薄安知不化風霆而爲長虹

우리 동방예의지국으로 하여금 백세에 더욱 빛나도록 한 것은 아, 공의 집안 공로 덕분이라네　使吾東禮義之邦增光於百世繄公一門之功

내가 이 명(銘)을 지어 먼 후대에 밝게 보이노라

我作斯銘以昭示于無窮

진사 정공 묘갈[33]

進士鄭公墓碣

함평(咸平)의 비천(飛川)에 탁영재(濯纓齋)라는 곳이 있으니, 진사 정치(鄭穉) 장유(長孺) 공이 살던 곳이다. 혼조(昏朝 광해군) 무오년(1618, 광해군10), 영광(靈光)사람 이해(李垓) 등이 어머니를 원수로 대하는 논의를 주장하여 상소를 준비하는 모임을 본현(本縣 함평)에서 열었는데,[34] 공이 깊이 공정한 분노를 품고 여러 선비들의 앞장을 서서 그들을 고을경계 밖으로 내쫓으니, 사람들이 위태로운 재앙이 즉시 닥칠 것이라고 하였으나 공은 조금도 동요하지 않았다. 마침내 이 일에 연좌되어 10년 동안 정거(停擧)[35]에 처해지자, 그곳에 집을 짓고 곁에 도서를 두고서 유유자적 지내니, 사대부들이 그의 풍골과 절조를 훌륭히 여겼다.

33 진사 정공 묘갈 : 이 글은 정치(鄭穉, 1593~1667)의 묘갈이다. 정치의 본관은 진주(晉州), 자는 장유(長孺), 호는 탁영당(濯纓堂)이다.

34 영광(靈光)……열었는데 : 1618년(광해군10) 이해(李垓), 이위(李偉), 윤유겸(尹惟謙) 등 57인이 정인홍(鄭仁弘), 이이첨(李爾瞻)과 결탁하여 인목대비(仁穆大妃)를 폐위하자는 상소를 올리자고 발의하고, 인접 고을 선비들이 상소를 준비하는데, 그 장소가 함평 향교로 정해졌던 것을 말한다. 이 때에 정치(鄭穉)의 부친 정희득(鄭希得)이 정치를 데리고 함평 관아에 들어가 당시 함평 현감이었던 동호(東湖) 박정원(朴鼎元)을 설득하여 흉도 수백 명을 두들겨 고을 경계 밖으로 내쫓았다고 한다.《存齋集 卷23 進士鄭公忠孝傳》

35 정거(停擧) : 유생에게 가하는 형벌의 한 가지로, 일정한 연한 동안 과거에 응시할 자격을 정지시키는 벌을 말한다.

정유년(1597, 선조30) 왜적이 난을 일으켰을 때, 공의 집안이 가장 참혹한 화를 당했는데, 공의 모친과 조모 이씨(李氏)가 모두 칠산(七山)의 바닷속으로 몸을 던졌다. 부친 진사 휘 희득(希得)은 수은(睡隱) 강항(姜沆)과 함께 적에게 잡혔는데, 결국 지극한 효성으로 교활한 왜적을 감동시켜 강공보다 먼저 나왔으니, 《해상록(海上錄)》[36]이 세상에 전한다. 공은 의지할 데 없는 쓸쓸한 처지가 되어 외가에 의탁하였는데, 나이는 어렸으나 성인처럼 애통해 하였으며, 고기를 먹지 않고 농담을 하지 않았다.

부친이 살아 돌아와서는 그의 모친을 위해 뒤늦은 초상을 치르며 아침저녁으로 곡을 하였는데, 공 역시 곁에서 곡하며 부친이 곡을 그치면 역시 그쳤으며, 또 삼년상을 마치도록 함께 소식(素食)을 하였다.

장가를 들 적에 부인에 문에 들어서자 그 복식이 화려한 것을 보고 얼굴을 찌푸리니, 부인 역시 감동하여 눈물을 흘리며 아름다운 장식을 제거하였다. 칠산에서 나는 모든 건어물을 차마 입에 가까이 하지 못하여 집안사람들이 시장에서 사오지 않았다. 부친이 병이 들자 눈물을 흘리며 변을 맛보았고, 한 번도 의복과 띠를 풀지 않았으며 늘 밤이 깊어 물러가라고 명하면 부득이 문 밖으로 나왔는데, 몰래 코를 골 때까지 기다렸다가 편안히 잠이 든 것을 안 뒤에야 물러나왔다. 또

36 해상록(海上錄) : 월봉(月峯) 정희득(鄭希得, 1575~1640)이 정유재란 때 영광 묵방포 칠산에서 왜적에게 붙잡혀 그의 형 경득과 함께 일본까지 끌려가 생활한 사실을 1613년(광해 5)에 정리한 책으로, 고향에서 가족들과 함께 피난하기 시작한 1597년 8월 12일부터 1599년 7월 28일까지 일기 형식의 저술이다. 윤봉조(尹鳳朝)가 쓴 서문 〈월봉해상록서(月峯海上錄序)〉와 조엄(趙曮)이 쓴 발문 〈월봉해상록발(月峯海上錄跋)〉이 있다.

계모를 잘 섬겼는데, 계모가 한번은 감탄하여 말하기를,

"비록 내가 낳은 자식이라 한들 어찌 이보다 더 잘할 수가 있겠는가?" 하였다.

계모의 상을 당해서는 이미 노쇠했는데도 부친의 초상 때와 동일하게 시묘살이를 하면서 몸을 상할 정도로 슬퍼하였다. 제삿날이 되면 집안이 고요해 아무 소리도 나지 않았으며, 비록 병이 들어 제사에 참여하지 못해도 제삿날이 되면 반드시 촛불을 밝히고 새벽까지 있었으니, 공의 지극한 행실이 이와 같았다.

기묘년(1639, 인조17) 진사시에 합격하였는데, 이후 다시 과거에 응시하지 않았으며, 여러 차례 추천되었으나 일명(一命)[37]의 관직도 받지 못했으니, 공론이 안타깝게 여겼다. 공의 성품은 벗들 사이에 신의가 있고 남을 도와주는 것을 좋아하였는데, 궁핍한 친족이 자기 집처럼 귀의하여 오면 돌아가기를 잊었다. 남의 초상을 더욱 급한 일로 여겨 집안 형편을 따지지 않았으니, 이 때문에 고을에서 존경을 받았다.

공은 만력(萬曆) 계사년(1593, 선조26) 태어나 현종 정미년(1667, 현종8) 세상을 떠났으니, 향년 75세로 같은 고을 판교(板橋) 유좌(酉坐)의 언덕에 장사지냈다. 부인은 양성 이씨(陽城李氏)로, 슬하에 4남 1녀를 두었다. 아들은 필주(弼周), 명주(鳴周), 이주(以周), 창주(昌周)이며, 딸은 사인(士人) 이표(李杓)에게 출가하였다. 내외의 손자와

37 일명(一命) : 처음으로 관등(官等)을 받고서 되는 관원을 말하는데, 보통 9품관을 가리킨다. 《주례(周禮)》 〈대종백(大宗伯)〉에는 일명에서 구명(九命)까지의 관직이 있다.

증손은 다 기록하지 못한다. 나는 공의 행장(行狀)을 지은 적이 있는데,[38] 지금 또 제홍(濟弘)의 요청으로 묘갈을 지으니, 제홍은 공의 증손자이다. 명(銘)은 다음과 같다.

칠산의 물고기는	七山之魚
평생 반찬으로 올리지 않았으니	終身不登盤
효성스럽기 짝이 없구나	孝哉誰儔
창랑의 노래 부르며[39]	滄浪之歌
이 생애를 보냈으니	消遣此生涯
즐거운데 무엇을 구하랴	樂哉何求
내가 비석에 명을 써서	我銘玄石
숨겨진 것을 밝히노라	載闡厥幽

38 나는……있는데 : 본서 제50권의 〈진사 정공 행장(進士鄭公行狀)〉을 말한다.

39 창랑(滄浪)의 노래 부르며 : 세속을 초탈하여 고결한 자신의 신념을 지키는 것을 뜻한다. 초(楚)나라 굴원(屈原)이 지은 〈어부사(漁父辭)〉의 "창랑의 물이 맑으면 나의 갓끈을 씻고, 창랑의 물이 흐리면 나의 발을 씻으리라.〔滄浪之水淸兮, 可以濯我纓. 滄浪之水濁兮, 可以濯我足.〕"라는 말에서 유래하였다.

승의랑 박공 묘갈[40]

承議郎朴公墓碣

병자년(1636, 인조14)과 정축년(1637) 이후로 천지가 붕괴되고 갈라져 충성스럽고 뜻있는 선비들이 대부분 분개하여 스스로 폐인이 되어 산림으로 도망쳐 들어가거나 강과 바다를 유랑하였다. 창해(滄海) 허격(許格) 공과 남계(南溪) 박승임(朴承任) 공과 같은 분은 그 가운데 더욱 뛰어난 인물인데, 허공은 그나마 시로 이름이 났지만, 박공은 자취를 감추어 드러나지 않기에 힘썼다. 이 때문에 세상에서 아는 자가 없으니, 슬픈 일이다.

박씨는 밀양(密陽)의 큰 가문으로, 부제학 강생(剛生), 정자 절문(切問), 좌참찬 중손(仲孫)이 가장 명성이 났다. 여러 세대를 지나 판서와 대제학을 지내고 호가 낙촌(駱村)인 휘 충원(忠元)에 이르렀다. 이분이 휘 호현(好賢)을 낳았는데, 사마시에 합격하고 효성을 다하다 죽었다. 이분이 휘 안례(安禮)를 낳았는데, 통정대부로 양주 목사(楊州牧使)를 지냈다. 청송 심씨(青松沈氏)에게 장가들었는데 현감 우성(友聖)의 따님이다. 공은 그 아들이다.

공은 효성과 우애가 아주 독실하였는데, 병자년에 목사공의 상을 당하여 장사 지낸 뒤에도 여전히 아침저녁으로 묘소에 가서 절을 하였고, 비바람이 부는 날씨에도 그만두지 않았으며, 죽을 먹고 물을 마시

40 승의랑 박공 묘갈 : 이 글은 박승임(朴承任, 1608~1670)의 묘갈이다. 박승임의 본관은 밀양(密陽), 자는 자중(子重), 호는 남계(南溪)이다.

며 나물과 과일을 먹지 않았다. 이 해 겨울에 청나라 오랑캐가 대거 쳐들어와 사람들이 달아났는데, 공은 막 묘소에 가서 곡하고서 모친을 모시고 동쪽 골짜기로 들어갔다. 얼마 뒤에 남한산성에서 항복했다는 소식을 듣고는 서쪽을 향하여 통곡을 멈추지 않았다.

공은 평소에 과거 공부를 즐기지 않았는데 상을 마치고는 다시 과거에 응시하지 않고 말하기를,

"비록 바다에 빠져 죽지는 못했지만, 어찌 다시 지금 세상에 마음을 두겠는가?"

하였다. 세상에 나가지 않고 모친을 봉양하였는데, 효성과 봉양이 매우 지극하였으며, 모친상을 당해서는 이전 부친상 때처럼 그대로 상제(喪制)를 지켰다. 아우 승유(承儒)가 깊은 병이 들었을 때, 공은 육순이 넘은 데다 집이 제법 멀리 있었는데도 날마다 직접 가서 문병을 하였으니, 이처럼 한 것이 여러 해였다.

공은 옛 사람의 책을 많이 읽어 제가(諸家)를 두루 섭렵하였는데, 손오(孫吳)의 병법(兵法)[41]에 더욱 익숙하였다. 병자년 난리 때 권정길(權井吉)이 관동(關東)에서 근왕병을 일으켜 가다가 도중에 공을 맞이하여 계책을 묻자, 공이 말하기를,

"지금 성 안에서는 구원병을 고대하고 있습니다. 내가 보니 용진도(龍津渡)에 훈국(訓局)의 창고가 있는데 창고에 화약 예닐곱 상자가 있으니, 급히 사람을 보내어 가져와야 합니다. 병사를 나누어 검단산(黔丹山)에 올라가 깃발을 세우고 총포를 벌려 놓아 의병(疑兵)[42]

41 손오(孫吳)의 병법(兵法) : 손오는 춘추 시대의 손무(孫武)와 전국시대의 오기(吳起)를 아울러 이르는 말로, 모두 저명한 병법가이고 장수이다.

으로 위장하면 적들이 반드시 성을 포위한 병력의 절반을 철수시켜 습격해 올 것입니다. 이때를 틈타 정예병을 이끌고 성의 동문(東門)으로 들어가면 적의 예기는 조금 꺾이고 우리 군사의 사기는 갑절이 될 것입니다."

하였다. 권정길이 결국 이 계책을 쓰지 않고 도리어 패했으니, 식자들이 개탄하였다.

효종 때 우암 선생(尤菴先生)이 조정에 있을 적에 공의 의기를 듣고 일을 함께 하기를 원하여 친구를 통해 벼슬에 나오기를 권유하였으나, 공은 끝내 나오려 하지 않았다. 기해년(1659, 효종10) 효종이 승하하자, 공이 어떤 사람에게 말하기를,

"오래지 않아 영릉(寧陵 효종의 능)을 옮겨 봉안하자는 의론이 있을 터이니, 이로부터 산림(山林)의 재앙이 일어날 것이다."

하였다. 공이 세상을 떠난 뒤에 과연 그렇게 되었으니, 공의 선견지명이 대부분 이와 같았다.

평소 생업에 관심을 두지 않아 집은 비를 막지 못하고 아침저녁으로 끼니 걱정을 해야 할 정도였으나, 늘 마음 편히 지냈다. 몸가짐은 엄숙하게 법도가 있었으나, 남과 교유할 때는 즐겁고 편안히 하였으니, 이 때문에 이웃 사람들이 위엄을 세우지 않아도 두려워하고 은혜를 베풀지 않아도 은혜롭게 여겼다.

조귀석(趙龜錫) 공이 양주 목사(楊州牧使)로 있을 적에 공의 마을 사람 중에 관청에 송사한 사람이 있었는데, 조공이 그 사람에게 말하

42 의병(疑兵) : 군사가 많은 것처럼 거짓으로 꾸미는 것, 또 그렇게 꾸민 군사를 말한다.

기를,

"그대 마을에 군자가 있는데, 어찌 찾아가서 물어보지 않는가?" 하였으니, 공이 남들에게 존중을 받은 것이 이와 같았다. 공은 속된 선비들과 어울리는 것을 즐기지 않았으며, 교유한 사람들은 대부분 속세에 얽매이지 않는 방외(方外)의 선비들이었으니, 창해옹(滄海翁 허격)이 그의 지기(知己)이다.

63세의 나이로 경술년(1670, 현종11) 10월 1일 질병 없이 세상을 떠났는데, 양근(楊根) 수다곡(水多谷) 유향(酉向)의 언덕에 장사지냈다. 부인 용인 이씨(龍仁李氏)는 승지 홍망(弘望)의 따님으로, 공과 같은 해에 태어나 84세로 세상을 떠났는데, 공의 묘에 합장하였다. 슬하에 1남 5녀가 있는데, 아들은 아무개이고, 딸은 아무개이다. 공의 증손 성원(聖源)이 나에게 배웠기에 공의 명(銘)을 부탁하였다. 명은 다음과 같다.

푸른 바닷물에	碧海之水
빠지지 못해도[43]	不可蹈兮
형문[44] 아래에서	衡門之下

43 푸른……못해도 : 전국 시대 제(齊)나라 사람 노중련(魯仲連)이 진(秦)을 황제로 높이자는 신원연(新垣衍)의 제안을 받고 "내가 동해에 몸을 던져 죽을지언정 진나라의 백성이 될 수는 없다.〔連有蹈東海而死耳, 吾不忍爲之民也.〕" 하였다.《史記 卷83 魯仲連列傳》

44 형문(衡門) : 나무를 가로질러 만든 보잘것없는 문으로, 안분자족하는 은자의 거처를 뜻한다.《시경》〈형문(衡門)〉에 "초라한 오막살이라도 다리 뻗고 살지어다. 철철 흐르는 샘물 배고픔이야 면하리라.〔衡門之下, 可以棲遲. 泌之洋洋, 可以樂飢.〕" 하였다.

늙어갔으니	可以老兮
천추만세토록	千秋萬世
응당 애도하리	應爾悼兮

통덕랑 홍공 묘갈[45]

通德郎洪公墓碣

손우(遜愚) 홍공(洪公)[46]의 아들 성적(聖迪)은 자가 윤지(允之)인데, 불행하게도 36세의 나이로 세상을 떠났다. 손우는 과거에 태백산(太白山)의 춘양동(春陽洞)에 은거하였다가 효종 기해년(1659, 효종10)년 포의(布衣)로 기용되어 6품의 관직에 제수되자, 힘써 일어나 조정으로 나아갔다. 공은 당시에 병이 들어 거의 죽을 지경에 이르렀는데, 울면서 말하기를,

"하늘에 무슨 죄를 지었기에 다시 아버지를 보지 못한단 말인가."

하니, 듣는 자들이 슬퍼하였다.

공은 남양(南陽)사람으로, 부제학 형(泂)은 연산군 시절 직언하다가 부관참시를 당했는데, 정암 선생(靜菴先生 조광조)이 그의 묘갈을 지었다.[47] 형(泂)의 아들 언필(彦弼)과 손자 섬(暹)은 모두 영의정을

---

45 통덕랑 홍공 묘갈 : 이 글은 홍성적(洪聖迪, ?~?)의 묘갈이다. 홍성적의 본관은 남양(南陽), 자는 윤지(允之)이다.

46 손우(遜愚) 홍공(洪公) : 홍석(洪錫, 1604~1680)을 말한다. 본관은 남양(南陽), 자는 공서(公敍), 손우는 그의 호이다. 병자호란 이후 벼슬을 단념하고 태백산(太白山) 아래 춘양에 은거하며 대명절의(大明節義)를 지켰는데, 각금당(覺今堂) 심장세(沈長世)와 두곡(杜谷) 홍우정(洪宇定), 포옹(泡翁) 정양(鄭瀁), 잠은(潛隱) 강흡(姜恰)이 모여 시를 읊고 시국도 논하며 우의를 다졌는데, 세칭 태백오현(太白五賢)이라 하였다. 《梓鄕誌 忠節》

47 정암 선생(靜菴先生)이……지었다 : 《정암집(靜菴集)》 권2의 〈승정원우부승지 홍공 묘갈(承政院右副承旨洪公墓碣)〉을 말한다.

역임하였다. 2대(代) 후에 경소(敬紹)가 군수를 지냈는데, 손우(遜愚)는 그의 아들로 휘가 석(錫)이다. 외조부는 감정(監正)을 역임한 기계(杞溪) 유상증(兪尙曾)이다.

공은 총명하고 준수하였으며, 기운이 온화하였다. 어려서부터 착한 성품을 지녀 밖에 나갔다가 맛있는 음식이 있으면 반드시 돌아와 부모에게 드렸다. 13세에 청나라의 사신이 도성에 도착하자, 공이 분노하여 여러 아이들을 선동하여 길에서 기와와 돌멩이를 던지니, 사신이 크게 놀라 달아났다. 난리가 일어났을 때 손우가 마침 곁에 없었는데, 공이 부친이 평소 좋아하던 서책을 찾아 몸에 지니고서 경황이 없는 순간에도 잃어버리지 않았다. 병란이 겨우 안정되자, 사대부 자제들은 전혀 글을 읽지 않았는데, 공만은 게으름을 피우지 않고 더욱 열심히 글을 읽었다. 장성해서는 산방(山房)에 머물기를 즐겨 가기만 하면 돌아오는 것을 잊었다. 어떤 사람이 그의 과로를 경계하자, 대답하기를,

"배우지 않고 사는 것보다는 차라리 죽는 것이 낫다."

하였다.

문장을 지을 적에는 수식을 일삼지 않았으며, 붓을 잡으면 즉시 완성하였다. 과거에 여러 번 낙방하고 나서는 드디어 수렴하여 실제 공부에 매진하였으며, 《심경》과 《근사록》 두 책에 더욱 힘을 기울였다. 하늘이 공의 수명을 늘려 주었다면 가학(家學)을 잘 계승했을 터인데, 하늘이 갑자기 공을 데려간 것은 무엇 때문인가? 아, 애석하도다.

부인 칠원 윤씨(漆原尹氏)는 현감 민도(敏道)의 따님이다. 슬하에 아들 딸 각각 두 명을 두었다. 아들은 익상(翊相)과 택상(宅相)이며, 딸은 사인(士人) 권이득(權以得)과 왕지우(王之佑)에게 각각 출가하였다. 장남의 아들은 생원 희적(熙績)이고, 차남의 아들은 희집(熙緝)

인데, 희적이 찾아와 명(銘)을 부탁하였다. 명(銘)은 다음과 같다.

아, 손우(遜愚)는	嗟遜愚
재주와 학식이 있었으나	有才有學
그에 걸맞는 지위를 얻지 못했네	而不得其位
훌륭한 아들이 있었으나	而有賢子
또 수명을 얻지 못하였으니	而又不得其年
천명인 것을 어찌하랴	奈何乎天

증 지평 이공 묘갈[48]

贈持平李公墓碣

숙종 경자년(1720, 숙종46)에 명을 내려 학생 이지익(李志益)을 사헌부 지평으로 추증하였으니, 효성을 다했기 때문이다. 포천(抱川)의 인사 수백 명이 모두 다음과 같이 말하였다.

지익은 5세에 모친을 여의고 9세에 부친을 여의였는데, 계모 이씨(李氏)를 잘 섬겨 겨울에는 따뜻하게 하고 여름에는 시원하게 해드렸으며, 연하고 맛있는 음식으로 봉양하고 힘써 계모의 뜻에 순종하였다. 이부자리를 펴고 자리를 걷을 때는 노복들에게 시킨 적이 없었으며, 이를 미루어 계모의 모친을 계모처럼 섬겼다. 계모가 병들었을 때 직접 변을 맛보았으며, 겨울에는 얼어붙은 냇가에서 목욕을 하고 울며 신명에게 빌었는데, 이로 인해 병이 나서 거의 몸을 움직일 수가 없었다. 그러나 계모가 복용할 죽과 약물 따위는 집안사람에게 맡기지 않고 자신이 직접 살폈으며, 계모가 복용하면 기쁨이 얼굴에 드러나고 자신의 병은 잊었다. 계모의 병이 곧바로 완쾌되자, 사람들이 효성에 감응한 것이라 하였다.

계모가 세상을 떠나자 상제(喪制)보다 지나치게 슬퍼하여 몸이 상했으며, 거상(居喪)의 절차는 모두 주 문공(朱文公 주자(朱子))의 《가례(家禮)》를 따랐다. 삼년상을 마칠 때까지 죽을 먹었고, 남과 이야기

48 증……묘갈 : 이 글은 이지익(李志益, 1618~1694)의 묘갈이다. 이지익의 본관은 여흥(驪興), 자는 자겸(子謙)이다.

할 때는 치아를 보이지 않았다. 늘 나이가 어려 상례를 주관하지 못한 일을 평생의 애통함으로 여겨 반드시 흰 옷을 입었고, 두 가지 이상의 반찬을 먹지 않았으며, 늘 기월(忌月)이 되면 고기를 먹지 않았고, 명의(明衣)[49]를 입고 별도로 재계하는 곳에 거처하여 정성을 다하였다. 또 반드시 평소에 즐기던 음식을 생각하여 제수를 마련하였으며, 제사 당일에는 마치 처음 상을 당했을 때처럼 곡을 하고 눈물을 흘리며 부르짖고 가슴을 쳤다. 빈곤하여 연로한 부모를 봉양하지 못하는 사람이나 부모가 돌아가셨는데 궁핍하여 염을 하지 못하는 사람이 있다고 들으면 그때마다 측은히 여기고 힘을 다해 돌봐주면서 어려워하는 뜻이 없었다.

노쇠해진 뒤에도 직접 제사를 지내고 섭행한 적이 없었다. 어떤 사람이 몸을 돌보라고 권하면 공이 울면서 말하기를,

> "나는 천지 사이에 한 명의 죄인이오. 일찍 부모를 여의어 자식 노릇을 다하지 못했으니, 여기에 정성을 쏟지 않는다면 어디에 정성을 쏟는단 말이오."

하였으니, 듣는 사람이 감동하여 눈물을 흘렸다. 세상을 떠날 때에는 자식에게 후하게 장례를 치르지 말라고 당부하였다. 비록 옛날의 이른바 효자라고 하더라도 이보다 더할 수는 없으리라.

관찰사 신(臣) 연(演)이 조정에 아뢰자 사안을 예조에 내렸고, 신(臣) 진후(鎭厚)가 증직(贈職)을 청하자, 이런 명을 내렸다. 지금 성상 정미년(1727, 영조3)에 또 정려(旌閭)의 명이 내려졌다.

49 명의(明衣) : 제사를 지낼 때 재계(齋戒)를 하기 위해 목욕한 다음에 입는 속옷이다.

공의 자는 자겸(子謙)으로 여주(驪州) 사람이며, 고려의 인용교위(仁勇校尉) 인덕(仁德)이 그 선조이다. 공은 조선에서 병조 판서를 지내고 명신(名臣)이라 불린 경헌공(敬憲公) 휘 계손(繼孫)의 6대손이다. 조부 휘 우겸(友廉)은 참판에 추증되었고, 부친 휘 상호(尙豪)는 동지중추부사를 역임하였으며, 모친 단성 이씨(丹城李氏)는 의수(義秀)의 따님이다.

공은 갑술년(1694, 숙종20) 4월 3일 세상을 떠났는데, 그가 태어난 무오년(1618, 광해군10)으로부터 77년 되던 해였으니, 포천의 요동(蓼洞)에 장사지냈다. 아내 함평 이씨(咸平李氏)는 부사 서린(瑞麟)의 따님이다. 후사가 없어 족제(族弟) 지득(志得)의 아들 시진(時鎭)을 후사로 삼았다. 시진은 아들이 둘인데, 담(潭)과 탁(濯)이다. 삼주(三州) 이재(李縡)가 그의 행실을 아름답게 여겨 묘갈에 다음과 같이 기록한다.

아, 어머니시여	嗚呼母兮
나를 낳고 키우고 길러 주셨네	生我鞠我育我
그 은혜 갚고자 하나	欲報之德
하늘처럼 끝없는지라	昊天罔極
자식노릇 다할 수 있는 이 드물다네	而鮮或有能盡其職者
그들에게 공의 행실을 보게 한다면	使視公之行
부끄러운 기색이 없으랴	其無愧色

학생 안공 묘갈[50]

學生安公墓碣

순흥(順興) 안오(安悟) 공 각초(覺初)는 41세의 나이로 숭정(崇禎) 경자년(1660, 현종1) 세상을 떠났다. 과천(果川)의 양재리(良才里)에 장사지냈으며, 유인(孺人) 강릉 김씨(江陵金氏)를 합장하였다. 그의 아들 요좌(堯佐)가 삼주(三州) 이재(李縡)에게 묘갈을 부탁하려고 하다가 나이가 들어 직접 할 수가 없고 병이 들어 위독해지자, 그 아들인 형(衡)과 구(衢)에게 명하기를,

"우리 부친께서 돌아가실 때, 내 나이는 겨우 5세였다. 모습은 쉽게 볼 수 있는 법이지만 오히려 그 대략도 기억할 수 없으니, 더구나 마음속에 쌓인 덕성이야 말할 나위가 있겠느냐. 그러나 우리 모친께 여쭈어보니, 한두 가지 후세에 전할 만한 점이 있어 이것으로 당대의 입언(立言)하는 사람에게 글을 부탁하려고 하였는데 이제는 그만이니, 내가 편히 눈을 감을 수 없을 듯하구나."

하였다. 세상을 떠난 뒤에 형(衡)등이 자주 나를 찾아와 눈물을 흘리며 요청하기에, 내가 안씨 2대의 뜻을 애달피 여겨 드디어 그 세계(世系)를 기록하고 행실을 드러내며 후손을 기록하여 묘비에 새기도록 한다.

그 세계는 고려 말부터 조선에 이르기까지 급제 석(碩), 근재(謹齋)

50 학생 안공 묘갈 : 이 글은 안오(安悟, 1620～1660)의 묘갈이다. 안오의 본관은 순흥(順興), 자는 각초(覺初)이다.

문정공(文貞公) 축(軸), 문간공(文簡公) 종원(宗源), 양도공(良度公) 경공(景恭), 정숙공(靖肅公) 순(純), 문숙공(文肅公) 숭선(崇善) 5,6대가 모두 성대하게 이름난 분들이다. 문숙공의 4대손이 현감 세관(世寬)인데, 기묘사류(己卯士流)이다. 이분이 진사 상(祥)을 낳았고, 상이 충의교위(忠毅校尉) 춘인(春仁)을 낳았으니, 이분들이 공의 3대이다. 외조부는 군기시 정을 역임한 초계(草溪) 변정립(卞廷立)이다.

공의 행실을 보면 9세에 변 부인(卞夫人)을 위해 손가락을 베어 피를 마시게 하였고, 그 뒤에 부친이 병이 들자 또 허벅지 살을 베어드렸다. 부모가 세상을 떠나자, 아이 종 두셋과 묘소 아래에 여막을 짓고 오히려 스스로 상례(喪禮)에 힘썼다. 또 당시에 난리를 만나 집안이 엉망이 되었지만, 장가들고 나서는 사당(祠堂)을 세우고 제기(祭器)를 갖추어 놓고 아침저녁마다 절을 하였다. 제사 때가 되면 정성을 극진히 하여 비록 남는 고깃점과 털가죽 따위도 함부로 버리는 일이 없게 하였다. 책을 몹시 좋아하여 책을 파는 사람이 있으면 의복 및 소와 말도 아끼지 않았으며, 또 손수 베낀 책이 40여 권이었다. 처자를 의리로 대하였고, 친척과는 화목하게 지냈으며, 마을 사람에게는 공손하게 대하였다. 권력자가 공의 훌륭한 점을 듣고 한 번 만나보고자 하였으나, 끝내 만나려 하지 않았다.

유인(孺人)의 세계(世系)는 현감 충엄(忠淹)과 목사 행(行)이 그 부친과 조부이다. 남편을 섬기며 뜻을 어긴 적이 없었고, 과부가 된 뒤로는 엄정히 집안을 다스렸으며, 또 자식에게는 학문에 힘쓰도록 하여 고식적인 사랑을 하지 않았으니, 그 행실이 이와 같았다.

후손은 다음과 같다. 장남 요석(堯錫)은 요절하였고, 차남 요좌(堯佐)는 문장과 행실이 있었는데, 불행히도 불우하게 생을 마쳤다. 딸은 이규상(李奎相)에게 출가하였다. 한규(韓珪), 이하근(李夏根), 임형(林蘅)은 요좌의 사위이다. 이규상은 사위가 두 명인데, 윤유(尹潊)와 우후(虞候) 황전(黃腆)이다. 형과 구는 모두 진사인데, 형의 아들은 재태(載泰)와 재복(載復)이다. 명(銘)은 다음과 같다.

부모가 길러주셨는데 어찌 끝까지 섬기지 못했나	父母畜兮胡不卒
상을 당하고 난리를 만났지만 능히 자립하였네	喪亂集兮能自立
효가 근간이 되고 책이 상자에 가득하니	孝爲楨兮書滿籯
일찍 세상을 떠났어도 그 은택은 장구하다네	雖蚤亡兮其澤長

학생 민공 묘갈[51]

學生閔公墓碣

민씨(閔氏)는 대대로 문아(文雅)가 있어 우리나라의 이름난 종족이 되었다. 조선에서는 입암공(立巖公 민제인(閔齊仁))이 가장 현달하였는데, 그의 막내아우가 감찰 제영(齊英)이다. 공은 그의 4대손으로, 휘가 광시(光時)이고, 자가 익지(益之)이다. 부친 건(楗)은 참봉을 역임하였으며, 모친은 임천 조씨(林川趙氏)로, 참봉 희성(希聖)의 따님이다. 입암공이 일찍이 청주(淸州)의 입암(立巖)에 거주하였는데, 참봉에 이르러 드디어 그곳에 정착하였다. 공은 그곳에서 태어나 늙었으며, 죽은 뒤에는 그곳에 묻혔다.

가장(家狀)에 근거하면 공은 부모를 봉양하는데 힘을 다하여 냇가에서 낚시를 하기도 하고 산에서 나물을 캐기도 하였는데, 맛있는 음식을 얻으면 반드시 별도로 보관해두었다. 집안이 매우 빈곤하였으나 몸을 편하게 하는 도구를 다 마련하여 월비(月備)와 세제(歲制)에 이르기까지 유감이 없도록 하였으며,[52] 제전(祭奠)은 모두 의례대로 하였고,

51 학생 민공 묘갈 : 이 글은 민광시(閔光時, 1626~1696)의 묘갈이다. 민광시의 본관은 여흥(驪興), 자는 익지(益之)이다.

52 월비(月備)와……하였으며 : 상구(喪具)를 미리 준비하는 것을 말한다. 《예기》〈왕제(王制)〉에 "60세가 되면 1년이 걸려 마련할 수 있는 상구를 준비하고〔歲制〕, 70세가 되면 한 계절이 걸려 마련할 수 있는 상구를 준비하고〔時制〕, 80세가 되면 한 달이 걸려 마련할 수 있는 상구를 준비하고〔月制〕, 90세가 되면 이미 준비한 상구를 날마다 수리하고〔日修〕, 교(絞)·금(紟)·금(衾)·모(冒)만은 죽은 뒤에 마련한다."라고 하

또 묘전(墓田)을 마련하였다. 형제들과 우애하여 조카를 자식처럼 대하였으며, 고아가 된 조카들을 양육하여 시집 장가를 보냈다. 밭은 거칠고 황폐한 것을 취하고, 노복은 늙고 여윈 자들을 한결같이 택하여 설(薛) 지역의 맹상(孟嘗)처럼 하였다.[53] 남을 대할 적에는 기미가 온화하였고, 선하지 않은 일을 보면 마치 자신이 더럽혀진 듯 여겼다.

입암공의 뒤로는 문충공(文忠公 민정중(閔鼎重)), 문정공(文貞公 민유중(閔維重)) 및 문효공(文孝公 민진장(閔鎭長))과 충문공(忠文公 민진후(閔鎭厚))이 이어서 크게 드러났다. 공은 출세하려는 뜻이 없어 어떤 사람이 벼슬을 권하면 응하지 않았으며, 분수를 편안히 여기고 질박함을 고수하다가 세상을 떠났으니, 그가 태어난 천계(天啓) 병인년(1626, 인조4)으로부터 71년 되던 해였다.

부인 안동 김씨(安東金氏)는 80세의 수를 누려 공보다 4년 뒤에 세상을 떠났는데 합장하였다. 아들은 진중(晉重), 한중(漢重), 우중(虞

였는데, 《예기주소(禮記注疏)》에 "늙어 갈수록 죽을 날이 점점 가까워지기 때문에 미리 장송(葬送) 준비를 해야 한다. 세제는 관(棺)을 말한다. 만들기가 쉽지 않기 때문에 세제라 한다. 구하기 어려운 의복은 석 달이 걸려야 마련할 수 있기 때문에 시제라 한다. 구하기 쉬운 의복은 한 달이면 마련할 수 있기 때문에 월제라 한다. 90세가 되면 관과 의복이 모두 준비되어 다시 만들 필요가 없다. 그러나 매일 수리하는 것은 혹시라도 완전하지 못함이 있을까 염려해서이다." 하였다.

53 설(薛)……하였다 : 설(薛)은 땅이름이고, 맹상(孟嘗)은 전국 시대 제(齊)나라의 맹상군(孟嘗君)이다. 맹상군이 식객인 풍환(馮驩)에게 설(薛) 땅에 놓은 빚을 받아오게 하였는데, 풍환이 가서 가난한 자들의 빚 문서를 모조리 불태워 버리고 돌아왔다. 맹상군이 따지자 풍환이 대답하기를, "쓸모없는 빚 문서를 태워 버림으로써 설 땅의 백성들로 하여금 군(君)을 친하게 여기게 하고, 군의 좋은 명성을 드러내기 위해서이다." 하였다. 《史記 卷75 孟嘗君列傳》

重), 초중(楚重)이며, 딸은 신수(申洙)에게 출가하였다. 진대(鎭岱), 진악(鎭岳), 진돈(鎭敦)은 차남 소생이며, 진수(鎭綏), 진부(鎭溥), 진서(鎭瑞)는 삼남 소생이다. 사남의 아들은 진채(鎭琛)와 진명(鎭溟)인데, 진채는 장남의 후사가 되었다.

공은 내면에 쌓인 것을 실제 행동으로 옮겼고, 오래 장수하고 덕을 갖추었으며 많은 자손을 두었는데, 자손이 또 점점 문예로 명성을 떨쳤으니, 하늘이 선한 사람에게 내린 보답이 바로 여기에 있다. 진수, 진대, 진악이 찾아와 명(銘)을 청하니, 내가 입암공에게 먼 외손이 되기 때문이다. 명은 다음과 같다.

종족은 효자라 일컬었으며 宗族稱孝
고을에서는 공손하다고 일컬었네 鄕黨稱悌
이를 두고 성인은 선비라고 하였으니[54] 伊聖人謂之士
어찌 굳이 모두 문채와 바탕이 조화를 이룬 뒤에야 군자라 하리오[55]
豈必皆文質彬彬而後君子

54 종족은……하였으니 : 자공(子貢)이 공자에게 "어떻게 해야 선비라 이를 수 있습니까?"라고 묻자, 공자가 "처신함에 있어 부끄러워할 줄을 알며, 사방에 사신으로 나가서는 군주의 명을 욕되게 하지 않으면 선비라 할 수 있다." 하므로, 다시 묻기를 "감히 그다음 가는 선비에 대하여 묻겠습니다." 하자, 공자가 "종족들로부터 효성스럽다는 칭찬을 받고 향당으로부터 공손하다는 칭찬을 받는 사람이다."라고 한 데서 온 말이다. 《論語 子路》

55 어찌……하리오 : 《논어》 〈옹야(雍也)〉의 "바탕이 문채보다 지나치면 촌스럽게 되고, 문채가 바탕보다 지나치면 겉치레에 흐르게 되나니, 문채와 바탕이 조화를 이룬 뒤에야 군자라고 할 수 있다.〔質勝文則野, 文勝質則史, 文質彬彬然後君子.〕"라고 한 데서 나온 말이다.

학생 박공 묘갈[56]

學生朴公墓碣

능성(綾城) 박헌가(朴獻可)는 나에게 배웠는데, 하루는 그의 부친 사진(思愼)의 말로 다음과 같이 요청하였다.

"나의 조부는 휘가 류(瀏)이고 자가 미원(美源)인데, 은거하여 뜻을 구하였으니, 옛날의 유일(遺逸)과 유사합니다. 그 선대는 함양(咸陽)에서 나왔으며, 고려 때 상서를 지낸 선(善)과 조선에서 청백리에 선발되고 세자 익찬을 지낸 수지(遂智)가 가장 현달하였습니다. 증조부는 주부 영(苓)이고, 조부는 동지중추부사 성인(成仁)이며, 부친은 통덕랑 진환(震煥)입니다. 대대로 보성군(寶城郡)에 거주하다가 공에 이르러서 비로소 능성(綾城)[57]으로 이주하였습니다. 능성의 고을 동쪽 5리 되는 곳에 냉정촌(冷井村)이 있습니다. 공이 그곳의 산수를 좋아하여 경치가 좋은 곳을 택하여 살았는데, '한천(寒泉)'이라고 이름을 고친 것은 주자(朱子)를 사모하는 뜻을 담은 것입니다.[58]

공은 자질과 성품이 고아하고 깨끗하여 전혀 세속에 얽매임이 없

56 학생 박공 묘갈 : 이 글은 박유(朴瀏, 1627~1675)의 묘갈이다. 박유의 본관은 함양(咸陽), 자는 미원(美源)이다.

57 능성(綾城) : 전라남도 화순군(和順郡) 능주면(綾州面)의 옛 지명이다.

58 한천(寒泉)이라고……것입니다 : 주자가 모친 축씨(祝氏)의 상을 당하여 건양(建陽) 숭태리(崇泰里) 한천오(寒泉塢)에 장사지내고 여막을 짓고 시묘살이를 하였다. 묘소 옆에 한천정사(寒泉精舍)를 세워서 학자들과 강학하며 저술에 힘썼다.

었습니다. 어려서 부모를 여의어 봉양하지 못하여 실로 종신토록 사모하는 마음이 있었습니다. 네 형제가 밤에는 같은 이불을 덮고 차마 잠시도 곁을 떠나지 않았으니, 타고난 효도와 우애가 이와 같았습니다. 고을의 풍속은 본래 조급히 권세를 다투는데, 공은 홀로 문을 닫고 정숙함을 지키며 의로운 행동으로 자신을 면려하니, 선한 자는 점차 존경할 줄 알았고, 선하지 않은 자는 두려워하였습니다. 오래되자 풍속이 점차 변하여 제법 예의와 사양을 일삼았습니다.

공은 돌을 쌓아 섬돌을 만들고 물을 끌어와 연못을 만들고는 좌우에 화초와 대를 심고 거문고와 책을 갖추어 놓았습니다. 공은 그 사이에 거처하면서 독서를 하며 스스로 즐거워하였으니, 한가로이 세속을 벗어난 흥취가 있었습니다. 을묘년(1675, 숙종1) 7월 27일 세상을 떠났으니, 향년 49세였습니다.

부인 청도 김씨(清道金氏)는 남편의 짝이 되어 뜻을 어긴 적이 없었고, 공이 세상을 떠난 뒤 자식들을 가르쳐 성취시켰습니다. 아들 셋을 두었는데, 두함(斗咸), 문함(文咸), 태함(泰咸)이며, 태함이 우리 부친입니다. 우리 고을 사람들은 공에 대한 이야기가 나오면 반드시 '착한 선비, 착한 선비'라고 합니다. 그러나 훌륭한 군자의 무거운 한마디 말이 있지 않으면 후대에 믿음을 취할 길이 없기에 감히 이렇게 요청합니다."

하였다. 내가 그의 효성을 가상히 여겨 드디어 명(銘)을 짓는다. 명은 다음과 같다.

천리나 떨어진 두 곳의 한천동　　千里相望兩寒泉
그 사람은 볼 수 없으나 어진 마음 떠올리네　　不見其人懷其賢

도서 가득한 방에 한가롭게 앉았으니	一室圖書坐蕭然
이 즐거움은 오직 공이 먼저 얻었네	此樂惟公獲之先
내가 명을 지어 무덤에 부치니	我作銘詩寄幽阡
아, 아름다운 명성 오래도록 전해지리	嗟哉令名垂億年

학생 김공 묘갈[59]

學生金公墓碣

공의 휘는 시성(始聲), 자는 대이(大而)이다. 김씨는 언양(彦陽)에서 나왔는데, 고려 명신 취려(就礪)의 후예로 조선에서는 부제학 경직(敬直)과 직제학 문(汶)이 가장 현달하였다. 몇 대를 지나 호군 종윤(宗胤)은 우암 선생(尤菴先生)이 그를 위해 전(傳)을 지었다.[60] 이분이 수직(壽職)으로 가선대부를 받은 기(錡)를 낳았으니, 공은 그 분의 아들이다.

젊어서 문장에 능숙하여 여러 번 향시에 응시하였으나 합격하지 못했다. 용인(龍仁)의 직곡(直谷)에서 노년을 보냈는데, 직곡에 있는 산수의 경치가 빼어난 곳이 있어 즐기고 완상하여 자호(自號)를 완간옹(玩澗翁)이라 하였다. 독서를 하고 행동을 삼가면서 77세로 세상을 떠나자, 집의 뒤편에 장사지냈다.

공은 성품이 효성스러워 모친이 병에 걸리자 변을 맛보고 손가락을 베어 피를 마시게 하였다. 부친이 나이가 들어 시력과 청력을 모두 잃자, 좌우에서 부지런히 시중을 들며 지극히 사랑하고 애달파하였다. 상을 당하자 상제(喪制)는 모두 《주자가례》를 따랐으며, 새벽마다 가

59 학생 김공 묘갈 : 이 글은 김시성(金始聲, 1627～1703)의 묘갈이다. 본관은 언양(彦陽), 자는 대이(大而), 호는 완간옹(玩澗翁)이다.

60 호군……지었다 : 《송자대전(宋子大全)》 권215에 〈부호군 김종윤전(副護軍金宗胤傳)〉이 실려 있다.

묘(家廟)에 배알하였고, 기제사의 재계(齋戒) 때에는 남과 말을 하지 않았으며, 제사를 지낼 적에는 처음 상을 당했을 때처럼 울부짖으며 통곡하였고, 늙어서도 여전히 그렇게 하였다. 선(善)을 즐기고 의(義)를 좋아하였으며, 남이 곤경에 처했을 때 더욱 급하게 생각하였다.

과거에 우암의 문하에서 수학하였으며, 기사년(1689, 숙종15)에 율곡(栗谷)과 우계(牛溪) 두 선생이 문묘에서 출향되었을 때,[61]자제들에게 과거공부를 그만두라고 경계하였다. 정승 남구만(南九萬)과 동문수학한 사이인데, 남구만이 존귀해지자 한 번도 그의 집을 찾지 않았으니, 그가 꿋꿋이 지조를 지킨 것이 이와 같다.

유인(孺人) 홍씨(洪氏)는 남양(南陽)의 명족으로, 운(運)의 따님이다. 아들은 후설(後卨), 후상(後尙), 후석(後奭)이며 딸은 박상규(朴相規)에게 출가하였다. 후설의 아들은 홍태(弘泰), 홍리(弘履), 홍제(弘濟), 홍진(弘晉), 홍복(弘復)이다. 후상의 아들은 홍준(弘俊), 홍걸(弘傑)이며, 후석의 아들은 홍교(弘敎), 홍정(弘鼎), 홍익(弘益)이다.

공은 계미년(1703, 숙종29) 11월 10일 세상을 떠났으며, 유인은 공보다 14년 뒤 세상을 떠났는데, 합장하였다. 홍교와 홍복이 내가 같은 고을에 살고 있다는 이유로 찾아와서 명(銘)을 청하였다. 명은 다음과 같다.

시내가 있어 씻을 수 있고　　有澗可濯

61 기사년에……때 : 1689년(숙종15) 3월 12일, 이현령이 이이와 성혼을 문묘에서 출향(黜享)해 달라고 청하는 상소를 올렸는데, 이 상소로 인하여 이이와 성혼은 3월 18일 문묘에서 출향되었다.《肅宗實錄 15年 3月 12日》

책이 있어 읽을 수 있네	有書可讀
노년에 한가로이 지내며	白首婆娑
자신의 즐거움 온전히 하였네	我全我樂
이 검은 비석에 새겨	刻此玄石
숨겨진 덕을 드러내노라	以發幽德

학생 권공 묘갈[62]

學生權公墓碣

권씨(權氏)는 본래 세력이 있는 집안으로, 안동 권씨 성(姓)을 하사받은 태사(太師) 행(幸)[63] 이후로 대대로 훌륭한 인물이 나왔다. 조선에서는 영의정을 역임한 휘 준(準)이 있는데, 공은 그의 후손이다. 조부 휘 질(耋)은 첨정을 역임하였고, 부친 휘 사길(士吉)은 세마를 역임하였다.

공은 휘가 경(磬)이고 자가 낙보(樂甫)로, 벼슬을 구하지 않고 평생 독서하며 스스로 즐기다가 65세로 세상을 떠났다. 유인(孺人) 진천 송씨(鎭川宋氏)는 통덕랑 흥길(興吉)의 따님이다. 처음에 공을 수원(水原)에 장사지냈다가 공이 세상을 떠난 지 14년 뒤 을유년(1705, 숙종31)에 유인이 세상을 떠나자, 이듬해 3월에 공의 묘를 이장하여 목천(木川) 원동산(原洞山)에 합장하였다.

아들 넷을 두었으니, 필형(必衡), 필달(必達), 필창(必昌), 필문(必聞)이며, 딸은 셋으로 오두성(吳斗星), 김헌(金櫶), 한은군(漢恩君) 조정익(趙廷翊)이 사위이다. 필형의 아들은 만재(萬載)와 만년(萬年)

62 학생 권공 묘갈 : 이 글은 권경(權磬, 1627~1691)의 묘갈이다. 권경의 본관은 안동(安東), 자는 낙보(樂甫)이다.

63 안동……행(幸) : 안동 권씨(安東權氏)의 시조 권행(權幸)으로, 고려 때 태사 벼슬을 지냈다. 본성(本姓)은 김(金)이다. 신라 말에 안동의 고호인 고창(古昌)의 수령으로 있다가 고려 태조를 도와 견훤(甄萱)을 무찌르고 공을 세웠다. 이에 태조로부터 권씨 성을 하사받고 안동을 봉토(封土)로 하사받았다.

이고, 필달의 아들은 만중(萬重)과 만유(萬裕)이며, 필창의 아들은 만성(萬成)과 만칭(萬秤)이며, 필문의 아들은 만시(萬時), 만주(萬柱), 만조(萬朝)이다.

만유가 일찍이 나에게 배웠기에 공의 훌륭한 집안 행실에 대해 말하였다. 부모가 병이 들었을 때 손가락을 베어 피를 마시게 하였고, 또 변을 맛보았으며, 상을 당해서는 3년 동안 죽을 먹었고, 또 그 마음을 미루어 형제와 일가에게 미쳐 모두 극진히 사랑하였다고 하였으니, 이것이 그 중에 중요한 것이다. 아, 사람의 도리는 효도와 우애보다 큰 것이 없는데, 공은 효도와 우애를 잘 실천하였으니, 명(銘)을 지을 만하다. 명은 다음과 같다.

훌륭한 행실만 있고 지위는 없었으나	有行無位
장수만은 누렸네	而獨有年
어찌 이른바 사람에게 용납받지 못했지만	豈所謂不得於人
하늘의 뜻을 얻은 경우가 아니겠는가[64]	而得於天耶

64 어찌……아니겠는가 : 《논어》 〈헌문(憲問)〉에 공자께서 말씀하기를 "때를 얻지 못해도 하늘을 원망하지 않으며 등용되지 못해도 사람을 탓하지 않고, 아래로 인사를 배우면서 위로 천문을 통달하는 것이니, 나를 알아주는 것은 하늘이실 것이다.〔子曰, 不怨天不尤人, 下學而上達, 知我者, 其天乎.〕"라고 하였는데, 그 집주(集註)에 "하늘에서 천시를 얻지 못하여도 하늘을 원망하지 않고, 사람들에게 등용받지 못하여도 사람들을 탓하지 않고, 단지 아래로 인사를 배워서, 자연히 위로 천문을 통달하는 것을 안다는 것이다.〔不得於天而不怨天, 不合於人而不尤人, 但知下學而自然上達.〕"라고 하였다.

학생 서공 묘갈[65]
學生徐公墓碣

서행원(徐行遠) 어른은 재주와 행실로 천거되어 조정에서 벼슬을 하였는데, 훌륭한 공경대부들이 대부분 몸을 굽혀 그와 교유하였다. 얼마 뒤 내가 고을 사람들에게 들으니,

"아무개의 부친은 착한 선비로, 질박하고 진실하여 거짓이 없고 몸에 덕을 쌓았으니, 이런 아들을 둔 것이 마땅하다."

하였는데, 지금 가장(家狀)을 읽어보니 과연 그렇다.

공의 휘는 중영(重榮), 자는 자관(子觀)으로, 이천(利川) 사람이며, 대대로 목천(木川)에 거주하였다. 시조 신일(神逸)은 신라의 아간(阿干)을 지냈고, 고려의 장위공(章威公) 희(熙)와 조선에서 판서를 역임한 선(選)과 판서의 증손 응교 규(赳)가 가장 현달하였다. 휘 후장(後長)은 장사랑으로, 홍주(洪州) 이기성(李起成)의 따님에게 장가들어 공을 낳았는데, 출계(出系)하여 족부인 통덕랑 집(鏶)의 후사가 되었다. 목사 수천(壽千)과 첨지중추부사 환(煥), 주부 득형(得亨)이 통덕랑 위의 3대이다.

공은 일찍 부모를 여의였기에 통덕랑을 섬길 적에 뜻을 받들고 음식으로 빠짐없이 봉양하여 한 마디 말과 일도 감히 어기는 경우가 없었으니, 통덕공이 효자라고 칭찬하였다. 통덕공이 3년 동안 병을 앓을 적에

65 학생 서공 묘갈 : 이 글은 서중영(徐重榮, 1634~1712)의 묘갈이다. 서중영의 본관은 이천(利川), 자는 자관(子觀)이다.

공이 지극정성으로 병수발을 들면서 약과 변을 맛보았고, 심지어 직접 산천의 신 및 부뚜막과 아랫목 신에게 빌었으며, 한겨울에도 목욕재개하며 정성을 다 바쳤다. 상을 당했을 때에는 밤낮으로 빈소 곁 바깥에서 거처하면서 추운 날씨라도 한 번도 방에 들어가지 않았다. 고을에서 장례를 지켜보던 사람 수백 명이 곡을 하고 흐느끼는 그의 안색을 보고서 모두 감동하였다.

만년에 가산이 조금 넉넉해졌는데, 늘 제때 효도를 하지 못했다고 탄식하였으며, 제사를 지낼 때마다 제수를 풍성하고 정갈하게 갖추었으며, 제사 당일에는 앉은 채로 새벽까지 기다리며 어렴풋이 신령을 본 듯이 하였으니, 효성이 이와 같았다. 평소에는 의관을 바로하고 단정히 앉아 잠잘 때가 되어서야 비로소 의관을 벗었으며, 병이 들거나 피곤할 때도 기대거나 누운 적이 없었다. 남의 선행을 들으면 자신이 소유한 것처럼 여겼고, 남의 악행을 보면 원수처럼 미워하였으며, 사람이나 물건을 해치려는 생각은 조금도 마음속에 둔 적이 없었다. 고을의 뛰어난 자제들이 대부분 공에게 배웠는데, 좋은 방법으로 일과(日課)를 권하였다. 향년 79세로 임진년(1712, 숙종38) 3월 28일 세상을 떠났다.

부인 부안 임씨(扶安林氏)는 선무랑 상의(尙錡)의 따님으로, 76세로 공과 같은 해에 세상을 떠나 고을에 있는 비령산(飛靈山) 갑좌(甲坐)의 언덕에 합장하였다. 아들 하나를 두었으니, 진사시에 합격하여 사헌부 감찰을 지낸 행원(行遠)이며, 딸 둘은 박신교(朴愼交)와 김서(金鏊)에게 출가하였다. 행원의 아들은 경보(慶普)이며, 사위는 이광백(李光白)과 이용등(李龍登)이다. 박신교의 아들은 종후(宗厚)이며, 사위는 이성등(李聖登)이다. 김서의 아들은 윤석(胤錫)이며, 사위는 한후락(韓後洛)이다. 경보는 아들 둘을 두었으니, 양우(陽遇)와 무과에 합격한 몽우(夢遇)이며, 딸은 이명호(李命虎), 곽태제(郭泰濟), 장일소(張一紹)에게 각각 출가하였다.

감찰 어른이 유명(遺命)으로 나에게 묘문(墓文)을 부탁하기에 감히 사양하지 못하였다. 명(銘)은 다음과 같다.

살아서는 훌륭한 선비였고	生爲善士
죽어서는 훌륭한 자식을 두었네	死有令子
하늘이 공에게 복을 누리게 한 것이	天之餉公
역시 크고 풍성하도다	亦孔之豐

증 지평 이공 묘갈[66]

贈持平李公墓碣

정암(靜菴 조광조)과 벗으로 지내면서 기미를 보고 은거하여 교리로 고을에서 생을 마친 행원(杏園) 이부(李阜)[67] 공이라는 분이 있으니, 진천(鎭川) 사람들이 그의 효성을 사모하여 백원서원(百源書院)[68]에 배향하였다. 공은 그의 후손(來孫)으로 휘가 즙(楫)이고, 자는 용여(用汝)이며 고성(固城) 사람이다. 그 선대는 고려 말과 조선 초기에 문정공(文貞公) 암(嵒), 문경공(文敬公) 강(岡), 양헌공(襄憲公) 원(原)이 3대를 이어 현달하였다. 그 5대손이 행원이고, 행원의 증손 각(恪)이 동지중추부사를 역임하였으며, 그의 아들 건(健)은 수의부위(修義副尉)를 역임하였는데, 공의 부친과 조부이다. 모친 함평 이씨(咸平李氏)는 첨지중추부사 호문(好文)의 따님이다. 중부(仲父) 별제 척(倜)이 자식이 없어 공을 후사로 삼았다.

66 증……묘갈 : 이 글은 이즙(李楫, 1639~1713)의 묘갈이다. 이즙의 본관은 고성(固城), 자는 용녀(用汝)이다.

67 행원(杏園) 이부(李阜) : 1482~1555. 본관은 고성(固城), 자는 자릉(子陵), 행원은 호이다. 사림파로서 조광조(趙光祖)와 교유하였고, 1519년(중종14) 현량과에 병과로 급제하여 병조좌랑·정언을 역임하였다.

68 백원서원(百源書院) : 충청북도 진천군 이월면 노원리에 있었던 서원이다. 1597년(선조30) 이종학(李鍾學), 김덕숭(金德崇), 이여(李畬), 이부(李阜)의 학문과 덕행을 추모하기 위해 창건하여 위패를 모셨다. 1669년(현종10) '백원(百源)'이라고 사액되었다.

공은 숭정(崇禎) 기묘년(1639, 인조17)에 태어났다. 어려서부터 훌륭한 행실이 있어 얼굴빛을 기쁘게 하고 뜻에 순종하며 좌우에서 부모를 봉양하면서 남이 수고를 대신하도록 하지 않았다. 부모가 말하기를 "이 아이가 나를 잘 섬긴다."라고 하니 친척들이 다른 말이 없었다. 부모가 병이 들자 의관을 벗지 않고 웃을 적에는 잇몸을 드러내지 않았으며, 변이 달고 쓴지 맛보고 밤에는 밖에 서서 하늘에 기도하였다.

상을 당해서는 3년 동안 죽을 먹었고, 묘소에서 곡을 할 때마다 길을 가던 사람들도 발길을 멈추고 눈물을 흘렸으며, 야위고 상하여 거의 죽을 지경에 이르렀다. 어떤 이가 강계(薑桂)[69]로 몸을 보양하라고 권하면 그때마다 눈물을 흘렸는데, 권한 사람 역시 눈물을 흘리며 차마 다시 말하지 못했다. 부친이 병에 걸렸을 때 수박이 먹고 싶다고 하였는데, 제철이 아니라 구하지 못해 평생토록 한스럽게 여겼으며 다시 입에 대지 않았다.

장지(葬地)가 불길하다는 이유로 여러 해 동안 성심으로 찾았는데, 좋은 묏자리를 찾았을 때 이르러 공이 병들자 자제들에게 일을 하도록 시키며 말하기를,

"내가 죽더라도 여한이 없을 것이다."

하였으며, 손으로 산도(山圖)[70]를 잡고 죽음을 앞두고서도 놓으려 하지 않았다. 또 말하기를

69 강계(薑桂) : 생강과 육계(肉桂)이다. 《예기》 〈단궁 상(檀弓上)〉에 "증자가 말하기를 '상중에 병이 들면 고기를 먹고 술을 마시되 반드시 초목의 양념도 있어야 한다.'라고 했으니, 생강과 육계를 말한 것이다.〔曾子曰, 喪有疾, 食肉飮酒, 必有草木之滋焉, 以爲薑桂之謂也.〕" 하였다.

70 산도(山圖) : 묏자리를 표시한 그림을 말한다.

"부친상을 당했을 때, 내가 불행히도 염병에 걸려 염빈(殮殯)에 정성을 다하지 못했으니, 나를 성대하게 장사지내서 내가 거듭 불효하지 않게 하여라."

하였다.

75세에 세상을 떠나고, 4년 뒤 숙종 정유년(1717, 숙종43) 고을 사람들이 공의 행실을 현(縣)에 알렸는데, 현에서 관찰사가 계시다고 하니, 관찰사가 말하기를 "아, 선한 사람을 정표(旌表)하는 것이 나의 직분이다." 하고 조정에 아뢰어 3년 뒤에 사헌부 지평에 추증되었다. 지금 성상 을사년(1725, 영조1)에 또 정려를 내리자 군자들이 말하기를 "이렇게 하지 않으면 선한 사람을 어찌 권면하겠는가?"라고 하였으며, 또 말하기를 "행원공은 훌륭한 자손을 두었다고 할 만하다."라고 하였다.

공은 단정하고 겸손하며 공손하여 심한 병이 아니면 나태하게 지낸 적이 없으며, 용모를 바르게 하고 사납고 거만함을 멀리하였다. 남의 선행을 드러내기 좋아하였고, 남의 과오를 들으면 못들은 것처럼 하였으며, 향당에서는 어질게 행동하였으며 종족과는 화목하게 지냈다. 누이들이 매우 가난하였는데, 병이 들면 밭을 팔아서 약을 마련해 주었고, 새로 집을 지어 지붕을 이지 못하자, 자기 집의 지붕을 뜯어 덮어주었으니, 이는 모두 효성을 미루어 행한 것이다. 궁핍한 이를 구휼할 적에는 미치지 못할 듯이 하였으며, 상을 당한 사람이 있으면 반드시 가서 도왔다. 처가에서 소유한 노비에 대해서는 일체 따지지 않았고, 돈을 빌려가서 갚지 못하는 자가 있으면 그 차용문서를 태워버렸으니, 재화에 욕심이 없는 것이 이와 같았다. 그러나 효성이 모든 행실의 으뜸이니, 세세한 것은 생략해도 괜찮다.

부인 문화 유씨(文化柳氏)는 좌랑 이후(以厚)의 따님이다. 10세에 모친상을 당했는데, 밤에 불이 나서 빈소까지 번지려 하자, 하늘을 향해 통곡하면서 빈소를 지키며 떠나지 않았다. 얼마 뒤에 바람이 반대로 불어 불이 꺼졌으니, 사람들이 효성에 감동한 것이라 하였다. 공에게 시집온 뒤로는 성심으로 시부모를 모시니, 친척들이 칭찬하였다. 공과 함께 진천 현암(玄巖) 임좌의 언덕에 장사지냈는데, 슬하에 아들 참봉 섭(燮)이 있다. 계취(繼娶) 진천 송씨(鎭川宋氏)는 지임(之任)의 따님으로, 공보다 1년 먼저 세상을 떠나 같은 고을 옹암(甕巖)에 장사지냈으니, 공의 묘소와 5리 밖에 되지 않는다. 딸 넷은 안수(安脩), 윤가(尹榎), 조규범(趙奎範), 진사 장원(張源)에게 각각 출가하였다.

내가 예전에 설악산 아래에 우거할 때에 섭이 찾아와 묘문을 부탁했는데, 험한 길을 넘어 호랑이와 표범의 위험을 무릅쓰고도 어려워하는 기색이 없었다. 내가 감히 할 수 없다고 사양하자 울면서 말하기를,

"제가 늙어서 죽을 날이 가까우니, 죽어서 선인을 뵐 면목이 없습니다."

하였다. 말을 마치자 다시 눈물을 흘렸고, 그 뒤 몇 차례 만났을 때도 늘 그런 모습을 보이며 말을 간절히 하여 사람의 마음을 감동시키니, 묻지 않아도 효자의 아들인 줄을 알겠다.

아, 공은 행원을 조부로 두고 또 이와 같은 자식을 두었으니, 내가 비록 공을 보지는 못했지만 공의 효성은 더욱 믿고 공경할 만하다. 드디어 명(銘)을 지으니, 명은 다음과 같다.

이곳은 효자의 무덤이니	是惟孝子之藏
아, 후인들이여 손상하지 말지어다	嗟後人無毁傷

통덕랑 윤공 묘갈[71]

通德郎尹公墓碣

윤봉적(尹鳳適) 군의 부친은 황려(黃驪 여주)에서 객사하였고, 이듬해 봉적이 또 상을 견디지 못하고 죽었다. 지평(砥平)의 유생 홍환기(洪煥箕)는 봉적의 인척인데, 봉적이 꿈에서 홍생에게 말하기를,

"우리 부친은 예전에 우리 조부의 언행을 모아 이공(李公) 아무개에게 명(銘)을 부탁하려고 하였는데, 미처 실행하지 못했습니다. 내가 유언을 받고 감히 어길 수가 없었는데, 불행히도 또 갑자기 죽었습니다. 내가 이미 가장(家狀)을 초하고 또 이공에게 올리는 편지를 써 놓았으니, 저를 위해 아우들에게 신속히 추진하라고 말해준다면 제가 눈을 감을 수 있을 것입니다."

하였다. 홍생이 마음으로 기이하게 여겨 봉적의 말을 전하니, 아우 봉휴(鳳休) 등이 울면서 말하기를,

"과연 그런 일이 있었군요. 그러나 우리 부친의 장례를 치른 뒤에 우리 형은 가속을 데리러 영남의 안동에 갔다가 세상을 떠나 돌아오지 못했습니다. 초본(草本)에는 진실로 뜻을 두었지만 미처 쓰지 못했습니다."

하였다. 얼마 뒤에 봉휴가 영남에 있는 책을 보다가 초본을 얻었는데, 필적이 선명하였으니, 세상을 떠나기 며칠 전에 쓴 것이었다. 봉휴가

71 통덕랑 윤공 묘갈 : 이 글은 윤시경(尹時卿, 1640~1685)의 묘갈이다. 윤시경의 본관은 파평(坡平), 자는 여상(汝相)이다.

또 울며 말하기를,

"제가 미처 알지 못했습니다."

하였다. 이에 편지와 가장을 가지고 급히 와서 나에게 보여주고는 절하고 울면서 말하기를,

"이 일은 지하에 있는 우리 부친과 형님의 소원입니다."

하였다. 내가 그의 지극한 정성에 감동하여 역시 눈물을 흘렸다.

가장을 살펴보니 공의 휘는 시경(時卿), 자는 여상(汝相)으로 파평(坡平) 사람이다. 시중 관(瓘)은 고려 때에 덕업(德業)으로 크게 드러났고, 조선에서는 좌명공신에 책록된 소정공(昭靖公) 곤(坤)이 있으니, 공은 그의 9대손이다. 증조 판서 휘 인함(仁涵)은 호가 죽재(竹齋)로 선조 때 명신이었으며, 조부 휘 홍의(弘毅)는 경기 도사를 지냈고, 부친 휘 유근(惟謹)은 정랑을 지냈다. 모친 안동 권씨(安東權氏)는 도사 필중(必中)의 따님이다.

공은 태어나면서부터 지극한 행실이 있었는데, 부친인 정랑의 상을 당해서는 묘소에 여막을 짓고 건강을 해칠 정도로 슬퍼하였다. 집이 가난하여 형제들이 떨어져 지내는 것을 늘 원통하게 생각하여 말이 나오면 눈물을 흘렸다. 모친이 다른 곳에 계실 때면 아침저녁으로 걸어가서 정성스레 살펴드렸고, 비바람이 불어도 그만두지 않았으며, 밖에 나가서 맛있는 음식을 보면 늘 품고 돌아와 모친에게 올렸다. 모친이 이질에 걸린 적이 있는데, 정성을 다하여 병간호를 하였으며, 밤에는 눈물을 흘리고 하늘에 빌었는데, 3개월 만에 완쾌되자 사람들이 효성에 감응한 것이라 하였다. 큰형님을 엄한 부친처럼 섬겼고, 가족에게 은혜롭게 대하였으며, 어린아이를 보면 반드시 선조의 효성과 우애, 화목하게 지낸 행실을 거론하며 거듭 경계하여 마지않았다.

일찍이 당론(黨論)이 사람의 마음을 그르친다고 생각하여 평소에 남과 논변하는 일이 드물었다. 갑인년(1674, 숙종1) 우암 선생(尤菴先生)이 무함을 받았을 때, 공이 분개하여 "이는 세도(世道)가 소장(消長)하는 때이다." 하고는 박태두(朴泰斗) 공과 상소를 올려 그 원통함을 직언하였다. 공의 부친 정랑공이 성균관의 재임으로 있을 때, 율곡(栗谷)과 우계(牛溪) 두 선생을 종사(從祀)하는 논의에 앞장섰으니, 집안 대대로 사론(士論)을 주장한 것이 이와 같았다.

공은 술을 즐기는 성품이었으나 어지러운 지경에 이르지 않았고, 이따금씩 흥이 나면 시를 읊조렸는데 격조가 맑고 고아하였으며, 필법 역시 굳세어 좋아할 만하였다. 여러 차례 과거에 응시하였으나 결국 급제하지 못하고 46세 되던 을축년(1685, 숙종11) 5월 5일 세상을 떠났다. 사우들이 모두 탄식하여 말하기를,

"이 사람이 이런 지경에 이르다니."

하고, 너도나도 부의를 보내고 염을 하였다. 당시에 모친이 여전히 생존해 계셨는데, 공은 죽음을 앞두고 다른 말이 없이 오직 돌아가실 때까지 봉양을 하지 못한 것을 아픔으로 여겼다. 영평(永平)의 선산 갑좌(甲坐)의 언덕에 장사지냈다.

부인 우계 이씨(羽溪李氏)는 덕우(德雨)의 따님으로, 슬하에 자식이 없다. 둘째 부인 청주 한씨(淸州韓氏)는 사과(司果) 구(頚)의 따님으로, 공의 삼년상을 마친 뒤에도 여전히 거친 음식을 먹고 좋지 않은 의복을 입으며 평생을 보냈다. 슬하에 1남 2녀를 두었다. 아들 명계(明啓)가 바로 유언을 받은 자이며, 딸은 김성부(金聖溥)와 홍진표(洪鎭杓)에게 각각 출가하였다. 명계는 아들 넷을 두었는데, 장남 봉적은 진사이고, 차남은 봉휴이며, 삼남은 봉채(鳳彩)이고, 사남 봉주(鳳周)

는 친척의 후사로 나갔다. 딸은 김덕수(金德綏), 황규(黃圭), 이용서(李龍瑞)에게 각각 출가하였다. 김성부의 아들은 대징(大徵)이며, 홍신표는 아들이 둘인데, 성기(聖箕)와 윤기(胤箕)이며, 사위는 신사간(申思幹)과 이영배(李永配)이다. 봉적의 아들은 심전(心傳)이다.

공의 선행은 기록할 만한 것이 많지만 대체로 한결같이 효에 근본하였으니, 아들과 손자를 보면 그 유래를 알 수 있다. 더구나 봉적의 일은 매우 기이하니 어찌 하늘이 지극한 효성을 도와서 이것으로 공의 집안 3대의 효를 드러내려고 한 것이 아니겠는가. 아, 여기에 역시 이러한 이치가 있다. 명은 다음과 같다.

영평의 물은 맑고 넘실거리며 永之水兮淸瀉
영평의 산은 그윽하고 깊네 永之山兮窈深
이 한 조각의 돌이 오랜 세월 전해지리니 惟此一片石兮千百世之下
행여 효성스러운 자손의 마음을 볼 수 있으리라 尙或見孝子慈孫之心

처사 송공 묘갈[72]

處士宋公墓碣

송이석(宋頤錫) 군은 호남의 명망 있는 선비로 나에게 배웠는데, 한 번은 상사(上舍) 유승(柳乘)이 지은 행장을 가지고 그의 종숙 처사공을 위하여 묘소에 세울 묘갈을 지어달라고 요청하였다. 내가 행장을 읽어보니, 공의 휘는 위규(緯奎)이고, 자는 선징(善徵)이다. 송씨(宋氏)는 처음에 여량(礪良 여산(礪山))에서 나왔고 중간에 어떤 지파(支派)가 신평(新平)으로 관향을 옮겼는데, 군수 자은(自殷)에게서 시작되었다. 4대를 지나 대호군 기원(起源)이라는 분이 있었는데, 이분이 동지중추부사 휘 격(格)을 낳았다. 그의 아들 휘 지환(之煥)이 진사 광산(光山) 김성로(金成輅)의 따님에게 장가를 들었으니, 이분들이 공의 부친과 모친이다.

공은 태어나면서부터 영특하고 빼어남이 여느 아이들과 달랐고, 글을 배우면서는 번거롭게 스승의 가르침을 받지 않고도 대의(大義)에 통달하였다. 어린 나이에 부친상을 당하였는데, 어른처럼 장례를 치렀다. 김 유인(金孺人)을 섬기면서 정성과 사랑을 극진히 하여 아침저녁으로 부엌에 들어가 요리하는 것을 몸소 살펴 입맛에 맞게 하는데 힘썼다. 어떤 이가 너무 고달픈 일이라고 말하면 "이처럼 한 뒤에야 제 분수에 편안합니다."라고 하였다. 유인이 나이가 들어 병이 심해지자

72 처사 송공 묘갈 : 이 글은 송위규(宋緯奎, 1642~1688)의 묘갈이다. 송위규의 본관은 신평(新平), 자는 선징(善徵)이다.

잠시도 곁을 떠나지 않았으며, 움직일 때나 식사를 할 때 반드시 몸소 유인을 부축하였다. 유인이 근심하고 야윈 아들을 걱정하여 억지로 물러가 쉬도록 하니, 공이 비록 감히 명을 어기지는 않았지만 항상 문밖에서 숨을 죽인 채 창과 벽 사이에 귀를 대고 상태가 어떤지 엿보았다. 이처럼 한 것이 4~5년 동안 한결같았다.

모친의 질병이 심해지자, 밤마다 목욕재계하고 북두성에 빌었고, 또 정원에 단을 쌓은 후에 지성으로 천지신명께 기도하여 자신이 대신 죽게 해달라고 빌었는데, 모친이 돌아가시자 슬픔으로 몸이 극도로 상했으나 겨우 죽지 않았다. 상복을 벗은 뒤 몇 년 동안은 남들과 어울려 잔치를 열거나 즐거워하지 않았고, 제사 때에는 어렴풋하게 혼령이 보이는 것처럼 정성을 다하였으며, 제수음식은 정갈하게 마련하고 많은 종류를 진열하는데 힘쓰지 않았다. 자제들 중에 재계하는데 삼가지 않는 이가 있으면 반드시 꾸짖어 물러가게 하였으며, 비록 음식 마련을 돕는 노복이라 하더라도 불결한 몸으로 재계하는 곳에 들어오지 못하게 하였다.

일찍 부친을 여의었기 때문에 부친을 섬기려는 마음으로 계부를 섬겼다. 거처가 그다지 가깝지 않았는데도 반드시 하루에 한 번씩 문후를 여쭈었으며, 혹한이나 한여름에도 빠뜨린 적이 없었다. 맛있는 음식을 얻으면 반드시 먼저 올렸으며, 집을 나가거나 들어올 때는 반드시 고하였다. 자제들을 바른 길로 가르치니 역시 모두 믿고 복종하였으며, 감히 옳지 않은 행동을 하지 않았다.

가문에 궁핍한 사람이 많기에 조금 살림이 넉넉한 몇 집과 함께 남는 재산을 덜어 주었다. 늘 아침저녁으로 높은 곳에 있는 정자나 바위에 올라 밥 짓는 연기가 오르지 않는 것을 보고는 "아무 집이 굶주리고 있구나."라 하고는 신속히 마련하여 구제해주었다. 종인(宗人) 중에 밭을 팔아 생계를 유지하려는 사람이 있었는데, 땅이 척박하여 팔리지 않음을 근심하자, 공이 그에게 자신의 밭 가운데 그가 스스로 선택하도록 하였다. 또 족형(族兄)이 매우 궁핍한 것을 근심하여 그를 위해 초가집을 짓고 데려다 함께 거처하였다. 나무를 하고 물을 긷는 수고를 역시 노복들에게 함께 하도록 하였으니, 친족과 외척 간의 화목, 친구의 믿음과 구휼이 이와 같았다.

공은 타고난 자질이 독실하고 두터웠으며, 성품이 또 책을 즐겨 노년에도 문을 닫고 깊숙이 들어앉아 앉으나 서나 글을 읽고 사색하여 날마다 《중용》과 《대학》을 암송하여 스스로를 면려하였으므로, 볼만한 실제 행실이 또 이와 같았다. 무진년(1688, 숙종14) 2월 15일 세상을 떠났으니, 향년 47세였다. 이 해 9월에 현 남쪽 천당동(天堂洞)에 장사 지냈다.

공의 부인은 금성 나씨(錦城羅氏)로 진사 희(僖)의 따님이다. 공보다 6년 뒤에 세상을 떠나 공과 합장하였다. 슬하에 아들 둘을 두었는데, 장남은 범석(範錫)이고 차남은 진사 문석(文錫)이다. 내가 생각건대 공의 온화하고 순수하며 삼가고 공손한 덕이 집안에 퍼지고 고을에서 신의가 있었으니, 아마도 옛날의 이른바 선한 선비이다. 드디어 감히 흔쾌히 이 글을 썼지만, 한스러운 것은 이석(頤錫)이 이미 죽어서 그에게 보일 수 없는 것이다. 이어 다음과 같이 명(銘)을 짓는다.

열 집의 고을에 충실한 자가 있다고	十室忠信
성인께서 말씀하셨네[73]	聖人有言
공의 독실한 행실은	如公篤行

효가 근원이 되었네	孝爲之源
몸소 육덕(六德)[74]을 갖추어	身備六德
노년에도 더욱 독실하였네	到老彌敦
아, 군자여	嗚呼君子
끝내 잊을 수 없도다	終不可諠
명을 지어 숨겨진 것을 밝혀	作銘闡幽
이 무덤 앞에 드러내노라	表玆墓門

73 열……하셨네 : 충신은 성실한 것으로 자품이 아름다움을 이르며, 성인은 공자(孔子)를 가리킨다. 공자는 일찍이 "십실의 작은 고을에도 반드시 나와 같이 충신한 자는 있거니와 나와 같이 학문을 좋아하지는 못한다." 하였다. 《論語 公冶長》

74 육덕(六德) : 《주례(周禮)》에 "대사도(大司徒)가 지방에서 세 가지 일로서 모든 백성들을 가르쳐 우수한 인재를 등용하였으니, 첫째는 육덕(六德)이니 지인성의충화(知仁聖義忠和)이고, 둘째는 육행(六行)이니 효우목인임휼(孝友睦婣任恤)이고, 셋째는 육예(六藝)니 예악사어서수(禮樂射御書數)이다."라고 하였다.

증 참판 홍공 묘갈[75]

贈參判洪公墓碣

남양(南陽) 홍수진(洪受晉) 공은 우거하던 고산(高山)의 집에서 후사 없이 세상을 떠났는데, 그대로 그 고을의 북쪽에 장사지냈다. 세상을 떠난 지 15년 후 임오년(1702, 숙종28)에 부인 구씨(具氏)가 임금의 수레 앞으로 나아가 형의 아들 우전(禹傳)을 후사로 삼기를 원한다고 말하자, 임금이 불쌍히 여겨 허락하였다. 이는 공이 과거에 여러 아들 중에 우전을 훌륭하다고 여겼기 때문이다.

우전은 기해년(1719, 숙종45) 함양 군수(咸陽郡守)로 을과에 합격하였으며, 2년 뒤 진급하여 경상도 관찰사에 올라 드디어 공은 이조 참판에 추증되고, 구씨는 정부인에 봉해졌다. 사람들이 말하기를 "홍공이 참으로 아들을 알아보았구나."라고 하였다. 관찰사가 얼마 뒤에 자급이 두 등급 올라 행 대사간이 되었다. 대간이 묘소 앞에 묘갈을 세우려고 나에게 글을 부탁하였다. 내가 공경히 허락하였는데, 얼마 후에 대간이 세상을 떠났다. 내가 마음으로 슬퍼하였으나 여전히 미적거리다 실행하지 못했다. 이윽고 탄식하여 말하기를 "만일 공이 다시 살아난다면 내가 부끄럽지 않겠는가?" 하고 속히 행장을 가져다 쓴다.

공은 후중하고 말과 웃음이 적었으며 국량이 아주 뛰어났고, 부모를 섬길 적에 지극한 행실이 있었다. 상중에는 더위에도 상복을 벗지 않았

75 증……묘갈 : 이 글은 홍수진(洪受晉, 1644~1688)의 묘갈이다. 홍수진의 본관은 남양(南陽), 자는 경삼(景三)이다.

고, 병이 들어도 강계(薑桂)[76]를 가까이 하지 않았다. 여러 형제들과 편안히 지냈으며, 붓, 벼루, 의복, 음식 따위는 하나도 사사로이 가진 적이 없었다. 재물과 여색을 멀리하였고, 권세와 이익을 멀리하였으며, 남을 대할 적에는 온화하고 편안하게 하여 격의가 없었다. 늘 고금 인물의 득실을 논하면 듣는 사람이 지겨운 줄도 몰랐다. 성품이 또 총명하였고, 한편으로 과거 공부를 하여 조만간에 급제할 것으로 여겼는데, 결국 합격하지 못하였으니, 운명이다.

고려의 좌명공신 은열(殷悅)이 바로 그 시조이며, 조선에서는 우국재(友菊齋) 휘 경손(敬孫), 석벽(石壁) 휘 경춘(春卿), 해봉(海峰) 휘 명원(命元)이 모두 문학과 재능으로 명성이 있었다. 첨정을 역임한 해봉의 아들 휘 처심(處深)이 공의 부친이다. 모친 나주 박씨(羅州朴氏)는 금계군(錦溪君) 동량(東亮)의 따님이다.

공의 자는 경삼(景三)으로, 숭정(崇禎) 갑신년(1644, 인조22) 태어나서 무진년(1688, 숙종14) 4월 7일 세상을 떠났다. 구씨(具氏)는 관향(綾城)이 능성으로, 부인의 부친은 통덕랑 치중(致中)이다. 사위가 넷인데, 이민영(李敏榮), 직장 송필희(宋必熙), 윤직교(尹直敎), 생원 이우제(李宇濟)이다. 맏사위의 아들은 동철(東喆)이다. 송필희의 양자는 생원 재만(載萬)이다. 윤직교의 아들은 동연(東淵), 동유(東游), 동계(東啓)이다. 막내 사위의 양자는 집성(集聖)이다. 대간은 우리 숙조(叔祖) 타우선생(打愚先生) 휘 상(翔)의 따님에게 장가들었다. 아들 계복(啓福)은 뛰어난 재주가 있었으나 장가들기 전에 죽었고, 계록(啓祿)은 일찍 죽었으며, 계희(啓禧)는 진사이다.

76 강계(薑桂) : 79쪽 주69 참조.

처음 부인이 임금께 말씀을 올렸을 때, 어떤 이가 말하기를 "네 명의 딸이 있지 않습니까?"라고 하니, 부인이 말하기를 "이렇게 하지 않으면 지하에서 남편을 볼 면목이 없습니다."라고 하였다. 마침내 극진한 봉양을 누렸는데, 대간이 세상을 떠날 적에 부인은 여든의 나이에도 무탈하였으니, 슬픈 일이다. 그러나 대간이 올곧은 도리로 인해 내쳐져 죽었지만 사론(士論)이 훌륭하게 여기고, 이런 아들을 두었으니 공의 명철한 감식안을 여기에서 징험할 수 있다. 나는 불식지보(不食之報)[77]가 영원토록 끝나지 않으리라는 것을 알겠다. 명은 다음과 같다.

낳은 아들이 꼭 현명하지는 않고 生子未必賢
현명한 이가 꼭 궁하지 않은 것은 아니라네 賢未必不窮
살아서는 아들이 없었으나 죽어서는 아들이 있으며 生無子而死有子
아들이 또 현명하고 현달하였으니 누가 공만 하겠는가 子又賢而達夫誰如公
아, 嗚呼
아들을 알아보는 이는 아버지만한 이가 없구나 知子莫如翁

대간공이 세상을 떠난 뒤 1년이 지난 기유년(1729, 영조5)에 부인이 세상을 떠났으니, 태어난 임오년(1642, 인조20)으로부터 88년이 지난 때였다. 10월 8일에 참판공의 묘를 열어 합장하였다. 부인은 효성을 타고났다. 모친 이씨(李氏)가 나이가 들어 오래도록 병을 앓자, 부인이 밤낮으로 병구완을 하였고, 약을 맛보고 옷을 입혀드렸으며,

77 불식지보(不食之報) : 부조(父祖)의 음덕으로 자손이 잘 되는 보응을 말한다.

대소변을 담는 용기를 씻는 일을 직접 하지 않은 적이 없었다. 3년을 하루같이 이렇게 하자, 여러 형제들이 다 감탄하여 말하기를 "우리들은 부끄러워 죽을 지경이다."라고 하며 서로 전답과 소작인을 떼어 문서를 작성하여 주자 부인이 사양했으나 어쩔 수 없이 받았다. 부인은 젊은 나이에 과부가 되어 스스로 길쌈 일을 하여 시기를 놓치지 않고 딸들을 시집보냈다. 만년에 지극한 봉양을 받을 때면 슬피 눈물을 흘리며 말하기를 "내가 차마 홀로 이런 봉양을 받을 수 있겠느냐?"라고 하였다. 의복과 이불 따위는 종신토록 화려한 것을 가까이 하지 않았으며, 영남(嶺南)의 감영에 있을 때에는 생신 때 올리는 물품도 대부분 받지 않았다. 부인의 선행은 기록할 만한 것이 많지만 엄정하고 대체를 알았다는 점이 이미 원래 묘갈에 보이니, 자세한 내용은 생략해도 될 것이다.

학생 박공 묘갈[78]

學生朴公墓碣

박성원(朴聖源) 사수(士洙) 군은 포의(布衣) 때부터 학문에 힘쓰고 글을 지어 사우들 사이에서 명성이 있었다. 과거에 급제하자 비로소 나에게 배웠는데, 변변찮은 양식조차 부족했는데도 곁을 지키며 떠나지 않았다. 나는 과문하고 졸렬하여 홀로 공부를 하였는데, 교학상장(教學相長)에 큰 도움이 되었으니, 사수와 같은 이가 만일 정자(程子)의 문하에 있었더라면 벼슬을 하고 있으면서 작록(爵祿)을 잊었던 문인에게 부끄러움이 없었으리라.[79]

지금 성상 갑자년(1744, 영조20)에 직언하다가 남해(南海)의 섬에 유배되었는데, 날마다 독서를 게을리 하지 않았다. 예전에 자신의 조부 학생공의 묘갈을 부탁한 적이 있는데, 또 편지를 보내 재촉하였다.

내가 드디어 가장(家狀)을 꺼내 읽어보니, 공의 휘는 현주(玄冑), 자는 숙도(叔度)이다. 박씨(朴氏)는 신라 때부터 8명의 대군으로 분봉(分封)되었는데, 밀양(密陽)을 관향으로 하는 자가 가장 번성했다. 조선에 들어와서는 부제학 강생(剛生)이 정자 절문(切問)을 낳았고, 정

78 학생 박공 묘갈 : 이 글은 박현주(朴玄冑, 1646~1699)의 묘갈이다. 박현주의 본관은 밀양(密陽), 자는 숙도(叔度)이다.

79 벼슬을……없었으리라 : 주자(朱子)가 정자(程子)의 가르침을 말하면서 "그의 문하에서 종유한 선비는 배운 것이 모두 마음으로 자득하는 경지에 이르고 외물에서 구하는 것이 없었다. 그러므로 아주 궁핍한 자는 굶주림과 추위를 잊었고, 이미 벼슬을 하고 있는 자도 작록을 잊었다.〔士之游其門者, 所學皆心到自得, 無求於外, 以故甚貧者忘飢寒, 已仕者忘爵祿.〕" 하였다. 《伊洛淵源錄 卷3》

자가 좌참찬 중손(仲孫)을 낳았으며, 좌참찬이 예조 참의 미(楣)를 낳았으며, 예조 참의가 형조 참판 광영(光榮)을 낳았다. 참판의 손자 휘 충원(忠元)은 이조 판서와 대제학을 역임하였는데, 호가 낙촌(駱村)으로 공에게 고조가 된다. 증조 휘 호현(好賢)은 생원으로, 사복시정에 추증되었다. 조부 휘 안례(安禮)는 통정대부로 양주 목사(楊州牧使)를 역임하였다. 부친 휘 승임(承任)은 승의랑으로, 병자호란 이후로 과거에 응시하지 않았다. 드러나지 않은 덕이 있었으며, 호는 남계(南溪)이다. 모친 의인(宜人) 용인 이씨(龍仁李氏)는 승지 홍망(弘望)의 딸님이다.

공은 인조 병술년(1646, 인조24)에 태어났다. 천성이 자애롭고 인자하며 국량이 너그럽고 두터웠다. 경술년(1670, 현종11) 승의공(承議公)이 갑자기 병에 걸려 위태롭게 되자, 공이 눈물을 흘리며 하늘에 빌고 곧바로 손가락을 베어 피를 섞어 드렸으나 결국 살려내지 못했다. 공은 상을 치르면서 예의를 다하였고, 모친을 섬기면서는 한결같은 뜻으로 공손하게 받들었다.

집안이 본래 청빈하여 날을 걸러 밥을 먹었지만, 모친에게 드리는 맛있는 음식이 떨어진 적이 없었으며, 밤낮으로 늘 모친 곁에 서 직접 장작불을 엿보아 온도를 알맞게 해 드렸다. 집 밖에서 잠을 잘 경우에는 새벽닭이 울면 반드시 귀가하였으며, 부득이한 경우가 아니면 이웃집이라도 가지 않았고 가면 반드시 일찍 돌아왔다.

모친이 84세의 수를 누리고 세상을 떠났는데, 공은 법도에 지나칠 정도로 슬퍼하였으며, 성복(成服)한 뒤에도 죽을 입에 대지 않았고 곡소리가 끊이지 않았다. 민 유인(閔孺人)이 말하기를

"남편이 필시 모친께서 살아계실 때 봉양이 미진하다고 여겨 그런

것일 테니, 이는 소첩의 죄입니다."
하고 또 울면서 먹지 않으니, 여러 사람이 모두 밥을 먹지 않고 울었다.

공의 서제(庶弟)가 마침 출타하였다가 돌아와서 보니, 거적자리〔苫次〕와 여러 방안에서 곡하며 목메는 소리가 염을 하기 전과 똑같았다. 들어가 보니 사람들이 모두 쓰러진 채로 일어나지 못했다. 드디어 울면서 공에게 "집안 식구들을 다 죽게 만들 생각입니까?" 하고 미음죽을 가져다 먹으라고 힘껏 권하자, 공이 비로소 억지로 먹었다.

공은 부모를 모두 여읜 뒤에는 더 이상 과거 공부를 하지 않았으며, 또 남들과의 교유를 즐기지 않아 문을 닫고 은거하였다. 경전 읽기를 좋아하여 날마다 일과를 정하여 늙어서도 아이 때처럼 숫자를 세면서 읽었다. 평소에는 반드시 무릎을 꿇고 앉아 비록 자제를 대할 때에도 조금도 흐트러진 모습이 없었다. 집안사람들을 다스릴 때는 대부분 너그럽게 대했으나, 그 사이에 법도가 있었다. 한 집에 살던 누이와 부녀자들이 10여 명이나 되었는데, 공은 여종들을 엄히 단속하여 절대 쓸데없는 말을 주고받지 못하게 하였으며, 한 집안의 안팎과 위아래 사람들이 모두 화락하게 지내도록 힘썼다.

평상시에는 세상의 여러 일에 마음을 쓰지 않는 듯했으나, 집안에 난처한 일이 있으면 반드시 기미를 먼저 보고 말없이 조치하였다. 변고가 생기면 과감히 결단하였는데, 그 때마다 반드시 적중하였다. 고을의 위아래 사람을 대할 때에는 한결같이 후한 은혜로 대하여 모두에게 환심을 얻었다.

기묘년(1699, 숙종25) 2월 3일 전염병에 걸려 죽으니, 향년 54세였다. 임종 때에 여러 아들을 돌아보며 일일이 가르치고 훈계하였는데, 모두 올바른 방편이었다. 처음에 양근(楊根)에 장사를 지냈다가 양주

(楊州) 대곡리(大谷里) 묘좌(卯坐)의 언덕으로 이장하였다. 부인 유인(孺人) 민씨(閔氏)는 절도사 선(墡)의 따님으로, 별도의 지문(誌文)이 있다. 90세의 나이로 세상을 떠나 공과 합장하였다. 슬하에 2남 4녀를 두었다. 아들은 진석(震錫)과 내석(乃錫)이다. 딸은 사인 권성징(權聖徵), 이유(李瑜), 진사 황종열(黃宗烈), 문과에 급제하고 좌랑을 지낸 홍하서(洪河瑞)에게 각각 출가하였다.

진석은 3남 1녀를 두었다. 장남은 최원(最源)이며, 차남은 직언으로 인해 견책을 받은 성원(聖源)이며, 삼남 태원(泰源)은 내석의 후사로 들어갔다. 사위는 건원릉 령(健元陵令) 김응지(金應祉)이다. 여러 손자는 종상(宗相), 종직(宗植)이고, 나머지는 어리다.

나는 예전에 사수(士洙)가 근면하고 독실하여 요즘 세상의 선비 같지 않아 괴이하게 여겼는데, 이제야 내력이 있다는 것을 알았으니, "영지(靈芝)가 뿌리가 없고, 예천(醴泉)이 근원이 없다."[80]는 말이 어찌 허언이 아니겠는가. 공처럼 너그럽고 효성과 우애의 덕을 갖춘 분은 신령이 위로해 주어야 마땅한데 끝내 불우하게 생을 마감하였으니, 어쩌면 선한 일을 하면 보답을 받지 않는 경우가 없지만, 더디고 빠름에는 때가 있어서 그런 것인가! 사수가 비록 때를 만나지 못했지만, 하늘이 그를 곤경에 빠뜨려 더욱 굳건하게 만들어 주려는 것이니, 지금

80 영지(靈芝)가……없다 : "영지는 뿌리가 없고 예천은 근원이 없다.〔芝草無根, 醴泉無源.〕" 는 말은 삼국 시대 오(吳)나라 우번(虞翻)이 아우에게 보낸 편지에서 한 말로, 본래 뜻은 뛰어난 인물은 가문이나 출신과 상관없이 나온다는 의미이다. 어떤 이가 "영지는 뿌리가 없고, 예천은 근원이 없다."라고 하였는데, 이천 선생(伊川先生)이 "사물이 어찌 뿌리 없이 생겨날 수 있으랴?〔或謂靈芝無根醴泉無源, 物豈有無本而生者?〕"라고 하였다. 《二程文集 附錄 卷上》

과 같은 상황에 머물지는 않을 듯하다. 나는 사수에게서 이 점을 짐작할 수 있으니, 우선 이렇게 쓰고 기다리노라. 명은 다음과 같다.

낙촌의 후손들	駱村之後
근래에 조금 현달하지 못했네	近稍不振
독서의 터전에	讀書田地
글 종자가 다하지 않았네	種子未殄
효도와 우애로 배양하고	培以孝友
충성과 신의로 북돋았네	壅以忠信
이미 몸에 지니고 있건만	旣有于躬
어찌 출세에는 인색하였나	胡靳其進
내가 드러나지 않은 점을 밝혔으니	我闡厥幽
돌에 새긴 글은 사라지지 않으리	貞石不泯
쏙 빼닮은 손자가 있어	有孫克肖
근면하고도 민첩하네	旣勤且敏
저 예천처럼	如彼醴泉
근원이 있어 물이 깊다네	有源斯浚
선행에 대한 보답은	爲善之報
오랜 세월이 지나도 다하지 않으리	萬億無盡
노력하라 후손들이여	勉哉後承
남은 경사가 있으리니[81]	餘慶是認

81 남은……있으리니 : 《주역》 〈곤괘(坤卦) 문언(文言)〉의 "선을 쌓은 집안에 반드시 경사가 있게 된다.〔積善之家, 必有餘慶.〕"라고 한 데서 온 말이다. 곧 지봉 집안의 선대(先代)에서 선을 쌓은 덕택에 자손들이 가문의 명성을 이어가게 되었다는 말이다.

처사 김공 묘갈[82]

處士金公墓碣

하서(河西) 김 문정 선생(金文靖先生 김인후)은 도학과 절의로 우뚝이 백세의 스승이 되었다. 선생의 선대는 몇 대에 걸쳐 장성(長城)에 살았는데, 그 후손들이 대부분 문장과 행실을 숭상하였다. 휘 명하(鳴夏)는 자가 대원(大遠)으로, 선생의 4대손이다. 어려서부터 아름다운 자질을 지녀 장난을 즐기지 않았고, 어른의 가르침을 삼가 지키고 어기지 않았으며, 깊이 들어앉아 독서를 즐겨 마을 사람들이 '누상랑(樓上郎)'이라고 불렀다.

상을 당해서는 애통해하는 모습이 이웃을 감동시켰고, 삼년상을 마치도록 치아를 보이지 않았다. 제사 때에는 숙연히 혼령이 자리에 계신 것처럼 엄숙히 하였으며, 제수를 씻고 진설할 때는 반드시 몸소 감독하였다. 매일 새벽마다 사당에 문안을 올렸고, 계절음식은 제사에 올리지 않으면 먹지 않았으며, 별도로 제전(祭田)을 마련해 두었다. 문정공이 시호(諡號)를 내려받은 지 오래되었으나 자손들이 가난하여 영은연(迎恩宴)을 하지 못했는데, 공이 비로소 실행에 옮겼다.

모친이 병이 들었을 때 수박을 먹고 싶어 했는데, 제철이 아니라 구할 수가 없었기에 공이 한스럽게 여겨 종신토록 입에 대지 않았고, 또 계모를 잘 섬겼다. 재산을 나눌 때 자신이 척박한 토지를 가졌으며,

82 처사 김공 묘갈 : 이 글은 김명하(金鳴夏, 1647~1706)의 묘갈이다. 김명하의 본관은 울산(蔚山), 자는 대원(大遠), 호는 화산(華山)이다.

또 자신의 토지를 떼어 궁핍한 외가 친척을 구휼해 주었다.

평상시 모습이 볼 만하였으며, 한번은 어떤 이와 길을 가다 소나기를 만났는데, 공이 타고 있는 말이 준마였는데도 평상시처럼 천천히 말을 몰다가 뒤에 있는 사람의 급한 기색을 보고는 고삐를 당겨 길을 양보해 주었다. 자제들이 잘못을 하면 조금도 용서하는 법이 없었고, 남의 선행을 보면 기뻐하며 사모하였다. 불선한 행동을 하는 사람은 면전에서 배척하였으나, 신분이 낮거나 천한 사람일 경우에는 불쌍히 여기며 말하기를 "아마 이 사람이 몰라서 한 일이리라."라고 하였다.

공이 과거에 묵회촌(默會村)에 살 때에 이웃 중에 닥나무 때문에 다투다가 누이를 구타한 자가 있었는데, 공이 불러서 소경(蘇瓊)이 을보명(乙普明)에게 한 것처럼[83] 깨우치고 타이르고는 자신이 그 수만큼 주었다. 그러자 그 사람이 머리를 조아리며 감히 받지 않고 다투던 것을 돌려주었다. 이어 닥나무 밭을 양보해 주어 다시 화목한 행실을 하니 사람들이 모두 감복하였으며, 공이 떠난 뒤에는 그리워해 마지않았다.

젊어서 과거공부에 무척 힘을 쏟다가 부모가 돌아가시자 말하기를 "영화로워지기를 바란들 누구를 위해 영화로워지겠는가?"라고 하였다. 깊은 산에 살며 문을 닫아걸고 관청에 발을 들이지 않았으며, 좌우에 도서(圖書)를 두고 여기저기 화훼와 나무를 심고는 그 사이에서

83 소경(蘇瓊)이……것처럼 : 북제(北齊) 때 소경이 남청하 태수(南淸河太守)가 되었는데, 을보명(乙普明) 형제가 전지(田地)를 가지고 서로 다투었다. 이에 소경이 그들 형제를 불러서 타이르기를, "하늘 아래에서 얻기 어려운 것이 형제이고 구하기 쉬운 것이 전지인데, 전지를 얻었더라도 형제를 잃는다면 어떻겠는가." 하니, 두 형제가 잘못을 빌면서 분가하여 산 지 10년 만에 합쳐서 살았다. 《小學 實明倫》

시를 읊으며 지냈다. 60세에 천연두에 걸리자 살아나지 못할 것을 알고는 만가(挽歌)를 지어 자신의 심경을 서술하였다. 자제들이 약물을 권하자, 죽고 사는 것은 명이라고 하면서 먹으려 하지 않았다. 병술년(1706, 숙종32) 6월 9일 세상을 떠나 화개산(華蓋山) 아래에 있는 선영에 장사지냈다.

증조 종호(從虎)는 찰방을 역임하였고, 조부는 남중(南重)이며, 부친 형지(亨祉)는 좌랑에 추증되었다. 모친 남원 양씨(南原梁氏)는 산억(山嶷)의 따님이다. 공의 부인 이씨(李氏)는 국성(國姓 전주 이씨(全州李氏))으로, 부인의 도리를 다하였다. 공이 평소에 집안 살림에 신경쓰지 않았으니, 사람들이 부인의 내조가 훌륭하다고 하였다. 공보다 7년 뒤에 세상을 떠났으니, 묘소는 맥동(麥洞)에 있다. 아들 둘을 두었으니, 치서(致瑞)와 규서(奎瑞)이며, 딸 셋은 변구(邊俅), 정만제(鄭萬濟), 임소(林蘇)에게 각각 출가하였다. 치서의 아들은 택현(宅賢), 보현(普賢), 정현(挺賢)이며, 사위는 정요신(鄭堯臣), 정박(鄭樸)이다. 규서의 아들은 종현(宗賢), 익현(益賢), 득현(得賢)이며, 사위는 민사연(閔師淵)이다.

좌랑공이 지극한 행실이 있었기에 고을에서 조정에 아뢰어 한창 추증하는 전례를 논의 중이었다. 공이 죽음을 앞두고 여러 아들에게 경계하기를 "내가 추증하는 전례를 보지 못할 듯하니, 교지(敎旨)가 내려오면 내 영전에 고하여라."라고 하였는데, 그 말대로 하였다. 공은 늘 스스로 "만일 의롭지 못한 일을 한다면 이는 선조를 욕보이는 것이다."라고 하였다. 그가 조심하고 행동을 삼가는 것이 이와 같았기 때문에 온 고을에서 선한 선비라고 칭찬하였으며, 죽은 뒤에는 모두 안타까워하였다.

예전에 하서옹(河西翁)이 《소학》에 가장 깊이 공력을 쏟았다고 들었는데, 지금 공의 가장(家狀)을 통해 보건대 그의 언행 중에 《소학》에 부합되지 않는 것이 적으니, 어찌 역시 전해오는 가학(家學)에서 배운 것이 아니겠는가. 아, 공과 같은 분은 참으로 하서옹의 자손이다. 공은 노년에 이르러 또 열 가지 교훈을 써서 후손들에게 경계하였다고 한다. 명은 다음과 같다.

《시경》에 말하지 않았던가 詩不云乎
일찍 일어나고 늦게 잠들어서 낳아준 부모를 욕되게 하지 말라고[84] 夙興夜寐無忝爾所生
공은 이대로 실행한 분이니 公實有之
내가 이것으로 명을 짓노라 我以爲銘

84 일찍……말라고 : 《시경》 〈소아(小雅) 소완(小宛)〉에 "일찍 일어나고 밤늦게 잠들어서, 너를 낳아 주신 분을 욕되게 하지 말라.〔夙興夜寐, 無忝爾所生.〕"라는 말이 나온다.

도암집

제36권

묘갈 墓碣

통덕랑 민공 묘갈[1]

通德郎閔公墓碣

나의 외가 여흥 민씨(驪興閔氏)는 대대로 문아(文雅)한 집안이라 일컬어져왔다. 진의(振衣) 휘 여임(汝任)에 이르러 청백리로 뽑혔고, 그 아들 계(枅)는 사직서 영을 지냈다. 이분이 휘 광훤(光煊)을 낳았고, 공은 광훤의 아들이다.

공의 휘는 인중(寅重)이고, 자는 사건(士建)이다. 천성이 지극히 효성스러워 어버이가 병을 앓을 때에는 변을 맛보아 차도를 살피고 종기를 빨아 완전히 아문 뒤에야 그만두었다. 갑자년(1684, 숙종10) 거듭 부친상과 모친상을 당하여 예제(禮制)를 지나치도록 슬퍼하였으며 장사와 제사에 예를 극진히 하고 죽을 마시며 3년을 마쳤다. 상기(喪期)를 마치고도 화려한 의복과 맛있는 음식을 가까이하지 않았으며 슬픔이 쌓인 듯 종신(終身)의 상(喪)[2]이 있었다.

하나뿐인 아우와 같은 집에 살면서 항상 한 이불을 덮고 잠자고 한 탁자에서 밥을 먹어 그 즐거움이 성대하였으며 동생이 죽은 지 오래되어도 베개와 잠자리에 눈물 흘린 자국이 있었다. 을해년(1695, 숙종21)과 병자년(1696) 대기근 때는 밥 한 그릇이라도 생기면 반드시 제수와 조카를 먼저 먹인 뒤에 자신의 자식들을 먹였으며, 자식을 가르칠

1 통덕랑 민공 묘갈 : 이 글은 민인중(閔寅重, 1648~1702)의 묘갈이다. 민인중의 본관은 여흥(驪興), 자는 사건(士建)이다.

2 종신(終身)의 상(喪) : 29쪽 주19 참조.

적에도 효제(孝悌)를 우선시하였다. 성격이 또 구속되지 않고 소탈하여 치산(治産)에 힘쓰지 않으며 늘 말하기를,

"집안에 값진 물건이 없으니, 가난한 살림을 받아 가난한 채로 전하는 것이 옳다."

하였다.

노봉(老峰) 형제[3]는 공과 삼종지간(三從之間)이고, 상국 이상진(李尙眞) 또한 공의 종숙(從叔)인데, 모두 공에게 벼슬하기를 권했다. 그러나 공은 응하지 않았으며, 때때로 도성에 들어와도 잠시 머물기를 달가워하지 않았다. 종족들과 화목하게 지냈으며 사람들과 한결같이 충신(忠信)으로 사귀었다. 그 행실의 대략이 이와 같다.

배위 보성 오씨(寶城吳氏)는 정언 세우(世佑)의 현손(玄孫)이고, 부친은 설(卨)이다. 14세에 어머니를 위해 손가락에 피를 내어 올렸다. 공과 정혼하고 아직 출가하지 않았을 때 공이 끼니를 잇지 못하는 것을 알고는 매일 아침저녁으로 음식을 물리치고 눈물을 흘렸으니, 부모가 그 정성에 감동하여 곡식을 나누어 구휼한 뒤에야 음식을 먹었다. 출가한 뒤에는 맛난 음식을 반드시 올리느라 옷을 전당잡히고 머리카락을 잘라 파는 일조차 꺼리지 않았다. 시어머니가 오랜 와병으로 머리를 빗지 못해 이가 많아 걱정이었는데, 유인(孺人)이 자신의 머리에 기름을 바르고 시어머니와 베개를 함께 베고 누워서 이를 끌어들여 시어머니의 가려움을 그치게 하였다. 얼음 속에서 잉어가 튀어나오고 장막 안으로 참새가 날아오는 고사[4]처럼 효성에 감응한 일이 왕왕 있었다.

3 노봉(老峰) 형제 : 민시중(閔蓍重), 민정중(閔鼎重), 민유중(閔維重) 형제를 말한다.

4 얼음……고사 : 효행에 감응한 기이한 사적으로, 왕상(王祥)의 고사이다. 왕상의

공은 55세의 나이로 임오년(1702, 숙종28) 3월 20일 세상을 떠나 청주(淸州) 병마령(兵馬嶺) 유좌(酉坐)의 언덕에 안장하였다. 유인은 공보다 6년 먼저 세상을 떠났는데, 이때 합장하였다.

아! 내가 경전을 읽어보니 대체로 반드시 효(孝)를 가장 먼저 말하였다. 효는 인(仁)의 발현이요 선(善)의 으뜸이니, 이 때문에 사해(四海)에 미루어 모두 준칙이 되는 것이다.[5] 이러한 효자와 효부는 예전에도 드물었는데, 더구나 한 집안에 나란히 모여 있음에랴. 고을 사람들이 그 품행을 조정에 아뢰어 정려(旌閭)를 청했으나 미처 시행되지 못하여 공론이 안타깝게 여겼다. 그러나 공은 스스로 자식된 직분을 다했을 뿐이니 어찌 남이 알아주기를 구하겠는가. 집안에 모범을 보인 교화 또한 세상 사람을 권면하고 풍속의 모범이 되기에 충분하니, 어찌 굳이 정려한 뒤에 드러나겠는가.

공의 아들은 진구(鎭耇)이고, 사위는 종부시 정을 지낸 신혼(申混)이다. 진구의 두 아들은 영수(泳洙)와 향수(向洙)이고, 신혼의 아들은 신희정(申喜淸), 신상정(申尙淸), 신언청(申彦淸)이다. 진구가 향수를 보내어 내게 명(銘)을 청하였다. 명은 다음과 같다.

계모가 한겨울에 생선을 먹고 싶어 하여 왕상이 얼음을 깨고 물에 들어가려고 하자 얼음이 저절로 깨지면서 잉어 두 마리가 튀어나왔고, 또 계모가 참새 구이를 먹고 싶어 하자 참새들이 그 집으로 날아들었다.《晉書 卷33 王祥列傳》

5 사해(四海)에……것이다 :《예기》〈제의(祭義)〉에 "효(孝)란 세워 두면 하늘과 땅에 가득 차고, 펼쳐 두면 사해에 퍼지고, 후세에 전하면 영원토록 무궁할 것이다. 이를 미루어 동해에 이르면 동해의 준칙이 되고, 미루어 서해에 이르면 서해의 준칙이 되고, 미루어 남해에 이르면 남해의 준칙이 되고, 미루어 북해에 이르면 북해의 준칙이 된다.〔夫孝, 置之而塞乎天地, 溥之而橫乎四海, 施諸後世而無朝夕. 推而放諸東海而準, 推而放諸西海而準, 推而放諸南海而準, 推而放諸北海而準.〕" 하였다.

사람의 모든 행실에	人生百行
효가 가장 우선이네	惟孝爲先
오직 공의 덕은	緊公之德
천성에서 나왔네	蓋原於天
효부에 이르러서도	亦越孝婦
그 행실 매우 아름다웠네	其行孔嘉
진실한 마음을 지니지 않았다면	不有實心
어떻게 집안에 모범이 되었으랴	何以刑家
청백리의 집안에	淸白之門
한층 광채를 보태었네	添一光華
바로 나의 외가이니	我是自出
내 말이 사실이라네	其言以實
힘쓸지어다, 후인이여	勉哉後人
이를 지키고 잃지 말라	遵守勿失

증 지평 오공 묘갈[6]

贈持平吳公墓碣

공의 휘는 두웅(斗雄), 자는 계명(季明), 자호(自號)는 은곡(隱谷)으로, 해주(海州) 사람이다. 그 선조는 고려에서 군기감을 지낸 인유(仁裕)에서 나왔다. 근세의 천파(天坡) 휘 숙(䎘)과 백천당(百千堂) 휘 핵(翮)은 모두 문장과 행실이 있었다. 충정공(忠貞公) 두인(斗寅)에 이르러선 또 나라를 위해 몸을 바쳐 고을 사람들이 사당을 세워 제사지냈으니, 이로 인해 오씨(吳氏) 집안이 성대한 명가(名家)가 되었다. 공은 백천당의 막내아들이요, 충정공의 종부제(從父弟)이다.

공은 사람됨이 조용하고 깨끗하여 기욕이 적었고 말하거나 웃는 일이 드물었다. 60년 동안 궁핍하게 살면서 털끝만큼도 의롭지 않은 일은 하지 않았으며 평민으로 생을 마쳤다. 대대로 양성(陽城) 천덕산(天德山) 아래에 살았는데, 고을 사람들이 공을 칭할 때면 반드시 효자라고 불렀다.

공은 6세에 부친을 여의었다. 모친 원씨(元氏)를 섬기며 한결같이 그 뜻에 순종하였고 깊은 사랑을 지녔다. 모친이 병이 들자 변을 맛보았고 당시 혹한의 날씨에도 날마다 냉수에 목욕하고 울면서 하늘에 빌었다. 상을 당해서는 곡하고 구르다가 자주 혼절하였다. 먹는 것이라곤 죽 뿐이었고 몸에는 솜옷을 걸치지 않았다. 항상 영구 앞에서 노숙

6 증……묘갈 : 이 글은 오두웅(吳斗雄, 1648~1716)의 묘갈이다. 오두웅은 본관이 해주(海州), 자가 계명(季明), 호가 은곡(隱谷)이다.

하였고, 장사지내고 나서도 떠나지 못하고 흙 계단에 엎드려 있었다. 부형들이 공을 위해 여막 곁에 흙집을 지어주니, 밤이 되면 들어가 흙덩이를 베고 얼핏 잠들고 낮에는 또 처음처럼 하였다. 부형들이 불쌍히 여겨 또 흙집을 허물자 공이 또 장사지내기 전처럼 노숙하니 또 할 수 없이 도로 흙집을 지어주었다. 지나친 슬픔으로 몸이 상해 온몸이 부어올라 지팡이를 잡아야만 몸을 일으켰지만 아침저녁으로 반드시 무덤에 올라가 곡하고 심한 한서(寒暑)와 풍우(風雨)에도 거른 적이 없었다. 공이 늘 엎드려 있던 자리엔 풀이 돋아나지 않았으며, 눈이 내리면 직접 빗자루를 잡고서 쓸었다. 상기(喪期)가 끝나 담복(禫服)을 입은 뒤에도 외침(外寢)에서 지낸 것이 또 3년이었으니, 부친을 위해 태복(稅服)[7]하려는 뜻이었다. 노년에 집안사람들에게 말하기를,

"내가 매일 사당에 배알할 때마다 눈물이 흐르지 않은 적이 없는데 지금은 그렇지 않으니 아마도 죽을 때가 되었나보다."

하였는데, 과연 그 말대로 되었다. 고을에서 누차 공의 품행을 천거하여 한참 뒤에 조정에 알려졌는데, 직임을 제수하는 명이 내리자 공이 불안하게 여기며 말하기를,

"설령 효를 다했다고 하더라도 이는 나의 떳떳한 직분일 뿐이니, 감히 그 이름을 받겠는가."

하였다. 공이 세상을 떠난 뒤에 고을에서 그치지 않고 거듭 간청하여 지금 성상 정사년(1737, 영조13)에 비로소 사헌부 지평에 추증되었고, 신유년(1741)에 또 정려(旌閭)를 명하였다.

아! 충효는 인도(人道)의 큰 기강이다. 충정공은 충의(忠義)에 목숨

7 태복(稅服) : 시기가 지난 뒤에 입는 복(服)을 말한다.

을 바쳤다. 공은 효성을 다하다 목숨을 잃을 뻔했으나 죽지 않았으니, 이는 하늘이 공을 애훼(哀毁)에 죽게 하지 않아 그 효를 온전하게 해준 것이다. 혹은 죽고 혹은 죽지 않음이 본디 하늘의 뜻이니 공과 같은 이는 충정공의 아우가 되기에 부끄러움이 없다.

충정공이 나의 장인이라 충정공의 옛 집에서 공을 자주 뵈었는데, 용모가 깨끗하여 속기라곤 전혀 없었다. 옷깃을 단정히 하고 꼿꼿이 앉아 어깨와 등을 곧게 세웠으니 한여름 무더위에도 그러하였다. 근자에 또 이웃 고을에 우거하여 공의 실제 행동을 매우 상세히 듣고는 공이 공경할 만한 분임을 더욱 알게 되었다.

또 들으니, 공은 성품이 책을 좋아하여 늙어서도 더욱 독실하였고, 날마다 《주역》 외우는 것을 일상으로 행했다고 하니, 그 학문의 힘에서 얻은 것이 또한 깊을 것이다. 어찌 주자(朱子)가 말씀한 '살아있는 효제(孝悌)'[8]가 아니겠는가.

원씨(元氏)의 부친은 대군(大君)의 사부(師傅)를 지낸 진해(振海)이다. 공의 배위 동래 정씨(東萊鄭氏)는 절도사 한기(漢驥)의 딸이다. 1남 5녀를 두었는데, 아들은 종주(宗周)이고, 사위는 이수이(李壽頤), 한대진(韓大震), 심태은(沈兌殷), 정심(鄭鐔), 이태령(李台齡)이다.

8 살아있는 효제(孝悌) : 이치를 제대로 알고서 효도하고 공경하는 것을 말한다. 주희(朱熹)의 〈증무의에게 답하다[答曾無疑]〉에 "이른바 효제와 충서(忠恕)는 비록 한 가지 일이지만 모름지기 천하의 이치를 보아서 안팎으로 환히 통하면 그 효제와 충서가 살아있는 것이 됩니다. 그러나 만약 그렇지 않으면 곧 죽은 효제와 충서가 됩니다. 비록 그 효제와 충서를 비록 종신토록 지켜서 실추시키지 않을 수 있다고 하더라도 또한 시골구석에 사는 사람이나 부녀자의 몸조심 정도가 될 뿐인데, 더 말할 것이 있겠습니까." 하였다.

손자는 위(瑋), 섭(瓔), 근(瑾), 경(璥)이다.

공은 숙종 병신년(1716, 숙종42) 3월 8일 세상을 떠났으니 향년 69세였다. 정씨(鄭氏)는 공보다 2년 먼저 태어나 공보다 한 달 먼저 죽어 고을 선산 오른쪽 언덕에 안장하였다. 종주(宗周)가 위(瑋)를 보내어 내게 명(銘)을 청하였다. 명은 다음과 같다.

형체는 고목과 같고	形如枯木
마음은 찬 얼음과 같았네	心如寒冰
내가 공을 보건대	我見其人
시대가 멀어도 징험할 수 있네	雖遠可徵
사람들이 효자라고 말했으나	人曰孝哉
공은 능하지 못한 듯이 하였네	公若不能
사후에 포상된 영예가	身後褒榮
공에게 무슨 보탬 되리오	于公何增
이는 행실의 근원이니	此其行源
후손들은 힘쓸지어다	勉哉後承

학생 조공 묘갈[9]

學生趙公墓碣

조씨(趙氏)는 양주(楊州)에서 나왔다. 온양(溫陽)에 사는 사람들은 행의(行誼)를 숭상하고 효제(孝悌)에 돈독한데, 실로 시암공(時庵公)부터에서 시작되었다. 시암공은 휘가 상우(相禹)이고, 그 아들은 장령 휘 이병(爾炳)인데, 문정공(文正公) 우암 선생(尤庵先生)께서 이 두 분의 행장을 매우 상세하게 지었다.[10] 장령은 아들 다섯을 두었다. 승지 명겸(鳴謙)과 부윤 명봉(鳴鳳)은 모두 높은 관직에 올라 존귀하게 되었지만, 장남 명시(鳴時)는 현달하지 못하고 73세에 생을 마쳤으니, 식자들이 말하기를, "이분은 양귀(良貴)[11]를 지녔다."라고 하였다.

공의 자는 성지(聖之)이다. 어린 시절부터 어버이를 사랑할 줄 알아 맛있는 음식을 얻으면 자신의 입을 잊고 부모에게 올렸다. 6세에 조부 시암공이 세상을 떠났는데, 그 애통해하는 모습이 사람들을 감동시켰다. 평소에 얼굴빛이 화순하였으며 한번도 어버이의 뜻을 어긴 적이 없어 장령공이 일찍이 지기(知己)라고 칭하였다. 장령공의 병을 간호

9 학생 조공 묘갈 : 이 글은 조명시(趙鳴時, 1652~1724)의 묘갈이다. 조명시는 본관이 양주(楊州), 자가 성지(聖之), 자호(自號)가 물재(勿齋)이다.

10 시암공은……지었다 : 한국문집총간 115집에 수록된《송자대전(宋子大全)》권 210에 〈시암조공행장(時菴趙公行狀)〉과 〈장령조공행장(掌令趙公行狀)이 실려 있다.

11 양귀(良貴) : 사람이 본래부터 타고난 인의예지의 선한 본성을 말한다.《맹자》〈고자 상(告子上)〉에 "존귀해지기를 바라는 것은 사람이면 다 같은 마음인데, 사람은 누구나 자기 몸에 존귀한 것을 지니고 있다. 생각하지 않아서 모를 뿐이다. 남이 존귀하게 해준 것은 양귀(良貴)가 아니다." 하였다.

할 때에는 옷을 벗지 않은 채 잠들었고 의원과 말할 때면 눈물을 쏟았으며 매일 밤마다 바깥에 서서 하늘에 빌었다. 상을 당해서는 죽을 먹고 물을 마시며 일체 《주문공가례(朱文公家禮)》를 따라 행하였고 상기(喪期)가 끝난 뒤에도 채색비단으로 선을 둘러 장식하지 않았다. 모친이 병들었을 때 산나물을 드시고 싶어 하자, 당시 폭설이 내렸는 데도 공은 나무 사이를 다니며 새싹을 찾아 올렸다. 또 꿈속에서 어떤 이가 길지(吉地)를 알려주어 그곳에 장사지냈으니, 그 효성에 대한 감응이 이러하였다.

기사년(1689, 숙종15) 인현왕후가 폐위될 적에 공은 제생들과 함께 대궐에 엎드려 곡하였다. 또 우암 선생께서 원통한 일을 당하자 이때부터 완전히 시골로 내려가 생활하였다. 몇 년 뒤에 중제(仲弟)가 세상을 떠나자, 공이 울면서 말하기를,

"외로운 인생이 오직 형제를 의지하였는데, 불행히도 오래 떨어져 살다가 이렇게 되고 말았으니 후회한들 무슨 소용인가."

하고는 마침내 가솔을 모두 데리고 돌아와 형제들과 긴 베개를 함께 베고 큰 이불을 함께 덮고 살면서 항상 화목하게 지냈다.

공은 비록 저잣거리에 살았지만 깨끗하게 자신을 지켜 사람들과 어울리지 않고 깊이 들어앉아 책을 읽었다. 임인년(1722, 경종2) 사화(士禍)가 일어나 형제들이 흩어지고 승지공도 죽었는데, 공은 비통한 심정으로 슬퍼하다가 병들어 일어나지 못했다. 이때가 갑진년(1724, 경종4) 6월 19일이다. 죽음을 앞두고 시를 지어 자제들에게 효우(孝友)를 당부하였다.

아! 인의(仁義)의 성품은 누구나 똑같이 받아 태어났지만 사욕(私欲)이 해쳐서 보존한 사람이 드물다. 그런데 공은 이를 잃지 않고 보존

한 채로 일생을 마쳤으니, 이 귀함이 어찌 비단옷과 고량진미로 바꿀 수 있는 것이겠는가.

공은 문예를 일찍 성취하여 선배들의 인정을 받았으나 끝내 과거에 급제하지 못했다. 경전을 깊이 연구하고 주자(朱子)의 글을 가장 좋아하였으며, 단정하고 엄숙하게 몸을 단속하고 재화와 여색을 멀리하였다. 자호(自號)는 물재(勿齋)이다. 무덤은 용인(龍仁) 부아산(負兒山) 장령공 무덤 곁에 있다.

공의 모친 충주 지씨(忠州池氏)는 성연(性淵)의 딸이다. 공의 배위 남양 홍씨(南陽洪氏)는 영의정 섬(暹)의 후손으로 부친은 성희(聖希)인데, 공보다 26년 먼저 죽었다. 두 아들 문언(文彦)과 규언(奎彦)은 모두 진사이다. 세 딸은 생원 이명귀(李命龜), 김구(金球), 구두남(具斗南)에게 출가하였으며, 측실 소생은 두언(斗彦)이다.

규언이 와서 묘문(墓文)을 청하기에 그 가장(家狀)에 근거하여 서술하고 다음과 같이 명(銘)을 붙인다.

옛 사람은 천작을 닦음에 인작이 이르렀는데
古之人修其天爵而人爵至焉
지금 사람은 인작만 구하고 천작이 있는 줄 모르네[12]
今之人徒求人而不知天
본디 천작이 있는 자가 꼭 인작을 얻는 것은 아니니
故有其天者未必得乎人
슬프다, 누가 그렇게 하였는가　　吁嗟兮其誰使然

12 옛……모르네 : 19쪽 주11 참조.

처사 이공 묘갈[13]

處士李公墓碣

선비 중에는 재상의 기량을 지니고도 평민으로 늙어가고, 성시(城市)에 살면서도 구학(邱壑)에 뜻을 둔 자가 있는데, 내가 근세에서 살펴보건대 오직 이정하(李鼎夏) 공이 그러하다.

공의 자는 중숙(重叔)이고 자호(自號)는 석천(石泉)으로, 약포 선생(藥圃先生) 휘 해수(海壽)의 현손이다. 약포의 부친은 영의정을 지낸 정숙공(貞肅公) 휘 탁(鐸)이니, 전의 이씨(全義李氏)가 이때에 이르러 더욱 번창하였다. 증조 휘 권(勸)은 장악원 정을 지냈고, 조부 휘 성신(省身)은 승지를 지냈고, 부친 휘 항(杭)은 사헌부 집의를 지냈는데, 4대를 이어 사관의 직책을 맡아 성대하게 명가(名家)를 이루었다.

공은 용모가 뛰어나고 기개와 도량이 엄중하였다. 어렸을 때에 교관(教官)의 문하에서 수학하였는데 강송하거나 글을 지을 적에 번번이 동년배를 압도하였다. 호곡(壺谷) 남용익(南龍翼)이 예조의 과시(課試)에서 공의 시를 보고는 대단히 칭찬하였다. 장성해서는 연이어 크고 작은 향시에 합격하였으나 번번이 회시(會試)에 합격하지 못하였다.

마흔 살에 모친의 명으로 과거 공부를 그만두고서 적성(積城) 선영 아래로 물러나 살았는데, 친족 중에 공을 위해 벼슬을 구하려는 자가

13 처사 이공 묘갈 : 이 글은 이정하(李鼎夏, 1652~1726)의 묘갈이다. 이정하는 본관이 전의(全義), 자가 중숙(重叔), 자호(自號)가 석천(石泉)이다.

있자 공이 말하기를,

"하지 말라. 근세에 구해서 벼슬하지 않는 사람이 없지만, 사대부의 자제로서 음직(蔭職)으로 벼슬하는 것은 부끄러운 일이다."

하였다. 집이 본디 청빈하여 거친 밥도 넉넉하지 못했지만 태연하게 지내며 마음가짐과 일처리에 털끝만큼도 구차함이 없었다. 성품이 술을 좋아하여 혹 집에서 빚은 술이 익으면 번번이 사촌들과 친구들을 불러 모아 한껏 마시고 취해 즐기며 술이 다 떨어져야 그쳤으니 그 기상이 매우 멋졌다.

혼사를 마치지 못한 자녀들 때문에 노년에 억지로 도성에 들어와 살았지만 공의 뜻이 아니었다. 깊이 들어앉아 지조를 지켜 현달한 자의 집을 한번도 찾아간 적이 없으며 현자가 간혹 찾아와도 전혀 사례하지 않았다.

고을 사람들이 공의 지극한 행실을 훌륭하게 여겨 방백(方伯)에게 천거하는 글을 올렸는데, 대략 다음과 같다.

"공은 효성이 지극합니다. 5세에 부친 집의공을 여의고는 생전에 섬기지 못한 것을 몹시 애통하게 여겨 부친 얘기만 나오면 눈물을 흘렸으며 어린아이가 부모를 그리워하듯 사모하는 마음이 종신토록 쇠하지 않았습니다. 공은 모친을 섬김에 공경과 사랑이 모두 지극하였습니다. 곁에서 모실 적에는 기쁜 표정과 온순한 태도로 모친의 안색을 살피고 그 뜻을 따랐으며, 봉양함에 있어서는 힘을 다해 경작하고 양잠(養蠶)하여 가볍고 따뜻한 의복과 맛있는 음식을 모두 알맞게 올렸습니다. 병간호할 때에는 근심스런 얼굴빛과 애태우는 마음으로 약물이나 죽 등은 자신이 먼저 맛보지 않으면 올리지 않았고, 곁에서 보살피기를 조금도 게을리하지 않았으며, 변기를 세척하는 일도 직접 행하고 남에게 시키지 않았습니다. 거상할 적에는 몸에서 상복을 벗지 않고 발이 규방에 이르지 않았으니 3년이 하루처럼 한 결같았습니다. 아침저녁으로 곡하고 우는데 눈물이 다 말라 피가 흘렀으며 지나치게 슬퍼하다가 병이 들어 거의 죽을 뻔하였습니다. 비록 예전에 일컫던 효자라 하더라도 이보다 더할 수 없습니다."

그 말이 지극히 공정하였기에 뜻이 다른 사람들도 다른 말을 하지 않았다. 방백이 조정에 천거하여 누차 제수(除授) 명단에 올랐으나 끝내 일명(一命)의 낮은 벼슬도 얻지 못했으니 운명이었다.

공은 또 형제들과 우애가 있었다. 공의 누이가 시댁의 변고로 집안이 쇠락하여 의지할 곳이 없게 되자, 공이 모시고 돌아와 누이를 위해 생계를 마련하였으며 자신의 소생과 차이를 두지 않고 생질들을 가르쳤다.

공은 어려서 윤씨(尹氏) 집에서 처가살이하였기에 일찍이 윤증(尹拯)에게서 《상서(尙書)》를 배웠으나 끝내 스승이라 칭하지 않았다. 윤증이 낭패하였을 때 사람들이 그 시비를 물으니,

"내가 평소에 마음으로 복종하는 분은 우옹(尤翁)이지만 저 사람 또한 글을 배운 은혜가 있으니 책망하고 지적하는 것은 또한 차마 할 수 없다."

하였으니, 의(義)에 따라 정밀하고 온당하게 처신함이 이러하였다.

공은 천성적으로 선(善)을 좋아하고 악(惡)을 미워하였다. 우암 선생이 예론(禮論)으로 군흉들에게 무함을 당했을 때에 선비들이 글을 올려 신원하려 했으나 흉도들의 기세가 두려워 감히 소두(疏頭)를 맡을 사람이 없었는데, 공이 직접 고을 밖으로 나가서 인망 있는 한 사람을 권면하여 일으켜서 왔으니, 바로 이른바 윤헌(尹櫶)의 상소이다.

기사년(1689, 숙종15) 인현왕후가 폐위되자 오 양곡(吳陽谷 오두인(吳斗寅)) 등 여러 사람이 간쟁하다 죽었는데, 공이 당시 시골에 있다가 눈물을 흘리며 분개하여 많은 선비들을 이끌고 대궐에 나아가 소를 올렸다. 상소가 비록 올라가지 못했지만 사론(士論)이 훌륭하게 여겼다. 병오년(1726, 영조2) 8월 26일 병으로 세상을 떠나니, 향년 75세였다.

공의 배위 파평 윤씨(坡平尹氏)는 공보다 9년 먼저 세상을 떠났는데, 이때에 통진(通津) 석정리(石井里) 집의공의 무덤 옆 축좌(丑坐)의 언덕에 합장하였다.

공은 2남 3녀를 두었다. 장남은 필(珌)이고 차남은 숙(璛)이며 사위는 사인(士人) 황최(黃最), 현감 박태용(朴泰容), 신보(申鈔)이다. 필의 두 아들은 인석(仁錫)과 지석(智錫)이다. 숙의 두 아들은 모두 어리다.

인석이 내게 배웠기에 필이 인석을 보내어 내게 명(銘)을 청하였다. 명은 다음과 같다.

약포의 후손이 藥圃之後
근세에 조금 영락하였네 近稍零替
공이 특출한 자질로 태어나니 公生傑然
장차 집안을 이으리라 여겼네 謂將克世
나라를 다스릴 국량을 지녔으나 懷藏國器
일명의 벼슬도 끝지 얻지 못했네 一命終慳
유유자적 스스로 즐겼으니 婆娑自樂
바위와 샘 사이였다네 石泉之間

만년에 담장 동쪽에서 은거하니[14]	晩隱牆東
마음은 초연하고 땅은 궁벽하네	心遠地偏
술을 만나면 흠뻑 취하여	遇酒淋灕
답답한 심정 조금 풀었네	少泄壹鬱
편안히 누워서 세상을 경시하며	高臥傲世
해 기울자 질장구치며 노래하였네[15]	缶歌昊日
그 효성과 우애를 따져보면	原厥孝友
인에서 근본하였네	本於仁兮
인은 반드시 보답이 있으나	仁必有報
더디고 빠름은 같지 않다네	遲速不齊
명을 지어서 드러내노니	銘以表之
부디 여기에서 살피시라	請於是稽

14 담장 동쪽에서 은거하니 : 깊은 산속으로 들어가지 않고 시정(市井)에서 은자(隱者)처럼 사는 것을 말한다. 후한(後漢) 때의 사람 왕군공(王君公)이 난리를 만나 소를 매매하는 거간꾼 노릇을 하며 성(城) 담장 동쪽의 시장에 숨어 살아서, 당시 사람들이 그를 두고 '세상 피해 성 담장 동쪽에 사는 왕군공〔避世墻東王君公〕'이라고 한 데서 온 말이다. 《後漢書 卷83 隱逸列傳 逢萌》

15 해……노래하였네 : 생사(生死)의 이치를 알아 죽음을 편안히 맞이한다는 뜻으로, 《주역》 〈이괘(離卦) 구삼(九三)〉에 "기운 해가 서산에 걸려 있으니, 질장구를 두드려 노래하지 않으면 죽음을 서글퍼 하는 것이므로 흉하다.〔日昃之離, 不鼓缶而歌, 則大耋之嗟, 凶.〕"라고 한 데서 온 말이다.

첨지 유공 묘갈[16]

僉知兪公墓碣

공의 휘는 순기(順基), 자는 예이(禮以)이며, 초명(初名)은 경중(敬重)이다. 유씨(兪氏)는 기계(杞溪)에서 나왔다. 목릉(穆陵 선조) 시대에 의정(議政) 홍(泓)은 종계(宗系)를 바로잡은 공로가 있으며 시호는 충목(忠穆)이다. 그분의 형 호(灝)는 단성 현감(丹城縣監)을 지낸 분으로, 공에게 5대조가 된다. 증조 휘 노증(魯曾)은 제용감 직장을 지냈고, 조부 휘 숙(橚)은 종사랑을 지냈다. 부친의 휘는 명항(命恒)이고, 모친 광주 김씨(光州金氏)는 진사 자일(自一)의 딸이다.

공은 사람됨이 중후하여 말하거나 웃는 일이 적었다. 젊어서는 과거 공부를 하였으나 합격하지 못하여 양성(陽城)의 검암(黔巖)에서 늙어갔는데, 아침 일찍 일어나 세수하고 머리 빗고서 의관을 정돈하고 단정히 앉아 종일토록 나태한 기색이 없었다. 집안이 몹시 가난했으나 태연하게 생활하며 털끝만큼도 구차하게 취하지 않았다. 추잡하고 비루하게 이익을 추구하는 사람을 보면 마치 자신의 몸이 더렵혀질 듯이 멀리하였다. 그러나 또한 남의 잘못을 말하는 것을 좋아하지 않았기에 사람들도 원망하지 않았다.

지금 성상 정미년(1727, 영조3)에 고을 사람들이 공의 조행(操行)을 조정에 아뢰었는데, 대략 다음과 같다.

16 첨지 유공 묘갈 : 이글은 유순기(兪順基, 1652~1733)의 묘갈이다. 유순기는 본관이 기계(杞溪), 자가 예이(禮以)이다.

"깊은 사랑으로 모친을 섬겨 평소에 기쁜 얼굴빛과 부드러운 태도를 지녔으며, 여름에는 침상에서 부채를 부쳐 시원하게 해드리고 겨울에는 땔감으로 불을 때어 따뜻하게 하였습니다. 힘을 다해 봉양하여 주방에는 맛난 음식이 끊이지 않았습니다. 모친이 병들었을 때에는 변이 쓴지 단지 맛보았으며 또 울면서 하늘에 기도하여 영험한 감응이 있는 듯하였습니다. 상을 당해서는 죽을 먹으며 3년을 마쳤습니다."

마침내 제수하는 명이 내려졌으나 공은 움츠러들며 말하기를,

"효성으로 부모를 섬기는 것은 자식의 고유한 직분인데 이로 인해 관직을 얻는다면 나는 몹시 부끄럽다."

하고는 자손들을 경계하기를,

"너희들은 절대 이것으로 남에게 벼슬을 구하지 말라."

하였다.

신해년(1731)에 80세가 되었기에 통정대부에 오르고 첨지중추부사에 제수되었다. 계축년(1733) 1월 8일 세상을 떠났으니 향년 82세였다. 안성(安城) 옥정(玉井)의 선산에 안장하였다.

배위 안동 권씨(安東權氏)는 호군 석현(碩賢)의 딸이다. 기축년(1709, 숙종35) 세상을 떠났는데 이때에 합장하였다. 이후 임술년(1742, 영조18)에 공은 호조 참판에 추증되었고 권씨도 따라 정부인에 추증되었다.

아들은 언숭(彦嵩), 언화(彦華), 언형(彦衡)이고, 딸은 목인협(睦寅協)에게 출가하였다. 장남의 아들은 한룡(漢龍), 한봉(漢鳳), 한린(漢麟)이다. 한룡은 훌륭한 선비로 일찍이 내게 배웠으나 요절하였다. 한로(漢老)와 한구(漢耉)는 차남 소생이고, 한조(漢祚)와 한기(漢祺)

는 삼남 소생이다. 명(銘)은 다음과 같다.

나는 내 직분을 다할 뿐	吾盡吾職
어찌 남에게 요구하리오	何求於人
하늘이 장수를 내려	天錫大耋
그 인에 보답하였네	以報厥仁
내가 이 비석에 명을 새기니	我銘斯石
옥정의 언덕에 있다네	玉井之原
아, 너희 후손들이여	嗟爾來裔
이것이 행실의 근원이니라	此爲行源

통덕랑 심공 묘갈[17]

通德郎沈公墓碣

양여(養汝) 심치현(沈致賢) 군은 청송(靑松)의 명문가로 선산(善山)에 우거하였는데, 의기(義氣)를 중시하고 산수를 사랑하였다. 내가 그를 좋아하여 일찍이 노자정(鸕鶿亭)이라는 곳을 한번 방문했는데 참으로 영남의 명승지라 며칠간 마음껏 노닐다 돌아왔다. 그 후에 한천(寒泉)으로 나를 찾아와 그 선친의 묘문을 부탁하였는데, 내가 삼가 허락했으나 노쇠하고 병들어 아직 짓지 못했다. 얼마 뒤에 양여의 부고가 이르렀으니 내가 그를 위해 통곡하고 속히 그 가장(家狀)을 가져다 읽어보았다.

공의 휘는 장(漳)이고 자는 중호(仲浩)이다. 심씨(沈氏)는 고려에서 위위승(衛尉丞)을 지낸 홍부(洪孚)가 처음으로 족보에 보인다. 본조의 덕부(德符)는 좌명공신(佐命功臣)으로 문하시중을 역임하고 청성백(靑城伯)에 봉해졌다. 이분이 안효공(安孝公) 온(溫)을 낳았으니, 바로 소헌왕후(昭憲王后)의 부친이다. 2대를 지나 사인(舍人) 순문(順門)은 연산군(燕山君) 때 억울하게 죽었고, 그 아들 영의정 연원(連源)은 시호가 충혜(忠惠)이다. 또 그 아들이 청릉부원군(靑陵府院君) 강(鋼)인데, 청릉부원군의 아들 열 명 중에 청양군(靑陽君) 의겸(義謙)이 바로 공의 5대조이다. 증조 휘 광세(光世)는 사인(舍人)을 지냈다.

17 통덕랑 심공 묘갈 : 이글은 심장(沈漳, 1654~1707)의 묘갈이다. 심장은 본관이 청송(靑松), 자가 중호(仲浩)이다.

그 아들이 휘 총(總)인데 광주 부윤(廣州府尹)으로 남에게 무함을 당하였다. 우암 선생(尤庵先生)께서 그 억울함을 변론하기를,

"총은 국가의 일에 이전에도 이미 죽음을 아끼지 않았는데 이후에 어찌 다시 금전을 아낄 사람이겠습니까."[18]

하였다. 이분이 돈녕부 판관을 지낸 휘 약하(若河)를 낳았는데, 목릉(穆陵 선조)의 왕자 경창군(慶昌君) 주(珘)의 딸에게 장가들었다. 공은 그의 둘째 아들이다.

공은 12세에 아버지를 여의고 또 13세에 어머니를 잃었기에 스스로 부모 없는 곤궁한 사람이라 생각하여 종신의 슬픔을 안고 살았다. 매번 제사 때는 월초(月初)부터 고기를 먹지 않았고 그 날은 단괄(袒括)[19]할 때와 다름없이 종일토록 눈물을 흘렸다. 막내 숙부를 아버지처럼 섬겨 좌우에서 정성껏 모시며 사랑과 공경을 극진히 하였으니, 가정에서의 독실한 행실이 이러하였다.

또 의(義)를 따르는 데 용감하여, 어떤 사람이 집은 가난한데 부모가 늙었다는 말을 들으면 오직 구휼할 겨를이 없을까 걱정하였으며, 남들에게 우환이나 초상이 생기면 또한 반드시 힘을 다해 도왔으니, 그 인후한 덕은 타고난 천성이었다.

식자들이 모두 원대하게 되리라 기대했으나, 공은 조부의 원통함을

18 총은……사람이겠습니까 : 《송자대전(宋子大全)》 권146 〈서부윤심공행장후(書府尹沈公行狀後)〉에 이 말이 나온다. 심총(沈總)은 병자호란 때 자여 찰방(自如察訪)으로서 군사를 이끌고 적과 싸워 전공이 있었는데, 광주 부윤으로 있으면서 불법으로 재물을 탐했다는 이유로 유배되었다.

19 단괄(袒括) : 왼쪽 어깨를 드러내고 머리를 묶는 것으로, 초상 때 소렴(小斂) 전에 상제(喪制)가 하는 옷차림이다.

씻지 못한 일로 지극한 통한이 가슴에 맺혀 과거공부를 그만두고 시골에 물러나 살았는데, 집안의 재앙을 언급할 때면 눈물을 흘리지 않은 적이 없었다. 남들과 허물없이 친하게 지내지 않았으며 남의 연회에 참석하지 않은 채 문을 닫고 조용히 지내며 일생을 마쳤다. 자손들이 남쪽 지방에 살게 된 것은 공으로부터 시작되었다.

숙종 정해년(1707, 숙종33) 8월 20일 한사동(寒沙洞) 정사(精舍)에서 세상을 떠났으니, 향년 54세였다. 이해 10월 20일 고을 남쪽 박곡(朴谷) 임좌(壬坐)의 언덕에 안장하였다. 두 유인(孺人)도 아울러 합장하였다.

성산 이씨(星山李氏)는 현감 지(墀)의 딸로, 관찰사 상일(尙逸)의 손녀이다. 백부의 후사로 나간 상현(尙賢)이 그 소생이다. 연안 김씨(延安金氏)는 통덕랑 구(昫)의 딸이다. 세 아들은 우현(友賢), 치현(致賢), 귀현(龜賢)이고, 딸은 사인(士人) 홍희대(洪熙大), 이광적(李匡績)에게 출가하였다. 여러 손자는 생원 현(鉉), 진사 건(鍵), 윤(鐗), 박(鎛), 명(銘), 척(鏚), 흡(鎑), 도(鍍)이다.

내가 이미 그 중요한 일을 모아 차례로 서술하고 이어 다음과 같이 명(銘)을 붙인다.

아, 공의 인후함은	噫公仁厚
가정과 고을에서 믿음을 받았네	孚于家鄕
현달해야 마땅한데 불우하니	宜達而窒
식자들이 슬퍼하는 바였네	有識所傷
그러나 훌륭한 점 있으니	然且有大
효성이 행실의 근원이었네	孝爲行源

애통함을 머금고 스스로 폐기되었으니	抱痛自廢
어진 손자라 말할 만하네	可謂賢孫
석 자의 무덤 있으니	有墳三尺
일선(선산(善山))의 들판이라네	一善之野
내가 명을 지어 드러내니	銘以表之
차마 죽은 이를 저버리랴	忍負逝者

생원 김공 묘갈[20]

生員金公墓碣

공의 휘는 광백(光白)이고 자는 경순(景純)이다. 그 선조는 실로 신라의 국성(國姓)이었는데 풍천부(豐川府)로 호적을 옮겼다. 소부감(少府監)을 지낸 원조(遠祖) 휘 원(原)이 처음 덕원(德源)으로 옮겼고 자손들이 두 차례 옮겨 영흥(永興) 사람이 되었다. 참봉 진우(璡祐), 학생 응상(應祥), 가선대부 극선(克鐥)이 그 3대이다.

공은 숭정(崇禎) 을미년(1655, 효종6)에 태어났다. 열 번이나 향시(鄕試)에 응시하여 73세로 생원시에 합격하였는데, 당시 두 아들이 이미 과거에 급제한 터라 사람들이 기이한 일이라고 말하였다. 5년 뒤 임자년(1732, 영조8)에 세상을 떠났다. 화릉(和陵)과 숙릉(淑陵)의 참봉을 지냈다고 한다.

공은 질박하고 정직하고 의(義)를 좋아하였으며 능히 분발하여 학문에 힘을 쏟았다. 한결같이 《소학》을 준칙으로 삼았으며 늙어서도 독서를 게을리하지 않았다. 천성이 옛 것을 매우 좋아하여 집안 제사에는 반드시 심의(深衣)를 입었으며 상을 치를 때는 《가례(家禮)》에 따라 행하였다. 또 관혼(冠昏)의 여러 절차를 강구하고 실행하여 가난 때문에 예의를 갖추지 못한다고 핑계대지 않았다. 모친상을 당했을 때 온 집안사람들이 역병에 걸려 혼자 빈소를 지키고 떠나지 않았는 데도

20 생원 김공 묘갈 : 이 글은 김광백(金光白, 1655~1732)의 묘갈이다. 김광백은 본관이 영흥(永興), 자가 경순(景純)이다.

끝내 무탈하였다. 부친의 외가에 후사가 없는 까닭에 제전(祭田)을 두었고 스승의 상에 3년 동안 복(服)을 입었으니, 모두 남들이 하기 어려운 일이었다.

몸은 비록 시골구석에 있었지만 나라를 걱정하는 마음이 간절하여 언론이 강개하였으니 어떤 때는 거의 눈물을 흘리기도 하였다. 우리 외숙 지제(趾齋) 민공(閔公 민진후)께서 사명(使命)을 받들고 북쪽 지방에 갔을 때 공이 학교를 일으키고 군사를 다스릴 대책을 조목별로 올렸으며 또 한번 대궐에 호소하여 변방의 일을 극진히 말하고자 했으나 결국 올리지 못했다.

나는 일찍이 초야에서 늙어 죽은 선비 가운데 왕왕 뜻과 재주를 지니고도 세상에 알려지지 않은 자를 안타깝게 여겼으니, 공과 같은 사람은 또한 북방의 호걸지사라고 말할 수 있다. 내가 알고 있는 것이 이와 같으니 알지 못하는 것이 또 다시 얼마나 많겠는가. 아! 삼대(三代)의 입현무방(立賢無方)[21]의 성대함을 내가 다시 볼 수 없단 말인가.

공은 같은 고을 초부향(草阜鄕)에 안장되었다. 배위 개성 최씨(開城崔氏)는 계미년(1703, 숙종29) 47세의 나이로 세상을 떠났는데 이때에 합장하였다.

장남 익항(益恒)과 동생 익희(益熹), 익무(益懋), 익서(益恕), 익근(益懃)은 모두 일찍 죽었고, 익헌(益憲)은 정랑을 지냈고, 익침(益忱)은 전적을 지냈다. 측출은 익순(益惇), 익신(益愼), 익념(益恬)이다.

21 입현무방(立賢無方) : 인재를 등용할 때 능력을 위주하고 출신 성분을 따지지 않는 것을 말한다. 《맹자》 〈이루 하(離婁下)〉에 "탕임금은 중도를 잡으셨고 어진 사람을 등용하되 특정한 부류를 따지지 않으셨다.〔湯執中, 立賢無方.〕"라고 한 데서 온 말이다.

딸은 김만재(金萬載)에게 출가하였다.

공이 일찍이 송포(松浦)에 서실(書室)을 지어 고을의 수제들을 가르쳤는데, 공이 세상을 떠나자 그대로 여기에서 제사지냈다. 내가 일찍이 공을 위해 묘지(墓誌)를 지었는데[22] 익헌이 또 와서 명(銘)을 청하였다. 명은 다음과 같다.

성조의 문교가	聖朝文教
북쪽 지방에 미쳤네	覃及北方
아름다운 한 사람이	有美一人
송포 지방에 있었네	松浦之鄉
심의와 《소학》으로	深衣小學
이 천황을 깨트렸네[23]	破此天荒
고기 먹는 자들 있은데 무얼 근심하리오마는	肉食何憂
명아주와 콩잎 먹는 자도 충정을 지녔네[24]	藜藿忠腸
내가 예전에 공을 보니	我昔見公

22 내가……지었는데 : 본서 제44권에 《생원 김공 묘지〔生員金公墓誌〕〉가 실려 있다.

23 천황을 깨트렸네 : 이전에 아무도 하지 못한 일을 했다는 말이다. 당나라 때 형주(荊州)에서 계속 대과(大科) 급제자가 나오지 않으므로 사람들이 형주를 황무지라는 뜻의 천황(天荒)이라고 불렀는데, 뒤에 유태(劉蛻)가 대과에 급제하자 천황을 깨뜨렸다는 의미로 '파천황'이라고 칭하였다고 한다. 《北夢瑣言 卷4》

24 고기……지녔네 : 고기 먹는 자는 많은 녹봉을 받는 고관(高官)을 말하고, 명아주와 콩잎은 빈궁한 자의 거친 음식을 말한다. 《설원(說苑)》〈선설(善說)〉에 " 동곽조조(東郭祖朝)가 진 헌공(晉獻公)에게 글을 올려 국가의 계획을 묻자, 헌공이 사자(使者)를 보내어 말하기를 '고기 먹는 자가 이미 염려하고 있는데, 명아주와 콩잎 먹는 자가 더 무엇을 관여하려는가.'라고 하였다."는 내용이 있다.

그 말이 매우 선하였네	其言孔臧
백발에도 강직하던 그 기상	白髮骯髒
길이 생각하고 잊지 않았네	永懷不忘
이 검은 돌에 명을 새겨	刻玆玄石
밝게 후세에 보이노라	昭示茫茫

처사 안공 묘갈[25]
處士安公墓碣

공의 휘는 요좌(堯佐)이고 자는 정로(廷老)이다. 5세에 부친을 여의었으나 모친 김 부인(金夫人)이 올바른 도리로 잘 가르쳤으니, 일찍이 자신의 오빠 정랑 김우(金㙁)에게 나아가 배우게 하였고, 그 오빠가 죽자 또 고을에서 문장에 능한 사람들에게 두루 배우게 하였다. 장성해서는 서사(書史)에 통달하여 벗들 사이에서 중망을 받았으나 여러 차례 과거에 낙방하였다. 김 부인이 울면서 말하기를,

"내가 늙어서 네가 급제하는 것을 미처 보지 못할까 두렵다."

하니, 공이 마음속으로 슬퍼하였다. 얼마 뒤 김 부인이 세상을 떠나자, 공은 그대로 과거공부를 그만두고 가솔을 이끌고 고향 과천(果川)으로 돌아가 이때부터 도성에 들어가려 하지 않았다. 영달한 친척과 벗이 많았으나 한번도 종유한 적이 없으며, 찾아오는 자가 있어도 사례하려 하지 않으며 "평소에 귀인 만나는 것을 싫어한다."라고 하였다.

30년간 곤궁하게 살면서 생계가 힘들었으나 입으로 가난을 말하지 않았으며 남에게 털끝만큼도 구하는 것이 없었다. 문을 닫고 묵묵히 앉아 손에서 책을 놓은 적이 없었으며 고금 인물의 출처와 득실에 대해 논할 때면 말이 끊이지 않고 이어졌다. 관후하고 화평하여 남의 잘못이나 악행을 말하는 것을 수치스럽게 여겼지만 일을 만나면 또한 주저하

25 처사 안공 묘갈 : 이 글은 안요좌(安堯佐, 1656~1731)의 묘갈이다. 안요좌는 본관이 순흥(順興), 자가 정로(廷老)이다.

거나 구차하게 넘기지 않았기에 고을 사람들이 모두 믿고 경외하였다.

병이 위독할 때 부축을 받고 앉아서 주자(朱子)의 〈무이도가(武夷棹歌)〉를 외우다가 "바다가 지금 이처럼 뽕밭이 되었으니, 물거품과 바람 앞의 등불 같은 인생을 감히 스스로 서글퍼하랴.〔桑田海水今如許, 泡沫風燈敢自憐〕"라는 구절에 이르러 두세 차례 깊이 탄식하였다.

신해년(1731, 영조7) 9월 18일 세상을 떠났으니, 태어난 해인 효종 병신년(1656, 효종7)에서 76년 되는 해이다. 아들에게 명하기를, "내가 죽거든 반드시 선친의 무덤 발치에 묻으라." 하였는데, 아들 형(衡)이 감히 그 명을 어기지 않았다.

안씨(安氏)는 순흥(順興)에서 나왔다. 근재(謹齋) 축(軸)으로부터 문숙공(文肅公) 숭선(崇善)에 이르기까지 5대가 연이어 크게 현달하였다. 증조 휘 상(祥)은 진사이다. 조부의 휘는 춘인(春仁)이고, 부친의 휘는 오(悟)이다.

공의 배위 청송 심씨(靑松沈氏)는 현령 강(橺)의 딸이다. 아들 형(衡)과 구(衢)는 모두 진사이고, 세 딸은 진사 한규(韓珪)와 사인(士人) 이하근(李夏根), 임형(林蘅)에게 출가하였다. 형(衡)의 아들은 재태(載泰)와 재복(載復)이고 구(衢)의 외아들은 어리다.

내가 이전에 한번 공의 얼굴을 본 적이 있는데, 질박하고 꾸밈이 없어 덕을 지닌 사람임을 알 수 있었다. 또 공의 두 아들과 종유하여 가정에서의 공의 행실을 매우 상세히 알 수 있었다.

모친 김 부인이 일찍이 종기를 앓자 공이 입으로 그 종기를 빨았다. 누님이 한 명 있어 부인이 몹시 사랑하였는데, 공이 부인의 뜻을 받들어 자형을 맞이하여 함께 살았다. 자형이 죽었을 때엔 한겨울에 장사를 치르느라 손발이 얼어터지기도 하였다. 누님의 딸이 기이한 병을 앓자 그를 위해 의원을 찾아 도성에 들어갔으며 3년 만에 병이 낫자 배필을 구해주고 돌아왔다. 부인이 또 차마 이별하기 어려워하자, 공이 또 부인이 별세할 때까지 그 사위를 데려와 기르고 가르쳤다. 부인이 세상을 떠나고 누님도 늙었기에 부인을 섬기듯이 누님을 섬겼는데, 누님이 병이 들고 또 죽었을 때에는 전염병을 두려워하지 않고서 유곤(庾袞)이 그 형에게 했던 것[26]처럼 하였다.

늘 기일이면 단괄(袒括)[27]할 때처럼 통곡하였으며 병이 들어 비틀거려 절을 할 수 없게 되자 마치 어린아이처럼 곡하였다. 여러 아들이 간청하면 말하기를,

"내가 세상에 살 날이 얼마나 되겠느냐."

하였다. 공은 어려서 아버지를 잃은 몸으로 능히 힘써 공부하여 자립하였다. 비록 불행히도 곤궁하게 생을 마쳤지만 그 진실한 효성과 우애는 향당에서 믿음을 받았다. 자손들이 또 모두 학문과 행실을 스스로 힘써 가업을 이었으니, 이는 김 부인의 올바른 가르침 덕분일 것이나 하늘이 공에게 보답한 것이 혹 여기에 있을 것이다. 명(銘)은 다음과 같다.

내가 들으니 충신한 자는 吾聞忠信

26 유곤(庾袞)이……것 : 유곤은 진 무제(晉武帝) 때 사람이다. 전염병이 크게 유행하여 유곤의 두 형이 죽고 바로 위의 형도 생명이 위독하였는데, 부모와 여러 아우들은 병이 전염될 것을 염려하여 다른 곳으로 피했으나 유곤은 홀로 남아 형의 병구완을 하며 죽은 두 형의 영구를 어루만지며 곡하였다. 전염병이 사라진 후에 사람들이 와서 보니 형의 병은 나았고 유곤도 감염되지 않았다고 한다. 《晉書 卷88 庾袞列傳》

27 단괄(袒括) : 125쪽 주19 참조.

작은 마을에도 반드시 있다[28] 하였네　十室必有
평소에 그 행실을 살펴보면　夷考其行
오직 효성스럽고 우애로웠네　維孝與友
밖에서 무엇을 구하리오　何求于外
공은 전수받음이 있었네　我則有受
이것으로 자신을 선하게 하고　持以善我
또 이것을 후손에게 남겼네　且以遺後
하늘이 없다고 말하지 마오　勿云無天
공은 장수를 누렸다네　公乃有壽

28 충신한……있다 : 《논어》 〈공야장(公冶長)〉에 "열 가구쯤 사는 작은 마을에도 나처럼 충신한 사람이 있겠지만, 나처럼 학문을 좋아하는 자는 별로 없을 것이다."고 한 데서 온 말이다.

처사 안공 묘갈[29]
處士安公墓碣

승지 후경(厚卿) 정동후(鄭東後)가 일찍이 내게 말하기를,

"안중화(安仲和)라는 벗이 있는데, 창계(滄溪) 임영(林泳)이 한번 보고는 기뻐하여 우리 고을 사람에게 말하기를, '그대 고을에 안자(顔子)가 살고 있다.' 하였으니, 그의 어짊을 알 수 있네."

하였다. 얼마 뒤에 또 울면서 말하기를,

"내 벗이 독실한 뜻으로 학문에 힘썼는데 불행하게도 명이 짧아 죽고 말았네."

하였다.

중화의 이름은 여해(汝諧)로, 대대로 함평(咸平)에 살았다. 병을 자주 앓았기 때문에 자호(自號)를 이병재((理病齋)라고 했다고 한다. 공은 나면서부터 지극한 행실이 있었다. 어려서 어머니를 잃었는데, 한번은 참새 새끼가 입을 벌리고서 먹여주기를 바라는 것을 보고는 곧바로 눈물을 흘리며 "너는 어미가 있는데 나만 홀로 없구나."라고 하였다. 부친이 병이 들었을 때 의원이 차전자(車前子 질경이 씨)를 써야 한다고 말하자, 당시 한겨울이었는데도 나가서 열매를 따서 돌아와 부친의 병이 마침내 나았다. 9세에 표주박을 깎아 둥글게 그릇을 만들어 《가례》 제찬도(祭饌圖)를 그대로 따라 진설하면서 익혔다.

29 처사 안공 묘갈 : 이 글은 안여해(安汝諧, 1657~1691)의 묘갈이다. 안여해는 본관이 죽성(竹城), 자가 중화(仲和), 자호(自號)가 이병재(理病齋)이다.

타고난 자질이 영특하여 일찍부터 속학(俗學) 이외에 마음 쓸 곳이 있음을 알았으니, 동정과 언행이 은연중 《소학》의 가르침에 대부분 부합하였다. 항상 직접 구용구사(九容九思)[30]를 쓰고 또 〈대학시(大學詩)〉와 〈무본시(務本詩)〉를 지어 스스로 독려하였다. 태극도(太極圖)와 기삼백(朞三百)[31]의 산법(筭法)도 밝게 터득하여 관례를 올리기 전부터 와서 배우는 자들이 있었는데, 우계 선생(牛溪先生)의 〈서실의(書室儀)〉[32]를 써서 제시하였다. 장성해서는 교유한 자들이 모두 호남의 명망 있는 선비들이었는데, 모두 공을 추중하여 원대하게 되리라 기대하였다.

30 구용구사(九容九思) : 구용(九容)은 《예기(禮記)》 〈옥조(玉藻)〉에 나오는 군자의 몸가짐으로, 걸음걸이는 무게있게〔足容重〕, 손은 공손하게〔手容恭〕, 눈은 단정하게〔目容端〕, 입은 얌전하게〔口容止〕, 말소리는 조용하게〔聲容靜〕, 머리는 곧게〔頭容直〕, 기상은 엄숙하게〔氣容肅〕, 서있는 모양은 덕스럽게〔立容德〕, 얼굴빛은 장엄하게〔色容莊〕 하는 것을 말한다. 구사(九思)는 《논어》 〈계씨(季氏)〉에 나오는 군자의 아홉 가지 생각으로, 밝게 보기를 생각하고〔視思明〕, 밝게 듣기를 생각하고〔聽思聰〕, 얼굴빛은 온화하게 하기를 생각하고〔色思溫〕, 용모는 공손하게 하기를 생각하고〔貌思恭〕, 말은 진심을 담기를 생각하고〔言思忠〕, 일은 조심하기를 생각하고〔事思敬〕, 의심난 것은 묻기를 생각하고〔疑思問〕, 분노할 때는 어려운 일이 생길 것을 생각하고〔忿思難〕, 얻을 것을 보면 의를 생각하는〔見得思義〕 것을 말한다.

31 기삼백(朞三百) : 고대 역법(曆法)의 기초가 되는 이론으로, 해와 달의 운행과 달의 대소(大小)와 윤달에 대한 설명을 이른다. 《서경》 〈요전(堯典)〉에 "기(朞)는 366일이니, 윤달을 사용하여야 사시를 정하여 해를 이루어 진실로 백관을 다스려 모든 공적이 다 넓혀질 것이다.〔朞三百有六旬有六日, 以閏月, 定四時成歲, 允釐百工, 庶績咸熙.〕" 하였다.

32 우계 선생(牛溪先生)의 서실의(書室儀) : 성혼(成渾)이 파산(坡山)의 우계서실(牛溪書室)에서 문도를 가르칠 때에 학생들이 지켜야 할 규칙 22개 조항을 만들었는데, 이것을 말한다. 《牛溪集 牛溪年譜 卷1 附錄 行狀》

임술년(1682, 숙종8) 사마시에 합격하였다. 기사년(1689, 숙종15) 우재 선생(尤齋先生)이 탐라(耽羅)에 유배되어 금산(金山) 만덕사(萬德寺)에서 순풍을 기다릴 때, 공이 병든 몸을 이끌고 가서 뵙고 《중용》과 《대학》의 깊은 뜻을 질의하고 선유(先儒)의 출처에 대해 언급하다가 이어 칠언시를 올렸는데, 선생이 좋은 시라고 칭찬하였다. 또 가르침을 청하자, 선생이 '조심주일〔操心主一〕' 네 글자를 크게 써 주고, 또 마음을 기르고 병을 요양하는 요체를 말해주니, 공이 정성스럽게 가슴속에 간직하였다.

고을 사람들과 서계(書禊)를 만들어 매월 순삭(旬朔)에 일제히 모여 강학하였다. 일찍 부모를 잃어 생전에 봉양하지 못한 것을 지극히 애통하게 생각하여 효성을 옮겨서 형님을 섬겨 곁에서 부지런히 힘썼으며 비록 자제들이 많아도 대신 시키지 않았다. 은혜롭게 종족을 대하고 신의로 벗을 사귀었으며 미천한 노복에게도 은혜와 사랑을 두루 내렸다. 선(善)을 보면 지초와 난초에 나아가듯 가까이하였고, 악(惡)을 보면 가시덤불을 피하듯이 피하였다. 기운이 온화하여 공을 본 사람들은 저절로 공경하고 사랑하여 곁을 떠나고 싶지 않은 듯이 하였고, 공이 세상을 떠났을 때에는 모두 애달프게 곡하였으며 공을 위해 상복을 입은 이도 있었다.

공은 신미년(1691, 숙종17) 12월 15일 35세의 나이로 세상을 떠나 같은 고을 탑동(塔洞) 축향(丑向)의 언덕에 안장하였다. 배위 영주 양씨(瀛州梁氏)를 합장하였다.

안씨(安氏)는 죽성(竹城)에서 나왔다. 고려 때의 문혜공(文惠公) 원형(元衡)이 그 시조이다. 본조에서는 이조 참의 노생(魯生)과 예조참판 복초(復初)가 연이어 현달하였다. 증조 신후(信厚), 조부 희길(希

吉), 부친 생원 국재(國宰)는 모두 행실로 이름이 났다. 외조는 서산(瑞山) 유태익(柳泰翊)으로 진사이다. 공은 아들 셋을 두었다. 장남은 만승(晩陞), 차남은 만후(晩垕)이고, 막내 만관(晩觀)이 그 학문을 계승하고 있다.

나는 일찍이 한(漢)나라 황헌(黃憲)[33]이 일개 평민에 불과하고 언론과 기풍도 볼 만한 것이 없는데도 역사에서 특별히 기록한 이유가 무엇인지 이상하게 여겼는데, 주부자(朱夫子)가 일찍이 단언하기를,

"필경 이 사람은 자품이 훌륭하였을 것이다."

하였다. 지금 공이 사우들 사이에 칭송을 받는 것이 우연히 이에 부합하니,[34] 과연 옛사람처럼 후세에 전해질지 모르겠다. 공은 자품이 훌륭할 뿐만 아니라 그 실제 행동이 가정에서 믿음을 받고 고을에 드러남이 또 이러하였으니, 공이 비록 일찍 죽었으나 오늘날과 후세에 전해질 것이 분명하다. 공이 죽은 뒤 몇 년 뒤에 고을 사람들이 사당을 세워 공을 제사지낸다고 한다.

공의 저서 〈동유록(東遊錄)〉과 〈명동보력총요가(明東寶曆摠要歌)〉 및 〈논학(論學)〉 여러 편이 집에 보관되어 있다. 만승이 후경이 지은 행장을 가지고 와서 명(銘)을 청하였다. 명은 다음과 같다.

33 황헌(黃憲) : 후한(後漢) 때 사람으로, 어렸을 때부터 덕망과 학식으로 사람들의 존숭을 받았다. 그와 동군(同郡) 사람인 진번(陳蕃), 주거(周擧) 등이 항상 서로 말하기를 "잠시라도 황생(黃生)을 보지 못하면 마음속에 비린(鄙吝)한 생각이 싹튼다."라고 하였다. 《後漢書 卷53 黃憲列傳》

34 지금……부합하니 : 순숙(荀淑)이 황헌(黃憲)을 만나보고서 그의 덕망과 학식에 감복하여 자신의 벗인 원랑(袁閬)에게 "그대 고을에 안자(顏子)가 있는데 알고 있는가?"라고 하였는데, 임영(林泳)이 안여해를 두고 한 말과 같다.

호남 한 지방에	維湖一方
어진 선비 많지만	賢士多有
일찌감치 도를 구한 것은	求道之早
공과 짝할 이 없다네	莫與公耦
자질이 순박하고	而質之淳
기운이 온화하였건만	而氣之和
그런데도 일찍 죽으니	而不假以年
아! 하늘의 뜻이로다	嗚呼天耶

진사 이공 묘갈[35]

進士李公墓碣

나는 이전에 성은(城隱) 이공(李公)을 위해 묘지명을 지었다. 성은공의 아들 지억(祉億)은 자가 자구(子求)인데, 숙종 경오년(1690, 숙종 16) 진사시에 합격하였고, 41세의 나이로 무인년(1698)에 세상을 떠나 성은공 무덤 곁에 묻혔다.

공은 깊은 사랑으로 부모를 섬겼다. 좌우에서 주선하는 일이 전혀 예에 어긋남이 없었으며, 부모에게 순종하는 데 힘써 뜻을 두었으나 또한 일에 따라 은미하게 간하였다. 평소에 전정긍긍 조심함은 거의 옛날의 이른바 "반걸음을 걷는데도 효를 잊지 않는다."[36]라는 것과 같았다.

간간이 젊은이들과 모일 때 경박하고 속된 말을 하는 사람이 있으면 대번에 단정히 앉아 엄정한 안색으로 말하기를,

"우리들이 모두 부형이 계신데, 지금 곁에 있지 않다고 해서 그 뜻을

35 진사 이공 묘갈 : 이 글은 이지억(李祉億, 1658~1698)의 묘갈이다. 이지억은 본관이 전의(全義), 자가 자구(子求)이다.

36 반걸음을……않는다 : 증자(曾子)의 문인인 악정자춘(樂正子春)이 마루에서 내려오다가 발을 다친 뒤 발이 낫고도 수 개월 동안 나가지 않고서 여전히 근심스러운 기색이 있었는데, 제자가 그 까닭을 묻자, "부모가 온전하게 낳아 주셨으니 자식도 온전하게 돌아가야 효라고 할 수 있으니, 그 몸을 손상시키지 않고 그 몸을 욕되게 하지 않아야 온전히 보전했다고 이를 수 있다. 그러므로 군자는 반걸음을 걷는데도 효를 잊지 않는데, 지금 나는 효도의 도리를 잊었다. 이 때문에 내가 근심스런 기색이 있는 것이다."라고 하였다. 《禮記 祭義》《小學 稽古》

조금이라도 게을리할 수 있겠는가."

하였으니, 좌중의 사람들이 서로 "농담하지 말라."라고 경계하였다.

감찰이 살아계실 때도 남다른 굳은 지조로 단 한 개도 남에게 취하고자 하지 않았다. 일찍이 말하기를,

"사람이 부끄러워할 것은 오직 '구차(苟且)' 두 글자이다. 만약 구차함을 따지지 않는다면 그 마음을 미루어보건대 무슨 짓인들 하지 못하겠는가."

하였다. 대개 공의 가정에서의 언행은 성은공을 닮았으나, 예법을 준수하는 엄격함과 일처리의 확고함은 더러 성은공보다 나았다고 한다. 성은공도 일찍이 말하기를,

"우리 아이의 각고의 노력은 내가 미칠 수 없다."

하였다. 아! 조금 더 오래 살게 하여 성리학에 종사하였다면 성취하는 바가 어찌 여기에서 그쳤겠는가.

공의 배위 해주 오씨(海州吳氏)는 임인년(1662, 현종3) 태어나 을유년(1705, 숙종31) 세상을 떠났으며 공과 합장하였다. 아들은 익렬(翊烈)이고, 사위는 정식(鄭植)과 진사 정양원(鄭陽元)이다. 익렬의 장남 기경(基敬)은 문과에 장원급제하고 정랑을 지냈으며, 그 다음은 기성(基性)과 기정(基正)이다.

나는 어려서 양곡(陽谷) 오 충정공(吳忠貞公 오두인) 집에 장가들었는데, 공의 장인 참봉 오두규(吳斗奎)는 바로 양곡공의 아우이다. 해창도위(海昌都尉) 오태주(吳泰周)[37]가 때때로 공을 언급할 적이면 늘 말

37 해창도위(海昌都尉) 오태주(吳泰周) : 현종의 부마로, 오두인(吳斗寅)의 아들이다.

하기를,

“아무개는 얼음과 옥같은 사람이다.”

하였다. 나는 일찍이 공을 한번 뵙고 싶었으나 만나지 못했는데, 근래에 과분하게도 공의 자손들과 종유하면서 그들을 통해 공의 인물됨을 알게 되었다. 《시경》에 “비록 노성한 사람은 없지만 아직도 떳떳한 법이 있다.”[38]라고 하였으니, 어찌 믿지 않겠는가. 명(銘)은 다음과 같다.

타고난 자질은 좋은 옥과 같았고	稟質如良玉
몸가짐은 처녀와 같았네	持身若處子
그 사람을 생각하나 만날 수 없는지라	懷其人而不可見
이 명을 지어 무궁한 후세에 알리노라	作斯銘兮詔無止

38 비록……있다 : 《시경》 〈탕(蕩)〉에 나오는 말이다.

첨지 이공 묘갈[39]

僉知李公墓碣

우리 종친 첨지공 휘 함(涵)은 자가 윤구(潤九)인데, 충직하고 순후한 장자(長者)이다. 9세에 아버지를 여의고 숙부 선전공(宣傳公) 후의(後儀)에게 양육되었는데, 선전공이 일찍이 심덕(心德)이 있다고 칭찬하였다. 공의 집안은 대대로 청빈하였고 중년에는 상화(喪禍)를 만나 황해도 지방에서 유락한 채 수고롭고 힘든 일을 마다하지 않고 농사에 힘을 쏟았으며 모든 일에 마치 신의 도움이라도 있는 듯이 명을 기다렸다. 10년의 노력으로 재산이 제법 풍족해지자, "분수에 족하다." 라고 하고는 이때부터 더 이상 재산을 늘리지 않고 오로지 절약을 일삼았다. 얼마 뒤에 또 탄식하기를,

"이곳이 낙토(樂土)지만, 자손을 키울 수는 없다."

하고는 스승을 골라 아들을 보내 가르쳤다. 얼마 뒤 가솔을 데리고 교하(交河)로 돌아갔다가 또 도성의 서강(西江)으로 옮겼고, 만년에는 또 파산(坡山)에 우거하였다. 노인을 우대하는 은전으로 통정대부에 제수되고 곧이어 첨지중추부사에 제수되었는데, 한번 사은하고 돌아왔다. 이듬해 경신년(1740, 영조16) 6월 8일 세상을 떠났으니 향년 82세였다.

우리 이씨(李氏)는 우봉(牛峰)에서 나왔는데, 고려에서 시중을 지

39 첨지 이공 묘갈 : 이 글은 이함(李涵, 1659~1740)의 묘갈이다. 이함은 본관이 우봉(牛峰), 자가 윤구(潤九)이다.

낸 공정공(公靖公)의 선대를 공통 조상으로 모시고 있다. 참판 순(淳)은 청백리에 기록되었고, 집(緝)은 집의를 지냈다. 집의의 증손 수경(守敬)은 첨지중추부사를 지냈고, 첨지중추부사는 통덕랑 식(寔)을 낳고, 통덕랑은 후강(後綱)을 낳았으니 바로 공의 3대이다. 모친 제주 양씨(濟州梁氏)는 제정(濟艇)의 딸이다.

공의 배위 숙부인 경주 김씨(慶州金氏)는 중보(重寶)의 딸이다. 두 아들은 명혁(命赫)과 명직(命直)이고 딸은 유한철(兪漢喆)에게 출가하였다. 명혁의 아들은 계(棨), 반(槃), 형(檠), 조(條)이고, 사위는 신광두(申光斗)와 유응길(柳膺吉)이다. 명직의 아들은 어리고, 사위는 민희성(閔希聖)이다.

공은 가정에서의 행실이 매우 돈독하였다. 모친의 장례를 초라하게 치른 것을 종신토록 통한으로 여겨 의복과 음식이 검소하도록 힘썼으며 늙어서 비단옷 입는 것조차 오히려 불안하게 여겼다. 제사 때마다 반드시 정성을 다해 정결한 제수를 마련하였고, 제삿날 밤에는 한번도 옷을 벗은 적이 없었고 여러 번 일어나 별을 보고서 시간을 짐작하였는데, 여든이 넘어서도 그러하였다. 죽음을 앞두고 간절히 경계하신 말씀도 제사에 관한 일이었다. 또 누대의 묘전(墓田)을 매우 후하게 두었고, 몹시 가난한 종제(從弟)를 위해 밭을 떼어주어 생계를 꾸리게 도왔으며, 과부가 된 종매(從妹)가 가난하여 딸을 시집보내지 못하자 돈을 내어 도와주었으니, 모두 효성을 옮긴 것이다.

타고난 성품이 조심스럽고 공손하여 마치 무능한 듯이 행동하였으나 일을 맡으면 과감하고 확실하게 처리하였다. 또 미리 준비하는 것을 중시하였기 때문에 세밀하고 신중하게 살펴 실패하는 경우가 드물었다. 남과 교제할 적에는 친소를 가리지 않고 모두 충애(忠愛)의 마음을 극진히 하였기에 선한 자들은 공을 좋아하고 불선한 자들은 공을 미워하였다. 향리에 몹시 궁핍한 사람이 있으면 반드시 두루 구휼하였고, 아래로 노복들까지도 굶주림과 추위를 걱정해주었기에 인심을 잃지 않았다.

공은 체력이 건강하여 새벽마다 일찍 일어나 세수하고 의관을 바르게 갖추고 앉았는데, 하루로 폐한 적이 없었다. 일찍이 말하기를,

"내가 여든이 되도록 감히 불선한 일을 하지 않았으니, 비록 깊은 밤에 혼자 있는 때에도 항상 귀신이 내려다보고 있는 것처럼 이 마음이 두렵다."

하였다.

어렸을 때 공부할 시기를 놓쳤으나 율옹(栗翁 이이)의 《격몽요결(擊蒙要訣)》 보기를 좋아하여 항상 스스로 경계하고 반성하였다. 또 만년에는 《소학》을 좋아하여 중요한 말 9조목을 직접 써서 자손들에게 남겨주었다.

공은 가정을 다스리는 데 법도가 있었으며 내외의 구별에 더욱 엄격하였다. 후세를 위한 계책으로는 작은 이익에 급급하지 않고 작은 공을 구하지 않았으며 오직 선을 쌓는 것으로 마음을 삼았다. 거듭 면려하고 신칙한 말이 모두 덕 있는 군자의 말씀으로 한결같이 모두 효제(孝悌)에 근본을 두었으니, 아마도 옛날에 일컫던 선인(善人)일 것이다. 공이 한번은 여종이 뜨거운 물을 땅에 쏟는 것을 보고는 꾸짖기를,

"흙 속에 잠자는 벌레가 없겠느냐."

하였으니, 그 어진 마음이 이러하였다. 아! 나는 반드시 훌륭한 후손이 있으리란 것을 알겠다.

공은 부평(富平) 백사동(柏寺洞) 참판공의 무덤 왼쪽에 안장하였으

니, 그 유지를 따른 것이다. 김 부인(金夫人)은 공보다 4년 뒤에 세상을 떠나 공과 합장하였다.

명직(命直)이 내게 수학한 자인데, 눈물을 흘리며 와서 명(銘)을 청하였다. 명은 다음과 같다.

아, 공의 자수성가는	嘻公成家
농사에 바탕을 두었네	本之稼穡
근검하고 수고하여	勤儉勞苦
그 선이 쌓였네	厥善攸積
인으로 지키고 의로 가르치니	仁守義教
무엇인들 떳떳한 법칙 아니랴	疇非彝則
어리석고 촌스러운 듯한 겉모습에	外若椎野
세상에서 알아주는 이 없네	世莫吾識
오직 하늘이 있어	惟有天翁
오복[40]을 누리게 하였네	餉以五福
귀하게 여길 것은 큰 것에 있으니	所貴有大
오직 덕을 좋아함이었네	曰惟好德
내가 이 돌에 명을 새기노니	我銘斯石
유구하게 마멸되지 않으리라	悠久無泐

40 오복(五福) : 수(壽), 부(富), 강녕(康寧), 덕을 좋아하는 것〔攸好德〕, 천명대로 살다가 죽는 것〔考終命〕으로, 《서경(書經)》 〈홍범(洪範)〉에 나오는 말이다.

증 지평 김공 묘갈[41]

贈持平金公墓碣

내가 왕년에 여주(驪州)에 우거할 적에 여주와 이천(利川)이 인접한 지역이라 수약재(守約齋) 김공(金公)이 근후한 장자라는 것을 익숙히 들었다. 공이 세상을 떠나자 온 고을의 선비들이 공을 설봉서원(雪峰書院)에 배향하고자 하여 중론(衆論)을 들었는데 모두 이견이 없었으나 마침 다른 이유가 있어 배향되지 못했다. 나는 말세의 풍속이 경박하고 시비(是非)에 진실이 없는 때 공이 사람들에게 이런 인정을 받은 것은 필시 공의 실제 마음과 실제 덕이 저절로 믿어지고 감통함이 있었기 때문이라고 내심 특이하게 여겼는데, 지금 공의 행장을 얻어 읽어 보니 참으로 그러하다.

공의 휘는 석훈(碩勛)이고 자는 양숙(讓叔)으로, 순천(順天) 사람이다. 우리 태종 때 평양부원군(平陽府院君) 양경공(襄景公) 승주(承霔)의 후손이다. 증조 휘 유(裕), 조부 휘 양필(良弼), 부친 휘 환(鋎)은 은거하여 벼슬하지 않았으나 유자(儒者)의 소양을 집안에 전하였다. 지평을 지낸 안동(安東) 김욱(金頊)이 그 외조부이다.

공은 나면서부터 도량과 기개가 장엄하여 어린 시절 놀 때에도 남에게 굽힌 적이 없었으니 산처럼 우뚝한 기상이 있었다. 효성스럽고 우애 있는 행실은 천성에서 나왔다. 약관이 못되어 부친상을 당했는데 예제

41 증……묘갈 : 이 글은 김석훈(金碩勛, 1661~1730)의 묘갈이다. 김석훈은 본관이 순천(順天), 자가 양숙(讓叔)이다.

(禮制)에 지나치도록 슬퍼하였고 3년 동안 채소와 과일을 먹지 않았다. 어머니가 살아계시기에 곁을 떠나지 않고 가까이 모시면서 극진히 봉양하였다. 힘껏 맛난 음식을 장만하기를 일삼아 냇가에서 낚시도 하고 들에서 사냥도 하여 아침저녁으로 올렸는데, 굽고 지져야 할 경우엔 반드시 직접 요리하여 손이 거북 등처럼 갈라졌다. 한번은 약을 만드는데 한여름에 절구질하고 키질하느라 얼굴이 땀으로 뒤덮였다. 사람들이

"노비들이 있는데 무엇 때문에 이처럼 고생스럽게 하는가?"

하자, 공이 말하기를,

"어버이 봉양하는 일을 어찌 남에게 대신 시킬 수 있겠는가."

하였다. 어머니가 돌아가시자 조석제전(朝夕祭奠) 때마다 쏟을 듯이 눈물을 흘려 상복의 옷자락이 모두 젖어 부패할 지경에 이르렀다.

선조의 사당에 부모의 신주를 봉안한 뒤로는 매일 새벽마다 배알하고 직접 물 뿌리고 쓸었다. 사당 처마에 참새가 둥지를 틀어 사당의 계단을 더럽히자, 공이 물 뿌리고 쓰는 동안 마음속으로 말하고 묵묵히 기도하기를,

"어디로 간들 불가한 곳이 없건만 이곳을 더럽히느냐?"

하니, 이후로 처마에 둥지를 트는 참새가 전혀 없어 사람들이 공의 효성에 대한 감응이라고 하였다. 형제 4인이 한 집에서 지내면서 기쁨과 즐거움을 다하니 동소남(董召南) 집의 고사(故事)[42]처럼 때때로 닭

42 동소남(董召南) 집의 고사(故事) : 동소남의 덕행이 가축에까지 미쳐 그 집 닭이 강아지를 품어 주었다는 고사이다. 동소남은 당(唐)나라 때의 은사(隱士)로, 한유(韓愈)가 〈동생행(董生行)〉을 지어 그의 덕을 칭찬하였는데, 새끼 낳은 어미 개가 먹이를 구하러 나간 사이에 닭이 그 강아지에게 먹이를 쪼아서 가져다주고 날개로 덮어주었다고 한다. 《小學 善行》

과 개가 서로 먹여주는 상서가 있었다.

젊어서는 시에 능하여 과장(科場)에서 명성이 있었다. 적신(賊臣) 김일경(金一鏡)이 공의 명성을 듣고서 같은 책상에 앉아 공부하기를 원했으나 공은 그를 비루하게 여겨 허락하지 않았다. 나중에 김일경이 패망하자 사람들이 공의 선견지명에 탄복하였다.

기사년(1689, 숙종15) 인현왕후가 폐위되자 공은 개연한 심정으로 과거공부를 그만두고 학문에 전심하였다. 그 학문은 함양(涵養), 치지(致知), 역행(力行) 세 가지를 요체로 삼아 단계를 건너뛰지 않았는데, 밤과 아침 사이에는 대부분 눈을 감고 조용히 앉아서 근기(根基)를 세웠다. 간혹 학문의 방도를 묻은 사람이 있으면,

"아는 것이 어려운 것이 아니라 행하는 것이 어렵다."

하였으니, 그 뜻이 전적으로 역행(力行)을 중시했다고 한다.

좌우에 도서를 쌓아놓고서 난숙하게 힘을 쏟았으나 이단(異端)의 서적과 권모술수의 설에는 눈길을 준 적이 없다. 주자(朱子)의 글을 더욱 좋아하여 간혹 한밤중까지 깊이 빠져 읽었으며, 비록 병이 들었을 때에도 책을 펼치면 정신이 회복되어 피곤한 줄도 몰랐다. 《맹자》 첫 장을 암송하기를 좋아하여 일찍이 말하기를,

"'이(利)'라는 한 글자는 칼로 도려내듯 없애야 한다."

하였다.[43] 인물을 논할 적에는 반드시 큰 절조를 취하였고 또 말하기를,

43 맹자……하였다 : 《맹자》 첫 장은 양혜왕(梁惠王)이 맹자에게 어떤 방법으로 나라를 이롭게 할 것인가 묻는 내용이다. 이에 대해 맹자는 "왕께서는 인의를 말해야 할 뿐이니, 어찌하여 굳이 이로움을 거론하십니까?〔王亦曰仁義而已矣, 何必曰利?〕"라고 대답하였다.

"속임수는 매우 좋지 않으니, 자방(子房 장량(張良))의 재주로도 천년 이후에 그 형적을 숨길 수 없다."

하였다. 당론(黨論)을 좋아하지 않았으나 사정(邪正)을 변별하고 시비(是非)를 구별하는 일에는 꺼리지 않고 똑바로 말하여 회피하거나 굴복하지 않았다.

미치지 못할 듯이 학문에 힘썼으나 노년에도 스스로 만족하지 않고서 항상 시간은 유한하고 의리는 무궁한 것을 근심하였다. 사람들이 혹 학설을 세워 책을 저술하라고 권하면,

"다행히도 주자(朱子)와 정자(程子)의 뒤에 태어나 의리가 해와 별처럼 밝으니, 이를 실천하지 못할까 걱정해야지 어찌 책을 쓰겠는가."

하였다.

평생토록 곤궁한 생활을 편안히 여기고 분수에 만족하여 부귀를 부러워하는 뜻이 절대 없었으며 영달한 자들과 말할 때면 《맹자》의 '모지(藐之)'[44]의 의기가 있었다. 남과 서로 따지지 않았으며 40년간 향리에 살면서 같은 마을의 천한 노복조차 꾸짖은 적이 없었기에 향리에서 잘 처신하였다고 알려졌다. 언실(偃室)[45]에 들어가는 것을 좋아하지

44 모지(藐之) : 부귀와 권세를 하찮게 여김을 말한다. 《맹자》 〈진심 하(盡心下)〉에 "존귀한 사람을 설득할 때에는 그 지위를 하찮게 여기고 그 부귀와 권세는 의식하지 말아야 한다.〔說大人則藐之, 勿視其巍巍然.〕" 하였다.

45 언실(偃室) : 지방 수령의 거처를 뜻한다. 언(偃)은 공자의 제자 자유(子遊)의 이름인데, 자유가 무성 재(武城宰)로 있을 적에 공자가 그에게 묻기를 "네가 인재를 얻었는가?"라고 하자, 대답하기를 "담대멸명(澹臺滅明)이라는 사람이 지름길로 다니지도 않고, 공무가 아니면 한번도 언의 집〔偃室〕에 찾아온 적이 없습니다."라고 한 데서 온 말이다. 《論語 雍也》

않았으며, 간혹 공의 덕을 사모하여 찾아오는 자가 있어도 그 집에 찾아가 사례하지 않았다.

공은 신축년(1661, 현종2) 9월 2일 태어나 경술년(1730, 영조6) 8월 10일 세상을 떠났으니 향년 70세였다. 고을 동쪽 후곡(後谷)의 임좌(壬坐)의 언덕에 안장하고, 배위 청송 심씨(青松沈氏)를 합장하였다. 고을 사람들이 공의 학행(學行)을 조정에 아뢰어 특별히 사헌부 지평에 추증되었다.

심씨는 통덕랑 유(儒)의 딸로, 부녀자의 도리를 훌륭하게 갖추었다. 3남 2녀를 두었다. 장남 최수(最壽)는 생원이고, 그 다음은 대수(大壽)와 태수(泰壽)이다. 딸은 사인(士人) 이도상(李道祥)과 신명유(申命有)에게 출가하였다. 최수의 아들은 익상(翼祥)이고, 대수의 양자는 우상(羽祥)이고, 태수의 아들은 지상(祉祥)이다.

최수가 찾아와 명(銘)을 청하였다. 명은 다음과 같다.

공에 대한 칭찬만 있고 비난이 없기에	以公有譽而無毁
나는 처음에 향원[46]이라 의심하였네	余始疑以鄉原
공의 행장 읽고서 시원하게 풀렸으니	讀其狀而爽然
실제 덕을 지녔음을 믿을 수 있네	徵實德之攸存

46 향원(鄉原) : 향리(鄉里)에서 후덕하다고 일컬어지는 사람으로, 세상에 아첨하여 철저하게 위선적인 사람을 말한다. 《맹자》 〈진심 하(盡心下)〉에서 향원에 대해 말하기를, "비난하려 해도 거론할 것이 없고 풍자하려 해도 풍자할 것이 없을 정도로 세속의 흐름에 동화되고 더러운 세상에 영합하여, 처신이 마치 충신(忠信)한 듯 보이고 행동이 마치 청렴한 듯 보인다. 그리하여 모든 사람들이 다 좋아하면 스스로 옳다고 여기지만, 함께 요순의 도에 들어갈 수 없다." 하였다.

조짐이 없을 때에 큰 악인을 알아보아	識元惡於未眹
흔들 수 없는 지조 굳건하였네	斬焉所守之難援
훌륭하도다, 가정에서의 행실 고결하여	韙內行之脩潔
부모에게 효도하고 형제와 우애로웠네	孝父母而友諸昆
지행을 주장하고 법도로 삼아	主知行而爲程
옛 학문의 법문으로 향하였네	指古學之法門
사우를 얻어서 갈고 닦았다면	得師友而磨礱
성취가 어찌 여기에 그쳤으랴	豈成就之止斯
오직 향리의 모범이 되었으니	惟鄕里之矜式
세상 떠난 뒤에도 사모하였네	旣沒世而猶思
이에 숨겨진 덕을 드러내노니	爰發潛而闡幽
어찌 명시에서 살피지 않으리	盍考信於銘詩

통덕랑 민공 묘갈[47]

通德郎閔公墓碣

입암(立巖) 민 이상(閔貳相 민제인(閔齊仁))의 손자인 휘 여준(汝俊)은 음보(蔭補)로 창신교위(彰信校尉)가 되어 반란민을 진압하고 고을 백성을 안정시킨 공로로 호조 좌랑에 추증되었고, 이후 여양부원군(驪陽府院君) 문정공(文貞公 민유중(閔維重))이 본생친(本生親)이라는 사유로 은혜를 청하여 의정부 좌참찬에 한층 더 추증되었다.[48] 참찬의 후손들이 그대로 부여(扶餘)에 대대로 살면서 번창하고 어질었다. 휘 구(構)는 진사로, 아들이 없어 동생 교관 근(根)의 아들 사섬시 직장 광윤(光尹)을 후사로 삼았다. 직장은 휘 명중(明重)을 낳았는데, 무과에 급제했으나 벼슬하지 못하고 죽었다. 공은 이분의 아들이다.

공의 휘는 진익(鎭翼)이고 자는 덕좌(德佐)이다. 어려서부터 총명하여 경사(經史)를 섭렵하였다. 문정공이 참찬공의 신주를 고쳐 쓰는 일로 남쪽으로 내려와서 공이 축문을 쓰는 것을 보고는 글자의 민첩함과 정교함에 감탄하기를,

"이 아이는 재주가 아까우니 어찌 시골에 둘 수 있겠는가."

하고는 함께 돌아가 자제들과 같이 공부하기를 권했으나 공이 어버이

47 통덕랑 민공 묘갈 : 이 글은 민진익(閔鎭翼, 1661~1731)의 묘갈이다. 민진익은 본관이 여흥(驪興), 자가 덕좌(德佐)이다.

48 여양부원군(驪陽府院君)……추증되었다 : 민여준은 민유중의 본생 증조부이다. 민유중의 조부 민기(閔機)는 민여준의 둘째 아들로, 백부 민여건(閔汝健)의 후사가 되었다.

의 병을 이유로 사양하였다.

공은 성품이 지극히 효성스러워 색양(色養)의 도리[49]로 부모를 섬겼고, 거상(居喪)을 잘하여 3년 동안 상복을 벗지 않았다. 사당 뒤에 선친이 심은 배나무가 있었는데 항상 손으로 어루만지며 감개하여 눈물을 흘렸다. 누차 향시에 합격했으나 끝내 급제하지는 못했는데, 운명에 맡기고서 탄식하거나 원망하는 말이 없었다. 평소에 산수를 좋아하고 또 시 짓기를 즐겼으니, 단암(丹巖 민진원(閔鎭遠)) 상공이 전라 감영(全羅監營)을 다스릴 때 공을 청하여 가서 명승지를 유람하고 수창한 시가 많았다.

노년에 모친상을 당해서도 예제(禮制)를 지킴이 더욱 굳건하였으며 눈물이 다 마르고 피가 흘러 눈이 실명할 지경에 이르렀기에 이후로 과거공부를 그만두었다. 당시 종인(宗人)들이 대부분 현달하였지만 공은 곤궁한 생활을 편안히 여겨 이들에게 의지하려는 생각이 없었다. 71세의 나이로 신해년(1731, 영조7) 4월 21일 세상을 떠났다. 같은 고을 신암리(薪巖里) 오향(午向)의 언덕에 안장하고, 배위 완산 이씨(完山李氏)를 합장하였다.

아들 셋을 두었는데, 장남 이수(頤洙)는 진사시에 합격하였고, 차남 항수(恒洙)는 남의 후사로 나갔고, 삼남 정수(鼎洙)도 진사시에 합격하였다. 여러 손자는 백경(百慶), 백당(百當), 백간(百幹), 백영(百榮)이다.

49 색양(色養)의 도리 : 자식이 얼굴빛을 화열(和悅)하게 하여 부모님을 섬기는 것, 혹은 부모님의 안색을 맞춰서 봉양하는 것을 말하는데, 자하(子夏)가 효에 대해 물었을 때 공자(孔子)가 '색난(色難)'이라고 대답한 데에서 나온 말이다. 《論語 爲政》

공은 사람됨이 인후하여 제부(諸父)를 아버지 섬기듯이 섬겼으며 여러 종친들을 동기처럼 대하였다. 남의 곤궁한 처지를 보면 자신이 굶주리는 것처럼 생각하여 아무리 집이 가난해도 반드시 힘닿는 대로 두루 구휼하였으니, '한 고을의 선사(善士)'라고 할 수 있을 것이다. 공의 여러 아들이 내가 문정공의 외손이라 하여 찾아와 명(銘)을 청하였다. 명은 다음과 같다.

주나라 향학의 육행[50]	周鄕六行
공이 그 아름다움 지녔으니	公有其美
선사라 칭하기에 충분하도다	足稱善士
아, 후손들이여	嗟哉後人
일찍 일어나고 밤늦게 잠들어 낳아주신 분을 욕되게 하지 말라[51]	夙夜無忝
남은 경사가 너희에게 있나니	餘慶在是

50 주나라 향학의 육행 : 주(周)나라의 향학(鄕學) 교육 과정에 육덕(六德), 육행(六行), 육예(六藝)가 있는데, 《주례(周禮)》 〈대사도(大司徒)〉에 "지방에서 세 가지 일로 모든 백성들을 가르쳐 우수한 자를 빈객으로 삼아 들어 썼다. 첫째는 육덕이니, 지·인·성·의·충·화이다. 둘째는 육행이니, 효·우·목·인·임·휼이다. 셋째는 육예이니, 예·악·사·어·서·수이다.〔以鄕三物, 敎萬民而賓興之, 一曰六德, 知仁聖義忠和, 二曰六行, 孝友睦婣任恤, 三曰六藝, 禮樂射御書數.〕" 하였다.

51 일찍……말라 : 102쪽 주84 참조.

증 참판 윤공 묘갈[52]

贈參判尹公墓碣

참판 윤각(尹慤)이 무장(武將)으로 신임사화에 죽으니, 나라 사람들이 슬퍼하였다. 그 백형(伯兄) 윤원(尹愿)은 자가 자후(子厚)로, 사람됨이 중후하고 기개와 절의를 좋아하였다. 젊은 시절 학교에서 공부할 때에 지론(持論)이 준엄하고 올발랐다. 부친 진사공이 일찍이 우암 선생(尤菴先生)을 위해 원통함을 호소하였는데, 선생이 사약을 받자 공 또한 제생(諸生)들과 함께 상소하여 신변(伸辨)하고 또 여러 날을 대궐 밖에 엎드려 울부짖었다. 이에 기사년(1689, 숙종15)의 흉당[53]에게 미움을 받아 얼마 뒤에 함부로 비방을 날조했다는 무고로 이성(利城)에 유배되었다. 이성은 영북(嶺北) 수천 리 밖에 있는 고을로, 황량하고 추워서 사람이 살 곳이 아니었으나, 공은 이곳에 이르러 태연하게 시를 짓고 술을 마시며 시름을 달랬다. 갑술년(1694, 숙종20) 유배에서 풀려나 가솔을 이끌고 공주(公州) 요당촌(蓼塘村)으로 돌아가 한가로이 시를 읊으며 생을 마쳤다. 정승 이이명(李頤命)이 공의 집을 유안재(遺安齋)라고 명명하였다. 숙종 정해년(1707, 숙종33) 세상을 떠나니 향년 46세였다.

아! 공의 집은 장수의 집안으로 불렸으나 사론(士論)을 좋아하여

52 증……묘갈 : 이 글은 윤원(尹愿, 1662~1707)의 묘갈이다. 윤원은 본관이 함안(咸安), 자가 자후(子厚)이다.

53 기사년의 흉당 : 기사환국으로 정권을 잡은 사람들을 가리킨다.

남에게 미움을 받았으며 공은 일개 평민인데도 화를 면치 못했으니 참판공의 형으로 알맞다고 하겠다. 가령 공이 자신을 감추려 하지 않고 또 혹여 오래 살면서 세상의 변고를 겪었다면 또한 필시 아우와 함께 화를 겪었을 것이다.

공의 선조는 파평백(坡平伯) 관(瓘)에서부터 시작되었는데 그 후손 돈(敦)이 함안(咸安)으로 출진(出鎭)하여 마침내 함안 사람이 되었다. 진사공의 휘는 익상(翊商)으로, 대사헌에 추증되었다. 진사공의 부친 욱(栯)은 선전관을 지내고 승지에 추증되었고, 조부 우진(又進)은 사복시 정에 추증되었다. 진사공의 생부는 지사(知事) 천뢰(天賚)이고, 외조부는 풍천(豐川) 임질(任耋)로 군수를 지냈다.

공은 7세에 모친을 잃고 성인처럼 슬피 울부짖었으며 장성하여 부친상을 당해서는 한결같이 고례(古禮)대로 거상(居喪)하였다. 제사는 정성을 다해 재계하고 정결하게 지냈으며 날마다 새벽에 반드시 사당에 배알하였다. 형제들과 우애롭게 지내고 자질(子姪)을 엄하게 가르쳤다. 또 베풀기를 좋아하여 공에게 의지하여 끼니를 잇는 이웃 사람들이 많았으며 더욱 남의 어려움을 급히 구제하였다. 이 때문에 향리의 인심을 얻어 공이 죽었을 때에 농사짓는 자들이 노래 부르지 않았다고 한다. 공주(公州)의 독정(獨亭)에 안장하였다.

공의 원배(元配) 순흥 안씨(順興安氏)는 정랑 지(至)의 딸로, 공이 배소(配所)에 있을 때에 세상을 떠났는데 이때에 합장하였다. 계배(繼配) 용인 이씨(龍仁李氏)는 홍모(弘模)의 딸로, 공보다 2년 뒤에 세상을 떠났다. 아들은 태정(台鼎), 상정(象鼎), 명정(命鼎), 몽정(夢鼎), 택정(宅鼎)이고, 딸은 이덕일(李德一)에게 출가하였는데, 원배의 소생이다. 손자는 경연(景淵), 구연(九淵), 수연(洙淵), 낙연(洛淵), 시연(時

淵), 복연(復淵), 부연(溥淵), 재연(在淵), 병연(秉淵)인데, 구연은 선전관이다. 택정이 지금 삼도통제사가 되었기에 규례대로 봉증(封贈)되었다. 내가 이미 참판공의 무덤에 명(銘)을 지었는데,[54] 또 공을 위해 명을 짓는다. 명은 다음과 같다.

불선한 자에게 미움 받으니 惡於不善
선한 자가 아니고 무엇이랴 非善而何
웅덩이를 만나 멈추었으니[55] 坎而能止
또한 지혜롭다 말할 수 있네 亦可謂智耶
그러나 재주는 쓰이지 못하고 나이는 단명을 면치 못했네
然才不克見用年不免稱夭
하늘의 뜻이니 탄식하지 마오 天也無嗟

54 내가……지었는데 : 본서 제29권에 〈참판 윤공 신도비〔參判尹公神道碑〕〉가 실려 있다.

55 웅덩이를 만나 멈추었으니 : 험난한 때를 만나서는 벼슬하지 않고 은거한다는 뜻으로, 《한서(漢書)》 권48 〈가의전(賈誼傳)〉에 "흐름을 타면 흘러가고 웅덩이를 만나면 멈춘다.〔乘流則逝, 得坎則止.〕"라고 한 데서 온 말이다.

통덕랑 민공 묘갈[56]

通德郎閔公墓碣

선비 중에는 고결하고 속되지 않으며 독실하게 행하고 곤궁한 생활을 편안하게 여기는 사람이 있으니, 문우(文友) 민제하(閔齊夏) 공이 이러한 분이다.

공은 여흥(驪興) 사람이다. 고려에서 상의봉어(尙衣奉御)를 지낸 칭도(稱道)가 처음으로 족보에 보인다. 본조에 들어와서는 휘 사건(師騫)이 충청도 관찰사를 지냈는데 공에게 8대조가 된다. 증조 휘 성지(聖止)는 효성으로 사헌부 지평에 추증되었다. 조부 휘 신량(藎亮)은 벼슬하지 않았고, 부친 휘 정보(鼎輔)는 동몽교관을 지냈다.

공은 어려서 외가에서 양육되어 외삼촌인 후재(厚齋) 김간(金幹) 공에게 배웠다. 공은 비록 성시(城市)에 살았지만 성품이 고아하고 조용하여 교유를 좋아하지 않았고 오직 깊이 들어앉아 독서하였는데, 항상 말하기를,

"인생의 지극한 즐거움이 독서에 있으니 이외에 무엇을 구하겠는가."

하였다. 밤낮으로 송독(誦讀)하고 일찍이 잠시도 게으른 적이 없었으니 경서(經書)를 천 번 가까이 읽었다. 후재가 공에게 보낸 편지에,

"문을 닫아걸고 자신의 뜻을 지켜 일반 사람들이 맛보지 못한 것을 맛보았다."

56 통덕랑 민공 묘갈 : 이 글은 민제하(閔齊夏, 1665～1737)의 묘갈이다. 민제하는 본관이 여흥(驪興), 자가 문우(文友)이다.

라는 글이 있었으니, 이는 주자(朱子)가 보한경(輔漢卿)을 권면한 말[57]로서 공에 대한 기대와 허여가 매우 지극했던 것이다.

남은 힘으로 문사(文詞)를 익혀 책문(策文)에 가장 뛰어났는데, 과장(科場)에 나가 번번이 동년배를 압도하였으나 끝내 급제하지 못하여 당시 사우들이 모두 애석하게 여겼다. 공은 필법(筆法)이 굳세었으며 작은 글자를 매우 잘 썼다. 일찍이 수십 권의 책을 필사하였는데 한 획도 허술하게 지나치지 않았으니, 거의 옛날의 이른바 "바로 이것이 학문이기 때문이다."[58]라는 것이다.

기묘년(1699, 숙종25) 도성에 역병이 크게 돌아 열흘 사이에 모친과 부친의 상을 당했다. 공은 병으로 고통스러운 중에도 몸에 열이 내리자마자 단괄(袒括)[59]의 절차를 일체 예법대로 따랐다. 당시 공의 부인이 유인(李孺人)이 한 달 전에 세상을 떠나 부엌살림을 주관할 사람이 없었고 노복들도 모두 따로 격리되었는데, 아침저녁으로 직접 밥을 지어 때를 어긴 적이 없었다. 집상(執喪)할 때에는 나물 따위라도 조금 맛있는 것이면 절대 입에 대지 않았다. 만년에 이때의 일을 언급할 때면 항상 눈물을 훔치고 오열하며 말하기를,

57 주자(朱子)가……말 : 주자가 보한경(輔漢卿)에게 답한 편지에 "일반 사람들이 맛보지 못한 것을 맛보았다.〔味衆人之所不味〕"라는 구절이 있다. 《晦菴集 卷59 答輔漢卿》

58 바로……때문이다 : 《이정전서(二程全書)》 〈유서(遺書)〉에 "명도 선생(明道先生)이 글자를 쓸 적에 매우 공경히 하였는데, 일찍이 사람들에게 말하기를 '이는 글자의 아름다움을 추구하는 것이 아니라, 바로 이것이 학문이기 때문이다.' 하였다."라는 내용이 있다.

59 단괄(袒括) : 125쪽 주19 참조.

"자식이 어버이를 장사 지내는 물품이 마음에 흡족하지 못했으니 이것이 나의 종신의 통한이다."

하였다. 또 말하기를,

"집이 몹시 가난하여 모든 제수(祭需)를 하나도 정리(情理)에 맞게 마련하지 못해 마음이 몹시 아프니, 오직 정성과 예절을 위주로 할 뿐이다."

하였다.

하나뿐인 아우를 몹시 사랑하여 밥 먹을 때면 밥상을 함께 하였는데, 동생이 간혹 외출했다가 돌아오지 않으면 날이 저물어도 차마 혼자 먹지 못했다. 동생도 공을 아버지처럼 섬겼다.

공은 사람됨이 바르고 곧았다. 한가로이 지낼 때에도 몸에 절대 나태한 기운이 없었으며 입에 비루한 말을 담지 않았다. 남을 대할 때에 친밀한 점은 적었으나 오직 성심으로 대하였으니, 일찍이 말하기를,

"사람이 한번 구차하게 웃는 것이 한여름에 밭을 매는 것보다 괴롭다."

하였다. 평소에 거친 밥도 잇기 어려운 형편이었으나 한 개도 남에게 취하지 않았으며 때때로 끼니를 굶어도 태연하게 생활하였다. 정사년(1737, 영조13) 윤9월 11일 세상을 떠났으니, 태어난 해 을사년(1665, 현종6)에서 73년 되는 해이다. 12월 양지(陽智) 추계리(秋溪里) 해좌(亥坐)의 언덕에 안장하였다.

원배(元配) 한산 이씨(韓山李氏)는 고양(高陽)의 선산에 별도로 안장하였다. 계배(繼配)는 함양 박씨(咸陽朴氏)이다. 2남 2녀를 두었는데, 아들 덕수(德修)와 이상우(李相禹)에게 출가한 딸은 원배의 소생이고, 계배 소생은 아들 항수(恒修)와 감역 윤득경(尹得庚)에게 출가한 딸이다. 손자는 종순(鍾醇)이고 나머지는 모두 어리다. 이종해(李

宗海)와 윤선동(尹先東)은 두 사위의 아들이다. 항수가 내게 배웠기에 와서 명(銘)을 청하였다. 명은 다음과 같다.

옥처럼 깨끗하여 티끌 하나도 침범할 수 없었으니

如玉之潔一塵不能侵

내가 그 사람을 보지 못했으나 그 마음은 알겠네

我不見其人而得其心

통덕랑 정공 묘갈[60]

通德郎鄭公墓碣

공의 휘는 찬명(纘明)이고 자는 경부(敬夫)로, 연일(延日) 사람이다. 참봉 휘 성징(星徵)의 아들이요, 군수 휘 운한(雲翰)의 손자요, 전첨 휘 준(儁)의 증손이요, 포은(圃隱) 선생의 11대손이다. 모친 홍씨(洪氏)는 남양군(南陽君) 사범(師範)의 후손으로, 부친은 집(鏶)이다.

공은 어린 시절부터 이미 노성하다는 명성이 있었다. 15세 무렵 정승 남구만(南九萬)에게 수학하였는데, 남구만이 처음에는 선비들의 인망이 있었으나 갑술년(1694, 숙종20) 정권을 잡고서 국적(國賊) 장희재(張希載)를 비호하여 스스로 명의(名義)를 끊어버리자, 공이 분명히 말하고 절교하였다. 만년에 건와(蹇窩) 안중겸(安重謙) 공, 소은(素隱) 김성호(金性豪) 공과 도의(道義)로 사귀다가 두 공이 세상을 떠나자 더욱 외롭고 쓸쓸히 지내며 당세에 관심을 두지 않았으나, 그래도 위기지학(爲己之學)에 전념하여 늙어서도 나태하지 않았다. 63세의 나이로 계축년(1733, 영조9) 12월 5일 그 종질(從姪) 정석(鄭錫)의 이산(尼山) 관사(官舍)에서 세상을 떠났다. 그 이듬해 1월 25일에 고을 남쪽의 경좌(庚坐)의 언덕에 안장하였다. 공의 배위 유인(孺人) 이씨(李氏)는 공보다 14년 먼저 세상을 떠났는데 이때 무덤을 옮겨 공과 합장하였다.

60 통덕랑 정공 묘갈 : 이 글은 정찬명(鄭纘明, 1671~1733)의 묘갈이다. 정찬명은 본관이 연일(延日), 자가 경부(敬夫)이다.

공은 천성이 효성스럽고 우애로웠다. 이전의 부친상 때 곁에서 임종을 지키지 못하고 부음을 듣고 달려갔던 일을 종신토록 매우 슬퍼하였다. 지자(支子)가 모친을 모실 수는 없지만 이렇게 하지 않으면 정리(情理)를 펼 수 없다고 스스로 생각하여, 중년에 황산(黃山)의 금암(金巖)에 정착하자 모친을 모시고 가서 추위와 더위에 알맞게 보살피고 맛있는 음식을 봉양함에 있어 자식된 직분을 다하여 모친이 가난함을 알지 못하게 하였으며, 모친이 돌아가시자 가산(家產)을 기울여 스스로 장례에 정성을 다하였다. 모친을 여읜 이후로는 형님 네 분을 아버지처럼 섬기고 형의 자식들을 자신의 소생처럼 보살펴 의식(衣食)을 함께 하였으니, 가정에서의 독실한 행실이 이러하였다.

공의 종형(從兄) 찬휘(纘輝)는 우암 선생(尤庵先生)의 문인이었는데, 늘 공의 자(字)를 부르며,

"오직 이 아이가 우리의 가학(家學)을 함께 할 수 있다."

하였으니, 대개 동당간(同堂間)의 지기(知己)였다. 그의 아들 구(銶) 또한 훌륭한 선비인데, 그가 공의 아름다운 덕을 칭송하기를,

"'얼음처럼 맑고 옥처럼 깨끗하며 남이 알아주기를 구하지 않는다.〔冰淸玉潔, 不求人知〕'는 여덟 글자로 우리 숙부의 평생을 요약할 수 있다."

하였다. 또 자신의 생질 신대래(申大來)에게 공의 행장(行狀)을 짓게 하였는데, 그가 공의 용모를 형용하여 "비유하면 겨울 나무와 눈 속의 대와 같다."라고 하였다.

안타깝게도 내가 공을 보지는 못했지만 진심으로 열복하는 지친(至親)들이 말만 가지고도 공의 모습을 알 수 있으니 마침내 이것으로 글을 마친다. 유후(留侯)의 전(傳)을 쓰면서 화공(畫工)에게서 증거를

구한[61] 것에 비하면 어찌 미덥지 않겠는가.

이 유인(李孺人)은 국성(國姓)으로 필무(必茂)의 딸이다. 딸만 셋을 두었는데, 사인 김정(金碇), 김진구(金鎭九), 윤휴기(尹休基)가 그 사위이다. 공의 후손이 된 자는 공의 중형(仲兄) 찬형(纘馨)의 아들 약(鑰)[62]이다.

약이 살아있을 때 내게 2대의 묘문(墓文)을 부탁했는데, 이제 늙고 병들어 죽을 날이 멀지 않았기에 차마 망자의 뜻을 저버릴 수 없어 묘문을 지어 그 아들에게 보낸다. 공의 선대의 미덕은 참봉공의 묘갈[63]에 이미 자세하게 갖추어져 있다. 명(銘)은 다음과 같다.

포옹의 후손으로 그 학문을 크게 잇지 못했으니 以圃翁之孫而不能大紹厥學
이것이 종신의 한이 되었네 斯爲沒身之恨
공의 덕을 형용함에 궁로[64]에게서 중함을 취했으니 狀公之德而取重乎窮老
참으로 좋아하는 이에게 아첨하는 말 아니네 信非阿好之論

61 유후(留侯)의……구한 : 《사기(史記)》 〈유후세가(留侯世家)〉에 "장량(張良)처럼 뛰어나게 훌륭한 사람도 그 얼굴은 마치 부녀자처럼 고왔다고 하기에 그의 화상을 직접 보았더니, 과연 그러했다."는 내용이 있다.

62 약(鑰) : 본서 제32권 〈참봉 정공 묘갈(參奉鄭公墓碣]〉에는 윤(錀)으로 되어 있다.

63 참봉공의 묘갈 : 본서 제32권에 〈참봉 정공 묘갈〉이 실려 있다.

64 궁로(窮老) : 정찬명의 종형 정찬휘(纘輝)를 말한다. 정찬휘의 호가 궁촌(窮村)이다.

증 지평 홍공 묘갈[65]

贈持平洪公墓碣

문장과 품행으로 당세에 중시되면서도 천지 사이의 궁인(窮人)으로 자처하여 움츠린 채 몸을 마친 사람이 있으니 홍태유(洪泰猷) 공이다. 공의 자는 백형(伯亨)이고 당성(唐城) 사람이다.

홍씨(洪氏)는 고려 때부터 이미 이름난 가문을 이루었다. 본조에 들어와 석벽(石壁) 춘경(春卿)과 졸옹(拙翁) 성민(聖民)이 대를 이어 문장으로 크게 이름을 떨쳤다. 평안도 관찰사 명구(命耈)에 이르러서는 병자호란 때 순국하였다. 그 아들 중보(重普)는 우의정을 지낸 분으로 영릉(寧陵 효종)의 명신(名臣)이다. 이분이 득기(得箕)를 낳았는데, 숙안공주(淑安公主)에게 장가들었으니 바로 공의 조부이다. 부친 휘 치상(致祥)은 사복시 주부를 지냈다. 판서 이정영(李正英)의 딸에게 장가들어 임자년(1672, 현종13) 2월 2일 공을 낳았다.

공은 보통 아이들보다 매우 영특하여 3세에 〈등왕각서(滕王閣序)〉를 외웠고 조금 장성해서는 문사(文辭)가 급격히 진보하였다. 공은 어린 나이에 모친을 잃어 누가 어머니에 대해 이야기만 하면 슬피 눈물을 흘렸으며, 두 계모를 섬김에도 효성과 사랑이 돈독하고 극진하였다.

기사년(1689, 숙종15) 부친 주부공이 뜻밖의 화를 당하였다. 감옥에 갇혔을 때에 공이 북을 울려 억울함을 호소해도 은혜를 받지 못하자

65 증……묘갈 : 이 글은 홍태유(洪泰猷, 1672~1715)의 묘갈이다. 홍태유는 본관이 남양(南陽), 자가 백형(伯亨), 호는 내재(耐齋) 또는 내암(耐庵)이다.

찢어진 옷과 짚신을 신고서 공주의 서찰을 받들고 당시 재상의 집에 달려가 두루 호소하였는데, 눈물을 흘리며 다급히 다니던 모습이 사람의 마음을 움직이기에 충분하였다. 권력을 쥔 흉악한 재상도 차마 그 모습을 볼 수 없어 위로하고 타일러 보내고서 사람들에게 말하기를,

"상께서 직접 이 사람을 보았다면 혹여 생각을 돌이킬 수도 있으리라."

하였다.

주부공이 끝내 화를 당하자 공은 가슴을 부여잡고 치면서 더 이상 살 수 없을 듯이 하였다. 그러나 위로는 공주가 의지할 곳이 없음을 염려하고, 아래로는 종사(宗嗣)가 의탁할 곳이 없음을 두려워하여 슬픔과 애통함을 머금고 겨우 목숨을 보존하였는데 변고에 대처하는 자세가 모두 마땅하였다. 공주를 위로하고 편안하게 모시는 방도에 극진하지 않음이 없었으니 보는 이들이 모두 감탄하였다. 이때부터 죄인으로 자처하여 꼿꼿하던 기세를 굽히고 궁한 처지로 돌아갔으며 화려하던 습속을 바꾸어 검약하게 생활하였다. 문을 닫고 종적을 감추어 남들과 어울리지 않았으며 침상에는 항상 눈물 자국이 있었으니, 30년을 하루처럼 이렇게 생활하였다.

갑술년(1694, 숙종20) 정국이 바뀌어 상께서 군흉(群凶)을 내쫓고 옛 신하를 부를 적에 가장 먼저 비망기를 내려 특별히 주부공의 관작을 회복시켰다. 정축년(1697) 공주가 세상을 떠나자 상께서 직접 찾아와 조문하고 공에게 상복 차림으로 입시하도록 명하였다. 상께서 측은히 여겨 애통하다는 하교를 내리고 또 하늘을 가리켜 비유하기를,

"너는 하늘을 보라. 임금이 바로 하늘이다."

하니, 공이 눈물을 흘리며 명을 받들고 물러나왔는데, 집안사람들에게 이를 말할 때마다 오열하지 않은 적이 없었다.

공은 하사받은 의동(義洞)의 집이 선비가 거처할 곳이 아니라고 여겨 마침내 집을 헐어 팔았다. 그 수석(木石)과 화초들도 값이 수천 금에 달했지만 공은 집안사람들에게 일체 맡기고 값의 다소를 따지지 않았으며 더러는 일가친척들에게 나누어 주었으니, 치산(治產)에 뜻이 없고 베풀기를 좋아함이 이러하였다.

이후 신사년(1701, 숙종27) 역옥(逆獄)이 크게 일어나 이항(李杭)과 여러 역적들이 법에 따라 처벌받았다. 공은 이항의 죄가 드러난 만큼 주부공의 죄상 가운데 "남을 역적으로 무고하였다."[66]는 한 조목에 대해 밝힐 수 있으리라 생각하여 다시 북을 울려 원통함을 호소하고 통렬하게 전후의 사실을 아뢰었는데, 조태구(趙泰耉)가 개인적인 유감을 품고 상소하여 도리어 매우 참혹한 말로 공을 공격하였다. 이에 상께서 조태구의 말을 받아들이고 주부공의 관작을 도로 빼앗자, 공은 울부짖고 통탄하면서 더욱 세상에 뜻이 없었다.

여주(驪州)의 경치가 한강 상류에서 가장 뛰어나고 이호(梨湖)는 또 여주에서 가장 아름다운 곳인데다 선영과도 가까워 공이 몹시 좋아하였는데 마침내 이곳에 집을 짓고 살면서 내재(耐齋)라 명명하였다.

공은 평소에 문장 짓기를 좋아하여 근심스럽고 불평스러운 심사를 일체 문장에 드러내었으며, 책 중에는 《논어》를 가장 좋아하여 매우 숙독하였다. 공에게 학문을 권하는 사람이 있으면 대번에 몸을 움츠리며 말하기를,

"이는 우리들의 일이 아니다."

66 남을 역적으로 무고하였다 : 홍치상(洪致祥)의 죄목 중 하나가 바로 이항(李杭)을 역적으로 모함했다는 것이다.

하였다. 아! 공은 효성스럽고 우애로운 행실을 몸으로 실천하고 고고한 지조를 지녔으니, 그 볼만한 행실을 따져본다면 자하(子夏)가 말한 "비록 배우지 않았다고 할지라도 나는 반드시 그를 배웠다고 할 것이다."[67]라는 점이 실로 공에게 있다.

공은 을미년(1715, 숙종41) 10월 2일 세상을 떠났다. 처음에는 이호(梨湖)의 집 뒤에 안장하였다가 갑진년(1724, 영조즉위) 11월 지평(砥平) 화곡(花谷) 임좌(壬坐)의 언덕으로 이장하였다.

공이 세상을 떠나고 24년이 지난 지금 성상 무오년(1738, 영조14), 공의 아들 익종(益宗)이 공의 유지(遺志)를 이어 주부공의 원통함을 호소하였다. 마침 봄 가뭄으로 인해 소결(疏決)[68]할 때였는데, 상께서 연신(筵臣)에게 하문하니 모두 한 목소리로 주부공의 억울함을 호소하고 또 공의 지극한 행실을 아뢰었다. 이에 특명으로 억울함을 씻어주어 비로소 주부공의 관작을 회복시키고 이어 공을 사헌부 지평에 추증하였으니, 공의 슬픔과 영화가 지극하다고 이를 만하다. 공의 지극한 효성과 진심어린 정성이 상하를 감동시키지 않았다면 어찌 이렇게 될 수 있었겠는가. 아, 훌륭하다!

공의 배위 전의 이씨(全義李氏)는 지돈녕부사 징하(徵夏)의 딸이다. 슬하에 4남 2녀를 두었다. 장남 익종(益宗)은 현감을 지냈다. 차남은 익대(益大)이다. 삼남 익삼(益三)은 문과에 급제하여 지금 충청도 관찰사로 있다. 사남 익겸(益謙)은 관례도 올리지 못하고 요절하였다.

67 자하(子夏)가……것이다 : 《논어》 〈학이(學而)〉에 나오는 말이다.

68 소결(疏決) : 국가에서 특별한 경우에 전국의 죄수를 다시 심리하여 너그럽게 처결하는 것을 이른다.

딸은 사인(士人) 김시관(金時莞)과 참봉 조명기(趙明箕)에게 출가하였다. 익삼의 아들은 상은(相殷)과 상문(相文)인데, 상은이 익종의 후사가 되어 실로 공의 제사를 맡고 있다. 사위 김시관의 아들은 철행(哲行)이다. 익삼이 내게 명(銘)을 청하였다. 명은 다음과 같다.

아름다운 한 사람이	有美一人兮
이호 물가에서	梨湖之濱
풀 옷을 입고 나무 열매 먹으며	草衣木食
일생을 마치었네	以終身兮
옥패와 경거[69] 같은 문장 지니고	玉佩瓊琚
중으로 자중자애하였네	中自珍兮
말하기를, 하늘이 재앙을 내림이	曰天降割兮
하늘이 불인해서가 아니라	匪天不仁
실로 내가 자식노릇 못해서이니	吾實不子兮
천지의 곤궁한 백성이라 하였네	天地之窮民
죽어서도 눈을 감지 못해	死目難瞑兮
귀신이 슬퍼하였네	鬼神悲辛
지극한 정성이 위를 감동시켰으니	至誠上格兮
천리는 반드시 펴지는 법이네	天理必伸

69 옥패(玉佩)와 경거(瓊琚) : 옥으로 만들어서 패용하는 장식물인데, 훌륭한 시문을 칭찬하는 말로 쓰인다. 한유가 〈제유자후문(祭柳子厚文)〉에서 유종원(柳宗元)의 문장을 칭찬하며 "옥패와 경거 같은 문장으로 아름다운 말 대거 쏟아내었네.〔玉佩瓊琚, 大放厥辭.〕"라고 한 데서 온 말이다.

포증의 은전 밝게 빛나니	褒贈有爀兮
그 슬픔과 영화 비길 데 없네	哀榮絶倫
내가 같은 시대에 태어났으나	我生倂世兮
공과는 친하지 못했네	偶失相親
공의 마음 또렷하여	其心炯炯兮
마치 엊그제 일 같네	尙如隔晨
명을 지어 드러내어	銘以表之兮
천추에 밝게 보이노라	昭揭千春

통덕랑 안공 묘갈[70]

通德郎安公墓碣

공의 휘는 윤성(允成)이고 자는 군집(君集)으로, 죽산(竹山) 사람이다. 부친 휘 상석(相奭)은 진사이고, 조부 휘 현(絢)은 통덕랑이고, 증조 휘 정섭(廷燮)은 사복시 첨정을 지냈다.

이전에 통덕공이 재주를 품고서 때를 만나지 못해 교하(交河) 월롱산(月籠山) 남쪽에서 늙어갔는데 중간에 상고(喪故)를 겪어 가업이 쇠락해졌다. 공은 고아로서 스스로 수립하여 옛 전지(田地)와 원포(園圃), 산림(山林)과 소택(沼澤)을 모두 회복하였다. 얼마 뒤에 탄식하기를,

"내가 자식이 되어 생전에 봉양하지 못하고, 또 입신양명하여 부모를 드러내지도 못했다. 지금 오로지 제사를 모시고 무덤을 살피는 일만 있을 뿐이니, 여기에 힘을 다하지 않으면 어디에 내 마음을 쏟겠는가."

하였다. 사계절의 시향(時享)을 예법대로 지냈는데, 제수(祭需)는 반드시 미리 준비하여 군색하지 않았으며 꼼꼼히 갖추면서도 사치스럽지 않았다. 세속에서는 구기(拘忌)로 제사지내지 않는 집이 많은데, 공은 개연히 말하기를,

"사람이 일생 동안 선조의 제사를 모실 날이 얼마나 되겠는가."

70 통덕랑 안공 묘갈 : 이 글은 안윤성(安允成, 1673~1735)의 묘갈이다. 안윤성은 본관이 죽산(竹山), 자가 군집(君集)이다.

하고는 혹 전염병이 발생하면 깨끗한 장소로 옮겨 제사지냈다. 선조의 무덤에 비석 세우는 일을 한 곳도 빠트리지 않고 거행하였지만 그 제도를 준수하여 견고하고 치밀하게 하기를 힘썼다. 또 후사가 없는 방존(旁尊)과 누이들에게까지 이를 미루어 그 정성과 마음을 다하였으니 이처럼 한 것이 40년이었다. 한 석공(石工)이 공의 정성에 감복하여 시종 함께 일하였고, 또 자신의 무리에게 경계하기를,

"이 사람은 효자이니, 절대 수공비(手工費)의 다소를 따지지 말라."

하였다.

공은 젊었을 때 과거공부에 힘쓰다가 그만두었는데, 항상 말하기를,

"선비가 때를 만나지 못하면 농사에 힘쓸 뿐이다."

하였다. 집안을 다스림이 검소하고 근면하여 식구 수만큼 농사를 짓고 수입에 따라 지출하였으며, 용도가 넉넉해지자 의(義)로 가난한 사람을 구휼하였다. 고을에서 여씨향약(呂氏鄕約)을 시행하는데 공이 실로 그 논의를 주관하였으며 간간이 향음주례(鄕飮酒禮)와 향사례(鄕射禮)를 설행하여 그 예용(禮容)이 볼 만하였다.

늙어서는 교유를 사절하고 문을 닫고 들어앉아 자신의 뜻을 지켜 성부(城府)에 발을 들이지 않았고 터럭만큼도 남에게 구하지 않았다. 시세를 따르고 이익에 붙어 구차하게 달려가는 자가 있으면 마치 자신의 몸이 더럽혀질 듯이 멀리하였다. 충민공(忠愍公) 이건명(李健命)과는 누대에 걸쳐 한 마을에 살던 교분이 있는데, 그의 지위가 높고 성대했을 때에는 그 집을 찾으려 하지 않았다. 충민공이 화를 당하자 문객들이 모두 두려워 감히 조문하지 못했는데 공이 가장 먼저 가서 조문하니 사람들이 하기 어려운 일이라고 여겼다.

공은 사람됨이 방정하고 엄숙하며 독실하고 확고하였다. 평소에 엄

연히 범할 수 없는 기색이 있어 자제들이 감히 그 앞에서 함부로 웃지 못했다. 집안이 엄숙하여 소리가 없는 것처럼 조용하였으며 언론이 바르고 준엄하여 선악의 구분에 더욱 엄격하였다. 남과 교유할 때 겉치레로 꾸미지 않았으며 옳지 못한 점을 보면 면전에서 지적하고 용서하지 않았다. 크고 작은 일에 반드시 그 요령을 잡아 말소리와 얼굴빛을 번거로이 할 필요 없이 한마디 말로 즉시 처리하였으며, 비록 어찌해볼 수 없는 패국의 어지러운 일도 공의 손길이 닿으면 어려움이 없는 듯하였으니, 그 재능과 기국이 이러하였다.

아! 오늘날 사람들은 대부분 자신의 봉양에는 후하고 근본을 보답하는 데는 소홀하니, 공이 종신토록 행한 것은 부귀한 자들도 참으로 하기 어려운 일이다. 더구나 재능 있는 선비들은 남에게 자랑하여 팔지 않는 자가 적고, 물러나 은거하는 자들은 번번이 쓸모가 부족한데, 공은 이런 재주를 지니고도 남에게 알려지기를 구하지 않으며 산골짜기에서 늙고 죽어 끝내 그 지조를 바꾸지 않았다. 이는 그 속에 필시 남보다 매우 훌륭한 점이 있었을 것인데, 세상에 쓰여지지 못한 것이 애석하다.

증조 첨정공이 항상 말하기를,

"'분수를 지키고 조용하게 생활하고 교제를 삼간다.〔守分居靜愼交〕'는 여섯 글자가 바로 우리 집안의 가법(家法)이다."

하고, 또한 일찍이 《소학》을 준칙으로 삼았는데, 공이 일생동안 수용하여 잃지 않았고 또 이것으로 자식들을 경계하였다고 한다.

공은 을묘년(1735, 영조11) 윤4월 10일 세상을 떠났으니 향년 63세였다. 그 이듬해에 양주(楊州) 송랑리(松浪里) 선영 진좌(辰坐)의 언덕에 안장하고, 유인(孺人) 이씨(李氏)를 합장하였다.

이씨는 통덕랑 정설(廷卨)의 딸로, 영릉(英陵 세종)의 별자(別子) 밀성군(密城君) 침(琛)의 후손이다. 공보다 16년 먼저 세상을 떠났는데 온화하고 유순하여 부녀자의 행실을 갖추었다. 4남 5녀를 두었다. 아들은 종주(宗胄), 종무(宗茂), 종구(宗耈), 종수(宗秀)이고, 사위는 이덕용(李德用), 이경창(李慶昌), 이항(李沆), 민범수(閔範洙)이다. 딸 하나는 시집가기 전에 죽었다. 종무가 와서 명(銘)을 청하였다. 명은 다음과 같다.

정성으로 선조에게 보답하고	報先以誠
정도로 집안을 다스렸네	理家以正
성인이 말하지 않았던가	聖不云乎
이 또한 정사라 하였네[71]	是亦爲政
재능 있고 지조 있는 사람을	有能有守
누가 그 능력을 펼치게 할까[72]	孰使羞行
내가 시대를 위해 개탄하니	我爲時嗟
명이 있다고 말하지 말라	莫曰有命

71 성인이……하였네 : 《논어》 〈위정(爲政)〉에 "《서경》에서 효에 대하여 말하기를, '효도하며 형제간에 우애하여 정사(政事)에 베푼다.'고 하였으니 이 또한 정사를 하는 것인데, 어찌하여 벼슬자리에서 정사하는 것만이 정사이겠는가.〔書云孝乎, 惟孝友于兄弟, 施於有政, 是亦爲政, 奚其爲爲政?〕" 하였다.

72 재능……할까 : 《서경》 〈홍범(洪範)〉에 "재능이 있고 시행할 수 있는 사람을 그 행함에 나아가게 하면 나라가 창성해질 것이다.〔人之有能有爲, 使羞其行, 而邦其昌.〕" 하였다.

학생 박공 묘갈[73]

學生朴公墓碣

박성백(朴聖百) 군이 세상을 떠나고 십여 년이 지난 뒤에 그 아들 봉양(鳳陽)이 울면서 말하기를,

"우리 선친의 품행이 몹시 탁월한데 보잘것없는 이 몽매한 아들이 높이 드러낼 길이 없으니 장차 민몰되고 말 것이오."

하였다. 어떤 이가 말하기를,

"국가에서 절행(節行)을 숭상하여 거의 집집마다 정려(旌閭)하는데 그대 또한 어찌 도모하지 않으리오."

하니, 말하기를,

"하고 싶지 않으니, 이는 우리 선친이 기뻐하지 않는 일이오. 선친의 벗 가운데 어떤 분이 계신데 오늘날 세상에서 묘문(墓文)을 구하는 사대부들이 대부분 그 집으로 찾아가니, 이분이 우리 부친의 행적을 길이 전해줄 것이오."

하였다. 마침내 가장(家狀)을 품고서 나를 찾아와 절하며 울었다. 내가 말하기를,

"네가 나를 찾아온 것이 마땅하다. 나와 네 아버지가 교유한 것이 둘 다 관례(冠禮)를 치르기 이전이고, 도시에 살 때도 시골에 살 때도 서로 가까이 살았으니, 너의 아버지에 대해 나만큼 상세하게

73 학생 박공 묘갈 : 이 글은 박서규(朴叙揆, 1674~1711)의 묘갈이다. 박서규는 본관이 함양(咸陽), 자가 성백(聖百)이다.

아는 사람이 없고, 너의 아버지의 효성에 대해서는 아마도 아는 자가 없을 것이다.

군이 부친의 병환을 간호한 백여 일 동안 낮에는 밥 먹을 겨를이 없고 밤에는 잠 잘 겨를이 없었으며, 음식과 약물, 이부자리와 변기도 일체 공경히 보살폈고 전혀 남에게 대신 시키지 않았다. 내가 교외에서 찾아가 군을 보니, 몇 달 못 본 사이에 수염과 머리털이 하얗게 세어 있었다. 얼마 뒤에 또 가서 조문하니, 어린아이처럼 울부짖고 얼굴빛이 매우 검었으며 상장(喪杖)을 짚어야만 일어날 수 있더니 얼마 못가 네 아버지의 부고가 이르렀다.

아! 길을 다닐 때 팔을 휘젓지 않고 웃을 때 잇몸을 드러내지 않으며[74] 태만하지 않고 해이하지 않았다[75]고 예전에 일컬어진 사람들이 군과 비교하여 어떠할지 나는 모르겠다. 성인(聖人)이 생명을 잃는 것은 효가 아니라고 하였으나,[76] 군은 마음에서 우러나와 자식된 직분을 다했을 뿐, 어찌 이렇게 되고자 했겠는가.

군의 이름난 선조 중에 소요당(逍遙堂) 세무(世茂)와 잠야공(潛

74 길을……않으며 : 《예기》 〈곡례 상(曲禮上)〉에 "부모가 병들면 성인이 된 아들은 머리를 빗지 않으며 길을 갈 적에 팔을 휘젓지 않고 웃을 때 잇몸을 드러내지 않는다." 하였다.

75 태만하지……않았다 : 《예기》 〈잡기(雜記)〉에 "소련과 대련이 거상을 잘하여 3일 동안 태만하지 않고 3개월 동안 해이하지 않았으며 1년 동안 슬퍼하고 3년 동안 근심하였다.〔少連大連善居喪, 三日不怠, 三月不解, 期悲哀, 三年憂.〕" 하였다.

76 성인(聖人)이……하였으나 : 《예기》 〈상복사제(喪服四制)〉에 "사흘이 지나면 죽을 먹고, 석 달이 지나면 머리를 감고, 일 년이 지나면 연제(練祭) 이후의 상복으로 갈아입는다. 몸이 수척해질 정도로 지극히 애통해하더라도 자신의 생명은 해치지 말아, 어버이의 죽음 때문에 자기의 생명까지 상하게 해서는 안 된다." 하였다.

治公) 지계(知誡)는 그 학문이 효성에 근원하였고, 군의 조부 휘 팽조(彭祖)는 상을 이기지 못하고 38세의 나이로 세상을 떠난 것이 군과 똑같다. 군이 이처럼 그 효성을 대대로 이었으니 매우 훌륭하지 않은가."

하니, 봉양이 일어나 절하며 말하기를,

"이처럼 명(銘)을 써주시면 다행이겠습니다."

하였다.

군은 함양(咸陽) 사람으로, 휘는 서규(叙揆)이고, 성백이 그의 자이다. 신묘년(1711, 숙종37) 4월 3일 세상을 떠났으며 무덤은 양주(楊州) 신혈리(神穴里)에 있다. 부친 휘 여홍(汝興)은 참봉을 지냈고, 모친 한산 이씨(韓山李氏)는 모관(某官)을 지낸 모(某)의 딸로, 자애롭고 은혜로워 부녀자의 덕을 갖추었다.

군은 일곱 자녀를 두었는데, 아들 경양(景陽)과 정양(挺陽), 사인(士人) 조한식(趙漢寔), 신명삼(辛命三), 이관적(李觀迪), 이경장(李慶章)에게 각각 출가한 딸, 그리고 장남 봉양(鳳陽)이다.

군은 일찍이 나와 과거공부를 함께 하였는데, 그 부지런하고 독실함을 내가 미칠 수 없었으나 끝내 불운하여 급제하지 못했다. 봉양이 능히 문학에 힘써 진사시에 합격하였으니 하늘이 군에게 보답함이 혹 여기에 있는 듯하다. 명(銘)은 다음과 같다.

아아, 성백이여	嗟惟聖百
효성을 다하다 목숨을 잃었네	死於孝也
그의 벗인 내가 명을 짓노니	其友銘之
무덤에 아첨하는 자가 아니네	非諛墓者

학생 이공 묘갈[77]

學生李公墓碣

유생 이덕회(李德晦)가 내게 배웠는데, 하루는 울면서 말하기를,

"제가 하늘의 보살핌을 받지 못해 다섯 살에 부친을 잃었으니 천지 사이의 일개 선민(鮮民)[78]일 뿐입니다. 《예기》에 '선행이 있는데도 알지 못하면 밝지 못한 것이요, 알고서도 후세에 전하지 않으면 어질지 못한 것이다.'[79]라고 하였습니다. 우리 부친이 실로 남보다 뛰어난 재주와 행실이 있는데 차마 알지 못하고 전하지 못하여 불효를 거듭할 수 없으니, 선생께서 불쌍히 여겨주시기 바랍니다.

우리 부친은 7세에 이미 여동생과 함께 앉아 음식을 먹지 않을 줄 알았고,[80] 10세에 또 여러 형제들과 함께 제의(祭儀)를 익혀 돌을 놓고서 제기(祭器)를 삼았으며, 18세에는 《상서(尙書)》기삼백(朞

77 학생 이공 묘갈 : 이 글은 이후백(李後白, 1677~1704)의 묘갈이다. 이후백은 본관이 전주(全州), 자가 문소(文素)이다.

78 선민(鮮民) : 부모가 없어 의지할 곳 없는 궁벽하고 외로운 사람을 말한다. "선민의 삶은 죽는 것만도 못한 지가 오래일세.〔鮮民之生, 不如死之久矣.〕"라고 한 데서 온 말이다.

79 예기에……것이다 : 《예기》 〈제통(祭統)〉에 나오는 말로, "종묘사직을 지키는 자손이 그 선조에게 선행이 없는데도 칭찬하면 이는 속이는 것이요, 선행이 있는데도 알지 못하면 이는 밝지 못한 것이요, 알고서도 후세에 전하지 않으면 이는 어질지 못한 것이니, 이 세 가지를 군자는 부끄럽게 여긴다." 하였다.

80 7세에……알았고 : 《소학》 〈입교(立敎)〉에 "7세가 되거든 남자와 여자가 자리를 함께하지 않으며 음식을 함께 먹지 않는다.〔七年, 男女不同席, 不共食.〕" 하였다.

三百)을 읽고 분명하게 마음으로 이해하고서 이를 미루어 달력을 만들었습니다.

이웃에 사는 경암(敬菴) 이 선생(李先生)이 한번 보고는 기특하게 여기고 하루만 못 봐도 그때마다 우리 조부에게, '아드님의 고론(高論)을 듣고 싶습니다.'라고 하였습니다. 이때부터 경암 선생을 스승으로 섬겼는데, 도를 믿음이 성실하고 돈독하다고 선생이 인정하였습니다. 일찍이 용문사((龍門寺)에 올라가 독서하는데 절에 수륙삼일회(水陸三日會)[81]가 열려 괴이한 것들이 뒤섞여 있는데도 보지 못한 것처럼 처신하였습니다.

문예(文藝)가 일찍 성취되고 사부(詞賦)에 특히 뛰어나 여러 차례 향시(鄕試)에 합격하였지만 좋아하는 바가 아니었습니다. 타고난 자질이 온화하고 공손하였고 선(善)을 즐기고 의(義)를 좋아하였으며, 그 학문은 진실한 마음으로 각고면려(刻苦勉勵)하는 것을 요체로 삼았습니다. 어버이를 섬기는 일은 한결같이 《소학》에 따라 행하였고, 출입할 때에 부부가 서로 절하였으며, 평소에는 앉을 때 반드시 몸을 꼿꼿이 세워 앉았고 경황없고 위급한 상황이라도 혹 흐트러짐이 없었습니다.

여러 책을 두루 보아서 천문(天文), 지리(地理), 산수(筭數), 병법(兵法)에 이르기까지 두루 통달하지 않음이 없었으나, 마음으로는 또한 달갑게 여기지 않았습니다.

불초소생이 몽매하여 부친의 얼굴도 기억하지 못하니 하물며 그

81 수륙삼일회(水陸三日會) : 물과 육지에 떠도는 외로운 영혼을 구제하기 위해 불법(佛法)을 설하고 음식을 베푸는 의식이다.

덕행과 재능에 대하여 알 수 있겠습니까. 그러나 우리 조부 및 부친의 벗들에게 들은 것이 이러합니다."

하였다.

내가 생각건대, 사람이 타고난 기품이 같지 않아 덕이 있는 자가 꼭 재능이 있는 것이 아니고 재능이 있는 자가 능히 덕을 지닌 것이 아니니, 이것이 고금의 공통적인 병통이다. 군과 같은 이는 재능과 덕을 함께 갖춘 분으로 천백 년 만에 겨우 한 번 만날 수 있는 사람이라 할 수 있다. 하늘이 군을 이 세상에 낸 것이 우연이 아닐 듯한데 군을 죽인 것은 또 무슨 뜻이란 말인가. 예로부터 군처럼 어질면서도 명이 짧은 자가 또한 많았다. 사람들은 허물을 돌릴 곳이 없으면 하늘의 뜻이라고 말하는데, 하늘 또한 어찌 그 사이에 좋아하고 미워하는 마음을 두었겠는가. 아! 슬프도다.

군의 휘는 후백(後白)이고 자는 문소(文素)이다. 성종대왕(成宗大王)의 별자(別子) 양원군(楊原君) 희(憘)의 4대손이 통덕랑 세빈(世馪)인데 은덕(隱德)이 있었다. 이분이 충의위 시웅(時雄)을 낳고, 충의위가 군을 낳았다. 모친은 무장 김씨(茂長金氏)로, 감찰 극량(克良)의 딸이다.

군은 과거에 응시하러 가던 중에 연안(延安)에 이르러 병에 걸려 갑신년(1704, 숙종30) 8월 28일 여관에서 세상을 떠났으니 겨우 28세였다. 연로의 사람들이 공을 알건 모르건 모두 슬퍼하고 안타깝게 여겼다. 금천(金川) 오지동(烏地洞)에 안장하였다.

공은 두 번 장가들었는데, 창녕 성씨(昌寧成氏)와 광주 김씨(光州金氏)이다. 덕회(德晦)는 성씨 소생으로, 생원시에 합격하였고 어린 두 아들이 있다.

경암(敬庵)은 이름이 행태(行泰)이고, 학문에 독실하고 곤궁한 생활을 편안히 여긴 것으로 세상에 이름이 났다. 나는 군의 불행을 슬퍼하고 또 덕회의 뜻을 가상하게 여겨 마침내 명(銘)을 짓는다. 명은 다음과 같다.

아, 창려가 원빈을 곡할 적에	噫昌黎之哭元賓也
재주는 당세에 높고 행실은 고인보다 뛰어났는데	曰才高乎當世而行出乎古人
끝났도다 원빈이여	已乎元賓
끝내 어찌하겠는가	竟何爲哉
끝내 어찌하겠는가라고 하였으니[82]	竟何爲哉
내가 군에게 또한 이렇게 말하노라	吾於君亦云

82 창려(昌黎)가……하였으니 : 창려는 한유(韓愈)이고, 원빈(元賓)은 한유의 벗인 이관(李觀)이다. 이관이 당시에 한유와 우열을 다툰다는 명성이 있었는데 29세의 나이로 요절하자, 한유가 그의 묘명(墓銘)을 지어 이렇게 말하였다.

학생 윤공 묘갈[83]

學生尹公墓碣

해평(海平) 윤식(尹栻) 공은 나보다 1살이 많다. 애당초 나와는 면식이 없는데 어느 날 찾아와 조용히 이야기를 나누다 보니, 단번에 충후하고 질박한 선비임을 알 수 있었다. 이어 그 아들 담(湛)을 내게 보내어 공부시켰다. 담이 집에 돌아가면 그때마다 공부했던 책을 물어보고, 또 보고 들은 것을 외우게 하고는 빙그레 웃으며 기뻐하여 왕왕 마음에 부합함이 있는 듯 하였으니, 선(善)을 즐기고 의(義)를 좋아함은 그의 타고난 천성이었다. 일찍이 말하기를,

> "나는 세 가지 후회가 있다. 집이 가난하고 부모가 늙었으니 분수상 농사를 지어 봉양해야 하건만 농사를 경영하지 않아 자식된 직분을 다하지 못한 것이 첫 번째 후회이다. 망령되이 벼슬길에 뜻을 품어 시문(時文)[84]에만 종사하고 더 이상 경학(經學)에 뜻을 두지 않고 세월만 보내다가 노쇠한 것이 두 번째 후회이다. 젊은 시절에 속세에 골몰하느라 사문(斯文) 장로(長老)의 문하에 노닐며 훈도(薰陶)되는 유익함을 받지 못한 것이 세 번째 후회이다."

하였다. 이어 집에 삼회(三悔)라는 편액을 걸고는 밖에서 구하는 것에 완전히 뜻을 끊고 분수에 따라 스스로 즐겼다. 담도 겸손과 공손으로

83 학생 윤공 묘갈 : 이 글은 윤식(尹栻, 1679~1742)의 묘갈이다. 윤식은 본관이 해평(海平), 자가 경포(敬甫)이다.

84 시문(時文) : 과거 시험을 위한 문체를 말한다.

자신을 지켜 불선(不善)한 행동을 부끄럽게 여겼으니, 바른 도리로 가르친 가정의 교육을 알 수 있다.

공이 세상을 떠난 뒤에 나는 만시(輓詩)를 지어 애도하였는데,[85] 삼년상을 마치고 담이 또 와서 청하기를,

"우리 부친은 실로 선생을 사모하는 무리이니, 부디 귀중한 한 마디 말씀으로 돌아가신 분을 위로해주시기 바랍니다."

하였다. 내가 사양할 수 없어 마침내 그 가장(家狀)을 취하여 서술한다.

공의 자는 경포(敬甫)이다. 증조 휘 호(岵)는 사헌부 장령을 지냈고, 조부 휘 응해(應海)은 선교랑을 지냈고, 부친 휘 정린(廷麟)은 통덕랑이고, 외조부는 교관을 지낸 동래(東萊)의 정희석(鄭熙晳)이다. 양주(楊州) 망우리(忘憂里)에 살다가 64세 되던 임술년(1742, 영조18) 8월 4일 세상을 떠나 본주 어은동(魚隱洞) 선영에 안장하였다.

공은 어버이에게 효도하고 형제들과 우애로웠으며 붕우간에 공경하였다. 근검으로 집안을 다스리고 절대 구차한 일을 하지 않았다. 향리에서 모두 훌륭한 덕을 지녔다고 칭찬했으나 뜻을 펴지 못하고 빈궁하게 생을 마쳤으니, 아! 선인(善人)을 무엇으로 권면한단 말인가.

공은 두 번 장가들었다. 완산 이씨(完山李氏)는 춘명(春蓂)의 딸이고, 단양 우씨(丹陽禹氏)는 이하(以夏)의 딸이다. 아들 셋을 두었다. 담(湛)이 장남이고, 염(濂)은 일찍 죽었고, 엄(淹)은 숙부의 후사로 나갔는데, 모두 우씨 소생이다. 이어 명(銘)을 붙인다. 명은 다음과 같다.

85 나는……애도하였는데 : 본서 제3권에 〈윤생에 대한 만사〔尹生挽〕〉가 실려 있다.

이분은 한 고을의 선사이니	是惟一鄕之善士
자신이 누리지 않고 그 후손에게 더해주네	不羸其躬而尙其孫子

학생 황공 묘갈[86]

學生黃公墓碣

공의 휘는 기(璣)이고 자는 성제(聖齊)로, 장수(長水) 사람이다. 그 선조 휘 정욱(廷彧)은 호가 지천(芝川)으로, 병조 판서와 양관(兩館) 대제학을 지냈고, 목릉(穆陵 선조) 시대에 문장으로 크게 이름을 떨쳤다. 4대가 지나 정산 현감(定山縣監)을 지낸 휘 이징(爾徵)은 사복시 주부를 지낸 휘 휘(暉)를 낳았고, 주부는 호조 정랑을 지내고 이조 판서에 추증된 휘 처신(處信)을 낳았다. 이분이 참의에 추증된 중부(仲父) 휘 성(晠)의 후사로 나갔는데 바로 공의 부친이다.

공은 나면서부터 총민하여 두루 배우고 잘 기억하였으며 특히 문장 짓기를 좋아하여 약관(弱冠)의 나이에 수천 자를 지어내었다. 식자들이 지천공(芝川公)이 훌륭한 손자를 두었다고 하였는데, 불행하게도 병에 걸려 스스로 그만두고 마흔 살에 요절하였다.

내가 왕년에 과분하게도 그 형님 되시는 관찰공(觀察公) 선(璿)과 교유한지라, 공과는 비록 면식이 없었지만 이로 인해 통해 또한 공을 알 수 있었다.

공은 문장을 지나치게 좋아한 사람으로, 평소에 담박하여 좋아하는 것이 없었고 오로지 옛 서적만 몹시 좋아하였다. 깊이 생각하고 힘써 모색할 때면 집에 있을 때에도 다른 일을 모두 잊은 듯하고 길을 다닐

86 학생 황공 묘갈 : 이 글은 황기(黃璣, 1689~1728)의 묘갈이다. 황기는 본관이 장수(長水), 자가 성제(聖齊)이다.

때에도 모두 잊은 듯하여[87] 무엇을 잃은 듯이 망연자실하고 어리석은 듯이 멍하였다. 천하의 모든 일에 대하여 마음속에 들일 것이 없었으니 지치도록 정신을 소모하여 병이 생기는 것도 알지 못한 채 문을 닫고 깊이 들어앉아 세상과 인연을 끊었다. 이처럼 지낸 것이 19년인데 하루도 독서를 폐한 적이 없었다. 간혹 남들과 어울려 바둑을 두고 시를 지으며 저녁 내내 즐겁게 지냈으나 손님이 떠나면 그 사람이 누구인지 묻지 않았다.

공은 사람됨이 순수하여 속세의 기운이 없었으며, 마음이 소탕하여 법도에 구애받지 않은 듯하였다. 그러나 어려서부터 부모를 잘 섬겨 부모의 뜻을 조금도 어긴 적이 없으며, 판서공의 상에 거할 때에는 이미 병들었지만 자력으로 슬픔을 다하였으니 그 실제 행동이 이러하였다.

공은 일찍이 젊은 시절에 지은 문장이 뜻에 차지 않는다고 하여 모두 버리고는 장차 대대적으로 육경(六經)과 제자(諸子)의 글을 읽어 학식을 넓게 쌓은 뒤에 거침없이 드러내어 훌륭한 학설을 세운 옛 사람에게 미치기를 바랐다. 공으로 하여금 병들게 하지 않고 또 오래 살게 하였다면 거의 이에 이르렀을 것인데 끝내 그 뜻대로 이루지 못했으니, 어찌 명이 아니겠는가. 그러나 공이 일찌감치 성인의 학문에 힘을 쏟았다면 그 성취를 어찌 헤아릴 수 있겠으며 또 어찌 이러한 병에 걸렸겠는가. 아! 이는 더욱 애석한 일이다.

공의 형제는 처음에 모부인에게 수학하였는데, 부인은 정언을 지낸

87 집에……듯하여 : 한유(韓愈)의 〈답이익서(答李翊書)〉에 나오는 말로, 일체의 잡념을 잊어버리고 전심하는 것을 말한다.

완산(完山) 이민징(李敏徵) 공의 딸로, 경서와 사서에 통달하여 여사(女士)라 불리었다고 한다. 관찰공은 무신년(1728, 영조4) 영남(嶺南)의 난적(亂賊)을 평정하고 곧바로 죽었는데,[88] 공 또한 이해 12월 계미일에 세상을 떠나 이듬해 2월 장단(長湍) 옥음리(沃陰里) 술좌(戌坐)의 언덕에 안장하였다.

공의 배위 안동 권씨(安東權氏)는 길성군(吉城君) 최(最)의 딸이다. 아들 경원(景源)이 문장으로 그 가업을 잇고 있다. 경원이 와서 명(銘)을 청하였다. 명은 다음과 같다.

이미 재주를 주고서	旣與之以才
어찌하여 병을 주었으며	胡與之以疾
또 어찌하여 수명을 주지 않았나	又胡不與之以年
아, 하늘의 뜻이로다	嗚呼其天

88 관찰공은……죽었는데 : 경상도 관찰사로 있던 황선(黃璿)은 1728년 이인좌(李麟佐)의 난이 일어났을 때 거창(居昌)에서 정희량(鄭希亮)이 이끄는 반란군을 진압하였으나 그날 밤에 감영에서 갑작스럽게 죽었다.

진사 박군 묘갈[89]

進士朴君墓碣

박사행(朴士行) 군은 내게는 벗의 아들인데 그는 나를 스승으로 대하였다. 몸가짐이 단정치 못한 어떤 자가 일찍이 문에 이르러 수업을 청했는데 내가 차마 드러내어 물리치지 못했다. 사행이 이를 듣고는 몹시 의혹되어 속히 나를 찾아와 그 사람과 절교해야 한다고 말했는데, 나는 호향(互鄕)의 고사[90]를 고해주고서 그의 말을 믿지 않았다. 사행은 돌아가는 길에 병이 들어 집에 도착하여 세상을 떠났으니 경신년(1740, 영조16) 5월 24일, 향년 겨우 33세였다. 나는 슬피 곡하였다. 이후 그 사람이 감히 다시 찾아오지 못했으니, 사행이 북을 울려 성토한[91] 의(義)가 두려웠기 때문이다. 그런데 끝내 그는 제대로 죽지 못했

89 진사 박군 묘갈 : 이 글은 박경양(朴景陽, 1708～1740)의 묘갈이다. 박경양은 본관이 함양(咸陽), 자가 사행(士行)이다.

90 호향(互鄕)의 고사 : 호향은 풍습이 비루해서 모두 상대하기를 꺼려했다는 마을 이름이다. 《논어》〈술이(述而)〉에 "호향 사람과는 이야기하기가 어려웠는데, 그 마을 동자가 찾아와 공자를 만나자 제자들이 의혹을 품으니, 공자가 이르기를, '그가 나를 찾아온 뜻을 인정해 준 것이지, 그가 물러가 불선한 짓을 할 것까지 인정한 것은 아니니, 너무 심한 것이 아니냐? 사람이 몸을 깨끗이 하여 찾아오면 그가 깨끗이 한 것을 인정해 주면 되지 지나간 일을 마음속에 담아둘 필요는 없다.'라고 하였다."라는 내용이 있다.

91 북을 울려 성토한 : 공자의 제자 염구(冉求)가 권력자인 계강자(季康子)의 가신이 되어 무거운 세금을 부과하여 그의 재산을 늘려주자, 공자가 크게 노하여 제자들에게 "그는 더는 우리 무리가 아니다. 너희는 북을 울려 성토해야 할 것이다.〔非吾徒也, 小子鳴鼓而攻之可也.〕"라고 한 데서 온 말이다. 《論語 先進》

으니, 사행이 선견지명이 있다고 하겠으며 또한 나를 몹시 사랑했음을 알 수 있다.

군의 이름은 경양(景陽)이고, 사행은 그 자(字)이다. 함양(咸陽) 박씨(朴氏)는 신라와 고려 때부터 가문이 번성하였다. 본조에 들어와서는 병조 판서 휘 습(習)이 크게 현달하였다. 3대를 내려와 소요당(逍遙堂) 세무(世茂)는 《동몽선습(童蒙先習)》을 저술하였는데, 세상에 통행되고 있다. 소요당의 손자는 잠야(潛冶)로 휘가 지계(知誡)인데, 우암 선생(尤菴先生)이 '사문(斯文)의 선배'라고 칭하였다. 이분이 군에게 5대조가 된다. 조부 휘 여흥(汝興)은 참봉을 지냈고, 부친 휘 서규(敍揆)는 학업에 부지런히 힘썼으나 급제하지는 못하고 효자로 일컬어졌다. 모친 남양 홍씨(南陽洪氏)는 부사 처주(處宙)의 딸로, 정승 서봉(瑞鳳)의 증손녀이다.

3형제 중에 군이 둘째인데, 4세에 아버지를 잃고서 형을 부친처럼 섬겼다. 학문에 힘을 쏟고 문장을 전공하여 날마다 부지런히 힘썼으니 매번 과장(科場)에 들어가면 지필(紙筆)을 잡자마자 즉석에서 완성하여 사람들이 그 풍부하고 민첩함에 탄복하였다.

무오년(1738, 영조14) 진사시에 합격하여 성망(聲望)이 날로 성대하였으나, 성균관이 예전 같지 않고 선비의 취향이 크게 무너졌다고 생각하여 그 사이에 발을 들이려 하지 않았다. 또 교유에 신중하였으니 함께 벗한 자들은 모두 당대의 명사들이었다.

형이 세상을 떠나자 형이 자신을 가르쳤던 것처럼 형의 아들을 가르쳤으며, 아우를 사랑함이 특히 돈독하여 잠시도 떨어지지 않았다. 선조를 위하는 일에 정성을 쌓고 해이하지 않아, 우리나라의 문집(文集)과 패설(稗說) 등속을 취하여 선조의 덕이 언급된 것이 있으면 모두 모으고 엮어《지인편(知仁編)》이라 명명하여 선조의 공렬을 무궁하게 드러내려 하였으니 효자라고 이를 만하다.

일찍이 내게 말하기를,

"어버이가 살아계시는지라 차마 과거공부를 그만둘 수 없으니, 정자(程子)의 말씀[92]처럼 한 달의 절반만 과거공부를 할 뿐입니다."

라고 하였으니, 이는 그 뜻이 반드시 가학(家學)을 잇고자 한 것이다. 또 장차 끊임없이 진보하였을 것인데 갑자기 죽고 말았으니, 아! 애석하다.

군은 양주(楊州) 신혈(神穴) 임좌(壬坐)의 언덕에 안장하였으니 선영을 따른 것이다. 배위 최씨(崔氏)는 후사가 없어 형의 아들 재화(載和)를 양자로 삼았다. 두 딸은 아직 출가하지 않았다. 명(銘)은 다음과 같다.

아침에 즐거이 이야기하고	朝之言嘻嘻
저녁에 기쁘게 말하였는데	夕之言怡怡
하루 못 본 사이에 죽었으니	一日不見而死
아, 슬프도다	吁其悲

92 정자(程子)의 말씀 : 정이(程頤)가 말하기를, "혹자는 과거 공부와 사업이 사람의 공부를 빼앗는다고 말하니, 이는 옳지 않다. 우선 한 달 가운데 열흘은 과거 공부를 하고 나머지 날짜만 가지고도 충분히 학문을 할 수 있다. 그러나 사람들은 여기에 뜻을 두지 않으면 반드시 저기에 뜻을 둔다. 이 때문에 과거 공부가 서로 방해되는 것을 걱정하지 말고 오직 뜻을 빼앗김을 걱정해야 하는 것이다." 하였다.《二程全書 外書》

유인 남양 홍씨 묘갈[93]

孺人南陽洪氏墓碣

정부(鄭敷) 공을 임천(林川) 반조원(頒詔院)에 장사지냈는데, 수암(遂菴) 권공(權公)이 그 비갈에 "종애처사(鍾崖處士) 자(字) 아무개의 무덤"이라고 썼다. 부인 홍씨(洪氏)가 울면서 그 아들 오규(五奎)에게 말하기를,

"너의 아버지가 살아 있는 동안 뜻을 성취하지는 못했으나 명유(名儒)의 찬양을 얻었으니 죽었어도 죽은 것이 아니다."

하였다. 13년이 지난 무신년(1728, 영조4) 홍씨가 세상을 떠나니 향년 73세였다. 오규가 처사의 무덤을 옮겨 그 옆 몇십 보 되는 곳에 합장하였다.

오규가 상기(喪期)를 마친 뒤에 삼주(三州) 이재(李縡)에게 다음과 같이 명(銘)을 부탁하였다.

"제 어머니는 청계공(淸溪公)의 작은딸인데, 청계공은 문학으로 세상에 이름을 떨쳤습니다. 외숙들이 그 가업을 이었으며 부제학 김만길(金萬吉)의 아내가 된 이모는 세상에서 훌륭한 규수라 일컬어지는 분입니다. 어머니는 그 사이에서 생장하여 옛 서적의 대의(大義)를 대략 알았고 길쌈이나 침선 등의 아녀자의 일에도 능숙하였습니다. 19세에 우리 선친에게 시집왔는데, 우리 조부 목사공(홍시형(洪時亨))

93 유인……묘갈 : 이 글은 정부(鄭敷)의 부인 남양 홍씨(南陽洪氏)의 묘갈로, 1656년(효종7) 태어나 1728년(영조4) 세상을 떠났다.

은 간엄(簡嚴)하여 남을 잘 인정하지 않는 분이나 항상 '우리 훌륭한 며느리'라고 하였으며, 시마복(緦麻服)과 공복(功服)을 입는 친척이 모두 한 집에 모여 살면서도 어른이나 아이들이나 모두 다른 말이 없었습니다.

규문을 다스림이 법도가 있었고 늙어서도 부지런하였으며 피복은 검소하고 깨끗하였고 고기는 반드시 네모나고 반듯하게 썰었습니다. 선친이 교유가 적었지만 간혹 귀한 손님이 찾아오면 즉시 술과 안주를 마련하였기에 남들은 살림이 가난한 줄 몰랐습니다. 첩조고(妾祖姑)를 시어머니처럼 대하였으며 홀로 된 조카를 자신의 소생처럼 길렀습니다.

친정이 쇠락한 관계로 항상 후부인(侯夫人)의 한식날의 감회[94]를 마음속에 지녀 해마다 건육(乾肉)을 보내어 제사에 보태었습니다. 부귀영달을 하찮게 여기고 담박한 생활을 편안하게 여겼으며 남편에게 순종하는 것을 한결같은 뜻으로 삼았습니다. 자제들이 사서(史書)를 읽는 것을 듣다가 간사하고 반역하는 대목에 이르면 분개하고 탄식하였으며, 간혹 사문(斯文)의 시비와 시사(時事)의 득실을 논할 때면 말이 조리 있어 이치에 맞았습니다.

성품이 인자하여 곤충이나 초목 같은 미물도 차마 해치지 못했으며, 사람들에 대해서는 미워하거나 이기려는 마음이 없었고 또 남의 죄악을 한번도 말한 적이 없었으며, 아래로 미천한 노복들에게도

94 후부인(侯夫人)의 한식날의 감회 : 후 부인은 정호(程顥)와 정이(程頤)의 어머니이다. 후부인이 임종하기 하루 전에 아들 정이에게 "오늘이 한식일이니, 너는 나를 위하여 나의 부모에게 제사를 올리도록 하라." 하였다.

모두 은혜를 베풀었으니, 이 때문이 어머니가 세상을 떠났을 때에 곡하는 자들이 모두 슬퍼하였습니다."

하였다. 또 일어나서 말하기를,

"우리 어머니의 어짊이 이러한데도 끝내 곤궁하게 생을 마쳤으니 군자의 한 마디 말씀을 얻지 못하면 저는 지하에서 어머니를 뵐 수 없을 것입니다."

하니, 나는 그 뜻이 슬퍼 사양할 수 없었다.

청계공(淸溪公)은 휘가 위(葳)이고 남양(南陽) 사람인데, 관직이 관찰사에 그쳤다. 그 배위는 덕수 이씨(德水李氏)로, 목사 침(梣)이 그 부친이다.

부인은 아들 셋을 두었는데 모두 처사공의 묘갈에 자세히 기록되어 있다. 손자 구(捄)와 윤(掄) 및 참의 이광덕(李匡德)과 사인(士人) 이상중(李商重)의 아내가 된 딸은 오규의 소생이고, 택(擇)은 오위(五緯)의 소생이다. 나머지는 모두 어리다.

오규가 일찍이 수암의 문하에서 수학하여 문학과 행실로 일컬어졌으니, 나는 또 부인의 가르침이 집안에서 이루어졌음을 알겠다. 명(銘)은 다음과 같다.

젊어서는 훌륭한 며느리요	幼爲賢婦
늙어서는 훌륭한 어머니였네	老爲賢母
참으로 여사이니	展也女士
나의 명문이 길이 전해지리	我銘不朽

숙인 은진 송씨 묘갈[95]

淑人恩津宋氏墓碣

숙인(淑人) 은진 송씨(恩津宋氏)는 정랑 남전(南躔) 공의 배위이다. 숭정(崇禎) 갑진년(1664, 현종5) 회덕(懷德)의 송촌(宋村)에서 태어났다. 을축년(1685, 숙종11) 남씨(南氏)에게 출가하였는데, 남씨는 대대로 함창(咸昌)에서 살았다. 숙인은 65세 되던 무신년(1728, 영조4) 4월 6일 세상을 떠나 문경(聞慶) 입암(立巖) 건좌(乾坐)의 언덕에 안장되었다.

숙인이 일찍이 아들 도철(道轍)에게 말하기를,

"내가 아녀자로 기록할 만한 명망과 덕행은 없지만 내가 죽거든 반드시 당대의 문장가에게 명(銘)을 청하거라."

하였다. 도철이 상기(喪期)를 마친 뒤에 나를 찾아와 묘문(墓文)을 청하며 울면서 "이것이 우리 어머니의 뜻입니다."라고 하였다. 내가 글을 잘 짓지 못한다고 사양해도 더욱 힘껏 청하기에 마침내 그 가장(家狀)을 취하여 읽어보았는데, 정랑공이 지은 것이었다. 정랑공은 사람됨이 독실하고 질박하여 그 말에 꾸밈이 없으니 숙인의 어짊을 더욱 믿을 수 있다.

숙인은 어려서부터 총명하여 경서(經書)와 사서(史書)의 대의(大義)를 대략 알았다. 부모가 특별히 사랑하여,

95 숙인……묘갈 : 이 글은 남전(南躔)의 부인 은진 송씨(恩津宋氏)의 묘갈이다. 은진 송씨는 1664년(현종5) 태어나 1728년(영조4) 4월 6일 세상을 떠났다.

"네가 남자로 태어나 우리 집안을 크게 빛내지 못하는 것이 한스럽다."

하였다. 15세에 모친 안 부인(安夫人)이 세상을 떠났는데, 당시 조부 현감공이 생존해 있었고 동생들은 나이가 어렸다. 숙인이 홀로 집안일을 맡아 조부와 동생들의 의복과 음식을 각각 알맞게 갖추었다. 송씨는 해마다 먼 조상에게 제사를 지내는데 숙인이 한번은 그 일을 맡아 주관하였다. 모든 친족들이 쌍청당(雙淸堂)에 모여 그 정갈한 제수(祭需)를 보고는 모두 칭찬하기를,

"아무개 집에 훌륭한 딸이 있다."

하였다.

부친이 마마를 앓아 몹시 위독하였는데, 병이 옮을까 두려워 집안사람들이 숙인에게 나가서 피하기를 권했다. 숙인은 울면서 피하려 하지 않고 밤마다 한데 서서 하늘에 빌었다. 부친이 돌아가시자 숨이 끊어질 듯이 가슴을 치고 울부짖었으며 3년을 하루처럼 한결같이 생활하였다. 한번은 화재가 일어나 불길이 빈실(殯室)로 옮겨 붙자 숙인이 불속으로 뛰어들어 신주를 안고 나오니, 들은 자들이 경탄하였다.

출가해서는 현감공 2대를 섬겼던 방법으로 시부모를 섬기니, 시아버지 도사공이 항상 "우리 집안의 어진 며느리"라고 칭하였다. 집안에 권속이 매우 많았으나 그들의 마음을 모두 기쁘게 하였다. 집을 다스림이 법도가 있었으니, 새벽에 일어나 청소하여 집안에 먼지 한 점 없었으며, 닭과 돼지를 기르고 오이와 채소를 심어 제수(祭需)와 빈객 접대에 항상 부족하지 않게 하였다. 집 앞뒤로는 과일 나무가 정연하여 볼 만하였으니 모두 손수 심은 것이다.

정랑공은 성품이 책을 좋아하고 생계를 꾸리는 데에 서툴렀는데 숙

인은 남편으로 하여금 살림살이가 어떠한지 모르게 하였다. 정랑공이 64세에 비로소 과거에 급제하자, 숙인은 기뻐하면서도 슬퍼하며 말하기를,

"우리 시부모님이 생전에 이 일을 보지 못하셨다."

하였다. 또 울며 말하기를,

"부모가 이미 돌아가시어 친정에 가서 문안하는 의가 없으니, 다행히 죽지 않고 산다면 오직 무덤에 한번 참배할 수 있을 뿐이다. 조만간 한 고을의 수령 자리를 얻으면 이 소망을 이룰 수 있겠지?"

하였다. 정랑공이 외지인 도성에서 벼슬살이를 하자, 숙인이 늘 돌아오라고 재촉하기를,

"나이가 이미 늙었으니 초야에서 유유자적하게 지내다가 생을 마치는 것이 낫습니다."

하였다. 얼마 뒤에 시국이 변하여 정랑공이 벼슬을 버리고 돌아오자 숙인이 몹시 기뻐하였다.

매번 한가할 때면 자녀들을 불러 좌우에 둘러앉히고 거듭 올바른 도리를 가르쳤는데 반드시 효제충신(孝悌忠信)을 우선시하였다. 또 말하기를,

"우리 종중의 어른이신 우암 선생(尤菴先生)께서 일찍이 말씀하기를, '말이 입에서 나올 때는 다시 헤아리라.'라고 하였으니, 이 격언을 너희들은 유념해야 한다."

하였다.

내가 생각건대, 부녀자의 직임은 술, 초수(醋水), 변두(籩豆)를 올리고 비단을 짜고 실을 꼬는 일이니,[96] 무릇 자식이 되고 며느리가 되어 일삼는 바가 여기에서 벗어나지 않는다. 숙인은 남보다 재능이 뛰어난

분이라 이 몇 가지 일에 본디 힘쓰지 않아도 모두 능하였다. 그러나 세상에서 이 일에 능한 사람이 또한 적지 않다. 숙인은 고금의 서적을 두루 섭렵하여 견식이 뛰어나 능히 남편을 정도(正道)로 인도하고 자식들을 의(義)로 가르쳤으며, 또 늙어서도 부모에 대한 효성이 쇠하지 않았고, 그 말씀에 왕왕 글을 읽은 남자도 미칠 수 없는 바가 있었으니, 아! 명(銘)을 지을 만하다.

송씨의 선조 가운데 쌍청당(雙淸堂) 유(愉)가 있으니 이분이 이름난 조상이다. 그 후손 중에 군수를 지내고 호가 송담(松潭)인 휘 남수(柟壽)와 사간원 헌납을 지낸 휘 희진(希進)이 현감공의 조부와 부친이다. 현감공은 휘가 국사(國士)이다. 이분이 휘 규림(奎臨)을 낳으니, 바로 숙인의 부친이다. 안 부인(安夫人)은 부호군 근(謹)의 딸이다. 도사공은 휘가 극표(極杓)이다. 그 부친은 통덕랑 창하(昌夏)이고, 조부는 군수 영(嶸)으로, 의령(宜寧)의 명문거족이다.

숙인의 아들은 도식(道軾)과 도집(道輯)이 있고 가운데가 도철(道轍)이다. 딸은 사인(士人) 박형령(朴衡齡)과 송제태(宋齊泰)에게 출가하였다. 도식의 아들은 종태(宗泰), 종운(宗運), 종현(宗顯), 종욱(宗郁)이고, 도철은 1남 1녀를 두었는데 모두 어리다. 사위 박형령의 아들은 춘유(春囿)이다. 명(銘)은 다음과 같다.

96 부녀자의……일이니 : 《예기》 〈내칙(內則)〉에 "여자는 열 살이 되거든 밖에 나가지 않는다.……비단을 짜고 끈을 짜서 여자의 일을 배워 의복을 장만하고 또 제사를 보살펴 술과 초수(醋水), 변두(籩豆), 김치, 젓갈을 올려 예로 어른을 도와 제수를 올린다." 하였다.

은진 송씨 가문에	恩津之門
이 어질고 덕 있는 딸이 태어났네	生此碩女
내가 이 비석에 쓰노니	我書厥石
거의 길이 영예로우리라	庶幾永譽

유인 반남 박씨 묘갈[97]

孺人潘南朴氏墓碣

유인(孺人) 반남 박씨(潘南朴氏)는 의령(宜寧) 남도철(南道轍) 성유(聖由) 군의 배위이다. 그 세계(世系)는 반남 선생(潘南先生) 상충(尙衷)의 후손으로, 대사간을 지낸 소고(嘯皐) 승임(承任)의 7대손이다. 부친 휘 태래(泰來)는 생원이고, 모친은 진주 강씨(晉州姜氏)이다. 유인은 예안(禮安)의 퇴계촌(退溪村)에서 태어났는데, 이 문순공(李文純公) 퇴계 선생(退溪先生)이 그 외조모의 선조이다. 남군의 부친 휘 전(躔)은 병조 좌랑을 지냈고, 조부 휘 극표(極杓)는 의금부 도사를 지냈다. 유인은 21세에 남군에게 시집와서 35세에 요절하였으니 이때가 경술년(1730, 영조6) 2월 12일이다. 문경(聞慶) 막동(幕洞) 간좌(艮坐)의 언덕에 안장하였다. 어린 딸이 하나 있다.

성유는 영남의 우수한 선비로 내게 공부하였다. 하루는 가장(家狀) 한 통을 갖추어 와서 그 부친의 명을 전하기를,

"우리 며느리가 죽은 지 이미 7년이 되었는데, 내가 그 효성을 생각하면 시일이 지날수록 더욱 슬픕니다. 비단 내 마음만 이런 것이 아니라, 종당(宗黨)과 이웃들도 모두 그 불행을 슬퍼하고 그 어짊을 그리워하니, 나는 그 자취가 민멸되어 전해지지 않는 것을 차마 볼 수 없습니다. 지금 비석을 다듬어 그 미덕을 새기는데 그대가 글을 써주

97 유인……묘갈 : 이 글은 남도철(南道轍)의 부인 반남 박씨(潘南朴氏)의 묘갈이다. 반남 박씨는 1696년(숙종22) 태어나 1730년(영조6) 2월 12일 세상을 떠났다.

십시오."

하였다.

내가 생각건대, 젊은 나이에 죽고 후사도 없는 부인이 그 시아버지에게 이런 사랑을 받을 수 있는 자가 드무니, 이것으로 충분히 유인을 알 수 있다.

유인은 4세에 모친을 여의었다. 조금 장성해서는 계모를 잘 섬겼으며 계모도 자신의 소생처럼 유인을 사랑하였다. 시집가서도 왕왕 어버이를 그리워하여 눈물을 흘리며 울기도 하였다. 한번은 거울을 보며 스스로 슬퍼하며 말하기를,

"우리 외할머니께서 일찍이 말씀하기를, '너의 모습이 네 어미와 닮았다.'고 하셨다."

하였다. 또 경대(鏡臺)에 쓰기를,

"사람으로 태어나 어머니 얼굴도 알지 못하네. 아득한 하늘이여! 나의 죄가 무엇인가?"

하였으니, 어찌 전(傳)에서 말한, 시집간 뒤에도 부모에 대한 효성이 쇠하지 않은 사람이 아니겠는가.

시부모를 섬김에 있어서도 시부모가 몹시 편안하게 여겨 그 덕성을 칭찬하여 "우리 며느리는 말을 빨리하거나 안색이 갑자기 바뀐 적이 한번도 없었다."라고 하였고, 또 "남을 미워하고 이기려는 마음이 전혀 없었다."라고 하였다. 분가하여 살 때에도 맛있는 음식 하나라도 얻으면 반드시 시부모에게 먼저 올렸으며, 고운 옷 한 벌을 지어도 반드시 시부모에게 먼저 바쳤다. 시어머니가 병들었을 때는 한밤중에 서서 하늘에 빌었으며, 상을 당해서는 어린아이처럼 울었다. 병이 들어 위독할 때에도 오히려 궤전(饋奠)에 참여하지 못하는 것을 한으로 여겼으

며, 시아버지가 마침 도성에 있어 영결을 고할 수 없는 것을 한스럽게 여겨 시아버지의 편지를 찾아 어루만지며 눈물을 흘렸으니, 그 효성이 죽음에 이르러서도 이처럼 더욱 독실하였다.

또 길쌈이나 침선 등의 여자의 일에 능하여 밤낮으로 부지런히 일하면서도 힘든 줄 몰랐고, 성유를 돌아보며 말하기를,

"저는 가난한 선비의 아내가 되었으니 직분상 마땅히 해야 할 바이나, 남자는 포부가 커야 하니 어찌 안일해서야 되겠습니까."

하면서 늘 학문을 권하였다. 또 갑자기 성내는 것을 깊이 경계하였으니, 이는 성유에게 동래(東萊)의 소싯적 병통[98]이 있었기 때문이다. 유인이 어려서부터 《소학(小學)》과 《내칙(內則)》 등 여러 책을 섭렵하였기에 그 견식이 이러하였다.

아! 유인이 비록 오래 살지는 못했지만 이미 시부모의 마음을 얻었고 또 종당과 이웃의 마음을 얻었으니, 이는 다름이 아니라 효의 실제가 감동시킴이 있었기 때문이다. 부인의 덕은 이와 같이 할 따름이요, 장수하고 요절함은 하늘에 달렸으니 또한 어찌할 수 있겠는가. 내가 이 말을 하는 것은 유인의 마음을 위로하고 또 좌랑공의 슬픔을 덜어주기 위함이다. 명(銘)은 다음과 같다.

98 동래(東萊)의 소싯적 병통 : 동래는 여조겸(呂祖謙)의 호이다. 《심경부주》 권1 〈징분질욕장(懲忿窒慾章)〉에 주희(朱熹)가 친구인 여조겸에 대해서 "그는 젊었을 적에 성질이 거칠고 사나워서 음식이 마음에 안 들면 언짢게 여겨 집안의 살림살이를 때려 부수곤 하였는데, 뒷날 오래도록 병을 앓으면서 단지 《논어》 한 책을 가지고 조석으로 익히 보다가 '자기를 책망함은 후하게 하고 남을 책망함은 적게 한다.'라는 대목에 이르러 홀연히 마음속 생각이 한순간에 평온해짐을 깨달았으며, 그 뒤로는 죽을 때까지 갑자기 성내는 일이 없었다고 한다." 하였다.

살아서는 시부모가 그 효성에 편안하였고 生而舅姑安其孝

죽어서는 종당이 그 어짊을 그리워하였네 死而宗黨懷其賢

어찌하여 사람에겐 얻고 하늘에는 얻지 못했나 胡得於人而不得於天

아, 유인이여 嗚呼孺人

도암집

제37권

묘갈 墓碣

통제사 원공 묘갈[1]

統制使元公墓碣

효종대왕은 존왕양이(尊王攘夷)의 큰 뜻을 품고 무신들을 길렀는데, 원상(元相) 공이 내승(內乘)이 되어 은혜와 지우를 가장 많이 입었으니, 자주 불러들여 자기 먹을 음식을 밀어주었다. 성상께서 오랑캐 말을 아꼈는데 미처 조련하기도 전에 직접 타고 달리려 하였다. 공이 귀한 신분의 사람은 위험한 짓을 하면 안 된다는 경계를 극진히 아뢰었다. 그 뒤 누차 말을 조련했는지 하문하였으나 이전처럼 대답했다. 하루는 성상께서 후원에 나와 공에게 타라고 명하셨다. 그러자 말이 갑자기 솔숲 사이로 뛰어드는 바람에 위험했으나 겨우 화를 면했다. 성상이 탄식하며,

"그대는 나를 아끼는구나."

하고, 술을 하사하여 위로하였다. 공은 효종의 기일을 만날 때마다 소식(素食)하고 눈물을 흘렸는데 죽을 때까지 변치 않았다.

공은 자가 거경(巨卿)이며 원주(原州) 사람이다. 시조 홍필(弘弼)은 고려 때 지문하사를 지냈다. 우리나라 우정언 황(晃)은 판서를 지낸 효연(孝然)을 낳았고, 4대가 지나 사의 순보(純輔)라는 분이 있었으니 이분이 공의 증조이다. 조부 사열(士說)은 전부를 지냈고, 부친 충(翀)은 사복시 정에 추증되었다. 모친은 원주 이씨(原州李氏)이다. 복정공

1 통제사 원공 묘갈 : 이 글은 원상(元相)의 묘갈명이다. 원상의 본관은 원주(原州), 자는 거경(巨卿)이다. 1624년(인조2) 12월 5일 태어나 1693년(숙종19) 세상을 떠났다.

은 공에게 아우 흡(翕)의 후사를 이으라고 명했는데, 흡은 참판에 추증되었다. 공은 천계(天啓) 갑자년(1624, 인조2) 12월 5일 태어났다.

6세에 복정공이 세상을 떠나자 어른처럼 곡하였다. 병자년(1636) 대부인을 모시고 강릉(江陵) 대미산(大美山)으로 들어가 곁에서 모시며 난리를 피하였다. 무자년(1648) 무과에 급제하여 선전관, 도총부 도사와 경력, 훈련원 부정을 역임하였다. 외직으로 나가 용천 부사(龍川府使)가 되어 세금을 줄이고 폐단을 혁파했다. 조정으로 돌아와 부정이 되었다. 태복시에 있을 때는 특별히 초모(貂帽)를 하사받고, 모친의 병으로 휴가를 청하자 편전 밖에서 약물을 하사하고 또 빨리 오라고 재촉하였으니 남다른 은혜였다.

병신년(1656), 죽산 부사(竹山府使)에 임명되고 얼마 후 통정대부에 올라 진주 영장(晉州營將)으로 옮겼다가 조정으로 들어와 내금위장이 되었다. 또 흥해 군수(興海郡守)가 되어 굶주린 백성을 잘 진휼하고, 또 군무(軍務)에 유념하여 표리(表裏)와 말을 하사받았다. 유임하여 1년 동안 있다가 돌아왔다. 오위장, 겸사복장에 임명되고, 부산 첨사(釜山僉使)가 되자 훈련대장 이완(李浣) 공이 붙잡아 두고 자신을 돕게 하였다. 또 영흥(永興)과 영변(寧邊)의 부사가 되고, 승진하여 전라좌도 수군절도사에 임명되었다가 체직되어 선전관에 임명되었다. 조정에서 소강(所江)을 방영(防營)으로 새로 올리고 공을 선발하여 임명하였다. 공이 그곳에 가서 마음을 다해 조처하니 우뚝히 큰 진을 이루었다. 또 백성을 모집하여 빈 섬에서 밭을 개간하게 하여 군수에 보탰다. 강계(江界)로 옮겼다가 다시 유임되고, 임기가 차자 다시 춘천 부사(春川府使)가 되었다. 성상이 면유하여 이르기를,

"소강에 있을 때처럼 직분을 다하라."

하였다. 경상좌도 병마절도사에 임명되었다.

경신년(1680), 선전관을 거쳐 제주 목사(濟州牧使)가 되고, 경기 수사(京畿水使)에 발탁되었다가 작은 일로 대간의 탄핵을 받고 감옥에 갇혔다. 얼마 후 풀려났는데, 대신 김수항(金壽恒) 공의 말에 따라 다시 가선대부의 품계를 주고 훈국 중군, 부총관에 차임되었다. 통제사에 임명되어 성곽과 전함을 대거 보수하고 저축을 늘려 전쟁에 대비했다. 연달아 남병사, 북병사가 되었는데, 북쪽 지방의 풍속이 사나웠으나 공이 은혜와 위엄을 나란히 시행하니 관청 건물과 무기가 오래지 않아 새로워졌다. 남병영과 북병영에서는 지금까지도 청렴결백한 장수를 말할 때면 반드시 너도나도 원공이라고 한다.

무진년(1688), 동중추부사가 되어 포도대장을 겸하였다. 이듬해 시사가 크게 변하자 공은 즐겁지 않은 마음에 외직으로 나가기를 구하여 철원 부사(鐵原府使)가 되었다가 얼마 후 병을 핑계로 원주 가정리(稼亭里)로 돌아와 초가를 짓고 살았다. 시골 사람들이 술을 들고 찾아오면 상대하며 기뻐하고 농담하며 하루종일 싫증을 내지 않았다. 때로 흥이 나면 나가서 산수 사이를 소요하였다. 시사를 언급하는 자가 있으면 번번이 강개하여 눈물을 흘렸다. 병이 들자 자제들이 서울로 돌아가 치료하고자 하였으나 공은 들어주지 않고,

"시골에서 늙어 죽으면 족하다."

하였다. 나이 70세에 세상을 떠나자 의례대로 부조하고 조문하였다.

부인 안동 김씨(安東金氏)는 장사랑 훤(暄)의 딸이다. 공보다 6년 먼저 세상을 떠나 원주 석우(石隅) 간좌(艮坐)의 언덕에 합장하였다. 아들 둘을 두었으니 장남 덕휘(德徽)는 통제사를 지냈고 차남은 덕유(德裕)이다. 사위는 넷이니 도사 권우(權祐), 사인 김일우(金一宇),

참봉 이상엄(李相儼), 부사 유중석(柳重碩)이다. 측실 소생 아들은 덕린(德隣), 덕령(德齡), 사위는 박징(朴澄), 남정석(南鼎錫)이다. 덕령은 첨사를 지냈고 박징은 만호를 지냈다. 덕휘는 종제의 아들 명규(命揆)를 후사로 삼았다.

공은 강직하고 절개가 있었으며 어버이를 잘 봉양하였다. 후사로 간 집안의 이 부인이 항상 말하기를,

"어찌 직접 아들을 낳을 필요가 있겠는가."

하였다. 두 모친의 상을 치를 적에 예법을 넘을 정도로 슬퍼하여 몸을 상하였다. 집이 가난하여 제사지낼 수가 없어 힘써 농사지어 스스로 마련하고 조복을 팔아 보탰다. 《주자가례(朱子家禮)》를 본떠 제사지내는 법식을 만들어 목욕재계하고 제사를 지냈는데, 날씨가 춥다고 해서 그만둔 적이 없었다.

형을 공경히 섬기고 친족을 은혜로 대우하였으며 자제들은 감히 나태한 모습을 보이지 못했다. 젊은 시절 어떤 이름난 벼슬아치의 첩에게 딸이 있었는데 공에게 첩으로 삼으라고 강요하였으나 공은 끝내 수락하지 않았다. 공무가 아니면 권세가의 집에 발을 들이지 않았다. 성품이 사치를 싫어하여 평생 양가죽 옷 한 벌을 입었으며 집을 수리하지 않았다. 누군가 자손을 위해 계책을 세우라고 권하면,

"나는 청렴결백을 물려주고 싶을 뿐이다."

하였다. 관직을 맡으면 엄격하여 권세가라도 용서하지 않으니 사람들이 감히 사사로운 청탁을 하지 못하고, 가는 곳마다 떠나면 그리워하였다.

공이 영변에 있을 때 관찰사 문정공(文貞公) 민유중(閔維重)이 청렴하다고 표창하였는데, 문정공은 나의 외조이다. 나는 미처 공을 알지

못했으나 지금 공의 가장(家狀)을 읽어보니 집안에서의 독실한 행실은 독서하고 도의를 말하는 자라도 더할 수 없다. 만년에 한 번 물러난 일은 더욱 훌륭하니, 훗날 논하는 자가 누군들 성조(聖祖 효종)께서 신하를 잘 알았다고 하지 않겠는가. 이는 명(銘)을 지어야 마땅하다. 명은 다음과 같다.

장수 집안에서 예의를 지킨 사람 예로부터 드문데　將門秉禮希聞昔
아홉 고을 다섯 변방에서 더욱 청렴이 드러났네　九邑五閫愈著白
노년에 시골에 살면서 비장한 눈물 흘렸고　白頭畎畝壯淚滴
파릉[2]의 오랑캐 말에서 내 마음을 알아주었네　灞獵胡驢我心獲
여강은 넘실거리고 능침[3]의 잣나무 무성한데　驪水湯湯鬱陵柏
아, 영원히 이 무덤을 감싸주리라　於億年拱此幽宅

2 파릉(灞陵) : 한 문제(漢文帝)의 능인데, 여기서는 효종을 말한다.

3 능침 : 효종의 영릉(寧陵)을 말한다.

통제사 원공 묘갈[4]

統制使元公墓碣

숙종 병술년(1706, 숙종32) 7월 3일, 평안 병사 원덕휘(元德徽) 공이 임소에서 세상을 떠나니 향년 60세였다. 성상께서 놀라고 애도하여 연도에서 호상하라고 특별히 명하니, 원주 가정(稼亭) 유좌(酉坐) 언덕으로 반장(返葬)하였다.

공은 원주 사람으로 자는 군미(君美)이다. 선조 중에 우리나라의 문정공(文靖公) 효연(孝然)이 가장 널리 알려졌다. 증조 사열(士說)은 전부를 지냈고, 조부 흡(翕)은 참판에 추증되었고, 부친 상(相)은 통제사를 지냈다. 모친은 안동 권씨(安東金氏)로 부친은 훤(暄)이다.

공은 어려서 총명하고 기억력이 뛰어났다. 독서하여 이름을 알리기도 전에 신해년(1671, 현종12) 무과에 급제하여 선전관 겸 비국랑에 임명되었는데 글솜씨가 물 흐르듯 하였다. 도총부 도사를 거쳐 해남 현감(海南縣監)이 되어 교활한 아전을 법으로 통렬히 다스리다가 마침내 죄에 연좌되었다. 얼마 후 서용되어 삼수 군수(三水郡守)가 되었는데, 땅이 척박하고 백성이 가난한 곳에서 지성으로 그들을 다독였다. 돌아와서는 통신사가 추천하여 자신을 보좌하게 하였다. 돌아올 적에는 행낭이 씻은 듯 아무 것도 없고 오직 《사기》와 《한서》 몇 질 뿐이었

4 통제사 원공 묘갈 : 이 글은 원덕휘(元德徽)의 묘갈명이다. 원덕휘는 본관이 원주(原州), 자는 군미(君美)이다. 1647년(인조25) 태어나 1706년(숙종32) 7월 3일 세상을 떠났다.

다. 훈련원 부정에 임명되었다.

을축년(1685, 숙종11), 진주 영장(晉州營將)으로 발탁되어 장사들을 선발하고 병법을 가르쳤다. 조정으로 들어와 겸사복장이 되고, 금위영 천총으로 있을 때 달마다 시사(試射)하여 맞춘 것이 많아 성상이 표창하고 말을 하사하였다. 영종도(永宗島)가 새로 방어영으로 승격하자 공이 첨사가 되었는데, 적절히 다스렸으나 작은 허물로 여주(驪州)에 유배되었다. 통제공이 세상을 떠나자 성상께서 듣고 불쌍히 여겨 특별히 사면하여 돌아오게 했다.

상을 마치자 내금장이 되고, 전라좌도 수군절도사에 임명되었다. 성 안에 불이 번져 60여 호가 소실되었는데, 공이 재목과 양식을 주어 각기 안도하게 하였다. 당시 큰 기근이 들었는데 살린 사람이 많았다. 전염병에 걸리자 대신이 그의 재주를 아까워하여 아뢰어 체직시켰다. 경상좌도 병마절도사로 승진하였는데, 병영의 온갖 군수를 군졸에게 요구하는 폐단이 오래되었다. 공이 가서 혁파하고 따로 저축을 쌓아 그 비용을 지급하니 군사들이 몹시 기뻐하였다. 돌아간 뒤 어떤 이는 사판(祠版)을 설치하여 밥 먹을 때마다 제사지냈다.

신사년(1701), 경기 수사(京畿水使)로 발탁되고 통제사로 옮겼다. 선친 통제공이 전함에 천금을 두어 비상시를 대비하였는데, 공이 또 그 수량을 갑절로 늘렸다. 부임하는 변방의 진(鎭)에 선친의 옛 자취가 많아 종종 큰 비석을 나란히 세우기도 했다고 한다. 병으로 해직되어 돌아와 부총관, 포도대장에 두 차례 임명되었다. 대신(臺臣)이 여러 곤수(閫帥)를 논죄하면서 공까지 뭉뚱그렸기에 공론이 원통하다고 하였다. 얼마 후 서영(西營 평안 병영)으로 부임하였다. 세상을 떠날 적에 자제들에게 검소하게 장례를 치르라고 경계하였다.

공은 중후하고 말수가 적었으며 집에 있을 적에는 상례와 제례를 신중히 하였다. 형제에게 우애하고 친족에게 돈독하였으며, 정사를 할 적에는 관대하고 분명하여 가는 곳마다 민심을 얻었다. 여색을 멀리하기는 장수들 중에 홀로 그러하였다.

부인 의령 남씨(宜寧南氏)는 충의위 득로(得老)의 딸로 여사(女士)의 풍도가 있었다. 시아버지가 한가로이 지내면서 술 마시기를 좋아하자 따로 작은 잔을 만들어 바쳤으며, 또 간혹 부드러운 목소리로 간언하니, 시아버지가 말하기를, "나의 어진 며느리이다." 하였다. 공보다 9년 뒤 69세로 세상을 떠나 공의 묘소에 부장하였다. 두 딸은 이기조(李箕朝)와 군수 이정설(李挺卨)의 아내가 되었다. 후사로 삼은 아들 명규(命揆)가 설악산 아래로 나를 찾아와 글을 청하였는데, 시간이 지날수록 더욱 간곡히 청하였다. 마침내 글을 짓는다.

훌륭하도다 통제공의 말씀이여	善乎先統制之言
나는 청렴결백을 너에게 주고 싶을 뿐이다	吾欲以廉白遺汝耳
공이 죽을 적에도	公之將死
내게 누를 끼치지 말라 하였네	亦曰勿累我
아, 소자들아	嗟小子
이것이 선조를 욕되게 하지 않는 것이니	是謂無忝
아, 명을 지을 만하다	嗚呼可銘也已

통제사 이공 묘갈[5]

統制使李公墓碣

신축년(1721, 경종1), 흉악한 역적이 창궐하여 정승 김창집(金昌集), 정승 이이명(李頤命) 등 여러 공이 모두 혹독한 화를 입었다. 통제사 이수민(李壽民) 공은 평소 두 공이 알아보고 발탁하였기에 흉인들이 원수로 여겨 죄를 만들어내어 구속한 지 2년이 되었는데, 죽이고자 하였으나 하지 못했다. 정의현(旌義縣)은 남해(南海)에 있어 서울과 수천 리 떨어져 유배간 자가 돌아오는 일이 드물었다. 그리하여 그곳에 공을 보냈다. 공은 당시 나이 일흔 셋이었는데 1년 있다가 세상을 떠났으니 갑진년(1724) 11월 12일이었다. 판서 신임(申銋) 역시 여든 남짓의 나이로 함께 유배되었는데, 시를 지어 통곡하기를,

선조의 늙은 장수는 애초에 죄가 없었는데	先朝宿將初非罪
이역에서 마침내 원한 품고 떠도는 혼이 되었네	絶域羈魂竟抱寃

하니, 들은 이들이 슬퍼하였다. 지금 성상 원년 을사년(1725)에 억울한 이들을 대거 신원하여 유배되었던 자들이 모두 돌아오고 신공은 바다를 건너와 길에서 죽었는데, 공은 이미 세상을 떠난 뒤라 알 수

5 통제사 이공 묘갈 : 이 글은 이수민(李壽民)의 묘갈명이다. 이수민의 본관은 청해(淸海), 자는 일경(一卿)이다. 1651년(효종2) 태어나 1724년(영조 즉위년) 11월 12일 세상을 떠났다.

없었다. 4월에 용인(龍仁) 굴암(窟巖)으로 반장(返葬)하였다. 복관을 명하고 의례대로 제사지내고 부조하였다.

공의 자는 일경(一卿)이다. 선조는 청해백(青海伯) 지란(之蘭)으로 우리 태조의 원훈(元勳)이 되어 자손이 그대로 청해에 본적을 두었다. 몇 대를 내려와 동중추 인기(麟奇), 호 송계(松溪)라는 분은 고고하고 간결하며 시와 글씨에 뛰어나 선비들의 존경을 받았다. 청음 선생(淸陰先生 김상헌)이 묘갈명을 지었다.[6] 이분이 명로(明老)를 낳았으니 승지에 추증되었다. 승지는 첨정 휘 문주(文柱)를 낳았으니 공의 조부이다. 부친의 휘는 우(翊)이며 선전관을 지내고 참판에 추증되었다. 모친은 금구 이씨(金溝李氏)로 그 부친은 준생(俊生)이다.

공은 숭정 신묘년(1651) 태어나 병진년(1676) 무과에 급제하였다. 선전관을 세 번, 훈련원 주부, 도총부 도사와 경력을 지냈다. 외직으로 나가 고원군(高原郡)과 낙안군(樂安郡)을 맡고 장흥 부사(長興府使)를 지냈다.

신사년(1701), 나주 토포사(羅州討捕使)에 발탁되었다가 조정으로 들어와 우림장(羽林將), 사복장(司僕將)을 지냈다. 중간에 남우후(南虞候)가 되었으나 병으로 사면하였는데, 부임하기 싫어 피한다는 이유로 해당 지역에 충군되는 벌을 받았으나 어떤 중신이 사실을 아뢰어 풀려났다. 철산 부사(鐵山府使), 제주 목사(濟州牧使)에 임명되었는데 제주에 부임하기 전에 체직되고 전라좌도 수군절도사(全羅左道水軍節度使)에 임명되었다. 임기를 마치자 도로 선전관에 임명되었다. 장단

6 청음 선생(淸陰先生)이 묘갈명을 지었다 : 《청음집(淸陰集)》 권30에 〈동지중추부사 송계 이공 묘갈명(同知中樞府事松溪李公墓碣銘)〉이라는 제목으로 실려 있다.

방어사(長湍防禦使)를 거쳐 전라 병마절도사(全羅兵馬節度使)에 임명되고 삼도 통제사(三道統制使)로 승진하였으나, 논하는 자가 너무 빠르다고 말하여 도로 예전 직임을 맡았다. 또 회령 부사(會寧府使)로 승진하였으나 부임하지 않았다.

기해년(1719), 어영 중군으로 가선대부의 품계에 오르고, 금군 별장 겸 도총부 부총관으로 옮겼다가 다시 통제사에 임명되었다.

공은 다스림이 강직하고 밝아 아전은 두려워하고 백성은 그리워하였다. 가는 곳마다 무기를 모두 일신하여 어사와 순무어사가 누차 칭찬하며 아뢰었다. 통제영에 있을 때는 더욱 사졸들의 마음을 얻었다. 체직을 앞두었을 때 화란의 불꽃이 하늘을 달굴 정도였기에 사람들이 두려워 움직이지 못했다. 김 정승(김수항)이 남쪽으로 유배 가다가 통제영을 지나자 공은 원문(院門)을 나가 문안하고 편비(褊裨)에게 호위하여 가게 하였다. 또 원근에 유배된 이들에게 빠짐없이 먹을 것을 주었다. 어떤 이가 화를 당할 것이라고 말하자 공은 웃으며 말하기를,

"일흔 먹은 늙은이가 더 이상 무엇을 바라겠는가. 선한 이들을 위하다가 죄를 얻는다면 달게 받겠다."

하였다. 얼마 후 흉인들이 공을 두고 역당을 옹호한다고 하며 멀리 유배하기를 청하였다. 얼마 후 또 군포 3백 동(同)을 서울로 보낸 일로 죄를 만들어 감옥에 가두었다. 마침 국문을 받는 죄수 중에 역적 김일경(金一鏡)과 내통한 자가 있었는데, 몰래 그의 사주를 받고 훈련대장 이홍술(李弘述)이 통제영의 군포를 받고 역모를 도와 이루려 하였다고 무고하였다. 공은 마침내 국청으로 이송되었다.

이보다 앞서 훈련도감에서 재력이 부족하다는 이유로 공이 맡은 통제영에서 빌려갔는데, 그 수가 3백의 절반이었으며, 공은 또 그 절반을

깎았다. 그러다가 훈련도감에서 탕감해달라고 청하자 공이 장계를 올려 따지고 통제영의 장부에 기록해 두었다. 이때에 이르러 실상을 조사하자 한결같이 공의 원사(爰辭)대로였기에 흉인들의 계책이 실패하였다. 공은 이 때문에 죽지 않았으나 그래도 유배는 면하지 못했고, 이어서 걱정과 울분 속에 죽었다.

공은 타고난 성품이 온화하여 남을 해치려는 마음이 없었다. 화려한 것을 좋아하지 않아 입은 옷이 선비 시절과 같았다. 어버이가 병들자 겨울 밤에도 몸소 정화수를 길었으며, 또 섶을 때어 추위와 더위를 알맞게 하였는데, 아이종에게 대신 시키지 않았다. 누이의 아들이 어미를 잃자 집에서 키우고, 장성하자 집과 땅을 밑천으로 주었다. 곤궁한 친척 중에 곤궁하여 시집 가지 못한 자는 시집 보냈으니, 집안에서의 행실이 이처럼 돈독하였다. 벼슬해서는 오랫동안 막혀 있었기에 사람들이 그의 불우한 처지를 애석해하였으나 공은 온화하였다. 늙어서 등용되어 또 액운을 만났으나 마침내 선한 이들과 영욕을 함께 하고 죽음에 이르러서도 후회하지 않았으니, 마음 속에 지키는 바가 없다면 어찌 이와 같을 수 있겠는가. 아, 훌륭하도다.

부인 순흥 안씨(順興安氏)는 통덕랑 두극(斗極)의 딸이다. 밝고 현숙하여 부인의 덕이 있었다. 숙종이 승하하자 집안에 남자가 없었으나 때맞추어 곡읍하고 상복을 지어 입으니 사람들이 현명하다고 하였다. 공보다 5년 뒤에 76세로 세상을 떠나 합장하였다. 1남 2녀를 두었으니 아들은 즙(檝)이고 사위는 사인 신사정(申思鼎), 병사 최명주(崔命柱)이다. 경(檠)과 신귀하(申龜夏)의 아내는 측실 소생이다. 즙은 계자를 두었으니 경장(慶章)이고, 사위 신사정은 계자를 두었으니 위(暐)이며 딸 하나는 사인 홍성한(洪星漢)에게 시집갔다. 사위 최명주는 아들 하나를 두었으니 육(稸)이다. 즙이 묘지명을 청하기에 다음과 같이 명을 짓는다.

옛적 당파의 화는	在昔黨禍
후한보다 심한 적이 없었네	莫甚東京
당시 황보규[7]는	維時皇甫
스스로 영웅으로 여겼으나	自謂豪英
연루되지 않은 것이 부끄러워	而恥不與
혼자 살고자 하지 않았네	不欲獨生
공은 얼마나 다행인가	公則何幸
이것이 영광이라네	斯爲光榮
나는 명을 지어	我作銘詩
그의 무덤에 표시하노라	以表其塋

7 황보규(皇甫規) : 후한(後漢) 사람으로 당고(黨錮)의 화가 일어났을 때 연루되지 않자 수치로 여겨 상소하여 함께 처벌받기를 청하였다. 《後漢書 卷65 皇甫規列傳》

통제사 민공 묘갈[8]

統制使閔公墓碣

공은 휘가 제장(濟章), 자가 회백(晦伯)이며 여흥(驪興) 사람이다. 선조 중에 문경공(文景公) 영모(令謨), 문인공(文仁公) 지(漬)가 고려 때 현달하였다. 증조 여관(汝寬)은 집의에 추증되었고, 조부 담령(聃齡)은 승지에 추증되었으며, 부친 후경(後慶)은 영장을 지내고 찬성에 추증되었다. 대대로 광주(光州)에 살았다. 모친은 함양 박씨(咸陽朴氏)이다.

공은 키가 아홉 자이며 힘은 다섯 섬 활을 당길 정도였다. 숙종 을유년(1705, 숙종31) 무과에 급제하였으나 창방(唱榜)하기 전에 상을 당하고, 상을 마치자 선전관에 임명되었다. 경인년(1710), 성상이 춘당대에서 무예를 시험하였는데, 공이 화살 세 발을 쏘아 모두 맞혀 특별히 훈련원 주부에 조용되고 사헌부 감찰로 옮겼다.

이듬해 통신사를 따라 일본에 갔는데, 대마도에 정박하자마자 갑자기 태풍이 불어 짐을 실은 배가 뒤집어지려 하였다. 배에 탄 사람들이 울부짖으며 살려달라고 하였다. 왜인이 배 일곱 척을 몰고 와서 구해주려 하였는데, 파도가 덮치는 바람에 모두 간 곳을 알 수 없었다. 공이 몸을 던져 바닷속으로 들어가 손으로 그 배를 끌었다. 해안에 다다르자

8 통제사 민공 묘갈 : 이 글은 민제장(閔濟章)의 묘갈명이다. 민제장은 본관이 여흥(驪興), 자가 회백(晦伯)이다. 1671년(현종12) 태어나 1729년(영조5) 6월 9일 세상을 떠났다.

큰 소리로 외치며 끌어올리니, 배가 거의 선미까지 흙을 가르고 올라왔다. 이를 본 오랑캐들이 모두 몹시 놀라며 장군이라 불렀다. 일이 알려지자 성상이 몹시 기이하게 여기며 별군직에 소속시키라고 명하였다. 조정에 돌아오자 자주 불러보고 그 당시의 일을 묻고는 무릎을 치며 "장부의 일이로다."라고 감탄하였다. 마침내 가자(加資)하고 순서에 구애받지 말고 발탁하게 하였다.

금군장을 거쳐 무산 부사(茂山府使)가 되었는데, 치적과 행실이 제일이라는 이유로 가선대부에 올랐다. 임기가 차자 다시 금군장이 되었다. 소강 방어사(所江防禦使)로 나가서는 무기를 대거 정비하여 전함을 일신하였으나 사소한 잘못으로 형리에게 회부되었다. 성상께서 그가 병들었다는 말을 듣고 약물을 하사하였다. 얼마 후 대구 영장(大丘營將)에 임명되고 전라 좌수사(全羅左水使)로 옮겼으며 체직되어 내승(內乘)이 되었다. 미처 돌아오기 전에 제주 목사(濟州牧使)에 임명되었다. 숙종의 부고가 전해지자 공은 기절할 것처럼 통곡하며 장사지낼 때까지 소식하였다. 항상 눈물을 흘리며,

"망극한 은혜를 받았는데 어떻게 보답하겠는가?"

하였다.

임인년(1722, 경종2), 충청 병사(忠淸兵使)가 되었다. 갑자기 큰 홍수가 나서 고을 사람들이 모두 달아나 피했다. 얼마 후 홍수가 더욱 심해지자 관리들이 달아나 산으로 올라갔는데, 공은 홀로 의연히 말하기를,

"내가 한 발짝이라도 움직이면 온 성 안의 백성이 모두 물고기 신세가 될 것이다."

하고, 초루(譙樓)에 올라가 큰 밧줄과 판자로 거대한 뗏목을 엮고 화

살에 줄을 달아 쏘았다. 지붕에 올라간 자는 줄을 잡고, 나무에 올라간 자는 뗏목에 태워 죽지 않을 수 있었다. 충청 사람들이 지금도 그 덕을 칭송한다.

임기가 차자 부총관에 임명되고, 다시 외직으로 나가 전라 병사(全羅兵使)가 되었다. 을사년(1725, 영조1), 통제사에 임명되었는데 저지하는 자가 있기에 대신이 아뢰어 예전 관직에 그대로 임명되었다. 이듬해 체직되어 통어사가 되었는데 치적이 소강에 있을 때와 한결같았다. 북병사, 회령 부사(會寧府使)에 임명된 적이 있으나 모두 부임하지 않았다.

무신년(1728), 역적의 변란이 일어나 경기 수령을 각별히 골랐는데, 공은 안성 군수(安城郡守)가 되었다. 공은 당시 병이 있었으나 그날로 혼자 부임하였다. 당시 관찰사와 수령 중에 한 사람도 적을 토벌하는 자가 없었는데, 공은 도착하자마자 군사를 일으키고 장계를 올려 아뢰니, 성상이 그 충성에 감탄하였다. 공이 또 사람을 모집하여 적진에 들어가 그 실정을 염탐하였다. 그 사람이 돌아와 적이 두 갈래로 나뉘어 하나는 죽산(竹山)으로 향하고 하나는 안성(安城)으로 향하는데 오늘 도착할 것이라 하였다. 도순무사 오명항(吳命恒)의 군대는 한창 직산(稷山)을 향하고 있었다. 공이 말을 달려 대군을 뒤쫓아 직산을 버리고 안성으로 가라고 청하였으나 오명항은 그렇게 하려 하지 않았다. 공이 하늘을 가리키며 맹세하고 또 서제(庶弟) 제만(濟萬)을 보내 힘껏 간쟁하자 비로소 길을 바꾸었다. 적이 안성에 왔다가 갑자기 대군을 만나자 모두 놀라 흩어졌다. 또 죽산에서 적을 만나 모두 평정하니, 논자들은 공의 공로가 으뜸이라 하였다. 얼마 후 황해 병사(黃海兵使)에 임명되었다. 공이 탄식하기를,

"난리를 일으킨 역적은 평정되었으나 남은 근심이 아직도 크니, 내게는 죽음이 있을 뿐이다."

하고, 병든 몸을 수레에 싣고 감영으로 갔다가 기유년(1729) 6월 7일 세상을 떠나니 향년 59세였다. 성상이 애도하여 상을 치르도록 넉넉히 돌보아주니, 9월에 영광(靈光) 아무 마을의 해향(亥向) 언덕에 반장(返葬)하였다.

공은 부모를 잘 섬겼고, 상을 당해서는 시묘살이하며 애도를 다하였다. 또 형제와 우애하여 과부가 된 형수를 모시고 고아가 된 조카를 돌보며 곡진히 은혜를 베풀었다. 뜻이 강개하여 제 몸을 위한 계책을 세우지 않았다. 충청 병사를 지낼 적에 소인들이 한창 권력을 차지하였는데, 공의 생각을 알아보고자 지목하며,

"그대가 때를 만나는 것이 어느 때이겠는가?"

하니, 공이 말하기를,

"만약 급한 일이 생기면 손에 긴 창과 큰 칼을 들고 죽어서 나라에 보답할 것이니, 이것이 그 때이다."

하였다. 그 사람이 무안해하며,

"장한 말이로다."

하였다. 공이 평소 품은 뜻이 대개 이와 같았다.

공은 네 번 혼인하였으니 전주 최씨(全州崔氏), 남양 홍씨(南陽洪氏), 당진 한씨(唐津韓氏), 덕수 이씨(德水李氏)이다. 세 부인은 자녀를 두지 못하고 최씨만 딸 셋을 두었으니, 윤유서(尹裕緒), 이중협(李重協), 유우(柳遇)가 사위이다. 종인(宗人) 진악(鎭岳)의 아들 태신(泰臣)을 후사로 삼았는데 태신은 아들 하나를 두었다. 명은 다음과 같다.

숙종 말년에	明陵季世
북소리 듣고 장수를 생각했네[9]	聽鼙思將
공은 초야에서 일어나	公奮草萊
백 명을 당해낼 수 있었네[10]	百夫之防
배를 끌어 해안에 올리니	盪舟登岸
오랑캐가 모두 놀랐네	一驚蠻人
왕은 감탄하며	王曰嘻嘻
내게 범 같은 신하 있다 했네	予有虎臣
공은 절하고 머리 조아리며	公拜稽首
신이 감히 죽지 않겠습니까	臣敢不死
자기 음식 준 은혜 깊어	恩深推食
따라죽지 못해 애통하였네	慟結褥蟻
역적이 창궐하자	逆豎猖獗
고을들이 줄지어 무너졌네	列郡風靡
공은 당시 명을 받고	公時受命
피눈물 흘리며 장사들에게 맹세했네	血泣誓士
경기와 호서 사이에서	介于畿湖
은연중에 하나의 나라 같았네[11]	隱若一敵

9 북소리……생각했네 : 《예기》〈악기(樂記)〉의 "군자는 북소리를 들으면 장수의 신하를 생각한다.〔君子聽鼓鼙之聲, 則思將帥之臣.〕"라는 말을 인용한 것이다.

10 백……있었네 : 《시경》〈황조(黃鳥)〉의 "이 중항이여, 백 사람을 당해낼 만하다.〔維此仲行, 百夫之防.〕"라는 말을 인용한 것이다. 중항은 진 목공(秦穆公)의 신하 자거중항(子車仲行)이다.

11 은연중에……같았네 : 후한(後漢) 개국공신 오한(吳漢)이 강한 적과 대등하게 맞

마음 속으로 묵묵히 생각하니	心籌默運
오랑캐가 내 눈앞에 있네[12]	虜在吾目
가만히 대군을 재촉하여	坐速大軍
한번 북을 쳐서 평정했네	一鼓而平
재상과 장수들이	相乎將乎
공신각에 즐비한데	麟閣崢嶸
그 공적 살펴보면	夷考厥功
그대와 견줄 사람 없네	莫與汝京
《시경》에 〈토저〉를 노래했으니	詩歌兎罝
반드시 문왕에 근본을 두었네[13]	必本文王
네 공적이 아니라	匪汝之績
선왕이 현명해서라네	先后惟明
먼 훗날 사람들아	有來千億
이 명을 보아라	視玆銘章

서자 광무제(光武帝)가 "오한은 은연중에 하나의 나라 같다.〔吳公隱若一敵國矣〕"라고 하였다.《後漢書 卷18 吳漢列傳》

12 오랑캐가……있네 : 적의 형세를 파악했다는 말이다. 광무제(光武帝)가 외효(隗囂)를 정벌할 때 마원(馬援)에게 설명을 듣고는 "오랑캐가 내 눈 안에 있다.〔虜在吾目中矣〕"라고 하였다.《後漢書 卷24 馬援列傳》

13 시경에……두었네 :《시경》〈토저〉는 문왕의 교화로 인해 토끼 잡는 그물을 치는 야인조차 재주가 쓸 만했다는 내용이다.

절도사 정공 묘갈[14]

節度使鄭公墓碣

절도사 정덕징(鄭德徵) 공이 용인(龍仁)의 풍계(楓溪)로 돌아와 노년을 보냈는데, 내가 흘러들어와 살게 된 이래로 서로의 거리가 멀지 않았다. 비록 문인과 무인의 길은 다르지만 공은 포은(圃隱) 집안의 현명한 자손이며, 또 선비 장수의 풍모가 있었기에 한번 가서 문안하였더니, 풍골이 맑고 시원하며 도서가 가지런하여 속세의 기미가 전혀 없었다. 당시 국화가 활짝 피었는데, 공이 화분 하나를 꺼내 보여주었으니, 만년의 절개를 본받으려는 것이었다.

공의 자는 성유(聖由)이며 영일(迎日) 사람으로 포은 선생은 그의 10대조이다. 증조 휘 종선(從善)은 현감을 지내고 집의에 추증되었고, 조부 휘 간(侃)은 승지에 추증되었다. 부친 휘 주한(周翰)은 영장을 지냈는데, 용맹과 지략이 남달라 일찍부터 나라를 지킬 인재로 기대를 받았으나 성품이 꼿꼿하여 세상과 맞지 않았다. 훗날 참판에 추증되었다. 외조는 능성(綾城) 구민(具旻)이다.

공은 젊어서 글을 배웠으나 곧 붓을 던지고 경신년(1680) 무과에 급제하였으니, 당시 나이 스물 넷이었다. 선전관에 임명되고 차례대로 승진하여 훈련원 주부가 되고 판관으로 옮겼다. 공은 속습을 따라 정관

14 절도사 정공 묘갈 : 이 글은 정덕징(鄭德徵)의 묘갈명이다. 정덕징은 본관이 영일(迎日), 자가 성유(聖由)이다. 1657년(효종8) 태어나 1739년(영조15) 8월 11일 세상을 떠났다.

(政官)을 만나려 하지 않았기 때문에 미움을 받아 외직으로 나가 서생진 첨사(西生鎭僉使)로 나갔다.

기사년(1689), 중전이 자리에서 물러나자 공은 미련 없이 고향으로 돌아와서 어부와 나뭇꾼 사이에 자취를 숨겼다.

무인년(1698) 진안 현감(鎭安縣監)이 되었고, 체직되어 돌아와 부친상을 당하여 예법에 따라 상을 치렀다. 상을 마치자 그대로 남아 모친을 봉양하였는데 몸소 밭 갈고 낚시하여 맛있는 음식을 바쳤다. 공이 예전에 길에서 경기의 수령이 되었다가 부모의 상을 당하여 분상하는 벗을 만나 놀란 적이 있기에 마침내 모친 곁을 떠나 벼슬할 생각을 버렸다고 한다. 매일 직접 잠자리를 마련해 드리고, 모친이 머리를 빗으려 하면 몸소 빗겨 드렸다. 출입하다가 맛있는 음식을 보면 반드시 소매에 넣어와 바쳤다. 간혹 제수하는 명이 내렸으나 모두 사직하여 체차되었다. 또 남의 막하(幕下)에 비장(裨將)으로 나아가지 않았기에 연루되어 유배당했다. 모친이 세상을 떠나자 더 이상 벼슬하려 하지 않았다. 누군가 물으면,

"어버이가 계시지 않는데, 누구를 영화롭게 하겠는가."

하였다. 이 때문에 저자에 발길을 끊은 지 거의 십수 년이었다. 간암(艮菴) 이공(李公 이희조)이 무변 중의 은일이라고 칭찬하였다.

단 한 번 나주 영장(羅州營將)으로 부임하였는데, 관직에 있으면서 크고 작은 일을 막론하고 반드시 마음을 다했다. 관할 하의 수령이 혹 체모를 잃으면 이름난 관원이라도 조금도 봐주지 않으니, 고을 수령들이 모두 공경하고 조심하였다. 나주는 평소 바쁜 고을로 알려졌는데, 공은 오랫동안 겸관(兼官)으로 있으면서 물흐르듯 판결하고 은혜로운 정사를 많이 베풀었다. 나주 사람들이 지금까지도 칭송하여 마지 않는

다. 호남 병영에 있으면서 진휼을 감독한 공로로 가선대부에 올랐다.

신축년(1721), 동지중추부사 겸 우림위장이 되었다. 당시 흉인 유봉휘(柳鳳輝)의 상소가 나라의 근본이 이미 정해진 뒤에 나왔기에 성균관 유생들이 상소하여 토죄를 청하려 하였다. 공은 자손들에게 가서 참여하게 하였다. 이듬해 정주 목사(定州牧使)에 임명되었다. 부임한 지 몇 달 지나지 않아 성곽과 무기를 깨끗이 일신하였다. 얼마 후 흉도의 탄핵을 받아 체직되었다. 또 이듬해 여주 목사(驪州牧使)에 임명되었으나 나이 제한을 이유로 사직하고[15] 체차되어 훈국에 예속되었다.

당시 김씨 궁인의 일[16] 때문에 상소와 계사가 번갈아 나왔는데, 갑진년(1724)에 이르러 무신(武臣)도 당시 간신배의 뜻에 영합하여 연명으로 상소하려 하였다. 아들 찬술(纘述) 역시 군문에 있었는데, 공이 의리상 흉인의 상소에 동참할 수 없다고 하며 즉시 성묘한다고 말미를 청하였으나 주장(主將)이 허락하지 않아 마침내 고향으로 내려가기로 결심하였다. 찬술 역시 참여하지 않았다. 흉도들이 미워하여 유배보내려 하였으나 결국 하지 못하였다.

경종이 새로 즉위하여 나라의 형세가 근심스러워졌다. 공은 한창 군문의 일을 맡고 있었는데, 눈물을 흘리며 동료로 있는 동종(同宗)에게 말하기를,

15 여주 목사(驪州牧使)에……사직하고 : 《경국대전(經國大典)》〈이전(吏典) 외관직(外官職)〉에 65세가 넘으면 외직을 맡을 수 없다는 규정이 있다. 정덕징은 1724년(경종4) 여주 목사에 임명되었으며, 당시 그의 나이는 68세였다.

16 김씨 궁인의 일 : 신임옥사에 연루된 김성절(金盛節)의 공초에 김씨 궁인을 시켜 어선(御膳)에 독약을 타게 하였다는 언급이 나왔으나 끝내 누구인지 밝히지 못했다. 《景宗實錄 2年 8月 26日》

"그대는 힘을 다해 나라에 보답하여 우리 선조를 욕되게 하지 말라."

하고, 활을 뽑아버리고 강한 것으로 바꾸더니,

"위태롭고 의심스러울 때는 무비(武備)에 주의하지 않을 수 없다."

하였다.

을사년(1725, 영조1), 정국이 바뀌자 함경남도 절도사에 발탁되었다. 공은 날마다 무비를 갖추는 것을 일삼아 비나 눈이 내리지 않으면 매일 활쏘기를 연습하여 몸소 장사들의 앞장을 섰다. 또 봉수대를 엄하게 신칙하여 불의의 사태에 대비하였다. 임기가 차서 체직되자 훈국별장에 차임되고, 또 부총관에 임명되었다. 길에서 시사가 갑자기 변하여 흉인 이삼(李森)이 주장(主將)이 되었다는 말을 듣자 즉시 병을 핑계로 나오지 않았다. 마침 시관(試官)에 의망되었으나 세 번 소명을 어겨 파직되었다. 이삼의 당파가 몹시 성을 내어 체포하여 심문하기를 청하고 고신(告身)을 전부 빼앗으니, 공은 또 고향으로 돌아갔다.

무신년(1728) 봄, 변란이 일어나자 다급히 달려가 성상께 문안하고 원종공신이 되어 다시 부총관에 임명되었다. 이해 겨울 외직으로 나가 경상우도 병마절도사가 되자 탄식하기를,

"내 나이 칠순이 넘었으니 이번에 직분을 다하지 않으면 어찌 또 나라에 보답할 일이 있겠는가."

하고, 사사로운 일을 끊어버리고 무기와 관청을 수선하는 일에 전념하느라 시간이 부족할 정도였다. 따로 창고 하나를 지어 저축을 쌓아 급한 일에 대비하였다. 또 호령이 엄숙하고 상벌이 분명하여 군졸들이 비석을 세워 그리워하였다.

공은 이로부터 고향으로 돌아와 날마다 거문고를 연주하고 책을 읽으며 즐겼다. 문앞에 작은 못을 파고 유유자적하며 세상을 잊었다.

회포를 읊은 시를 지었는데,

공명을 헌신짝 버리듯 하고	功名如脫屣
고향으로 돌아오니 세상 생각 드무네	歸田世念疎
이제부터 하는 일 없이	從此無所事
못가에서 헤엄치는 물고기 구경하리	臨淵弄游魚

라고 하였으니, 말년의 흥취를 볼 수 있다. 그러나 나라를 위해 난리에 몸 바치겠다는 뜻은 늙어서도 쇠하지 않았다. 군장을 옆에 두고 또 군마를 준비하여,

"죽기 전에 불행히 급한 일이 생기면 이미 몹시 늙어서 앞장서서 적을 치지는 못하겠지만, 한걸음씩 임금 계신 곳으로 달려가다가 기운이 다하여 죽는 것이 옳다."

하였다.

병진년(1736), 공의 나이 여든으로 가의대부에 올랐다. 기미년(1739) 8월 11일 풍계정사(楓溪精舍)에서 세상을 떠나니 향년 83세였다. 유언으로 염습에 심의(深衣)를 쓰게 하였다. 처음에는 모현촌(慕賢村) 우산(愚山)에 장사지냈다가 8년 뒤 왕곡(旺谷) 묘좌(卯坐)의 언덕으로 이장하였으니, 모두 같은 현(縣)의 땅이었다. 정부인 전주 이씨(全州李氏)는 공보다 십년 먼저 세상을 떠났기에 장사지낼 때 부장하였다. 맑은 덕과 아름다운 행실을 지녔으며 묘지(墓誌)가 있다.

공은 단정하고 말수가 적었다. 평소 일찍 일어나 의관을 바로하였으며 잠시라도 피곤해 누운 적이 없었다. 책을 몹시 좋아하여 항상 손에서 놓지 않았고, 만년에는 예서 및 《주자강목(朱子綱目)》 읽기를 가장

좋아하였다. 때때로 흥이 나면 거문고를 연주하였는데, 예스럽고 담박함을 추구할 따름이었다.

성품이 지극히 효성스러워 돌아가신 부모 이야기가 나오면 팔순이 된 뒤에도 서글픈 마음이 솟아 눈물이 흰 수염을 타고 흘러 사람들이 차마 보지 못했다. 생일에는 자제들에게 잔치 음식을 차리지 못하게 하였다. 선조를 추모하는 일에 더욱 힘을 썼고, 잘못을 답습하는 제례(祭禮)를 바로잡아 한결같이 선현의 정론을 따랐다.

한번은 포은의 묘소 곁에 새로 재실(齋室)을 지었고, 또 8대조 설곡공(雪谷公 정보(鄭保))의 비석을 다시 세워 절의를 드러내었다. 자손들에게 학문을 우선하고 속된 선비가 되지 말라고 경계하였다. 모든 행실이 옛날의 독서한 군자라도 이보다 더할 수 없었다. 만년의 절개는 더욱 탁월하여 볼 만하였으니, 포은 집안에 어진 후손이 있다고 하는 것이 마땅하다.

찬술(纘述)은 그의 장남으로 통어사를 지냈으며, 출계하여 백부의 후사가 되었다. 차남은 찬지(纘志)이며, 두 사위는 윤찬(尹燦)과 이익겸(李益謙)이다. 찬지의 아들은 주(鑄), 찬술의 계자는 건(鍵)이며, 건의 아들은 익제(翼濟), 성제(聖濟)이다. 윤재경(尹在慶)과 윤재도(尹在度), 윤재후(尹在厚), 이기정(李基鼎)은 두 사위의 소생이다. 찬지가 친한 이웃이라는 이유로 와서 명을 청하였다. 명은 다음과 같다.

깊이 사랑하는 효성과	深愛之孝
깨끗이 물러나는 절개는	恬退之節
선비들 중에서도	雖在儒行
필적할 이가 드무네	尙少匹敵

더구나 무인이었으니　　矧伊櫜鞬
기특한 일이 아니겠는가　　不亦奇事
갑주 입고 방패 들고　　甲胄干櫓
충신과 인의를 지켰으며　　忠信仁義
골짜기에 살면서　　一壑婆娑
도서 읽고 소요했네　　蕭散圖書
거문고 타고 학 기르며　　彈琴馴鶴
지팡이 짚고 물고기 보았네　　拄杖觀魚
구성(駒城 용인)의 동북쪽에　　駒城東北
선영이 바라보이네　　梧檟相望
벼슬길은 달랐으나　　仕雖殊塗
늙어서 한 마을 살았네　　老則同鄉
한 그루 국화꽃　　黃花一盆
두 사람 말년의 마음이었네　　暮年兩心
먼 옛날 포은의　　圃翁遙遙
가르침을 찾을 수 있네　　詩禮可尋
아, 후손이여　　嗟哉後人
변함없이 계승하라　　承受勿替
나는 그 미덕을 명에 남겨　　我銘厥美
영원히 보이노라　　用視永世

증 판서 김공 묘갈[17]

贈判書金公墓碣

예전 임진년(1592, 선조25) 왜구가 대거 침입하자 영남과 호남이 먼저 무너졌다. 선조께서 여러 도의 백성에게 하유하여 적을 토벌하게 하니, 사방의 충성스럽고 의로운 선비들이 많이 일어났다. 당시 김만수(金萬壽) 공은 봉산(鳳山)에서 군사를 일으켰다. 공은 광산(光山) 사람으로 키가 아홉 자 남짓이었으며 담략이 남달랐다. 형제 셋이 있었는데, 천수(千壽), 백수(百壽), 구수(九壽)가 모두 씩씩하고 용감하기로 이름났다. 공은 당시 실직하여 집에 있었는데, 변란이 일어났다는 소식을 듣자 통곡하며,

"내가 나라의 두터운 은혜를 입었는데 어찌 감히 죽지 않겠는가."

하였다. 응모한 장사가 9백 명이었는데 여러 사람이 공을 추대하여 대장으로 삼고, 천수를 후미로, 백수와 구수를 선봉으로 삼아 밤새 난리가 난 곳으로 달려갔다. 장단(長湍)에 도착하여 조방장 유극량(劉克良)과 군사를 합쳤다. 임진(臨津) 전투에서 관군이 대패하고 백수가 죽자, 공은 두 아우와 함께 흩어진 군사를 수습하여 본군(本郡)으로 돌아와 재주 있고 용감한 병사를 모집하고 군량을 쌓아 다시 거병할 계책으로 삼았다.

17 증……묘갈 : 이 글은 김만수(金萬壽)의 묘갈명이다. 김만수는 본관이 광산(光山), 자가 덕로(德老)이다. 1553년(명종8) 태어나 1607년(선조40) 2월 9일 세상을 떠났다.

공의 아들 광협(光鋏)은 나이가 열 아홉이었는데, 용맹이 모든 군사 중에 뛰어났다. 도총부 도사로 어가를 모시고 서쪽으로 갔는데 부절 하나를 받고 와서 연해의 여러 고을을 순찰하다가 공과 만났다. 당시 적병이 가득 차서 황해도 전체가 적의 소굴로 전락하여 관리들은 모두 인수를 풀어놓고 달아났다. 순찰사 이일(李鎰)이 공을 임시로 본군의 군수로 차임하니 민심이 조금 안정되었다.

8월, 여러 군(郡)의 군사와 함께 공격하여 적을 크게 이겼다. 성상께서 의주에 계시면서 처음에는 황해도 백성이 모두 적을 따랐다고 들었다가 공의 승전보가 당도하자 몹시 기뻐하며 학사(學士) 이호민(李好閔)에게 교서(敎書)를 지으라 하고, 공에게 의병장의 호칭을 내려 충의를 장려하는 한편 선전관에 임명하였다. 공이 절하고 머리를 조아리며 받으니, 부자와 형제가 모두 눈물을 흘리며 맹세하였다.

당시 적의 대군은 평양(平壤)에 있었고, 적의 우두머리 한 사람이 수만 군사를 거느리고 동선령(洞仙嶺)을 막아서 지원하였다. 공의 군사는 율진(栗津) 가에 있었는데, 얼마 후 적병이 부거원(富車原)으로 와서 주둔하였다. 공이 몰래 강을 건너 공격하여 하루에 세 번 싸워 세 번 이기니, 적이 두려워 감히 나오지 못했다. 광협이 밤을 틈타 적의 병영을 공격하여 대장을 찔러 죽이고 적을 무수히 죽였다. 또 남은 적을 추격하여 고정촌(古井村)에서 물리쳤으나 이날 탄환에 맞아 죽었다. 장수들이 모두 공을 조문하자 공이 말하기를,

"아이는 제 죽을 곳을 찾았는데 무엇하러 조문하는가."

하였다. 이듬해 봄, 명나라 군사가 평양을 함락하자 공은 적이 동쪽으로 달아날 줄 알고 구수 등을 보내 지현(砥峴)에 군사를 숨겼다가 수십 명을 참수하였다.

이해 가을, 적이 영남으로 물러나 주둔하자 조정이 남쪽 변방을 중시하여 공을 진도 군수(珍島郡守)로 등용하였다. 공은 의병을 해산하여 각기 고향으로 돌려보냈다. 부임해서는 군사와 백성을 다독이고 밤낮으로 무기를 수선하며 군량을 모았다. 통제사 이순신(李舜臣)이 한산도(閑山島)에 주둔하고 의병장 김덕령(金德齡)이 광주(光州)에 주둔하였는데, 공은 각기 군량을 도와 운송이 끊이지 않았다.

갑오년(1594) 체직되어 돌아왔다. 녹훈할 적에 공을 미워하는 자가 저지하여 원종 공신에 두니, 식자들이 모두 애석해 하였다. 공의 모친은 나이가 아흔이었는데, 공은 세상 일에 뜻이 없어 십년 동안 집에서 지냈다. 모친이 세상을 떠나자 슬픔으로 몸을 상해 병이 되었다. 상을 마친 지 얼마 되지 않아 정미년(1607) 2월 9일 세상을 떠나니 향년 55세였다. 본군 우기산(禹岐山) 오향(午向)의 언덕에 장사지냈다.

공은 자가 덕로(德老)이며, 그의 선조는 신라 왕자 흥광(興光)에게서 나와 8대를 연이어 평장사(平章事)를 지냈다. 우리나라에 들어와 휘 남우(南雨)가 이조 참판을 지냈다. 증조 윤하(潤河)는 찰방을 지냈고, 조부 국니(國柅)는 경원 판관(慶源判官)을 지냈고, 부친 대유(大有)는 훈련원 판관을 지냈다. 모친 낙안 오씨(樂安吳氏)는 감찰 세훈(世勳)의 딸이다. 공의 배위는 거창 신씨(居昌愼氏)이며 공의 묘소에 부장하였다. 배위의 부친은 현령 방우(邦祐)이다.

광협이 죽은 뒤 천수의 아들 광철(光鐵)을 후사로 삼았다. 광철은 2남을 두었으니 진남(振南)과 분(玢)이다. 진남은 일찍 죽고, 분은 3남을 두었으니 세홍(世弘), 세웅(世雄), 세호(世瑚)이다. 덕임(德任)은 세웅의 소생이며, 덕인(德仁), 덕기(德基), 덕보(德普)는 세호의 소생이다.

공은 어려서 군영의 모습을 만들고 놀았으며, 장성해서는 독서하여 대의를 대략 통달하고 옛사람이 순절한 대목에 이르면 오열하였다. 병법을 더욱 좋아하여 종종 통쾌하게 군대의 일을 말하였는데 사람들이 겨루지 못했다. 평소의 뜻과 절개가 이와 같았으므로 위급한 때를 당하여 재야에서 떨쳐 일어나 탁월한 공을 세워 볼 만하였던 것이다. 아, 훌륭하도다.

공은 만력(萬曆) 12년(1584) 무과에 급제하여 사헌부 감찰, 장례원 사평, 풍천 부사(豐川府使)를 지냈다고 한다. 선조께서 특별히 공조 판서에 추증하고 광협은 그보다 한 품계 낮은 벼슬을 추증하였다. 숙종 무자년(1708, 숙종34), 고을 사람들이 또 공을 위해 사당을 세워 제사를 지냈다. 나는 공의 충성을 가상히 여겨 가장(家狀)에 근거하여 서술한다. 명은 다음과 같다.

씩씩한 김공이여	仡仡金公
만인의 으뜸이로다	萬夫之特
난리를 당하자 의기를 떨쳐	遭難奮義
나라 위해 힘을 다했네	爲國殫力
한 고을의 적은 병사로	一郡殘兵
지주처럼 우뚝 섰네	屹若瀾柱
공에게 훌륭한 아들 있어	公有令子
범처럼 힘이 있었네	有力如虎
창을 들고 말을 달리니	提戈躍馬
왜구가 넋을 잃었네	漆齒褫魄
얼마 후 시신으로 돌아오니	俄以尸歸

모든 군사가 통곡하였네	一軍雷哭
공은 말하였네, "조문하지 말라	公曰無弔
죽을 자리를 찾았으니."	死得厥所
의리와 절개가 더욱 드러나니	義烈彌彰
공은 실로 어진 아비였네	公實賢父
안타깝도다 위대한 공적이	惜哉偉績
사라져 전하지 않네	湮沒無聞
그래도 징험할 수 있으니	猶有可徵
오봉의 문장이라네[18]	五峰之文
내가 숨겨진 행적 드러내어	我闡其幽
시로 무덤에 표시하노라	詩以表墳

18 오봉의 문장이라네 : 이호민의 《오봉집》 권10에 실려 있는 〈황해도 의병장 및 도내의 대소 백성에게 내리는 교서〔敎黃海道義兵將及道內大小民人等書〕〉를 말한다.

증 참의 김공 묘갈[19]

贈參議金公墓碣

만력(萬曆) 임진년(1592, 선조25), 선조께서 의주로 행차하여 글짓는 신하에게 교서를 짓게 하여 팔도의 의병장을 격려하셨다. 그 글에,

"봉산(鳳山)의 김만수(金萬壽) 등은 의병을 모아 적을 몹시 많이 죽였다. 이들의 충성과 의리를 내가 몹시 가상히 여긴다."

하였다. 그 뒤 김만수는 누차 전공을 세웠으며, 세상을 떠나자 판서에 추증되었다. 그의 아우 세 사람은 천수(千壽), 백수(百壽), 구수(九壽)인데, 동시에 의병을 일으켜 적을 토벌하였으니, 구수가 바로 공의 이름이다. 나는 이미 판서공을 위해 묘갈문을 지었으니[20] 공의 형제의 공로와 용기는 함께 전해질 것이기에 다시 자세히 쓰지는 않는다. 공은 진중에 있으면서 계획한 것이 많았다. 공이 말하기를,

"병법에 '무기가 날카롭지 않으면 병사를 적에게 주는 것이다.'라고 하였다. 적의 장기는 조총이니, 우리의 활과 화살로 당할 수 없다. 만약 긴 창과 큰 검으로 밤을 틈타 급습한다면 반드시 이길 수 있을 것이다."

하였다. 판서공이 그 계책을 따라 창검을 대거 주조하여 장사들에게

19 증……묘갈 : 이 글은 김구수(金九壽)의 묘갈명이다. 김구수는 본관이 광산(光山), 자가 충로(忠老)이다. 1560년(명종15) 태어나 1619년(광해군11) 9월 18일 세상을 떠났다.

20 나는……지었으니 : 본서 제37권에 실려 있는 김만수(金萬壽)의 묘갈 〈증 판서 김공 묘갈(贈判書金公墓碣)〉을 말한다.

나누어 주니, 이로 인해 적을 크게 꺾었다. 부거원(富車原) 전투에서 공이 먼저 적진에 올라 함락시키고 적장 한 사람의 목을 베었다. 하루는 거센 우레가 치고 비가 내리는 어두운 밤에 공이 말하기를,

"유기(劉錡)는 우레 치고 비 내리는 틈을 타서 순창(順昌)에서 승리하였으니,[21] 오늘밤 적의 병영을 공격할 만하다."

하였는데, 과연 크게 이겼다. 그의 기발한 책략이 이와 같았다. 난리가 평정되자 조정에서 군공청(軍功廳)을 설치하였다. 장수들 중에는 스스로 제 공을 말하는 자도 있었으나 공은 홀로 그렇게 하려 하지 않고,

"임금과 신하는 아비와 아들 같다. 아들이 위급한 아비를 구하고서 감히 스스로 말하겠는가."

하였으니, 자랑하지 않음이 또 이와 같았다.

공의 자는 충로(忠老)이며 광산(光山) 사람으로 신라 왕자 흥광(興光)의 후손이다. 한훤당(寒暄堂 김굉필)의 문인이었던 찰방 윤하(潤河), 경원 판관(慶源判官) 국니(國柅), 훈련원 판관 대유(大有)가 공의 3대이다. 외조는 낙안(樂安) 오세훈(吳世勳)으로 감찰을 지냈다.

공은 가정 경신년(1560)에 태어났다. 외모가 씩씩하고 젊어서 병법을 읽어 지략이 있었다. 또 중시(重試)에 합격하여 훈련원 첨정을 지냈다. 공의 작은형 백수(百壽)와 조카 광협(光鋏)이 전투에서 죽자 공은 항상 마음 속으로 애통해 하며 속세에 뜻이 없어 시골로 돌아왔다. 무오년(1618, 광해군10), 요하(遼河)를 건너가 싸울 때[22] 공을 기용하

21 유기(劉錡)는……승리하였으니 : 유기는 남송(南宋)의 장군이다. 1140년 금(金)나라가 순창을 포위하자 유기는 장사 5백 명을 거느리고 비 내리고 번개 치는 밤을 틈타 적진을 습격하여 큰 승리를 거두었다.《宋史 卷366 劉錡列傳》

여 종군하게 되었는데, 화살에 맞아 수레에 실려 돌아왔다. 기미년(1619) 9월 18일 세상을 떠나 본군 우지산(禹岐山) 임좌(壬坐)의 언덕에 장사지냈다. 숙종께서 특별히 공조 참의에 추증하고, 고향 사람들이 또 판서공의 사당에 배향하였다.

공의 배위 반남 박씨(潘南朴氏)는 언함(彦涵)의 딸이다. 아들 광련(光鍊)은 훈련원 주부를 지냈고, 딸은 윤시우(尹時遇)에게 시집갔다. 측실 소생으로 광전(光銓)이 있다. 광련은 5남을 두었으니 현(玹), 헌(瓛), 숙(琡), 정(珽), 진사 원(瑗)이다.

아, 국가가 난리를 당했을 때 후한 녹봉을 받던 높은 관원들은 제 몸과 처자를 지킬 생각을 하지 않는 자가 드물었다. 공의 형제는 시골의 무인으로 임금이 알지도 못하는 사람이었는데 모두 나라를 위해 절개를 다하여 죽음에 이르러서도 마음을 바꾸지 않았으니, 김씨 집안에 충성스럽고 의리 있는 사람이 어찌 이리도 많은가. 아, 이 또한 기이하도다. 공의 후손 사집(思集)이 가장(家狀)을 가져와 글을 청하기에 내가 그 대략을 엮고 명을 붙인다. 명은 다음과 같다.

지난날 왜란이 일어났으니	往昔寇亂
임진년(1592)과 계사년(1593)이었네	龍蛇之中
공은 초야에서 일어났으니	公奮草莽
한 집안에 영웅이 많았네	一門群雄
상처를 싸매고 피를 삼키며	裹瘡飮血

22 무오년……때 : 1618년 명나라의 요청으로 강홍립(姜弘立), 김경서(金景瑞) 등이 1만 3천 명의 군사를 거느리고 후금 정벌에 나선 일을 말한다.

함께 백 번 싸웠네 百戰與同
어떤 이는 살고 어떤 이는 죽어 或生或死
각기 충성을 다하였네 各殫厥忠
그러나 공에게 위대한 점 있어 然公有大
대수장군(大樹將軍)[23]의 기풍이 있었네 大樹之風
자식이 위급한 아비에게 가면서 子赴父急
감히 스스로 공로를 말하랴 敢自言功
이 한 마디 말로 惟此一言
공을 알 수 있네 可以觀公
내가 그 미덕을 밝혀 我昭厥美
새겨서 영원히 보이리라 刻示無窮

23 대수장군(大樹將軍) : 후한(後漢)의 장군 풍이(馮異)는 전투를 마치고 장수들이 공을 다툴 때 혼자 큰 나무 아래에 피해 있었으므로 사람들이 대수장군이라고 불렀다. 《後漢書 卷17 馮異列傳》

증 참의 송공 묘갈[24]

贈參議宋公墓碣

호남은 예로부터 충성스럽고 의로운 선비들이 많다고 일컬어졌다. 그 중에 한 집안에서 두 충신이 나온 집안은 광산(光山)의 고씨(高氏)[25]와 흥양(興陽)의 송씨(宋氏)이다. 그러나 세상 사람들은 고씨만 알고 송씨는 모르니, 이는 무엇 때문인가?

삼가 생각해보니, 나라의 풍속이 문(文)을 중시하고 무(武)를 경시한다. 광산은 남방의 큰 도시로 문물이 찬란하여 볼 만하지만, 흥양은 구석진 바닷가에 있어 문교(文敎)를 받지 못했으니, 비록 아름다운 절개를 지킨 사람이 있더라도 누가 전하여 서술하겠는가. 이는 그 지역의 형세가 그러한 것이다.

삼가 살펴보니 송씨는 여산(礪山)에서 나왔으며 시조는 송례(松禮)이다. 송례의 7대손 휘 간(侃)은 단종(端宗)의 명을 받고 호남을 순무하다가 양위하였다는 소식을 듣고는 관직을 버리고 고향으로 돌아갔다. 얼마 뒤 또 여산에서 흥양으로 들어가 자손이 그대로 살게 되었다. 대립(大立)은 그의 6대손으로 자는 신백(信伯)이다. 젊어서 독서하여

24 증……묘갈 : 이 글은 송대립(宋大立)의 묘갈명이다. 송대립은 본관이 여산(礪山), 자가 신백(信伯)이다. 1551년(명종6) 태어나 1598년(선조31) 4월 8일 세상을 떠났다. 기록에 따라서는 1597년 세상을 떠났다고 하는데, 향년이 48세이므로 1598년이 옳다.

25 광산(光山)의 고씨(高氏) : 고경명(高敬命) 집안을 말한다. 고경명은 임진왜란이 일어난 해 금산(錦山) 전투에서 아들 고인후(高因厚)와 함께 전사하였다.

대의를 통달하였으나 호탕하고 기개가 남달라 구속받는 선비가 되려 하지 않았다. 당시 왜란이 일어나 혼란하여 사람들이 모두 새나 쥐처럼 도망하였으나 공은 홀로 분연히 나라를 위해 죽기로 마음먹었다. 마침내 붓을 던지고 갑오년(1594) 무과에 급제하여 천거를 받아 부장(部將)에 임명되고 누차 관직을 옮겨 훈련원 부정에 이르렀다. 얼마 후 정으로 승진하였으니 군공 때문이었다.

정유년(1597), 왜구가 다시 침입하였는데, 공의 아우 희립(希立)이 지도 만호(智島萬戶)가 되었다. 공은 집에 있다가 편지를 보내 대의를 깨우치고, 함께 충무공(忠武公) 이순신(李舜臣)의 통제영 막하로 갔다. 떠나기 앞서 모친 선부인(宣夫人)을 모시고 가서 동복 현감(同福縣監) 송두남(宋斗南)에게 부탁했으니, 송두남이 그의 친척이었기 때문이다. 통제사는 평소 공의 명성을 들었기에 공을 얻고서 몹시 기뻐했다. 공은 마음을 다해 계책을 짜내어 큰 도움이 되었다.

얼마 후 통제사가 호남의 해안을 걱정하여 도원수 권율(權慄) 공과 합심하여 지킬 방법을 논의하고, 지략이 있다는 이유로 공을 천거하였다. 원수는 공을 창의 별장(倡義別將)으로 삼고 연해의 땅을 나누어 지키게 하였다. 공은 마침내 흥양으로 돌아와 장사를 모집하여 첨산(尖山)에 목책(木柵)을 설치하였으니, 동남쪽의 요충지였기 때문이다. 오가는 왜선이 있으면 번번이 정예병으로 습격하니 적이 감히 다가오지 못하여 사방이 믿고 의지하였다.

3월, 왜선이 보성(寶城)을 침범하자 공이 용사들을 거느리고 급히 가서 막았다. 한 번 싸워 수백 명을 죽이니 적이 달아났다. 얼마 후 또 본현의 망제포(望諸浦)를 침범하자 공이 군사를 옮겨 육박하였다. 적이 해안에 올라 맞이하여 대적하니 형세가 마치 개미떼가 붙어 있는 것 같았다. 공이 앞장 서서 활을 쏘니 모두 쏘는대로 쓰러졌고, 간혹 여럿을 맞추기도 했다. 적 9명이 달아나자 다시 혼자서 첨산(尖山)까지 추격하여 칼로 베기도 하고 사로잡아 겨드랑이에 끼기도 하며 모두 해치우고 돌아왔다. 홀연 복병 천여 명이 갑자기 오는데 비바람처럼 빨랐다. 공이 한 자 검으로 싸우면서 좌우로 휘두르자 적이 쓰러졌다. 아침부터 해질녘까지 싸우는데 기운이 갈수록 매서웠다. 적이 두려워 감히 다가오지 못하고 조총으로 공의 옆구리를 맞혔다. 공은 말에서 내려 북쪽을 향해 두 번 절하고 마침내 절명하였으니 때는 4월 8일이었으며 나이는 겨우 48세였다. 일이 알려지자 선조대왕께서 병조 참의에 추증하라 명하시고, 선무공신을 책훈할 때 공이 또 원종공신 1등에 올랐다.

공은 진주 소씨(晉州蘇氏)와 혼인하였으니 만호 거(琚)의 딸이다. 3남을 두었으니 눌(訥)은 선무랑을 지냈고 겸(謙)은 군수를 지냈으며 막내 심(諶)은 숭정 정축년(1637) 홍원 현감(洪原縣監)으로 있으면서 중영(中營)의 군사를 거느리고 후금(後金)이 돌아가는 길을 막고 힘껏 싸우다 죽었다. 이 해의 간지가 정(丁)에 해당하고 나이도 48세였으니 사람들이 모두 기이하게 여겼다. 숙종조에 공의 부자에게 정려문을 내리도록 명하고 '충신의 집안'이라고 하시니, 국가에서 크게 보답하는 은전이 여기에 이르러 유감이 없게 되었다. 희립(希立)은 오랫동안 충무공의 군중에서 공을 세웠으며 관직이 본도 좌수사에 이르렀다고 한다. 공의 묘소는 고을 북쪽 구산(龜山) 병향(丙向)의 언덕에 있다. 그의 현손 정악(廷岳)이 와서 명을 청하였다. 명은 다음과 같다.

원수의 행주대첩은	元帥幸州之捷

천행으로 말미암았고	蓋由天幸
충무공은 한산대첩으로	忠武閑島之戰
남쪽 변방을 진압하였네	坐鎭南屛
씩씩하고 용감한 공은 두 곳을 오갔는데	以公雄勇遨遊兩間
함께 공을 세우지 못했네	不能與同其功
홀로 첨산에서 패배하였으니	而獨當尖山之敗
이는 운명이 아니겠는가	玆豈非命耶
그러나 몸을 돌보지 않고 뛰쳐나간 것은	然奮不顧身
나라에 충성하려는 마음이었고	欲忠國耳
싸우면 죽을 힘을 다한 것은	戰而死綏
군율이 원래 그러하다네	師律則爾
이런 아비가 없었다면	不有是父
어찌 이런 아들이 있겠는가	焉有是子
아, 외딴 바닷가에 정려문이 찬란하니	嗚呼窮海之濱棹楔煌煌
고씨와 아름다움 비길 만하네	足以齊美於高氏
후세 사람이여	嗟後之人
행여 문무를 차별하지 말라	罔或文武之異視

증 승지 송공 묘갈[26]

贈承旨宋公墓碣

나는 이미 참의공을 위해 묘갈명을 지었다.[27] 공의 휘는 심(諶), 자는 사윤(士允)이며 참의공의 셋째 아들이다. 소 부인(蘇夫人)이 용꿈을 꾸고 공을 낳았기에 용생(龍生)이 어릴 적 이름이다. 참의공이 용맹을 떨치고 죽었을 때 공은 겨우 여덟 살이었는데 살고 싶지 않은 것처럼 슬퍼하였다. 몇 해 지나자 스승에게 나아가 글을 배웠다. 하루는 바둑을 두고 있기에 어른이 공부에 방해가 된다고 꾸짖자 사죄하며 말하기를,

"깊은 원한을 아직 갚지 못하여 지극한 아픔이 마음에 있으니, 일본으로 달려가 오랑캐의 창자를 밟으려는 생각을 어찌 하루라도 잊었겠습니까. 책을 읽는 것은 고금의 사변(事變)을 보고자 함이요, 바둑을 두는 것은 계책을 써서 승부를 결정짓는 묘리를 터득하고자 하는 것 뿐입니다."

하고, 눈물을 흘려 옷깃을 적시니 어른이 이로 인해 낯빛을 바꾸었다.

14세가 되자 균전사 권진(權縉)이 검전(檢田)하러 왔는데, 공이 법을 어겨 체포되었다. 형벌을 받게 되자 갑자기 소리치기를,

"명공께서는 법을 지켜야 마땅하나 뜻 있는 아이에게 어찌 형벌을

26 증……묘갈 : 이 글은 송심(宋諶)의 묘갈명이다. 송심의 본관은 여산(礪山), 자는 사윤(士允)이다. 1590년(선조23) 태어나 1637년(인조15) 2월 15일 세상을 떠났다.

27 나는……지었다 : 본서 제37권에 실려 있는 송대립(宋大立)의 〈증 참의 송공 묘갈(贈參議宋公墓碣)〉을 말한다.

내릴 수 있겠습니까?"

하였다. 권진이 일부러 성난 척하며 재촉하자 공은 재빨리 뛰쳐나갔는데 쫓는 사람이 붙잡을 수 없었다. 권진이 기이하게 여겨 내버려두고 따지지 않았다.

자라서 무예를 익혀 만력(萬曆) 갑인년(1614, 광해군6)에 을과 제1명으로 급제하였다. 흥양(興陽)으로 돌아와서는 십년 동안 집에서 지내자 사람들이 괴이하게 여겨 물으니,

"어머니가 늙으셨으니 객지에서 벼슬할 때가 아닙니다."

하였다. 그러나 당시는 혼조(昏朝 광해군) 때였으니, 그 은미한 뜻을 알 수 있다.

모친이 세상을 떠나자 예법대로 상을 치렀다. 상을 마치자 능성(綾城) 구굉(具宏) 공이 통제사로 있다가 평소 공의 이름을 들었기에 즉시 보좌관으로 천거하여 문하에 두고 자식처럼 여겼다. 천거를 받아 선전관에 임명되고 누차 옮겨 전라 병마우후(全羅兵馬虞候)가 되었다.

을해년(1635, 인조13), 홍원 현감(洪原縣監)에 임명되었다. 이듬해 오랑캐의 난리가 일어나 성상이 남한산성으로 행차하여 여러 도의 근왕병을 불렀다. 북병사 이항(李沆)과 남병사 서우신(徐佑申) 등이 들어가 구원하려고 공을 척후장으로 삼았다. 가다가 양근(楊根)에 이르러 여러 도의 군사가 패배하였다는 소식을 들었다. 이항 등이 두려워하며 나아가지 않으려 하자 공이 대의로 꾸짖어 그들의 뜻을 크게 거슬렀다.

강화를 맺어 오랑캐가 물러나자 조정에서 북도에 명하여 오랑캐 군사가 돌아가는 길을 끊어 노략질을 금하게 하였다. 공은 대신 중영을 거느리고 여러 사람과 함께 철령(鐵嶺)을 넘어 오랑캐 백여 급을 베었다. 남산역(南山驛)에 이르자 적이 척산(尺山) 아래 주둔하여 정예병

을 숨기고 약한 모습을 보여 유인하였다. 이항 등이 공과 전영(前營), 후영(後營)으로 하여금 가서 공격하게 하였다. 공이 말하기를,

"오랑캐의 실정은 헤아리기 어려우니 함부로 나아갈 수 없습니다."

하니, 이항이 말하기를,

"일단 시험해보라. 설령 복병이 있더라도 전군이 뒤따르면 이기지 못할 리가 없다."

하였다. 접전을 시작하자 오랑캐 기병 수천이 산골짜기에서 갑자기 나왔다. 전영과 후영은 화살 한 발도 쏘지 못하고 모두 무너졌다. 공이 홀로 힘껏 싸워 적병이 두 번 세 번 패주하였으나 군사가 고립되고 지원이 없었다. 이항 등이 한창 산 위에 진을 치고 있었기에 공이 큰 소리로 구해달라고 하였으나 끝내 응하지 않았다. 관청의 하례(下隷) 박귀학(朴貴鶴)이 말고삐를 잡고 청하기를,

"대군이 이미 물러났으니 공도 훗날을 도모해야 합니다. 부질없이 죽으면 안 됩니다."

하였다. 공이 꾸짖으며,

"이곳이 내가 죽을 곳이다. 우리 아버지가 나이 마흔 여덟에 정유년 왜란 때 돌아가셨는데, 내 나이 마흔 여덟에 정축년 호란 때 죽는다면 어찌 우연이겠는가."

하니, 군사들이 모두 감동하여 눈물을 흘렸다. 공은 하루종일 활을 쏘느라 손가락이 전부 짓물렀다. 화살이 다하자 검을 휘둘러 적을 공격하니 검도 부러져 마침내 적의 칼날에 죽었다. 배리(陪吏) 강충로(姜忠老)가 차마 떠나지 못하여 함께 죽었으니 실로 2월 15일이었다. 이항 등은 도리어 공이 함부로 군사를 내었다가 패배했다고 무고하였다. 김시양(金時讓) 공이 힘껏 공을 위해 신원하고, 또 이항 등의 죄를

바로잡으니 공론이 통쾌하게 여겼다. 공은 김공에게 지우를 입어 감격한 적이 있었다고 한다. 훗날 승정원 좌승지에 추증되고 또 정려를 받았다.

공은 두 번 혼인하였으니 진주 강씨(晉州姜氏)와 이천 서씨(利川徐氏)이다. 2남을 두었으니 문상(文祥)은 통덕랑으로 은거하여 나오지 않았다. 이우(二憂)라고 자호하였으니 남북의 원수를 제거하지 못했기 때문이었다. 차남 문우(文祐)와 현령 이성우(李聖雨)에게 시집간 딸 하나는 원배(元配) 소생이다. 문우와 서자 문형(文亨)은 모두 무과에 급제하였다.

문상(文祥)의 아들은 가징(可徵), 필징(必徵)이며, 가징의 아들은 정갑(廷甲), 정렬(廷烈), 정기(廷夔), 정익(廷翼)이다. 필징의 아들은 정악(廷岳)이다. 문우는 두 아들을 두었으니 먹(蓂)과 신(藎)이다. 먹의 아들은 동악(東岳), 동석(東錫), 동철(東哲), 동보(東輔)이다. 신의 아들은 정희(廷熹)이다. 공은 본현 당산(棠山)에 장사지내고 두 부인을 부장하였다. 명을 청하러 온 사람은 정악이다. 명은 다음과 같다.

신하는 충성하고 아들은 효도함이	臣忠子孝
영원한 큰 법도라네	萬世大經
하나를 얻기도 어렵거늘	得一猶難
한 집에 모였네	乃萃家庭
고흥의 한 모퉁이	高興一曲
바다 안개 자욱하네	海氣冥冥
누가 외진 곳이라 하였나	孰云荒僻

참으로 신령한 땅이네	允矣地靈
하늘이 두 대를 아끼어	兩世天慳
요절하지 않게 하였네	不夭之齡
시대의 운수를 현인이 개탄하니	歲運賢嗟
어찌 하나같이 정(丁)을 만났는가[28]	一何屬丁
열사의 남은 한은	烈士遺恨
남해를 메우지 못한 것	未塡蠻溟
내 그 뜻을 장하게 여겨	我壯其志
이 명을 짓노라	庸作斯銘

28 어찌……만났는가 : 송심의 부친 송대립이 정유재란 이듬해에 왜적과 싸우다 죽고, 송심이 정축년(1637)에 후금과 싸우다 죽었으므로 이렇게 말한 것이다.

현감 정공 묘갈[29]

縣監鄭公墓碣

공의 휘는 택주(宅周), 자는 인백(仁伯)이며 진주(晉州) 사람으로 고려 문량공(文良公) 을보(乙輔)의 후손이다. 고조 휘 종필(宗弼)은 장례원 사평, 증조 휘 복일(復一)은 오위장을 지냈다. 조부 휘 민득(敏得)은 도총부 도사를 지냈는데 정유년(1597, 선조30) 난리 때 남원(南原)을 지키다가 성이 함락되자 죽었다. 후사가 없어 종형 진사 희득(希得)의 아들 직(稷)을 후사로 삼았으니 이분이 공의 부친이다.

희득의 모친 이씨(李氏)와 며느리 이씨는 왜적을 피해 칠산도(七山島)로 가다가 적선을 만나자 의리를 지켜 욕되지 않으려고 손을 잡고 바다에 투신하여 죽어 모두 정려문을 받았다. 직은 늘 죄인으로 자처하며 생전 처자의 봉양을 받으려 하지 않았고, 죽어서는 간소하게 장사지내라고 명하였다. 월사(月沙) 이 상국(李相國 이정귀(李廷龜))이 조정에 천거하여 귀후서 별제에 임명된 적이 있는데, 한 번 사은하고 돌아왔다.

공은 대대로 함평(咸平)에 살았다. 6세에 부친을 잃고 어른처럼 슬퍼하였다. 자라서는 무예를 익혀 병진년(1676, 숙종2) 무과에 급제하였다. 선전관을 거쳐 외직으로 나가 평남진(平南鎭)을 지키고, 훈련원

29 현감 정공 묘갈 : 이 글은 정택주(鄭宅周)의 묘갈명이다. 정택주의 본관은 진주(晉州), 자는 인백(仁伯)이다. 1633년(인조11) 태어나 1716년(숙종42) 7월 5일 세상을 떠났다.

주부로 옮겼다.

기사년(1689), 중전이 사가(私家)로 물러나자 공은 민용(閔鏞), 구봉창(具鳳昌)과 상소하고자 다른 사람에게 상소의 초고를 두루 구하였으나 얻지 못했다. 글재주가 없음을 한스럽게 여기고 그날로 관직을 버렸다.

갑술년(1694), 정국이 바뀌자 다시 선전관이 되고 얼마 후 구례 현감(求禮縣監)으로 나갔다. 몸가짐이 청렴하고 다스리면서 명예를 구하지 않았다. 간사한 아전이 법을 어기자 곤장을 쳐서 죽였는데, 좋아하지 않는 사람이 이를 빌미로 무고하여 대간이 계사를 올려 형리에게 내려 심문하도록 청하였다. 판서 민진후(閔鎭厚)와 판서 김진귀(金鎭龜) 등 여러 공이 번갈아 공을 위해 신원하여 마침내 사면을 받았다.

공은 평소 성품이 강직하여 세속을 따라 동요하지 않았다. 남의 옳지 않은 점을 보면 현달한 관원이나 요직에 있는 사람으로 익숙한 사이라도 그의 집을 찾아가지 않았으니, 이 때문에 벼슬이 현달하지 못했다. 고향으로 돌아와서는 몇 칸 집을 지어 한취(寒翠)라 이름지었다. 학사 이교악(李喬岳)이 그곳 수령으로 와서 공을 방문하고 벽에 시를 썼는데, "추운 날씨에도 변치 않기를 기약한다.〔歲寒襟期〕"[30]라는 말이 있었다. 공은 유유자적하게 지내며 수직(壽職)으로 통정대부의 품계에 오르고 첨지중추부사에 임명되었다.

공은 비록 무예에 종사하였으나 지조는 선비와 같았다. 젊어서부터

30 추운……기약한다 : 《논어》 〈자한(子罕)〉의 "날씨가 추워진 뒤에야 소나무와 잣나무가 뒤에 시드는 것을 안다.〔歲寒然後, 知松柏之後凋也〕"에서 유래한 말로, 변치 않는 지조를 의미한다.

늙을 때까지 태만한 모습을 보인 적이 없었으며, 제사 지내는 날에는 반드시 재계하고 제사를 마쳐도 여전히 해이해지지 않았다. 친족들과 있을 적에는 지극히 온화하고 부드러웠으며, 손님을 접대할 때는 전혀 간격을 두지 않았다. 한번은 자손들에게 경계하기를,

"나는 불행히 공부를 하지 못하여 이 지경이 되었다. 너희들에게 바라는 것이 있다면 가장 좋은 것은 학문이고 그 다음은 문장이다. 그렇지 않으면 말을 달리고 검을 휘두르더라도 남자의 일이 아니라고는 할 수 없을 것이다. 그러나 바둑과 장기를 두고 술 마시기를 좋아하며 구차하게 이익을 도모한다면 내 자손이 아니다."

하였다.

공은 나이 84세 되던 병신년(1716) 7월 5일 세상을 떠났다. 고을 귀미리(貴美里)에 장사지내고 부인 완산 이씨(完山李氏)를 부장하였다. 3남 4녀를 두었으니, 아들은 덕요(德曜), 덕재(德載), 덕윤(德潤)이며, 자의 박광일(朴光一), 사인 나천주(羅天柱), 박광하(朴光夏), 유즙(柳楫)은 사위이다. 손자는 몽신(夢臣), 용신(龍臣), 각신(慤臣), 익신(翊臣), 영신(英臣), 요신(堯臣), 우신(遇臣), 철신(喆臣), 필신(弼臣), 하신(夏臣), 용신(龍臣), 진사 영신(英臣), 선전관 익신(翊臣)이며 나머지는 다 기록하지 못한다. 용신이 나와 친분이 있기에 와서 명을 청하였다. 명은 다음과 같다.

찬란한 정려문이	煌煌棹楔
바닷가 구석에 있네	在海一曲
공은 그 집에서 태어나	公生其門
기이함 간직하고 세속과 섞였네	蘊奇混俗

무인의 몸이었으나　韎韐之身
뜻은 단정한 선비였네　志則端士
충의로 분발하다가　忠義奮發
기사년을 만났네　乃見己巳
글재주 없다 말하지 말라　莫曰無文
그래도 할 말이 있네　其亦有辭
나는 내 집을 사랑하니　吾愛吾廬
추운 날씨에도 변치 않기를 기약하네　歲寒心期
시골에서 술 마시고 활 쏘며　社酒圃帿
유유자적 생애를 마쳤네　優游終年
해 기울자 질장구 치며[31]　昃日歌缶
홀쩍 세상을 떠났네　乘化翛然
천 리 길 와서 글을 청하니　千里謁文
효자의 정성이라네　孝子之誠
내가 숨겨진 것 드러내어　我闡厥幽
무덤에 세우게 하리라　俾揭阡塋

31 해……치며 : 120쪽 주15 참조.

감찰 정공 묘갈[32]

監察鄭公墓碣

공의 휘는 규징(奎徵), 자는 문백(文伯)이다. 젊어서 글을 좋아하였으나 병진년(1676, 숙종2) 조정에서 만 명의 무인을 뽑자 마침내 한 차례 급제하였다. 처음에는 수문장을 거쳐 사축서 별제, 전옥서 주부, 사헌부 감찰, 무신 겸 선전관, 훈련원 판관과 첨정, 중추부 경력, 도총부 도사를 역임하였다. 외직으로는 맹산 현감(孟山縣監)과 경상 우병영 우후(慶尙右兵營虞候)를 지냈다.

기사년(1689), 흉인들이 화란을 만들며 남의 동정 살피기를 좋아하였는데, 공은 쫓겨난 공들을 찾아가 문안하면서도 조금도 두려워하지 않았다. 한 이름난 관원이 전별하는 자리에서 눈짓하며 말하기를,

"정 첨정은 홀로 벼슬하지 않으려 하는가?"

하였다. 학사 박태보(朴泰輔)는 국모를 위해 간언하다 죽었다. 그 전에 공은 그의 얼굴도 알지 못했으나 날마다 의금부 문 밖에서 안부를 물었다. 그가 유배되자 노강(露江)까지 전송하고, 또 그가 죽자 몹시 슬피 통곡하니 보는 사람들이 모두 의롭게 여겼다.

장씨(張氏)가 왕비를 참칭하자 백관이 조정에서 경하하였는데, 공은 궐 아래에 이르러 병을 핑계대고 들어가지 않았다. 성모(聖母 인현황

32 감찰 정공 묘갈 : 이 글은 정규징(鄭奎徵)의 묘갈명이다. 정규징의 본관은 영일(迎日), 자는 문백(文伯)이다. 1637년(인조15) 태어나 1694년(숙종20) 3월 17일 세상을 떠났다.

후)가 사가(私家)에 있을 때 지나가는 사람들이 종종 말에서 내리지 않았는데, 공은 문을 바라보기만 하면 종종걸음으로 갔다. 공의 직임은 비록 낮았으나 나랏일이 망극하다는 이유로 매번 이야기할 때마다 눈물을 쏟았다.

공은 포은(圃隱) 문충(文忠) 선생의 10대손이다. 어버이를 효성스럽게 섬겨, 모친이 병들자 변을 맛보고 손가락에서 피를 내어 바쳤다. 상을 치를 적에는 슬픔을 다하고 정성껏 제사를 지냈으니, 집안에서의 행실이 이와 같았다. 기일에는 시골에 가묘(家廟)가 있었기 때문에 한데서 슬피 곡하였다. 당시 한질에 걸려 땀을 내고 있었기에 집안 사람들이 굳게 말렸으나 듣지 않았다. 마침내 병이 심해져 갑술년(1694) 3월 17일 세상을 떠나니 향년 58세였다. 용인(龍仁) 모현촌(慕賢村) 선영 을좌(乙坐)의 언덕에 장사지냈다.

공은 타고난 성품이 순후하여 일이 닥쳐도 함부로 목소리와 낯빛을 바꾼 적이 없었고, 평소 이야기할 때는 절대 남의 시비를 따지지 않았다. 귀천에 관계없이 정성으로 대하여 이웃 사람들이 감복하였다. 매번 선비의 학문을 다하지 못한 것을 한으로 여겨 자제들에게 글공부를 권했다. 또 의복을 검소하게 하고 재물을 구차하게 취하지 않았다. 어떤 부자가 공의 장원을 지키는 종을 죽이고 수백 금으로 보상하려고 했는데, 공은 그 이익을 물리쳤다. 영남 병영에 있을 때 고을에 네 관아가 있었는데 각기 백정을 두고 민가의 개를 잡아서 거의 남은 것이 없었다. 공이 불쌍히 여기며,

"저것도 혈기가 있는 부류인데 날마다 죄 없이 죽이니 나는 차마 보지 못하겠다."

하였다. 자제들이 상자를 꾸미려고 가죽 한 장을 청했으나 역시 허락

하지 않았다. 그밖에 백성을 해치는 정사를 일절 혁파하니, 돌아갈 적에 전별하는 백성이 수백 명이었다.

정씨는 영일(迎日)에서 나왔다. 부친은 휘 공한(公翰)이며, 조부 휘 길(佶)은 사과, 증조 휘 종선(從善)은 현감을 지냈다. 고성(固城) 이즙(李檝)이 외조이다. 공은 두 번 혼인하였다. 수원 최씨(水原崔氏)는 천준(天峻)의 딸로 1남 1녀를 두었으니 아들은 찬선(纘先)이고 사위는 사인 이희귀(李喜龜)이다.

덕수 이씨(德水李氏)는 부친이 만령(萬齡)이며 아들 찬서(纘緖)를 두었다. 측실 소생은 찬흥(纘興), 서종육(徐宗錥)과 권씨의 아내이다. 장남의 아들은 심(鐔), 환(鋎), 건(鍵), 수(鐩)이며, 딸은 이징봉(李徵鳳), 한광보(韓光輔)에게 시집갔다. 차남은 아들 하나를 두었으니 유(鎏)이다. 심(鐔)의 아들은 민제(民濟), 인제(仁濟)이고, 환(鋎)의 아들은 응제(應濟), 세제(世濟)이며, 건(鍵)의 두 아들은 익제(翼濟), 이제(頤濟)이다. 찬서가 와서 명을 청하였다. 명은 다음과 같다.

선비가 평소에는	夫士平居
독서하고 도의를 말하다가도	讀書談道義
터럭만한 이해를 만나면	而遇毫髮利害
한 번 나아가고 한 번 피하기도 하네	或一趨而一避
누가 공처럼 의연히 의리를 낯빛에 드러내랴	孰如公毅然義形於色
위험한 세상 낮은 자리에서 내 마음 다하여 부끄러움 없었네	雖處危世居下位而能盡吾心而無愧
이는 하늘에서 타고나고 효성에 근원하며	是固得於天而源於孝
그대 조상의 유풍에서 나온 것이기도 하네	亦爾祖遺風之所自

어찌하여 하늘은 수명을 늘려 胡天不與以年
우리의 복심으로 삼고 간성의 직임을 맡기지 않았나 爲我腹心干城之寄
문수산에 서 있는 몇 자의 비석이 文秀之山數尺之石
평소의 뜻을 드러내기 충분하네 猶足以表素志

부사 원공 묘갈[33]

府使元公墓碣

고(故) 부사 원공이 세상을 떠난 지 몇 년 뒤 병조 참판에 추증되고, 또 몇 년 뒤 추가로 판서에 추증되었다. 그의 아들 택규(宅揆)가 묘소 옆에 묘갈을 세우려 하면서 삼주(三州) 이재(李縡)에게 묘갈명을 청하며 말했다.

"우리 선조는 원주(原州)에서 나왔으니 고려에서 지문하성사를 지낸 순필(舜弼)이 우리 시조입니다. 우리나라에서는 우정언을 지낸 황(晃)과 판서를 지낸 문정공(文靖公) 효연(孝然)이 가장 널리 알려졌습니다. 문정공의 8대손이 우리 부친이고, 우리 부친의 부친 기(杞)는 승지에 추증되었으며, 조부는 첨지중추부사 공(玒)입니다. 익성공(翼成公) 황희(黃喜) 정승의 후손으로 주부를 지낸 효겸(孝謙)이 외조입니다.

처음에 우리 부친은 무과로 진출하여 겸선전관, 훈련원 판관과 첨정, 도총부 경력을 지냈습니다. 중간에 비국 낭청을 지내고 낙안군수(樂安郡守)가 되어 치적이 뛰어나 통정대부로 승진하였습니다. 오위장을 거쳐 덕원 부사(德源府使)에 임명되었는데, 군교 한 사람을 죽인 일에 연좌되어 형리에게 내려져 스스로 변론하자 숙종께서 그 억울함을 살펴 특별히 풀어주셨습니다.

33 부사 원공 묘갈 : 이 글은 원시형(元始亨)의 묘갈명이다. 원시형은 본관이 원주(原州), 자는 대재(大哉)이다. 1641년 태어나 1708년(숙종34) 8월 6일 세상을 떠났다.

우리 부친은 어버이를 섬기며 그 뜻을 따르고자 힘썼습니다. 우리 조부께서 한번은 병을 앓았는데, 약이 써서 드시지 못했습니다. 우리 부친이 몹시 걱정스러운 기색을 하자 우리 조부께서 장난으로 말씀하시기를, '네가 만약 내가 약을 마시기를 원한다면 일단 절해보아라.' 하니, 우리 부친께서 속히 마루 아래로 내려가 절을 했습니다. 이렇게 세 번 하자 우리 조부께서 웃으며 약을 드셨습니다. 훗날 고을을 다스리게 되자 매번 슬퍼하며 '녹봉을 받지만 봉양하지 못하는구나.'라고 하셨습니다. 자신을 돌볼 적에는 검소하여, 관청에 있어도 집에 있는 것과 같았습니다. 여러 사람이 있어도 떠들거나 웃지 않으셨으며 자제와 노비를 엄하게 대하셨습니다. 오직 백성을 다스릴 적에는 기색이 온화하였습니다.

나이 68세 되던 무자년(1708, 숙종34) 8월 6일 세상을 떠나셨습니다. 우리 모친은 좌랑 완산(完山) 이덕구(李德龜)의 따님으로 임오년(1642)에 태어나 우리 부친보다 29년 먼저 돌아가셨습니다. 처음에는 원주에 장사지냈다가 여주(驪州) 삼정(三井)의 축향(丑向) 언덕으로 옮겨 우리 부친과 합장하였습니다.

네 아들을 두셨으니 제가 장남으로 사릉 참봉(思陵參奉)을 지냈습니다. 백규(百揆)는 차남이니 함경북도 병마절도사를 지내고 또 원종공신에 참여하였으니, 우리 부친의 관직을 누차 추증하게 한 사람입니다. 딸은 진사 강명서(姜命瑞), 사인 신빈(申鑌)에게 시집갔습니다. 측실 소생은 정규(廷揆)와 무과에 급제한 복규(復揆)입니다. 저는 후사가 없어 제 아우의 아들 중채(重采)를 후사로 삼았는데, 중채는 선전관을 지냈고 사인 강혜보(姜惠溥)는 제 사위이며, 이유제(李裕濟)는 제 아우의 사위입니다. 맏사위(강명서)의 사위는 진사

윤득린(尹得麟)이고 둘째 사위(신빈)의 아들은 사건(思健), 사민(思民), 사급(思伋)인데, 사민은 무과에 급제했습니다. 사인 심선(沈墡)과 허직(許溭)은 둘째 사위의 사위입니다.

제 아우가 돌을 캐어 다듬어 두었는데, 공이 우량(牛梁)[34]에 머무실 적에 제가 이미 글을 부탁했는데 불행히 제 아우가 먼저 죽었습니다. 건장한 사람도 이와 같은데 저는 늙었으니 조만간 죽을 것입니다. 공의 한 마디 말을 얻지 못하면 지하에서 제 아우를 볼 낯이 없습니다."

내가 일어나 말했다.

"그대의 족조(族祖)와 족부(族父)가 대대로 장수의 직임을 맡았기에 그대의 집안은 장수 집안이라 불린다. 그런데 그대의 부친은 관직이 현달하지 못하고 영락한 채 세상을 떠났다. 이는 권세와 이익에 초연하고 능력 없는 사람처럼 겸손하였기 때문이니, 후손이 보답을 받는 것이 참으로 마땅하다. 그대 형제가 또 효성이 돈독하여 불후히 전할 방법을 도모하니, 이는 명을 지을 만하다."

공의 휘는 시형(始亨)이며 자는 대재(大哉)이다. 명은 다음과 같다.

연하[35]의 남쪽	延霞之南
여주의 동쪽	黃驪之東
절도사가 계획하고	節度營之
참봉이 끝마쳤네	寢郎終之

34 우량(牛梁) : 여주(驪州)의 우만(牛灣)을 말하는 듯하다.

35 연하(延霞) : 지명으로 추정되나 미상이다.

이 돌을 깎았으니	有劖斯石
효성이 끝이 없네	孝思靡窮
누가 시를 지었는가	誰其作詩
한천의 노인이로다	寒泉之翁

부사 오공 묘갈[36]

府使吳公墓碣

공의 휘는 달해(達海), 자는 흥숙(興叔)이다. 오씨는 해주(海州)에서 나왔는데, 7대조 숙(塾)은 정국공신(靖國功臣)으로 절도사를 지냈다. 그의 손자 극인(克仁)은 음보로 직장을 지냈고, 직장의 손자가 황(璜)이다. 이분이 치순(致舜)을 낳았고, 이분이 명열(命說)을 낳았는데 문과에 급제하여 예빈시 정을 지냈다. 공은 그의 아들인데 시정공(寺正公 오명열)의 아우 명기(命夔)가 데려다 후사로 삼아 대대로 호남의 영광(靈光)에 살았다.

젊어서 글공부를 그만두고 병진년(1688, 숙종14) 무과에 급제하여 처음에 무신 겸 선전관에 임명되었다. 기사년(1689)에 변란이 일어나자 그날부터 벼슬하지 않았다. 갑술년(1694) 이후 비로소 다시 벼슬하여 도총부 도사와 경력, 훈련원 주부와 부정을 역임하였다. 외직으로는 강진 현감(康津縣監), 여산 부사(礪山府使), 신광(神光)과 가덕(加德)의 첨사, 순천(順天)과 경주(慶州)의 영장을 지냈다. 절충장군의 품계로 승진한 것은 가덕 첨사로 있을 때의 공로 때문이었다.

시정공이 강진 현감을 지낼 때 공이 따라갔는데 당시 아홉 살이었다. 그때 손수 유자나무를 뜰에 심었는데, 공이 고을을 다스리게 되자 나무

36 부사 오공 묘갈 : 이 글은 오달해(吳達海)의 묘갈명이다. 오달해는 본관이 해주(海州), 자는 흥숙(興叔)이다. 1657년(효종8) 태어나 1732년(영조8) 10월 22일 세상을 떠났다.

가 한창 무성하여 시정공을 위해 헌수하고 그 열매를 따서 드리니, 사람들이 기이한 일이라고 하였다.

공은 타고난 품성이 자애롭고 후덕하였으며 관직에 있을 때는 삼가고 두려워하였다. 병영과 진을 다스릴 적에는 포악한 짓을 그치게 하고 기민 구휼을 잘 하여 군사와 백성의 마음을 얻어 떠난 뒤이면 으레 비석을 세워 그리워하였다. 무신년(1728) 영남의 역적이 일어나자 공은 경주에 있으면서 군사를 정돈하여 대비하고 충의로 격려하니 사람들이 굳은 뜻을 품었다. 곧 난리가 끝나자 공도 파직되어 돌아왔는데 이때부터 다시는 벼슬하지 않고 날마다 친구들과 거문고 타고 술 마시며 즐겼다. 나이 76세 되던 임자년(1732) 10월 22일 세상을 떠나고, 그 이듬해 고을 남쪽 광석산(廣石山)에 장사지냈다.

숙부인 여흥 민씨(驪興閔氏)는 공보다 5년 앞서 세상을 떠났는데, 이때 와서 부장하였다. 숙부인의 부친은 장사랑 광수(光燧)로, 찬성 휘 제인(齊仁)의 후손이다. 아들 우천(祐天)을 두었다. 우천의 아들은 헌조(憲朝)이다. 상직(相稷)과 상설(相卨)은 헌조의 소생이다. 우천이 묘갈을 세우려 하면서 아들을 시켜 내게 와서 글을 청하였다. 내가 공과 교분이 있었기 때문이다. 명은 다음과 같다.

무인으로 몸을 일으켜	起身韎韐
동료들 속에 자취를 숨겼네	渾跡曹偶
내가 처음과 끝을 보니	我觀終始
지조 있는 사람이었네	人也有守
고향에서 여유롭게 지내며	故里婆娑
해 기울자 질장구 두드렸네[37]	昃日歌缶

내 명은 꾸밈이 없으니	我銘不華
훗날 징험할 수 있으리	可徵來久

37 해……두드렸네 : 120쪽 주15 참조.

첨사 박후 묘갈[38]

僉使朴侯墓碣

숭정(崇禎) 정축년(1637, 인조15), 효종께서 대군으로 오랑캐 땅으로 가게 되자 장사 여덟 사람을 선발하여 따르게 하였는데, 사또 박안의(朴安義)는 그중 한 사람이었다. 사또의 자는 자유(子由)이며 밀양(密陽) 사람이다. 휘 숭원(崇元)은 한성부 판윤을 지내고 임진왜란 때 의주에서 세상을 떠나 호성 공신에 책록되고 밀천군(密川君)에 봉해졌다. 이분이 휘 기현(耆賢)을 낳았으니 동지중추부사를 지내고 밀계군(密溪君)에 습봉(襲封)되었다. 사또는 그의 측실에게서 태어난 아들이다.

태어난 지 석달 만에 일어나 앉을 수 있었고, 자라서는 용맹이 남보다 훨씬 뛰어났다. 정묘년(1627, 인조5) 무과에 급제하고 병자년(1636) 효종께서 오랑캐를 피해 강화도로 가려고 할 적에 사또는 상중에 있었다. 신풍부원군(新豐府院君) 장유(張維) 공은 평소 사또의 훌륭한 행실을 알고 있었기에 말하기를,

"나라가 이처럼 위급한데 효성을 옮겨 충성할 수 없는가?"

하였다. 신풍부원군은 밀천군의 외손이었다. 효종 역시 그 이름을 듣고 불러서 기복(起復)하게 하였다. 사또는 개연히 말하기를,

"우리 할아버지의 손자가 나라를 위해 죽지 않는다면 조상을 욕되게

38 첨사 박후 묘갈 : 이 글은 박안의(朴安義)의 묘갈명이다. 박안의는 본관이 밀양(密陽), 자가 자유(子由)이다. 1599년(선조32) 태어나 1672년(현종13) 세상을 떠났다.

하는 것이다."
하였다. 난리가 평정되자 사또는 고향으로 돌아가 상을 마치려 하였다. 마침 효종께서 북쪽으로 떠나고 인선왕후(仁宣王后)가 따르게 되자, 또 불러서 함께 갔다. 사또는 항상 효종의 곁을 떠나지 않았다. 몸에 단도를 차고 불의의 사태에 대비하였으며, 여러 해가 지나도 일편단심은 더욱 지극하였다.

신사년(1641), 현종이 탄생하자 왕후는 우리나라 사람 중에 유모를 구하였는데, 우연히 밀계군의 옛 여종을 찾아 보모로 삼았으니, 사또의 힘이었다. 4년 뒤 사또는 보모와 함께 몰래 현종을 모시고 귀국했다가 다시 북쪽으로 돌아갔다. 일이 있으면 번번이 마루에 올라오라고 하여 함께 의논하였고, 왕후는 항상 아저씨라고 불렀다.

갑신년(1644), 효종이 비로소 돌아오자 성상에게 아뢰어 심양(瀋陽)에 들어갔던 장사들을 수용하게 하였다. 성상이 허락하고 병조에 하유하기를,

"수용하는 차례는 봉림대군에게 물으라."
하였으니, 봉림대군은 효종이 잠저에 있을 때의 호칭이었다. 그리하여 사또는 서생 첨사(西生僉使)에 임명되었다. 효종 초년에 또 방답(防踏)에 제수되었다. 효종이 승하하자 사또는 1년 동안 소식하였다. 양궁(兩宮 효종과 인선왕후)의 은혜로운 돌봄에 이야기가 미치면 매번 오열하며 눈물을 흘렸다. 효종의 기일에는 반드시 5일 동안 재계하고, 새벽에 일어나 북쪽을 향해 절하였다. 현종조에 흥양(興陽)과 (大山)의 목민관으로 임명되고, 청주(淸州) 고향으로 돌아와 늙었다. 왕후께서 특별히 옛 노고를 유념하여 항상 안부를 묻고 때때로 옷과 음식을 하사하였다. 나이 74세 되던 임자년(1672) 세상을 떠났다. 임종을 앞두고

손자들을 불러 말하기를,

"나는 미천한 몸으로 난리를 만나 나라로부터 몹시 두터운 은혜를 받았으나 장차 만분의 일도 보답하지 못하게 되었다. 너희들이 내 뜻을 유념하여 제몸을 잊고 나라에 보답할 마음을 품는다면 나는 죽어도 불후히 전할 것이다."

하였다. 왕후가 상을 치르고 장례 지낼 물품을 하사하라고 명하고 2품에 준하여 부의를 내렸다고 한다.

사또는 성품이 강개하여 가계를 돌보지 않았으며, 충성과 의리로 분발하여 죽으나 사나 한결같았다. 왕손을 호위하여 만 리 길을 몰래 돌아온 일로 말하자면 사직에 공로가 있다고 해도 좋을 것이다. 그러나 관직은 절제사에 불과하였으니, 사또가 왕손을 보호한 일을 말하지 않은 겸손한 덕과, 성조(聖朝 효종)께서 사사로운 은혜로 관직을 주지 않았다는 사실을 알 수 있다. 나는 이에 몹시 감탄하는 한편, 사또가 한결같은 절개로 충성스럽고 부지런했던 일이 사라져 전해지지 않을까 두려워 그 대략을 서술하여 사또의 손자 태창(泰昌)에게 주어 비석에 쓰게 한다. 명은 다음과 같다.

아, 장사여 嗚呼壯士兮

재주는 어찌 그리 걸출하며 운명은 어찌 그리 곤궁하였나 何才之傑而何命之窮

비록 공신각에 초상을 걸지 못하더라도 말가죽에 시신을 싸서 돌아와야 하거늘 縱不能圖形麟閣亦足以裹尸馬革

어찌하여 시골에서 늙어 죽었는가 胡爲乎老死畎畝之中

겸손히 지조를 지키며 지난날의 공을 말하지 않았으니

惟其退然自守口不道前功

박양후(博陽候)[39]의 풍모와 비슷하구나　　尙庶幾乎博陽之風

39 박양후(博陽候) : 한(漢)나라 승상 병길(丙吉)을 말한다. 그는 위태자(衛太子)의 옥사에 연루되어 죽을 뻔한 선제(宣帝)를 구하였으나 그 공로를 말하지 않았기에 훗날 승상에 임명되었다. 《漢書 卷74 丙吉傳》

군수 송후 묘갈[40]

郡守宋侯墓碣

사또의 휘는 광재(光材), 자는 자수(子秀)이며 은진(恩津) 사람으로 대대로 회천(懷川 회덕)에 살았다. 부친 홍길(興吉)은 수직(壽職)으로 통정대부를 지냈고, 조부 윤창(胤昌)은 군수 휘 응서(應瑞)의 서자이다. 군수공은 동춘선생(同春先生 송준길)의 조부이다. 윤창은 족부 첨지중추부사 황생(黃生)의 후사로 출계하였다. 첨지중추부사의 부친은 세경(世勁), 조부는 여림(汝霖)으로 모두 군수를 지냈다. 두 집안은 모두 쌍청당(雙淸堂) 유(愉)의 후손이다. 외조는 진주(晉州) 유흥룡(柳興龍)이니, 학문과 행실로 고을에 이름났으며 감찰에 추증되었다.

사또는 젊어서 글을 배웠으나 이루지 못하고 병진년(1676, 숙종2) 무과에 급제하였다. 어영청 장관을 거쳐 발포 만호(鉢浦萬戶)에 임명되고, 뒤에 어유간 첨사(魚游澗僉使)가 되었다. 병으로 체직되었다가 절충장군에 올라 두 차례 충익위장을 지내고 첨지중추부사로 옮겼다. 기장 현감(機張縣監)에 임명되었으나 부임하기 전에 또 희천 군수(熙川郡守)에 임명되어 한 해 남짓 있다가 파직되어 돌아왔다. 나이 70세 되던 을유년(1705) 4월 13일 집에서 세상을 떠나 같은 현 통정공 묘소 아래 해좌(亥坐)의 언덕에 장사지냈다.

40 군수 송후 묘갈 : 이 글은 송광재(宋光材)의 묘갈명이다. 송광재는 본관이 은진(恩津), 자가 자수(子秀)이다. 1636년(인조14) 태어나 1705년(숙종31) 4월 13일 세상을 떠났다.

부인 부안 김씨((扶安金氏)는 별장 후열(後說)의 딸로, 이웃과 친척이 어질다고 칭찬했다. 13년 먼저 세상을 떠나 사또와 함께 부장하였다. 3남을 두었으니 병우(炳宇), 병주(炳宙), 병한(炳翰)이고, 딸은 김명우(金命祐), 박성(朴檉), 조경하(趙擎厦), 나재륜(羅再倫), 조귀하(趙龜河)의 아내가 되었다.

첨추공에게는 빼어난 원림이 있어 질탕하게 거문고와 술을 즐겨 호탕하다는 명성을 얻었다. 통정공의 풍모 역시 남달랐기에 동계(桐溪) 정온(鄭蘊) 공이 한 번 보고서 '선풍도골(仙風道骨)'이라 일컬었다. 사또는 옛 못과 대를 다시 수선하여 어버이가 말년에 즐겁게 지내도록 하니, 통정공이 몹시 편안히 여겼다.

사또는 비록 무예를 일삼았으나 어려서부터 선생의 문하에서 훈도를 받아 집안에서의 행실에 볼 만한 점이 많았다. 일을 할 적에는 꾸밈이 적었으며 분수를 넘지도 않았다. 관직을 맡아서는 권세에 굴복하거나 이익에 유혹되지 않았다. 또 도를 어기며 명예를 구하는 일을 절대 하지 않았기에 관직이 현달하지 못했다. 나는 사또가 노년이 되어서야 만나보았는데 호탕한 기운이 쇠하지 않았으니 강직하고 의리를 좋아하는 사람이었다. 병한의 아들 요제(堯濟)가 부친과 백부의 말 때문에 찾아와 명을 청하기에 내가 사양하지 못하고 명을 짓는다.

아, 송 사또여	嗟宋侯兮
이곳에서 나고 늙어	生老於是
이곳에서 죽고 묻혔네	死葬於是
명을 지은 자 누구인가	誰其銘者
동춘 선생의	同春先生

외손의 아들이라네[41] 外孫之子

41 동춘……아들이라네 : 저자의 모친 여흥 민씨(驪興閔氏)가 송준길의 외손이므로 이렇게 말한 것이다.

도암집

제38권

묘갈 墓碣

묘표 墓表

묘갈 墓碣

종제 정랑 증 집의군 묘갈[1]
從弟正郎贈執義君墓碣

지금 성상 3년 정미년(1727, 영조3), 고(故) 공조 정랑 이구(李絿)에게 효자지문(孝子之門)이라 하도록 명하고 사헌부 집의에 추증하였으니, 상신(相臣)이 아뢴 말 때문이었다. 구(絿)는 자가 여강(汝剛)이니 병조 판서 귀락당(歸樂堂) 부군 휘 만성(晩成)의 아들이다. 부군은 숙종조의 명신이었는데, 불행히 군흉들에게 모함을 받아 임인사화에 옥사하였으니 온 나라 사람이 슬퍼하였다. 당시에 여강은 금오문(金吾門) 밖에 있으면서 밤낮으로 울었는데 이 때문에 눈에 종기가 생겼으니, 위문하러 온 친척과 벗들도 울면서 차마 보지 못하였다. 부군의 시신을 모시고 나올 때에는 가슴을 치며 울부짖느라 숨이 거의 끊어진 적이 수 차례였는데 온 저자의 사람들이 모두 탄식하고 눈물을 흘리며 말하기를,

"이 사람은 진정 효자이다."

하였다. 장례를 치르자마자 온 가족을 데리고 춘천(春川)으로 들어갔

1 종제……묘갈 : 저자가 이구(李絿, 1688~1726)를 위해 쓴 묘갈문이다.

는데 몇 차례 옮겨 다니다가 증리(甑里)에 정착하였으니 고을 사람들이 감화되어 상을 당했을 때 노래 부르지 않았다. 계모 김 부인(金夫人)은 성품이 간엄(簡嚴)하였는데, 여강은 항상 김 부인의 뜻에 순종하는 것을 위주로 하였다. 화란을 겪은 이후에는 김 부인이 한 번 죽을 먹으면 여강이 그제야 한 번 죽을 먹고, 김 부인이 한 번 숟가락을 뜨면 여강 또한 한 번 밥을 먹고, 김 부인이 곡을 그치지 않으면 여강의 곡도 그치지 않았다. 김 부인이 그의 정성에 감동하여 감히 슬픔을 다하지 못하였다. 3년 동안 한 번도 수질(首絰)과 요대(腰帶)를 벗지 않고 남들과는 담소도 나누지 않았다. 지나치게 슬퍼하다 몸이 몸이 지극히 상했으나 그래도 목숨을 잃지 않으니, 사람들이 모두 기이하게 여겼다. 4년이 지난 을사년(1725, 영조1), 성상께서 부군의 억울함을 풀어주어 작질(爵秩)을 회복시키고 그 자식을 녹용하라고 명하였다. 여강은 익위사 사어가 되었으나 차마 다시 벼슬을 받을 수 없었다. 내가 강권하여 한번 사은하고서 체직되었으며, 다른 관직으로 옮겼으나 나아가지 않았다.

나는 인협(麟峽)에서 교외의 집으로 돌아갔지만 여강은 돌아가려하지 않았다. 나는 본래 창옥병(蒼玉屛)과 금수정(金水亭)의 승경을 사랑하여 그 사이에 초가집을 지을 계획을 세웠는데, 여강은 따라가서 생을 마치고자 먼저 집을 사서 살았다. 몇 개월 지났을 때 병환이 생겨 영평(永平)의 집에서 세상을 떠났으니 이때는 병오년(1726, 영조2) 6월 2일로 향년 39세였다.

여강은 평소 스스로 애통해하며 말하기를,

"선한 이에게 복을 내리고 사특한 이에게 화를 내리는 것은 천리(天理)의 법도이거늘 지금은 이러한 하늘이 없어진 지 참으로 오래되었다. 그러나 사람이 화를 초래하는 것이 하나가 아니겠지만, 또한 교만하고 사치스럽거나 각박하고 모질어서이며, 혹은 나아가는 것만 알고 물러난 것은 몰라서이다. 우리 선친 같은 경우는 평생 충직하고 후덕하며 공손하고 검소하여 조정에 있을 때나 강호에 있을 때나 한 번의 생각도 임금과 백성과 관계되지 않은 적이 없었다. 높은 벼슬에 오르면 위태로움을 생각하여 몸은 비록 나아갔지만 마음은 물러났으니, 응당 인도(人道)의 화가 이를 까닭이 없다. 그런데도 이와 같은 일이 생긴 것은 무엇 때문인가. 이것은 바로 불초자의 악행이 심하여 귀신과 하늘에 죄를 얻었기 때문이다."

하였다. 매번 이것으로 자책하여 용납될 곳이 없는 것처럼 하였으니, 몸을 굽혀 하늘이 높은 줄 모르고 살금살금 걸어 땅이 두터운 줄 몰랐으며,[2] 남을 만나면 얼굴이 부끄럽고 홀로 있으면 그림자에 부끄러워 하였다. 왕왕 슬피 울부짖으며 피를 쏟듯이 눈물을 흘렸는데, 상을 마친 후에도 역시 그러하였다. 다만 자신에게 후사가 없었기 때문에 차마 책망하여 자결하지 못하고 마음이 썩어갔는데 얼마 동안은 죽음에 이르지 않았다. 죽음을 앞두고 손수 편지를 써서 나에게 집안일을 부탁하였는데, 그 편지에 이르기를

"5년 동안 구차하게 산 것도 참으로 많이 산 것이니, 편안히 잠든 것처럼 돌아가 어버이를 모시겠습니다."

2 몸을……몰랐으며 : 두려워 불안해하여 몸 둘 곳을 모른다는 뜻이다. 《시경》 〈정월(正月)〉에 "하늘이 높다고 하나 감히 몸을 굽히지 않을 수 없으며, 땅이 두텁다고 하나 살금살금 걷지 않을 수 없노라.〔謂天蓋高, 不敢不局, 謂地蓋厚, 不敢不蹐.〕"라고 한 데서 나온 말이다.

하였으니, 진정에서 나온 말이었다.

아! 주부자(朱夫子)가 일찍이 화를 입은 집안 자제의 처신에 대해 말하면서 벼슬하지 않는 것이 올바르다고 하였으니, 여강의 마음으로 벼슬하지 않은 것이야 언급할 가치도 없다. 그 지극히 원통하고 답답한 마음이 하늘에 호소하려해도 방법이 없어 죽은 뒤에야 그쳤으니, 여강의 효성은 어찌 효자로서 지나친 경우가 아니겠는가. 그러나 아마도 당세 사람들이 효에 자진(自盡)한 여강을 보고서 자식된 도리의 중함을 알았을 것이니, 여강이 수립한 바가 또 어찌 하찮다고 할 수 있겠는가. 아! 여강이 지금까지 죽지 않았더라도 토죄하고 복수할 기약을 알 수 없어 하늘에 사무치는 애통함만 더했을 뿐이니, 살아있은들 또한 무엇을 하겠는가. 다만 여강은 한창 각고의 노력으로 공부하여 이치를 궁구하고 몸을 닦는 것을 궁극적인 법도로 여겼는데,[3] 하늘이 수명을 늘여주지 않아 다만 하나의 선한 행실로만 이름이 났으니 안타깝도다.

여강은 됨됨이가 자상하고 단아하였으며 총명함이 남달랐다. 태어난 지 한 해가 되기도 전에 달력의 '지도(之圖)' 두 글자를 알았으며, 장성해서는 문사가 풍부하였는데 특히 시와 변려문에 솜씨가 있었다. 정유년(1717, 숙종43) 진사시에 급제하였다. 나라의 풍속이 장원한 사람을 중히 여겼으나 근래에 반드시 모두 제대로 된 사람을 얻지 못했는데, 여강에 대해서는 사론(士論)이 흡족하게 여겼다. 이듬해에 별시

3 이치를……여겼는데 : 《주자어류(朱子語類)》 권8에 "세간의 온갖 일은 잠깐 사이에 변화하여 없어지는 것인 만큼 모두 가슴속에 담아 둘 가치가 없다고 할 것이다. 오직 이치를 궁구하고 몸을 닦는 것이야말로 궁극적인 법도라고 하겠다.〔世間萬事, 須臾變滅, 皆不足置胸中. 惟有窮理修身, 爲究竟法耳.〕" 하였다.

에 장원으로 합격하여 조만간 문과에 급제할 것 같았으나 결국 그렇게 되지 않았다. 처음에 세자 세마에 제수되었다가 종부시 주부에 조용되었다. 신축년(1721, 경종1) 공조 좌랑을 거쳐 외직으로 나아가 평강현감(平康玄鑑)이 되었는데, 얼마 뒤 시사가 크게 변하여 곧장 벼슬을 그만두고 돌아왔다.

모부인 안동 김씨(安東金氏)는 유순하고 자애로워 부녀자의 덕이 있었으니, 부친은 영의정 수흥(壽興)이다. 부인 동래 정씨(東萊鄭氏)는 관찰사 시선(是先)의 따님으로 7녀를 두었는데, 사위는 급제한 민백상(閔百祥), 사인 정채(鄭寀), 민백겸(閔百兼)이고 나머지는 모두 요절하였다. 귀락당 부군의 묘를 수성(隋城)에서 한천(寒泉)으로 이장하였으니, 여강의 유지를 따른 것이다. 여강은 처음에 고양(高陽)의 향동(香洞)에 안장하였다가 따라서 이장하였다. 명(銘)은 다음과 같다.

상례에는 슬픔을 위주로 하니	喪而主哀
천리에 근본한 것이네	本於天理
남들은 혹 미치지 못하는데	人或不及
그대는 너무 지나쳤네	君則過已
어찌 생명을 손상시키려 했겠는가마는	豈欲滅性
실로 자초한 것이네	實惟自致
효자라고 쓰니	書以孝子
나의 명 부끄럽지 않으리	我銘無愧

족조 정랑공 묘갈[4]

族祖正郎公墓碣

재상의 역량을 굽혀 가난 때문에 벼슬하는 데 섞이고 강직한 성품을 억눌러 낮은 벼슬에 숨어있으면서도, 지기(志氣)가 뛰어나 세상을 가볍게 여기고 포부가 매우 원대했지만 백에 하나도 시험해보지 못한 채 침울하게 지내다 죽은 자는 바로 우리 족대부 정랑공이다.

공의 휘는 분(玢)이고 자는 거원(擧遠)이니 우봉(牛峰) 사람이다. 시조는 공정(公靖)이니 고려(高麗) 때 시중을 지냈다. 본조에 들어와 휘 길배(吉培)는 도관찰사를 지냈으니 공에게 7대 조부가 된다. 증조 휘 지신(之信)은 홍문관 부제학을 지냈고, 조부 휘 소(劭)는 돈녕부 참봉을 지냈으며, 부친 휘 유항(有恒)은 덕을 감추고 벼슬하지 않았는데 지극한 효성으로 일컬어졌다. 부인 진주 유씨(晉州柳氏)는 장사랑 종정(宗汀)의 따님이니, 만력(萬曆) 정유년(1597, 선조30) 3월 28일 공을 낳았다.

공은 5세 때 모친을 여의어 외가에서 자랐다. 어떤 사람이 나이가 들었는데도 학교에 가지 않는다고 기롱하여 격앙시키니, 공은 즉시 외조모에게 사례하고 하직을 고하였다. 외조모가 힘써 말렸지만 소용이 없자 마부와 말을 챙겨서 보내려고 하니, 공이 말하기를,

"나이가 이제 열 살이 넘어서 아직 학교에 들어가지 않은 점이 부끄러워 죽을 지경인데, 어떻게 말을 타고 가겠습니까."

4 족조 정랑공 묘갈 : 저자가 이분(李玢, 1597~1648)을 위해 쓴 묘갈문이다.

하고 걸어서 갔다.

당시 부친이 황해도에 살고 있었기에 공은 먼저 가서 그 이유를 고하고는 곧장 도성으로 달려갔다. 한 사람의 늙은 여종에게 의지하고 있는 처지라 남들에게 서책을 빌리기 어려워 교관(教官)에게 배우기를 청하였다. 1년도 되지 않았을 때 증선지(曾先之)의 《십팔사략(十八史略)》, 《통감(通鑑)》 등의 서적을 모두 배웠고, 계속해서 경서(經書)를 섭렵하였다. 독서의 여가에는 또 글짓기를 공부하여 번번이 무리들을 압도하니 재명(才名)이 자자하였다. 그 당시 대사헌 유철(兪樹), 호주(湖洲) 채유후(蔡裕後), 창주(滄洲) 김익희(金益熙)와 모두 함께 공부하며 막역하게 지냈다.

계축년(1613, 광해군5), 군흉들이 국정을 잡아 모후(母后 인목대비(仁穆大妃))를 폐위시키려고 하자, 관학(館學)에서 상소를 올려 힘껏 쟁론하다가 모두 과거를 못 보는 처벌을 받았는데 공의 이름도 그 속에 들어있었다. 이때부터 화전(花田)의 집으로 돌아가 살았는데, 비로소 부친을 모시고 집으로 돌아왔다. 공은 가난하여 가족을 부양할 수 없었지만 마음을 다해 봉양하여 맛난 음식을 항상 마련하였다. 그의 궁핍함을 걱정하여 돕는 자가 있으면 공은 물리쳤고, 혹자가 명분상 사양해서는 안 되는 것이라고 하면, 공은 말하기를,

> "나는 그 사람을 잘 안다. 이 물건이 의롭지 않은 데서 나온 것이 아니라고 어찌 장담하겠는가."

하였다. 공이 사양하고 받는 것을 엄격하게 하는 것이 대체로 이와 같았다.

부친이 병환이 생겼을 때 공은 증세를 살피려고 대변을 맛보고 하늘에 기도하며 또 손가락의 피를 받아 올려드리자 병세가 곧 멈추었다.

1년 뒤에 도로 병세가 악화되었는데, 부친은 공이 사용하지 못하도록 칼과 검 따위를 숨겨버렸다. 공은 날카로운 수철기(水鐵器 무쇠로 만든 기구)를 찾아서 왼쪽 넓적다리를 베어 피를 많이 뽑아내었다. 부친이 눈을 동그랗게 뜨고 바라보며 말하기를,

"내 목숨이 이미 다했거늘 너는 어찌 그러느냐."

하였다.

부친이 돌아가시자 3일 동안 한 잔의 물도 마시지 않았고 넓적다리에 생긴 종기가 극심하였으나 끝내 약을 바르지 않았다. 장례를 마친 이후에도 아침저녁으로 성묘하여 추운 날이나 무더운 날이나, 비바람이 몰아치더라도 하루도 빠트린 적이 없으며, 3년 동안 죽만 먹었으니 공을 아끼는 자는 생명이 온전할 것이라 생각하지 않았다. 나라를 안정시키는 일[5]로 찾아와 고하는 자가 있으면 공은 응대하지 않았다.

계해반정으로 예전에 상소를 올렸던 유생들이 모두 벌을 면하게 되자 공은 다시 과거에 응시하여 갑자년(1624, 인조2) 사마시에 합격하였다. 조정에서 버려진 현인들을 찾아내어 공을 천거하여 군자감 참봉에 제수하였으나 나아가지 않았다. 마침내 책 상자를 짊어지고 절에 올라가 사서삼경 공부를 전일하게 하여 문과에 급제하기를 기약하였으나, 마침 계모 오 부인(吳夫人)의 명으로 돌아가 모시게 되었다. 서책을 시렁 위에 묶어서 올려놓으며 말하기를,

"지금 모친이 늙으셨거늘 무슨 겨를에 훗날의 영달을 꿈꿀 수 있겠는가."

하였다.

5 나라를 안정시키는 일 : 인조반정에서 비롯한 일을 가리킨다.

이때부터 과거를 접고 농사일에 전념하며 때때로 땔나무를 팔아서 생계를 유지하였다. 모부인이 필요로 하는 것이라면 힘을 다해 반드시 구해드려서, 모부인이 안색이 좋아지면 그제야 마음이 편안하였다. 조정에서 또 공을 천거하여 공릉 참봉(恭陵參奉)에 제수하였고 임기가 차자 규례대로 승진하였다. 6품에 오르자 형조 좌랑에 제수되었다가 얼마 뒤에 정랑에 올랐다. 원평부원군(原平府院君) 원두표(元斗杓) 공이 판서였는데, 원두표는 훈귀(勳貴)로서 본래 다혈질이라 왕왕 법을 어기고 자신의 뜻대로 하고자 하였다. 공이 법리에 근거하여 따지면 원두표는 반드시 겨루어 이기려고 하였다. 공 또한 기꺼이 굽히지 않은 채 관모를 던지고 나가버리고서, 원두표가 즉시 뉘우쳐 공의 뜻을 따르고 또 자제를 보내어 사과한 이후에야 일을 보러 나왔다. 전후로 이 관직에 있는 기간이 거의 10년이었는데, 행실이 대부분 훗날의 모범이 되었다.

외직으로 수령이 된 경우는 영덕(盈德), 문화(文化), 진위(振威), 청산(青山), 영산(靈山) 등 다섯 고을이었다. 영덕에 있을 적에 인평대군(麟坪大君 이요(李㴭))의 궁노(宮奴)가 여러 고을에서 소란을 피웠는데, 가는 곳마다 숙식과 거마를 대접하는 것이 사자(使者)에 견줄 정도였다. 공이 크게 놀라 궁노의 목에 칼을 씌우고 단단히 가둔 다음 관찰사에게 보고하였고, 관찰사는 장계를 올려 아뢰었다. 효묘(孝廟)께서 크게 칭찬하며, 궁노에게는 엄한 형벌을 내리게 하고, 공에게는 비단을 하사하여 칭찬하였다. 문화는 부친이 우거(寓居)한 곳이자 오 부인의 어버이가 살던 곳이었다. 공이 부임하자 위엄과 은혜가 모두 베풀어지고 청탁이 행해지지 않았다. 오 부인을 위해 수연(壽宴)을 마련했는데 내외의 친속을 맞이하여 3일 동안 크게 잔치를 열어 어버이의 마음을 기쁘게 해드렸다. 파직되어 돌아갈 적에는 곧장 고향집에 이르러 예전처럼 가난하게 살았다. 무자년(1648, 인조26) 12월 23일에 병환으로 영산(靈山)의 관사에서 세상을 떠났다.

공은 본래 벗과의 도리를 중시하였다. 이시만(李時萬)이 김자점(金自點)과 친하다는 이유로 동춘선생(同春先生 송준길)의 탄핵을 받게 되자[6] 한때의 동료와 벗들이 모두 절교하였지만, 공만은 절교하지 않았다. 어떤 사람이 동춘의 뜻으로 공에게 넌지시 말하기를,

"어째서 이공과 절교하지 않습니까?"

하니, 공이 대답하기를,

"이공이 과연 김자점의 당여(黨與)라면 내가 응당 남들보다 먼저 절교했을 것이나 김자점과는 취향이 다릅니다. 내가 이미 이러한 점을 알고 있거늘 어찌 대번에 평생의 벗과 절교할 수 있겠습니까."

하였다. 동춘은 공과 동년(同年 동방(同榜))으로 교의가 지극하였는데, 항상 여러 사람들에게 되뇌기를,

"학행(學行)이 이 아무개와 같은 자가 끝내 크게 쓰이지 못했으니 안타깝도다."

6 이시만(李時萬)이……되자 : 1649년(효종1) 집의 송준길(宋浚吉)이 인피하기를 "김자점(金自點)이 나라를 담당하고 마음대로 권력을 휘두른 지가 오래 되자 사대부로서 완고하고 우둔하며 이익을 좋아하는 자들이 휩쓸려 빌붙고도 달갑게 여기며 부끄러워할 줄을 모르니, 세도(世道)가 극도로 무너졌습니다.…… 한때 빌붙은 무리들을 비록 모두 규찰하여 적발할 수는 없다 하더라도 그 가운데서 드러난 이시만(李時萬), 이이존(李以存), 신면(申冕), 이지항(李之恒), 이해창(李海昌), 엄정구(嚴鼎耉), 황감(黃㦿) 등은 아첨으로 권문을 섬겨 추잡한 욕을 받아 선비의 품위를 더럽혔습니다."라고 하였다.《孝宗實錄 1年 9月 13日》

하였다.

조정에서 차츰 공을 등용하고자 하여 남대(南臺)[7]에 대한 논의까지 나왔는데, 하늘이 수명을 늘려주지 않아 결국 이 지경에 이르렀으니 천명이로다. 기축년(1649) 2월 고양(高陽) 도정리(陶井里) 부인의 묘 오른쪽에 안장하였다.

부인 전주 이씨(全州李氏)는 성종(成宗)의 별자 회산군(檜山君) 염(恬)의 현손이자 서평수(西平守) 훈(壎)의 따님이다. 서평수는 광해군 시절 우뚝하게 수립한 바가 있었다. 부인은 비록 귀족 집안에서 자랐지만 가난한 생활을 편안히 여겨 종당(宗黨)이 부인의 덕을 칭찬하였다. 공보다 5년 먼저 세상을 떠났다. 2남을 두었으니 장남 만소(晩泰)는 통덕랑을 지내고 후사가 없었으며, 차남 만형(晩亨)은 현감을 지냈다. 측실 소생 만휘(晩輝)는 무과에 급제하여 만호를 지냈다. 두 딸은 심유순(沈儒醇)과 윤서삼(尹瑞三)에게 시집갔다. 손자는 경(絅), 진사에 합격하여 정랑을 지낸 집(緁)이다. 경(絅)의 아들은 제언(濟彥)이고 집(緁)의 계자는 제령(濟寧)이다. 명(銘)은 다음과 같다.

고아로 발분하여 힘써 배워 문호를 이루었으니
以孤童而發憤力學以成門戶

이 어찌 호걸지사가 아니겠는가　斯豈非豪傑之士歟
청백은 세속의 모범이 될 만하고　淸白足以範俗
효우는 족류에게 미칠 만하네[8]　孝友足以錫類

7 남대(南臺) : 남행대간(南行臺諫)으로, 초야의 선비 가운데 학문과 덕행이 뛰어나다 하여 과거 시험을 거치지 않고 사헌부 장령이나 지평으로 뽑힌 벼슬아치를 말한다.

남이라도 귀하게 여기거늘　在他人亦云貴
하물며 가까운 우리 종친임에랴　矧吾宗之孔邇
소자는 옛날부터 존경하였으니　小子夙所欽尙
명을 지어 무궁한 후세에 고하노라　作銘詩而詔無止

8 족류에게 미칠 만하네 : 효자의 덕행이 널리 퍼져서 계속 남에게까지 미치는 것을 말한다. 《시경》 〈기취(旣醉)〉에 "효자는 다함이 없는지라, 영원히 족류에게 선행을 미치리라.〔孝子不匱, 永錫爾類.〕"라고 한 데서 나온 말이다.

족숙 현감공 묘갈[9]

族叔縣監公墓碣

공의 휘는 만형(晩亨)이고 자는 사순(士順)이며 우봉(牛峰) 사람이니 형조 정랑 휘 분(玢)의 둘째 아들이다. 어려서부터 학문을 좋아하여 스승이 애써 가르칠 필요가 없었다. 정랑공이 여러 번 고을의 수령으로 나갈 적마다 공은 따라갔는데, 두문불출하며 독서하느라 관리들이 공의 얼굴을 거의 알지 못하였다. 모친상을 당하여 예법에 지나칠 정도로 슬퍼하였으나 정랑공 곁에서는 감히 슬픈 모습을 보이지 않았다. 정랑공이 관소에서 세상을 떠나자 밤낮으로 울부짖어 그 슬픔이 사람들을 감동시켰기에 온 고을 사람들이 효자라고 칭찬하였다. 고향으로 돌아와 예법대로 장례를 치렀다. 3년상을 치르는 동안 내내 죽만 먹고, 슬픔에 몸이 극도로 상하여 생명을 거의 보전하지 못할 정도였지만 성묘하는 예법을 폐하지 않았다. 묘 앞에 나무를 심고는 새끼줄을 매어서 여막까지 연결시켜, 새끼줄을 부여잡고 오르내렸다.

상복을 벗은 다음 대과와 소과에 연달아 합격하였지만 회시(會試)에 모두 합격하지 못하여 사우(士友)들이 원통하게 여겼다. 이조에서 천거로 공을 경릉 참봉(敬陵參奉)에 제수하였고 규례대로 승진하였다. 평시서(平市署)에 있을 적에 두곡(斗斛)을 공정하게 하여 간교하고 속이는 행태가 사라지니 도성의 백성이 편안해졌다. 우리 외조부 여양(驪陽) 민 문정공(閔文貞公 민유중)이 당시 평시서의 제거(提擧)로 있

9 족숙 현감공 묘갈 : 저자가 이만형(李晩亨, 1627~1685)을 위해 쓴 묘갈문이다.

었는데 여러 번 사람들에게 공을 칭찬하며 말하기를

"제대로 된 낭료(郎僚)를 얻었으니, 나는 이제 걱정할 게 없다."

하였다. 사헌부 감찰로 옮겼다가 평시서 영에 올랐다.

당시 조정의 분위기가 일변하여 군흉들이 정권을 잡자, 공은 즉시 관직을 버리고 화전(花田)으로 돌아가 농사일에 힘써 봉록을 대신하였다. 또 후학들을 이끌어 도와주는 것을 좋아한지라 친구의 자제들이 공에게 수학하기를 청하는 경우가 많았다. 종가의 자손 가운데 먼 고을을 떠돌며 떨쳐 일어나지 못하는 자가 있자 데리고 와서 함께 살았다. 집안에서는 법도가 있어 아랫사람을 매우 엄히 다스렸으니, 한여름에도 자제들은 감히 버선을 벗을 수 없었다. 한 집에서 형님을 공경히 받들어 즐겁고 화목하게 지내니 사람들이 이간하지 못하였다. 선조를 받드는 일에는 반드시 정성과 공경을 다하여 어버이의 기일이면 항상 재복(齋服)을 입고 단정히 앉아 바깥일은 접하지 않고, 노복들에게도 입을 다문 채 일을 보라고 하였으니 안팎이 정숙하여 감히 떠드는 자가 없었다.

경신년(1680, 숙종6) 조정이 맑고 밝아졌다. 여양 민공이 그때 판의금부사로 있었는데 자벽(自辟)하여 공을 도사로 삼았다. 얼마 뒤에 은진 현감(恩津縣監)에 제수되었으나 부임하지 않았다. 임술년(1682) 양구 현감(楊口縣監)이 되어 마음을 다해 공무를 수행하니 아전들은 외복(畏服)하고 백성은 편안해졌다. 을축년(1685) 10월 9일 관아에서 병으로 세상을 떠나니 향년 59세였다. 뒤에 고양(高陽) 고봉(高峰)의 임좌(壬坐) 언덕에 안장하였다.

초취(初娶) 해평 윤씨(海平尹氏)는 월정(月汀) 근수(根壽)의 증손이고, 부친은 동돈녕 정지(挺之)이다. 두 딸은 사인 유한오(柳漢五),

안시성(安時聖)에게 시집갔다. 계실(繼室) 청주 한씨(淸州韓氏)는 여해(汝諧)의 따님으로 2남을 두었다. 장남은 경(絅)이고 차남 집(緝)은 진사에 합격하여 정랑을 지냈다. 승문원 정자 강준부(姜浚溥)와 사인 홍우저(洪禹著)는 사위이다. 장방(長房) 경의 아들은 제언(濟彥)이고 차방(次房) 집의 계자는 제령(濟寧)이다. 사위 강준부의 아들은 두화(杜華), 두태(杜泰)이다. 명(銘)은 다음과 같다.

아, 우리 족조께서는	噫我族祖
덕은 크지만 지위는 미미하였네	德鉅位細
누리지 못한 보답이	不食之報
공의 세대에 있을 것이라 생각했네	謂在公世
공의 온갖 선한 행실을 따져보면	原公百善
효제에 근본하였네	本於孝悌
녹봉을 위해 마지못해 벼슬했지만	雖從祿仕
명분과 행실을 모두 닦았네	名行俱礪
시운이 변천하는 가운데	時運平陂
조정의 상황에 따라 나아가고 물러났네	行止潦霽
자신의 집에 살며	吾守吾廬
불우한 생활 달게 여겼네	自甘侘傺
소자들이 성취한 바 있었으니[10]	小子有造

10 소자들이……있었으니 : 인재들이 공부하여 성취하는 것을 뜻한다. 《시경》 〈사제(思齊)〉에 "이러므로 성인들은 덕이 있으며 소자들은 일함이 있으니, 옛 사람이 싫어함이 없는지라 선비들을 칭찬하여 준걸스럽게 하셨도다.〔肆成人有德, 小子有造, 古之人

향숙의 옛 제도였네	鄕塾遺制
일어나 고을 수령이 되니	起佩縣紱
골짜기 백성이 공의 은혜 사모하였네	峽氓懷惠
은혜로운 정사 끝내지 못했으니	惠政未究
온 고을 사람들 눈물 흘리며 영결하네	百里送涕
집안을 번창하게 만드는	昌大門戶
그 계획 어그러졌네	謬悠其計
유풍은 차츰 멀어져도	流風寖邈
아름다운 덕에 묵묵히 계합하네	懿德潛契
명을 지어	載作銘詩
후손들에게 보이노라	用視來裔

無斁, 譽髦斯.〕"라고 한 데서 나온 말이다.

족형 통덕공 묘갈[11]

族兄通德公墓碣

우리 족형 일장씨(日章氏)는 24세로 세상을 떠났다. 죽기 전에는 의젓하게 집안을 부지하였으니, 위로는 노모를 봉양하고 아래로는 어린 동생을 보살폈으며, 노복들에게 위엄을 보이지 않아도 두려워하였고 가산은 돌보지 않아도 항상 넉넉하였다. 공의 됨됨이가 고매하고 호방하였으며 또 재주와 역량이 있었기에, 족대부 농재공(農齋公 이익(李翊))은 항상 머리를 어루만지며 족형의 부친인 현감공(縣監公 이만형(李晚亨))을 돌아보고 말하기를,

"훌륭한 아들을 두었구나."

하였다. 족부 귀락공(歸樂公 이만성(李晚成)) 또한 칭찬하며 말하기를,

"이 사람이 비록 대과에 급제하여 출사하지 못하더라도 필시 그 집안을 크게 일으킬 것이다."

하였다. 부형들이 족형에게 기대한 것이 이와 같았다.

또 일찍이 다음과 같은 얘기를 들었다. 현감공이 양구현(楊口縣)에서 세상을 떠났을 때 공은 17세였다. 울부짖으며 한없이 슬퍼하는 가운데서도 상례에 관한 일들을 혼자 담당하여 모든 일들을 하나도 예법에 어긋남이 없이 차분히 처리하였다. 미처 수습하지 못한 관아의 일을 조사하고 구별하여 일제히 정리하니, 임시로 현감을 맡은 이가 족형이 처리하는 것을 보고 칭찬을 그치지 않았다. 부친의 관을 모시고 고향으

11 족형 통덕공 묘갈 : 저자가 이경(李絅, 1669~1692)을 위해 쓴 묘갈문이다.

로 돌아올 적에 눈이 내려 골짜기가 얼음으로 막혀버렸기 때문에 상여꾼들이 앞으로 나아가지 못했다. 공이 말에서 내려 걸어가 관을 붙잡고 곡을 하니, 길에서 지켜보던 자들이 모두 감동하여 흙을 지고 와서 앞길 위에 뿌리는 자까지 있었다고 한다.

기억하건대, 내가 일찍이 공의 모친 한 부인(韓夫人)에게 인사하러 갔을 적에 매번 공을 "효자이다. 효자이다."라고 칭찬하였다. 공의 아우가 13세에 전염병에 걸렸는데, 공은 자주 아우를 등에 업고서 마음을 위로해주었으니, 그 우애가 또한 이와 같았다.

공의 휘는 경(絅)이고 일장(日章)은 자이니 휘 만형(晚亨)의 장남이다. 공은 임신년(1692, 숙종18) 12월 9일 세상을 떠났다. 부인 전주 유씨(全州柳氏)는 증 참판 세헌(世憲)의 따님으로 부녀자의 덕이 지극하였다. 공이 세상을 떠난 후로 한 잔의 물도 마시지 않고 지하로 따라가길 기약하였는데, 공의 대상(大祥)을 몇 개월 앞두고 결국 몸이 다 훼손되어 세상을 떠났다. 공이 세상을 떠났을 때 아들 제언(濟彦)은 태어난 지 겨우 3개월이라 생명을 보전하기를 기약할 수 없었는데, 끝내 잘 자라서 평(枰), 영(楧), 광(桄), 성(棫) 네 아들을 두었으니, 이것은 공이 선을 쌓은 보답이다. 명(銘)은 다음과 같다.

기억하건대 공의 용모는 훤칠하게 컸었네	尙記其容頎而長兮
의젓하게 노성한 사람처럼 집안을 부지하였네	儼然持門若老成兮
아! 천리마가 중도에 쓰러졌구나	噫千里駒中途僵兮
포대기에 있던 아들이 이제 나이 들었으니	有兒在襁今老蒼兮
후손들이 끝없이 번창하리라	繩繩振振後必昌兮

족형 정랑공 묘갈[12]

族兄正郎公墓碣

공의 휘는 집(絿)이고 자는 여장(汝章)이니 정랑 휘 분(玢)의 손자요 현감 휘 만형(晩亨)의 차남이다. 이씨(李氏)의 본관은 우봉(牛峰)으로, 나와 공은 부제학공 지신(之信)을 같은 조상으로 두고 있는데, 5대 동안 고양(高陽)의 도정리(陶井里)에서 함께 살았다. 공은 나보다 앞서 기미년(1679, 숙종5) 태어나 7세 때 처음으로 직접 만나고 10세 때 함께 공부하였다.

공은 남달리 총명하여, 5세 때 현감공을 따라 양구(楊口) 고을로 갈 때의 일을 말하는데 산천과 여정에 이르기까지 눈앞에 보이는 듯 명료하게 말하였다. 독서할 적에는 한번 보면 곧 외웠으니, 나 또한 기억력이 좋지 않다고 할 수 없었으나 매번 공에게는 미치지 못함을 알았다. 《상서(尙書)》의 기삼백(朞三百)에 대한 주석[13]은 아이가 배워서 쉽게 이해할 수 없는 것이었는데, 공은 하룻밤 사이에 남김없이 궁구하고 추산하니 우리 중부 귀락공(歸樂公 이만성)이 매우 기특하게 여겼다. 내가 조금 장성해서 서울로 가게 되자 세상에는 이별하고 만나는 일이 있음을 알게 되었다. 나의 종제인 구(綵) 여강(汝剛)은 공의 후배였는데, 구의 부친 귀락공이 공의 재능을 아껴서 함께 공부시켰다. 이때부터 학교를 출입하여 여러 번 무리들을 굴복시켰다. 또 시(詩)로

12 족형 정랑공 묘갈 : 저자가 이집(李絿, 1679～1739)을 위해 쓴 묘갈문이다.

13 상서(尙書)의……주석 : 137쪽 주31 참조.

감시(監試)에 장원으로 합격하여 재명(才名)이 더욱 자자했고, 마침내 을미년(1715, 숙종41) 사마시에 합격하였다.

병신년(1716) 경기전 참봉(慶基殿參奉)에 제수되었다가 곧 영희전(永禧殿)으로 옮기고, 장원서 봉사, 제용감 직장으로 옮겼다가 통례원 인의, 의금부 도사에 올랐다. 형조 좌랑이 되어서는 마음가짐이 공정하여 귀신처럼 적발하니 판서가 공을 신임하고 아꼈다. 신축년(1721, 경종1) 외직으로 산음 현감(山陰縣監)에 제수되었는데, 마침 시사가 일변하였으나 귀락공의 명으로 마지못해 부임하였다. 이어 스스로 면려하기를,

"하루라도 관직이 있으면 응당 하루의 책무를 다해야 한다."

하였다.

삼가고 부지런히 봉직하여 하루 종일 게을리하는 법이 없었는데, 마음 속으로 죄를 어겨 파직되길 원했다. 관찰사가 대부분 흉당의 무리였지만 공의 치적이 도에서 으뜸이라 비록 포상하는 장계를 올리고 싶지는 않아도 또한 감히 파직시킬 수는 없었기에 임기가 만료되어 비로소 체직되었다. 공이 산음 관소에서 병환이 생기자 온 고을의 승려와 백성이 밤낮으로 위문하여, 사당에 빌기도 하고 산천에 빌기도 하였으며 구하기 어려운 약물도 반드시 구해 올렸다. 공이 돌아갈 적에는 노소 구분 없이 모두 길을 에워쌌는데, 공이 술을 마시지 못한다고 물을 따라주며 전별하는 이도 있었다.

당시 조정에서 관찰사로 하여금 각기 고을 수령으로 삼을 만한 인재를 추천하라고 했는데, 관찰사 유척기(兪拓基) 공이 공을 추천하였다. 무신년(1728, 영조4) 영남의 역적 정희량(鄭希亮)과 조성좌(曹聖佐) 등이 반란을 일으키고[14] 얼마 뒤 정희량은 같은 당파에 의해 참수되었

으나 남은 무리들이 여전히 삼가(三嘉)를 근거지로 버티고 있었으니, 이곳은 경상우도의 요충지였다. 조정에서 새 수령을 차임하여 보내려고 했으나 마땅한 사람을 찾기 어려웠다. 판서 이병상(李秉常)이 일찍이 함양(咸陽)에 유배되었을 때, 옆 고을에 있던 공의 치적을 잘 알고 있었기에 조정에 말하기를,

"민심을 진무하여 복종시키고 피폐해진 백성을 어루만지는 일은 이 아무개가 아니면 불가능합니다."

하니, 마침내 공을 삼가 현감(三嘉縣監)에 제수하였다.

공은 그날로 필마로 달려 부임하였는데 백성은 공이 부임한다는 소식을 듣고 기뻐하며 서로 말하기를,

"옛날 산음의 수령이 우리 땅을 다스리는구나."

하며, 돌아오는 행렬이 끊이지 않았다.

공은 우선 역리(逆理)와 순리(順理)의 이치로 타일러 새로 거듭날 길을 열어주고, 옥에 갇혀있는 흉당 가운데 주모자와 추종자를 구분하여 법대로 처벌하여 백성을 안정시키니 온 고을이 편안해졌다. 신해년(1731, 영조7) 대기근 때 또 정성을 다해 진휼하여 굶어죽는 백성이 한 사람도 없자 칭송하는 소리가 더욱 넘쳐흘렀다. 또 임기가 찬 후에 체직되었다.

갑인년(1734, 영조10)에 와서 별제와 사직서 영에 복직되고 공조와 형조의 좌랑을 거쳐 정랑에 올랐다. 1년 뒤에 외직으로 나가 함창 현감(咸昌縣監)이 되었는데 고을의 사람들이 이미 삼가현에서의 공의 정사

14 무신년……일으키고 : 무신년(1728, 영조4)에 이인좌(李麟佐)가 청주에서 반란을 일으켰을 때, 정희량(鄭希亮)과 조성좌(曹聖佐) 등이 영남에서 거병하였다.

를 들었으므로 위엄을 세우지 않아도 두려워하고 사사로이 은혜를 베풀지 않아도 사모하였다. 도 안의 흉당들이 종사소(從祀疏)에 반박한다는 핑계로 본읍(本邑)에 모여 학교와 서원에서 소란을 일으켰는데, 고을의 백성도 그 안에 섞여있었다. 공이 잡아와 목에 칼을 씌우고 옥에 가두니 무리들이 놀라서 흩어졌다. 기미년(1739, 영조15) 4월 13일 병으로 관아에서 세상을 떠나니 향년 61세였다. 선비와 백성이 급히 달려와 아침저녁으로 영전에 곡하며 감히 돌아가지 못하였고, 고을 안에는 공을 애도하기 위해 3일 동안 밥을 짓지 않았다. 관이 돌아갈 적에는 고을을 텅 비우고 나와 전송하며 매우 슬프게 곡을 하였으니, 어진 은택이 백성을 감동시킨 것이 깊다고 이를 만하다.

공은 천성적으로 민첩하여 관리의 사무에 뛰어났으므로 고을의 질고(疾苦), 백성의 실정과 거짓을 모두 정확하고 분명하게 알았다. 남들과 얘기할 적이면 파죽지세(破竹之勢)로 끊임없이 말을 이어갔다. 그래서 포편(蒲鞭)[15]을 가하지 않아도 아전과 백성은 두려워서 복종하였다. 부임하는 곳마다 은혜로운 정사를 펼쳐서 그곳을 떠난 후에는 각기 송덕비를 세워 사모하였다. 공이 항상 말하기를,

> "곡물을 따로 챙겨놓아서 진휼을 잘했다는 포상을 얻는 것은 사대부가 매우 부끄럽게 여긴다."

하였다.

15 포편(蒲鞭) : 때려도 아프지 않도록 부들 가지로 만든 회초리인데, 아전과 백성을 심한 형벌을 내리지 않고 관대하게 다스리는 것을 뜻한다. 《후한서(後漢書)》 권25 〈유관열전(劉寬列傳)〉에 "아전과 백성이 과실이 있을 때는 단지 포편으로 매를 때려서 모욕만 줄 뿐이고 끝내 고통을 가하지 않았다.〔吏人有過, 但用蒲鞭罰之, 示辱而已, 終不苦.〕" 하였다.

평소의 친구일지라도 그가 높은 관원이 되면 편지를 보내거나 방문하지 않았기 때문에 벼슬길이 순탄하지 않아 몇몇 고을 수령으로 끝나고 말았다. 관직에 있을 때 재산은 신경 쓰지 않았기에 죽을 때는 오직 몇 칸의 초가집뿐이었다. 조카 제언(濟彦)이 종사(宗祀)를 주관한다고 해서 그를 지극히 보살폈는데, 모든 노복들을 조카에게 보냈으니 이것 역시 남들이 하기 어려운 일이다.

공의 초취(初娶) 평산 신씨(平山申氏)는 현감 명화(鳴華)의 따님이니 부녀자의 덕이 있어 공은 매우 훌륭하게 여겼다. 공보다 24년 일찍 세상을 떠났다. 재취(再娶) 백천 조씨(白川趙氏)는 부친이 참봉 휘벽(輝璧)이다. 계자(繼子)는 제령(濟寧)이다. 공은 처음에 도정리(陶井里) 선영에 안장하였다가 그 후 모년에 이장하여 신숙인(申淑人)과 합장하였다.

내가 생각건대 평생의 친구 가운데 우리 형만한 사람이 없었다. 하루라도 보지 못하면 굶주린 것처럼 허전하여 형의 생전에는 잠시라도 떨어져서는 안 될 듯이 하였다. 이제 공이 나를 버려두고 먼저 떠나간 지 이미 8년이 되었으니, 나 역시 조만간 죽을 것이다. 공에 대해 한 마디의 말이 없다면 이것은 공을 거듭 저버린 것이니, 마침내 눈물을 훔치며 서술하고 명(銘)을 덧붙인다. 명은 다음과 같다.

공이 가난 때문에 벼슬하였다고 하나　　謂公自混於祿仕兮
몸가짐은 처녀와 같았네　　乃其持己則處子
남들은 닭 잡는 데 소 잡는 칼을 쓴다[16]고 비유했지만

16 닭……쓴다 : 예악(禮樂)으로 고을을 다스림을 말한다. 자유(子游)가 무성(武城)

人或譬諸割雞之牛刀兮

공은 유능한 관리보다는 어진 관리가 되길 원했네

公則不願爲能吏而願爲良吏

효우와 청렴한 절의는 惟孝友淸脩之節兮

거의 선조의 법도보다 나아서 부끄럽지 않네 庶幾軼先矩而無愧

고인이 명을 지으니 故人作銘兮

자잘한 자취는 생략하고 그 뜻만 기록하네 脫略粗跡而寫其志

의 읍재(邑宰)가 되어 예악을 가르쳐 고을 사람들이 모두 현악(弦樂)에 맞추어 노래를 불렀는데, 공자가 무성에 가서 그 소리를 듣고는 빙그레 웃으며 "닭을 잡는 데에 어찌 소 잡는 칼을 쓰느냐.〔割鷄焉用牛刀.〕"라고 한 데서 나온 말이다.《論語 陽貨》

묘표 墓表

고려 충신 장령 서 선생 묘표[17]

高麗忠臣掌令徐先生墓表

아! 이곳은 고려(高麗)의 충신 장령 서 선생(徐先生)의 묘이다. 선생의 휘는 견(甄)이니 이천(利川) 사람이다. 공양왕(恭讓王) 4년(1392) 장령으로 있으면서 간관이었던 김진양(金震陽), 이확(李擴) 등과 함께 조준(趙浚), 정도전(鄭道傳), 남은(南誾)에게 죄를 묻기를 청하였다. 포은(圃隱 정몽주)이 순국하자 선생 및 함께 말했던 자들을 당여(黨與)로 지목하여 모두 추방하였으니, 그해 고려가 멸망하였다.

선생은 금천(衿川)에 은거하여 북쪽을 향해 앉지 않았고, 죽을 때까지 한양의 성곽을 마주하지 않았다. 일찍이 다음과 같은 시를 지었다.

천년을 누려온 신도가 아득히 떨어져 있네	千載神都隔杳茫
많은 충신과 현량이 밝은 임금을 보좌했었지	忠良濟濟佐明王
삼한을 통일한 공적은 어디에 있나	統三爲一功安在
전조의 왕업이 길지 못한 게 한스럽구나	却恨前朝業不長

대신과 대간이 공을 국문하기를 청했으나 우리 태종대왕께서 하교

17 고려……묘표 : 저자가 서견(徐甄, ?~?)을 위해 쓴 묘표이다.

하기를,

"견(甄)은 고려의 신하로서 자신이 섬기던 임금을 잊지 않으니, 또한 백이(伯夷), 숙제(叔齊)의 부류이다. 내버려두고 죄를 묻지 말라."

하였다. 그 뒤 선조대왕께서 경연에 참여한 신하의 주청으로 그의 묘를 봉축(封築)하라 명하고 또 치제(致祭)하였다.

선생의 묘는 금천의 번당리(樊塘里)에 있는데 현의 치소에서 10여 리 떨어져 있다. 지금의 금천 현감 이제원(李濟遠)이 묘에 가서 절을 하고는 개연한 마음이 일어 말하기를,

"충신의 묘에 묘표가 없어서야 되겠는가."

하고는 비석 하나를 마련하여 묘 앞에 세우고자 하면서 자신의 부친 이재(李縡)에게 고하였다. 이재는 그 말을 듣고 기뻐하며 다음과 같이 말했다.

"옛날에 주부자(朱夫子)가 장사(長沙)에 부임했을 적에 먼저 순절한 다섯 사람을 기록하여 그들의 사당을 세웠는데, 네가 이 의리를 알고 있구나. 선생은 일신으로 5백년의 인륜과 강상을 부지하여 세웠으니, 포옹(圃翁)과 생사는 비록 다르지만 인(仁)을 행한 것은 마찬가지이므로 일월과 빛을 다툴 만하다. 다만 선생의 사적이 희미하여 징험할 만하게 없는데, 오직 그 자신의 뜻을 밝힌 시를 통해 백세가 지난 후에도 선생의 본심을 상상해 볼 수 있다. 백이, 숙제를 살피고자 하면 〈채미가(采薇歌)〉[18] 노래 하나면 충분하니 또 어찌 많을 필요가 있겠는가. 돌아가 묘비의 뒷면에 새기거라."

18 채미가(采薇歌) : 은(殷)나라 말기 백이와 숙제가 수양산에 은둔하여 고사리를 캐어 먹으면서 부른 노래이다.

감찰 설곡 정공 묘표[19]

監察雪谷鄭公墓表

포은 선생(圃隱先生)에게 보(保)라는 손자가 있으니 설곡(雪谷)은 그의 호이다. 젊어서 사마시에 합격하여 사헌부 감찰을 지냈다. 일찍이 육신(六臣)[20]과 벗으로 사이좋게 지냈는데, 육신의 옥사가 일어나자 공은 강개한 마음이 일어 식음을 전폐하였다. 공의 서매(庶妹)가 한명회(韓明澮)의 첩이 되었는데, 하루는 술에 취해서 찾아가 만나 한명회가 어디에 있는지를 물었다. 그녀가 대답하기를,

"궁궐에서 죄인들을 국문하고 있습니다."

하니, 공이 노발대발하며 꾸짖기를

"나를 대신하여 영공에게 말해주거라. 영공은 응당 만세의 죄인이라고."

하였다. 한명회가 이를 아뢰자 성상이 친국(親鞫)하였다. 공이 대답하기를,

"항상 성삼문(成三問), 박팽년(朴彭年) 등을 정인군자(正人君子)라고 생각했기에 바로 이런 말을 하였습니다."

하니, 성상이 매우 노하여 환형(轘刑)[21]에 처하라 명하고 좌우를 돌아

19 감찰……묘표 : 저자가 정보(鄭保, ?~?)를 위해 쓴 묘표이다.

20 육신(六臣) : 단종의 복위(復位)를 도모하다가 죽은 사육신(死六臣)으로, 박팽년(朴彭年), 성삼문(成三問), 이개(李塏), 하위지(河緯地), 유성원(柳誠源), 유응부(兪應孚)를 가리킨다.

보며 말하기를 "누구인가?"라고 하니, "정몽주(鄭夢周)의 손자입니다."라고 하였다. 성상에 대번에 명을 중지시키고 말하기를,

"충신의 후손을 죽여서는 안 된다."

하였다. 마침내 연일(延日)에 유배를 보내고 유사(有司)는 규례대로 처자식을 노비로 삼고 재산을 몰수하였다. 그 뒤 단성(丹城)에 이배되었다가 세상을 떠났다. 이 일은 국사(國史)와 단성 읍지에 보인다.

숙종 기묘년(1699, 숙종25), 장릉(莊陵 단종)을 복위하고 육신을 비롯한 여러 사람들을 정표(旌表)할 적에 공 또한 이조 참의에 추증되었다. 공은 포은 선생의 묘 오른쪽 언덕에 안장하였고 부인과는 위아래로 봉분을 달리하였다. 옛날에 묘표가 있었는데 6대손 총관 척(倜)이 세운 것이다. 그 뒤 66년이 흐른 신해년(1731, 영조7), 8대손 병사 덕징(德徵)이 그 비석에 다시 새기고, 삼주(三州) 이재(李縡)가 그 뒷면에 기록하고 또 공을 위해 명(銘)을 지으니 나는 공에게 또한 외후손이다.[22] 명은 다음과 같다.

포은의 손자요	圃隱之孫
육신의 벗이었네	六臣之友
내 비석에 기록하노니	我書其石
백세토록 불후하리라	百世不朽

21 환형(轘刑) : 사람의 팔다리를 두 대의 수레에 매고 끌어서 찢어 죽이는 형벌로 거열형(車裂刑)이라고도 한다.

22 나는……외후손이다 : 저자의 외조부는 민유중(閔維重)이고, 민유중의 매제가 연일 정씨(延日鄭氏) 정보연(鄭普衍)이다.

공의 부친 종성(宗誠)은 이조 참의를 지냈고, 모친 죽산 박씨(竹山朴氏)는 부친이 제학 중용(仲容)이다. 공의 부인 박씨(朴氏)는 본관이 밀양(密陽)이고 병마사 등(登)의 따님이다. 장남은 주부 윤정(允貞), 차남은 정자 윤화(允和), 삼남은 윤관(允寬)이다. 여섯 딸은 전직 이효연(成孝淵), 돈녕부 정 이지(李墀), 판중추부사 이석형(李石亨), 판서 이계손(李繼孫), 이단정(李瑞廷), 대사헌 이유인(李有仁)에게 시집갔다.

현감 삼가 박공 묘표[23]

縣監三可朴公墓表

아! 이곳은 기묘명현(己卯名賢)[24] 박삼가(朴三可) 선생의 묘이다. 선생은 강릉(江陵) 사람으로, 휘는 수량(遂良)이고, 자는 군거(君擧)이다. 갑자년(1504, 연산군10) 사마시에 합격하였다. 연산군이 일찍이 단상(短喪) 제도[25]를 엄격히 시행하여 어기는 자는 번번이 사형시켰다. 선생이 그때 모친상 중이었는데, 개연한 마음이 일어 말하기를,

"차라리 부월(鈇鉞)에 죽는 일이 있더라도 감히 선왕의 제도를 어길 수는 없다."

하고, 여막에서 삼년상을 마쳤다.

중종반정 이후 선생의 효성을 정표(旌表)하라 명하고, 현량과(賢良科)에 선발하여 특별히 용궁 현감(龍宮縣監)에 제수하였다. 성상께서 공을 불러서 묻기를,

"요순(堯舜)의 정치를 다시 할 수 있겠는가."

하니, 선생이 대답하기를,

"가능합니다."

23 현감……묘표 : 저자가 박수량(朴遂良, 1475~?)을 위해 쓴 묘표이다.

24 기묘명현(己卯名賢) : 18쪽 주8 참조.

25 단상(短喪) 제도 : 연산군 때 삼년상의 기간이 너무 길어 불편하다 하여 억지로 기일을 단축하였다. 곧 궁인은 27일, 무수리는 12일, 사대부는 27일, 일반 서민은 12일로 제한하였다.

하였다. 성상께서 말하기를,

"무슨 이유로 가능하다는 것을 아는가?"

하니, 선생이 대답하기를,

"신이 초야에서 나고 자라서 약초를 관찰하기 좋아하는데, 약초의 본성이 옛날에 단맛이었던 것은 지금도 달고 옛날에 쓴맛이었던 것은 지금도 씁니다. 지극히 하찮은 약초도 그 본성이 오히려 이와 같은데, 사람의 본성이 어찌 옛날과 지금이 다르겠습니까. 만약 요순의 정치로 다스린다면 요순과 같은 치세를 이루기 어렵지 않습니다."

하니, 성상께서 가상하게 여기고 감탄하였다.

고을에 밭을 두고 다투는 형제가 있었는데 오랫동안 해결되지 않았다. 선생이 진수성찬을 마련해 소송한 자를 불러서 마루에 올라오게 하여 말하기를,

"내가 너의 수령이 되어 너희 형제로 하여금 송사를 다투게 하였으니, 내가 무슨 면목으로 너희를 다스리겠는가. 이 자리는 나를 전별하려고 너희를 위해 마련해 준 것이다."

하였다. 이어 소경(蘇瓊)이 을보명(乙普明) 형제를 타이른[26] 것처럼 형제 사이에 우애가 좋은 고금의 사례를 들어 깨우쳐 주면서 눈물을 흘려 눈물로 술잔을 가득 채우니, 그 사람이 감격하고 깨달아 문서를 찢고 서로 양보하였다. 선생이 말하기를,

"누군들 허물이 없겠는가. 허물이 있어도 고칠 수만 있다면 선이 이보다 큰 것이 없다네."

하고, 또 술잔을 들어 서로 권하였다. 그 사람은 종신토록 우애를 변치

26 소경(蘇瓊)이……타이른 : 100쪽 주83 참조.

않았다.

사화(士禍)가 일어나자 벼슬을 그만두고 강릉으로 돌아갔는데, 행낭은 텅 비어있고 오직 빈 대그릇 하나만 있었다. 호가 사휴(四休)인 당숙 공달(公達)도 현량과에 선발되어 병조의 낭청이 되었는데, 선생과 시내 하나를 사이에 두고 살면서 왕래하며 종유하였다. 바닷가 작은 언덕에 소나무와 잣나무를 심고 날마다 그 주위를 맴도니 사람들이 '쌍한(雙閑)'이라고 하였다.

이에 앞서 충암(冲庵) 김정(金淨)이 풍악산(楓嶽山)에서 선생의 집을 찾아왔는데, 표주박으로 술을 떠서 대작하였다. 작별할 때에 철쭉 지팡이를 주며 시를 지었는데 "만 개의 옥 같은 층층 벼랑에서 늦가을 서리와 눈을 맞은 가지라네.〔萬玉層崖裏, 九秋霜雪枝.〕"라고 하자, 공이 화답한 시에 "곧은 것이 먼저 베어지는 것을 꺼리는 듯하네.〔似嫌直先伐〕"라고 하였으니, 그 은미한 뜻을 알 수 있다. 한때의 사류(士流)들이 거의 다 살육을 당하였으나 화가 선생에게만 미치지 않았기 때문이다. 선생은 흥이 일어나면 꼭 시를 읊었는데 시에는 속세의 기운이 없었다. 그러므로 공의 시를 평하는 자가 "천마(天馬)가 공중을 날아다니는 것처럼 구속되지 않았다."라고 하였다.

내가 평소 선생의 풍모와 절의를 사모하였는데, 고을 사람의 청으로 명(銘)을 지어서 비석의 뒷면에 새기게 하였다. 시는 다음과 같다.

만고에 우뚝 솟은 송백의 마음이라	萬古亭亭松栢心
한겨울 서리와 눈도 침노하지 못하네	大冬霜雪不能侵
나는 사양의 거문고 연주하고 싶지만[27]	我欲一鼓師襄琴
혼은 불러도 오지 않고 바다 구름만 짙네	魂招不歸海雲深

27 나는……싶지만 : 사양(師襄)은 공자에게 거문고를 가르쳤던 양자(襄子)를 말하는데, 주나라가 쇠퇴하여 음악이 폐해지고 노나라도 극도로 쇠퇴하여 모든 악사들이 사방으로 흩어질 때 바다로 들어갔다고 한다. 이 구절은 공자가 사양에게 거문고를 배웠듯이, 저자도 박수량(朴遂良)에게 송백(松栢)의 마음을 배우고 싶다는 뜻이다.

처사 조공 묘표[28]

處士趙公墓表

조세현(趙世賢) 공이 세상을 떠난 지 거의 2백 년 뒤에 삼주(三州) 이재(李縡)는 공의 묘비에 '처사(處士)'라고 적고, 이어 다음과 같이 기록한다.

처사는 어떤 사람인지 모른다. 삼가 《풍양세보(豐壤世譜)》 살펴보니 "세현(世賢)은 중종반정 때 정국 원종공신(靖國原從功臣)으로 녹훈되었고, 빙고 별검에 제수되었으나 나아가지 않고 지조를 지키다가 생을 마감하였다."라고 하였다.

풍양군(豐壤君) 세훈(世勛)은 공의 중제(仲弟)이고, 매형은 창산부원군(昌山府院君) 성희안(成希顏)이다. 두 분이 반정에 함께하길 구했으나 공은 응하지 않고 임천(林川)에 은거하였으니, 이것은 집안에서 전해들은 얘기이다.

아! 천지 사이에 경도(經道)와 권도(權道)가 있으니, 권도는 한때의 마땅함이요, 경도는 만세의 떳떳함이다. 또 은(殷)나라와 주(周)나라의 교체 시기에 무왕(武王)이 아니었으면 폭군을 제거하고 백성을 구원하지 못했을 것이나, 저 주나라의 곡식을 먹지 않은 백이(伯夷), 숙제(叔齊)는 만세를 위해 큰 법도를 보존하였다. 그러므로 한유(韓愈)가 그들을 찬송하며 말하기를 찬송하기를 "우뚝 서고 홀로 행하여 돌아보지 않는 자이다."[29]라고 하였다. 공의 사적과 행실은 비록 미미하

28 처사 조공 묘표 : 저자가 조세현(趙世賢, ?~?)을 위해 쓴 묘표이다.

여 드러나지 않았으나 그 마음만큼은 또한 이와 같지 않겠는가. 더군다나 한 집안의 형제 사이에 또 각기 자신의 뜻을 행하여 서로 어그러지지 않았으니, 이것은 아마도 주자(朱子)의 이른바 "일의 난처함은 그보다 더 심하다."는 것[30]이다. 사람은 인정상 가난을 싫어하고 부귀를 바라지 않는 경우가 드물다. 용의 비늘을 타고 오르며 봉황의 날개에 붙는 형세로 이루고자 한다면 곧 성취하였을 것인데, 내버리고 취하지 않은 채 차라리 초야에서 말라 죽으면서도 후회하지 않았다.

아! 공의 지절(志節)이 저처럼 우뚝하거늘 조야(朝野)의 사책(史冊)에는 대략도 보이지 않으니 어째서인가. 지금 공의 관직명을 쓰지 않고 '처사'라고 한 것은 공의 마음을 밝게 드러내기 위함이니, 백세 뒤에도 혹 알아줄 것이다.

공의 상조(上祖) 맹(孟)은 고려 때 시중을 지냈으며, 좌랑 안평(安平), 통사랑 후지(厚之), 증 장령 익상(益祥)은 공의 3대 조상이다.

29 우뚝……자이다 : 한유(韓愈)의 〈백이송(伯夷頌)〉에 "선비로서 우뚝 서고 홀로 행하여 의리에 맞게 할 뿐이었고, 남의 시비를 돌아보지 않음은 모두 호걸의 선비로서 도를 믿음이 돈독하고 자신을 앎이 분명한 자이다.〔士之特立獨行, 適於義而已, 不顧人之是非, 皆豪傑之士, 信道篤而自知明者也.〕" 하였다.

30 주자(朱子)의……것 : 《논어》 〈태백(泰伯)〉에 "태백은 지극한 덕이 있다고 이를 만하다. 세 번 천하를 양보하였으나 백성들이 그 덕을 칭송할 수 없게 하였다."라고 하였는데, 이에 대한 주희(朱熹)의 주석에 "태백의 덕으로 상(商)나라와 주(周)나라의 교체시기를 당하여 진실로 제후들의 조회를 받고 천하를 소유할 수 있었다. 그런데도 그는 마침내 이것을 버리고 취하지 아니하였으며, 또 그 사양한 자취마저 민멸하였으니, 그 덕의 지극함이 어떠한가. 그 마음은 바로 백이(伯夷)와 숙제(叔齊)가 무왕(武王)의 말고삐를 잡고 상나라 정벌을 간하던 심정이나, 일의 난처함은 그보다 더 심하였으니〔事之難處, 有甚焉者.〕부자께서 탄식하고 찬미하심은 당연하다 하겠다." 하였다.

후손들은 다 기록하지 않는다. 공의 묘는 임천(林川)의 장항(麞項)에 있는데 부인 김씨(金氏)를 합장하였다.

세마 이공 묘표[31]

洗馬李公墓表

공의 휘는 세명(世銘)이고 자는 치중(致中)이며 호는 여재(慮齋)이니 홍치(弘治) 임자년(1492, 성종23)에 태어났다. 정덕(正德) 병자년(1516, 중종11) 생원시에 합격하였다. 중종조에 현량과(賢良科)로 인재를 선발할 적에 응시하지 않았다. 기묘사화 때 투옥되었는데, 성상이 하교하기를,

"내가 잠저(潛邸) 시절부터 그의 인덕(人德)을 충분히 들었다." 하며, 특별히 사면하였다. 이 얘기는 족보의 기록에 보이지만 《기묘록(己卯錄)》을 비롯한 여러 서적에서는 보이지 않으니 감히 상세히 말하지 못하겠다. 정암(靜菴 조광조(趙光祖))의 어짊으로도 중묘(中廟)에게 받지 못한 신임을 공이 홀로 받았으니, 이것 또한 행불행이 있어서 그러한 것인가?

다만 그 말에 근거하여 기록하여 의문나는 대로 전하는 뜻을 따랐는데, 뒤늦게 《동유사우록(東儒師友錄)》을 살펴보니 다음과 같은 기록이 있었다. 기묘년(1519, 중종14) 8월 22일, 성상께서 곤룡포를 입고 사정전(思政殿)에 행차하였는데, 동지 조광조(趙光祖), 윤탁(尹倬), 대사성 김식(金湜), 승지 한충(韓忠) 등이 입대하였다. 성상께서 유생들의 초계 단자(抄啓單子) 가운데서 생원 이세명(李世銘), 진사 박광좌(朴光佐), 유학 김경란(金景鸞)을 낙점하여 입강(入講)하도록 하였

31 세마 이공 묘표 : 저자가 이세명(李世銘, 1492~?)을 위해 쓴 묘표이다.

는데, 이세명은 순약(純略)[32]을 받고 나머지는 모두 불통(不通)을 받았다. 조광조가 말하기를,

"이세명은 유학에 뜻을 둔 자입니다. 다만 아직 익숙하지 않아 대강(大綱)만 알고 있습니다. 일찍이 김식에게 수학하였는데, 자질이 고집하고 집착하는 병통에 가깝긴 하지만 어찌 해가 되겠습니까."

하였다. 아! 많은 훌륭한 인재들이 있으니 문왕(文王)이 이 때문에 편안하셨도다.[33]

공의 재능과 박식함은 세대가 차츰 멀어져 상세하게 알 수는 없다. 그러나 기묘사화가 일어나기 전에는 실로 우리나라 정치가 삼대(三代)처럼 융성한 시기였는데 그 사이에서 제현들과 더불어 온화하고 겸손하게 지내며 〈역박(棫樸)〉[34]의 교화를 도왔으니, 아 성대하도다.

공의 부인 사천 목씨(泗川睦氏)는 증 참판 희안(希顔)의 따님이다. 2남을 두었으니, 주부 필(佖)과 경력 한(僩)이다. 손자는 종후(宗厚), 첨추 종직(宗直), 종덕(宗德), 동중추 의원(義元), 첨정 지원(智元)이다. 증손은 인(寅), 선(宣), 현령 건(騫), 면(寃), 동중추 우(寓), 주(宙), 환(寰)이다.

32 순약(純略) : 성적 등급의 하나로, 순통(純通), 순약(純略), 순조(純粗), 불통(不通) 중에서 두 번째 등급을 가리킨다.

33 많은……편안하셨도다 : 《시경》 〈문왕(文王)〉에 "빛나는 많은 인재들이 이 왕국에서 나왔도다. 왕국에서 제대로 인재를 내었나니 주나라의 동량이 되리로다. 많은 훌륭한 인재들이 있으니 문왕이 이 때문에 편안하시리라.〔思皇多士, 生此王國, 王國克生, 維周之楨, 濟濟多士, 文王以寧.〕" 하였다.

34 역박(棫樸) : 〈역박〉은 《시경》의 편명으로, 문왕(文王)이 훌륭한 인물을 많이 등용하여 백성들이 그 덕을 사모하는 것을 읊은 시이다.

외선조 군수 민공 묘표 후기[35]

外先郡守閔公墓表後記

공의 묘에는 옛 묘표가 있어, 공의 생졸, 관력, 자손을 대략 기록하였는데 그 글이 질박하면서도 화려하지 않다. 누가 지은 것인지 모르지만 공의 효성스럽고 우애하며 자애롭고 겸소한 일단을 보기에는 충분하다. 그 후 164년이 지난 갑자년(1744, 영조20), 6세손 부솔 창수(昌洙)가 재종형 판서 응수(應洙)에게 의논하며 말하기를,

"우리 선조들의 묘에 대부분 비석을 세워 사적을 기록하였는데, 오직 이 묘는 옛날의 작은 묘갈만 그대로 있으니 이것은 아마도 후손들을 기다려서 그런 것입니다. 우리 선조는 추증된 관직이 있으나 아직 비석에 새기지 않았고, 또 근세 이후로 높은 관직에 오르고 명성이 알려진 후손이 많으니 이것 또한 뒤늦게라도 기록하지 않을 수 없습니다."

하니, 응수가 "좋다."라고 대답하였다. 이에 별도로 비석 하나를 마련하고 이재(李縡)에게 기록해주길 청하였다.

삼가 공의 행장을 살펴보건대, 공은 훗날 자헌대부 의정부좌참찬 겸 지의금부사에 추증되고, 두 부인도 따라서 정부인에 추증되었다. 여덟 명의 아들과 세 명의 딸 및 손자와 손녀 다섯 명이 모두 옛날의 묘표에 기록되어 있다. 아들 여건(汝健)은 훗날 이조 판서에 추증되었고, 여준(汝俊)은 좌참찬에 추증되었고, 여신(汝信)은 병조 정랑을 지

35 외선조……후기 : 저자가 민사용(閔思容, ?~?)을 위해 쓴 묘표 후기이다.

냈고, 여임(汝任)은 진사시에 장원으로 합격하고 문과에 급제하여 참판을 지냈으며 청백리로 선록되어 좌참찬에 추증되었고, 여검(汝儉)은 문과에 급제하여 가선대부에 올랐으며 부사를 지내고 판서에 추증되었고, 여길(汝佶)은 집의에 추증되었고, 여간(汝侃)과 여우(汝佑)는 요절하였다. 딸 한 명은 정랑 윤기신(尹起莘)에게 시집가고 두 딸은 어렸는데, 훗날 사인 경인(慶遴), 현감 이의형(李宜兄)에게 시집갔다. 장남의 딸은 전한 채경선(蔡慶先)에게 시집갔다. 차남의 아들 표(杓)는 구(構)로 개명하고 진사에 합격하였으며, 기(機)는 문과에 급제하여 부윤을 지내고 영의정에 추증되었으며 출계하여 백부의 후사가 되어 공의 사손(嗣孫)이 되었고, 근(根)은 교관을 지내고 출계하여 여신(汝信)의 후사가 되었고, 어린 딸은 훗날 참봉 권여(權輿)에게 시집갔다.

손자들 가운데 옛날 묘표에 기록되지 않은 사람은 여임의 아들 계(枅)・담(橝), 여검의 아들 평(枰)・해(楷)・환(桓), 여길의 아들 설(櫕)이다. 계는 서령을 지냈고, 평은 효성으로 정려되고 정랑에 추증되었으며, 해는 출계하여 여간의 후사가 되었고, 환은 의금부 도사를 지내고 역시 효성으로 정려되고 승지에 추증되었으며, 설은 승지에 추증되었다.

관찰사 증 영의정 광훈(光勳), 직장 광윤(光尹), 감찰 광황(光煌), 장령 광소(光熽), 현감 광혁(光爀), 참봉 광신(光晨), 현감 광민(光旻)은 공의 증손이다. 현손 이하는 많아서 다 기록할 수 없는데, 대사헌 증 좌찬성 시중(蓍重), 좌의정 문충공 정중(鼎重), 영의정 여양부원군 증 영의정 문정공 유중(維重), 이조판서 증 영의정 진주(鎭周), 우의정 문효공 진장(鎭長), 좌참찬 충문공 진후(鎭厚), 좌의정 문충공 진원(鎭

遠)이 있다.

응수(應洙)의 제종형제로는 장령 익수(翼洙), 지평 우수(遇洙)가 있다. 또한 유일(遺逸)로 천거되어 문과에 급제하여 참판을 지낸 형수(亨洙)와 문과에 급제하여 부윤은 지낸 통수(通洙)는 창수(昌洙)의 아우들이다. 응수의 아들로 문과에 급제하여 승지를 지낸 백행(百行), 문과에 급제하여 정언을 지낸 백창(百昌), 형수의 아들 문과에 급제하여 정자를 지낸 백상(百祥)은 모두 장파(長派) 소생이다. 직장을 지내고 장령에 추증된 태중(泰重), 학행(學行)으로 천거되어 참봉을 지낸 경중(慶重), 효행(孝行)으로 천거되어 동중추를 지내고 판서에 추증된 진유(鎭有), 문과에 급제하여 지평을 지낸 진동(鎭東), 문과에 급제하여 헌납을 지낸 택수(宅洙)는 모두 각파(各派)의 소생이다.

이제 공의 시대와는 또 2백 년이 떨어져 자손들이 번창하여 모두 문학과 충효를 서로 계승하였는데, 문정공이 바로 우리 인현왕후(仁顯王后)를 낳아 더욱 더 나라의 영광이 되었으니, 이 어찌 근원이 커서 드넓은 강물을 이룬 것이 아니겠는가. 재(縡)는 문정공의 외손으로 지금 묘비문의 찬술에 의리상 사양할 수 없기에 감히 그 대체를 모아 기록하여 후손들에게 보이노라.

직장 유공 묘표[36]

直長柳公墓表

아! 이곳은 고(故) 직장 유세우(柳世祐) 공과 그 부인 안인(安人) 김씨(金氏)의 묘이다. 공은 자가 수백(綏伯)이고 문화(文化) 사람이니 영의정 문경공(文景公) 양(亮)의 5세손이다. 증조 약(約)은 군수를 지냈고 조부 릉(凌)은 찰방을 지냈으며 부친 완(浣)은 대호군을 지냈다.

공은 가정(嘉靖) 계해년(1563, 명종18)에 태어났다. 됨됨이가 탁월하여 국량이 있었으며 또한 무예에 능하였다. 조정에서 공의 재능을 알아보아 임진왜란 때 군자감 직장에 제수하였고, 점차 중용하려 하였는데 불행하게도 31세의 나이로 세상을 떠나 공을 아는 자들은 모두 슬퍼하였다.

공의 집안은 대대로 청렴결백하였다. 처가에 의지하여 살았는데 처가는 청산(青山)에 있고 본래 부유한 집안이었다. 공이 세상을 떠나자 안인이 "이곳은 내 고향이지만 아이를 키울 만한 곳이 아니고, 또한 이로움은 재앙이 생기는 단초이다."라고 생각하여 그곳을 떠나 낙안군수(樂安郡守)를 지낸 상산(商山 상주(尙州))의 조형원(趙亨遠)에게 의탁하였으니, 형원은 공의 종매서(從妹婿)이다. 아이가 교육을 받아 성인이 된 이후에 고향으로 돌아왔다.

안인은 집안을 다스림에 법도가 있어 규문이 엄숙하였기에 마을 사람들이 칭찬하였으니, 참봉 정목(井收)의 따님이다. 공보다 13년 뒤에

36 직장 유공 묘표 : 저자가 유세우(柳世祐, 1563~1593)를 위해 쓴 묘표이다.

세상을 떠났으니, 묘는 고을 남쪽 깊은 골짜기에 있다. 세 아들은 지(芝), 난(蘭), 방(芳)이다.

공의 증손 석진(錫晉)이 한천(寒泉)으로 나를 찾아와 눈물을 흘리며 말하기를,

"저희 부친께서 일찍이 우암(尤菴) 선생의 문하를 출입하였기에 선생께서 조부의 묘비문을 지어주셨는데, 비석에 새기기도 전에 부친께서 갑자기 돌아가시고 묘비문 또한 화재로 잃어버렸습니다. 불초한 저는 이제 늙어서 죽을 날이 얼마 남지 않았습니다. 일을 마치지 못하여 지하에서 부친을 뵐 면목이 없을까 두려워 감히 부탁드립니다."

하였다. 나는 그의 뜻을 애도하여 마침내 가승(家乘)의 기록을 취하여 차례대로 서술하고 묘비에 새기도록 하였다. 석진의 부친은 숙(塾)이다.

서 영 한공 묘표[37]

署令韓公墓表

공의 휘는 여철(汝澈)이고 자는 중함(仲涵)이니 청주(淸州) 사람이다. 상조(上祖) 난(蘭)은 태위를 지냈고, 수(脩)와 상질(尙質)은 고려 말엽과 본조(本朝) 초엽에 이름이 났는데 모두 대제학을 역임하였다. 그 후 5대가 내려와 참판에 추증된 휘 진(鎭)이 있고, 이분이 돈녕부 도정을 지낸 휘 수경(守慶)을 낳았으며, 이분이 좌참찬 청천군(淸川君) 휘 준(準)을 낳았다. 청천군은 아들 여덟을 두었는데, 공이 다섯 번째 아들이다. 만력(萬曆) 신축년(1601, 선조34) 생원시에 합격하고, 벼슬을 시작하여 평시서 영에 이르렀으며 중간에 덕산 현감(德山縣監)에 제수되었으나 부임하지 않았다. 만년에 관직에서 물러나 공산(公山)의 활원(活源)으로 돌아가서 농사를 지으며 유유자적하게 지냈다. 병진년(1616, 광해군8) 6월 8일 세상을 떠나니 향년 44세였다. 원종(原從)의 공로로 승정원 좌승지에 추증되었다.

공이 세상을 떠난 지 백여 년이 지나고 가승(家乘)이 산일되어 전해지는 언행이 없는데, 공이 광해군의 정사가 어지러운 때 은거했다고 들었으니, 거의 옛날의 이른바 기미를 보고 일어난 자이다.[38] 《시경》에 이르기를 "십묘(十畝)의 사이에 뽕을 따는 자가 한가하고 한가하니,

37 서……묘표 : 저자가 한여철(韓汝澈, 1573~1616)을 위해 쓴 묘표이다.

38 기미를……자이다 : 《주역》 〈계사전 하(繫辭傳下)〉에 "군자는 기미를 보고 떠나면서 하루가 다하기를 기다리지 않는다.〔君子見幾而作, 不俟終日.〕" 하였다.

장차 그대와 더불어 돌아가리라.〔十畝之間兮, 桑者閒閒兮, 行與子還兮.〕"[39]라고 하였는데, 이 시를 읽는 자는 공의 마음을 알 수 있을 것이리라. 공의 옛집은 폐허가 되었으나 집 앞에 크기가 몇 아름되는 늙은 잣나무가 우뚝하게 홀로 서있으니, 고을 사람들이 지금도 공이 그 아래에서 소요하는 모습을 보는 것처럼 손가락으로 가리킨다고 한다.

모친 전주 최씨(全州崔氏)는 도사 정수(貞秀)의 따님이다. 부인 최씨도 본관이 전주이고 그 부친은 덕준(德峻)이다. 아들 빈(彬)은 선교랑을 지냈고, 두 딸은 현감 심지헌(沈之瀗)과 최도원(崔道源)에게 시집갔다. 손자는 오복(五福), 오장(五章), 오희(五喜), 오옥(五玉)이다. 양(量)과 경(坰)은 장남 소생이며, 채(埰)와 전(壂)은 이남과 삼남의 소생이다. 경(坰)의 아들은 태흠(泰欽), 두흠(斗欽), 제흠(濟欽), 도흠(道欽), 대흠(大欽), 생원시에 합격한 창흠(昌欽)이다. 채(埰)의 아들은 의흠(義欽)이다. 전(壂)의 아들은 조흠(祖欽), 시흠(始欽), 복흠(復欽)이다. 공의 묘는 중기(中基)에 있고 최 부인은 광중(壙中)을 달리하여 합장하였는데, 살던 곳에서 몇 리 떨어진 곳이다. 옛날에는 묘표가 있었는데 지금은 없어 태흠이 내게 비문을 부탁하기에 위와 같이 무덤가 비석에 새기게 한다.

39 십묘(十畝)의……돌아가리라 : 《시경》 〈십묘지간(十畝之間)〉에 보인다.

참판 전공 묘표[40]

參判全公墓表

임진년(1592, 선조25) 몹시 혼란스러운 때를 당하여 선묘(宣廟)께서 목마른 자가 물을 구하듯이 인재를 급히 구하면서 초조하고 고심하였는데, 전유형(田有亨) 공이 포의의 신분으로 초야에서 떨쳐 일어나서 위로 밝은 군주의 지우를 입었으니, 지금도 옛일을 논하는 사람들은 이렇게 뜻이 계합하는 성대한 만남은 옛날에도 드문 일이라고 하였다.

애초부터 공은 식견과 사려가 심원하여 강개한 마음으로 시대를 걱정하였는데, 왜구가 아직 쳐들어오기 전에 먼저 만언소(萬言疏)를 올려 환란을 대비하는 경계를 미리 진언하였다. 조정에서는 한창 안일에 빠져 공의 진언을 귀담아 듣지 않다가 이듬해 난리가 일어나자 비로소 공의 선견지명에 감복하였다.

공은 중봉(重峰) 조헌(趙憲) 공과 함께 손을 잡고 통곡하며 격문(檄文)을 지어 의병을 모집하였는데, 이때 마침 공이 부친상을 당하였다. 공은 또 적을 방어할 계책을 올리려고 생각했으나 결국 올리지는 못하였다. 계사년(1593, 선조 26), 충주(忠州) 의병장 박정란(朴廷蘭)이 행재소로 가서 상소를 올리고자 하면서 공에게 상소문를 대신 써줄 것을 부탁하니, 공이 이전에 써두었던 상소문을 보여 주자 박정란은 마침내 그것으로 바꾸어 올렸다. 성상께서 상소문을 보고 가상히 여겨 감탄하며 호서(湖西) 도신(道臣)에게 유지를 내리기를,

40 참판 전공 묘표 : 저자가 전유형(全有亨, 1566~1624)을 위해 쓴 묘표이다.

"이 사람은 필시 초야에 숨어 지내는 훌륭한 선비일 것이다. 내 장차 그를 기복출사(起復出仕)시킬 것이니 경은 극진한 예우로 서울로 전송하라."

하였다. 공은 아직 부친을 장사지내지 않았다고 하여 사양하였다. 성상이 또 하교하기를,

"지금은 신하가 평상시의 도리를 지킬 때가 아니니, 힘을 다해 적을 토벌하는 것이 바로 효도하는 길이다."

하고 장례에 필요한 물건을 공급하도록 명하니, 공이 감격하여 눈물을 흘렸다. 장사를 지낸 다음 대궐로 달려가 상례를 지킬 수 있도록 간청하였다. 성상이 허락하지 않고 군자감 참봉에 제수하였는데 공이 또 상소를 올려 사양하니, 성상이 특별히 불러서 마주하여 시무를 묻고 이어 술과 음식을 내리되 공식(公食)[41]에서 고기를 제외하였다.

성상이 말하기를,

"소반에 먹을 만한 채소가 있느니라."

하고, 이어 하교하기를,

"천자도 필부와 벗하니, 나는 지금 그대와 벗일 뿐이다."

하였다. 공이 황공하여 물러나오니 밤은 사고(四鼓 사경(四更))를 지났다.

곧 청안 현감(淸安縣監)에 발탁되었다. 사흘 뒤에 성상이 또 불러서 마주하여 조용히 묻기를,

"옛날 무너지고 위태로운 나라를 부지한 신하 가운데서 누가 가장 으뜸인가?"

41 공식(公食) : 임금이 초빙한 신하에게 향응을 대접하는 것을 뜻한다.

하니, 공이 대답하기를

"제갈량(諸葛亮)입니다."

하였다. 성상이 말하기를,

"그대의 말은 틀렸다. 사람을 알아봤다고 하자면, 마속(馬謖)[42]은 용렬한 재주를 지녔는데도 제갈량이 그를 등용하였다. 병법을 잘 알았다고 하자면, 진창(陳倉)[43]은 작은 성인데도 제갈량은 승리하지 못했으니, 어떻게 가장 으뜸이란 말인가."

하니, 공이 대답하기를,

"요(堯)임금의 밝음으로도 사흉(四凶)[44]을 등용하였는데, 제갈량이 요임금보다 낫다고 말하는 것은 불가합니다. 그러나 제갈량이 병법을 몰랐다고 말한다면 신이 할 말이 있습니다. 당시 북쪽에는 조조

42 마속(馬謖) : 촉한(蜀漢)의 장수로, 제갈량과 절친한 마량(馬良)의 동생인데 제갈량에게 중용되었다. 제갈량이 위(魏)나라를 정벌하기 위해 기산(祈山)을 공격할 적에 군량 보급로인 가정(街亭)의 수비를 자원하고 나섰다가 제갈량의 지시를 어기고 무리한 작전을 편 나머지 크게 패하였으므로 군법에 따라 처형되었다. 《三國志 卷39 蜀書 馬謖傳》

43 진창(陳倉) : 옹(壅)과 양(梁) 땅 사이의 요충(要衝)으로 한(漢)나라와 위(魏)나라 이래로 공수(攻守)의 요지가 되었다. 삼국시대 촉(蜀)나라의 제갈량이 수만 명의 군사로 진창을 포위하였으나 위나라의 장군 학소(郝昭)가 수천 명의 군사를 가지고 굳게 지켰기 때문에 20여 일 동안 온갖 방법을 다 동원하여 공격하였으나 끝내 이기지 못하고 철군하였다. 《三國志 卷3 魏書 魏明帝》

44 사흉(四凶) : 요순(堯舜) 시대에 있었던 악명 높은 네 부족의 수령들로서 공공(共工), 환도(驩兜), 삼묘(三苗), 곤(鯀) 말한다. 이들은 요(堯)임금 말년에 나라의 중임을 맡고 잘 시행하지 못하므로, 순(舜)임금이 정사를 보살피면서 공공을 유주(幽洲)에, 환도를 숭산(崇山)에, 삼묘를 삼위(三危)에 내쫓으며, 곤을 우산(羽山)에서 베었다. 《書經 舜典》

(曹操)가 있고 남쪽에는 손권(孫權)이 있었습니다. 제갈량은 비록 용병에 능했으나 협소한 익주(益州) 땅으로 어떻게 몇 년 사이에 수복할 수 있었겠습니까. 진창(陳倉)에서 승리를 거두지 못한 일은 군량이 다 떨어졌기 때문이지 그의 재주가 모자랐던 탓이 아닙니다."

하였다. 성상이 말하기를,

"그렇지 않다. 전단(田單)은 즉묵(卽墨) 하나만 가지고 제(齊)나라의 70여 성을 수복하였는데,[45] 그대는 익주를 작다고 하는가?"

하니, 공이 대답하기를,

"즉묵은 비록 작은 곳이나 제나라는 여전히 남아 있었고, 익주는 비록 큰 땅이나 한(漢)나라는 이미 망하였습니다. 망해가는 제나라를 회복하기는 쉽지만 이미 망한 한나라를 회복하기는 어렵습니다."

하였다. 성상이 옳다고 여기고, 청안(淸安)의 공물을 견감하고 또 곡식을 옮겨 구제하라고 명하였으니, 이는 공의 말을 따른 것이었다. 활과 화살, 납약(臘藥)을 하사하였다. 이해 여름 모친상을 당하였는데 또 기복출사하라고 명하였으니 당시 왜적의 경보가 다시 이르렀기 때문이었다. 공이 장사를 지내고 다시 임지로 돌아간 다음 곧 여러 차례 상소를 올려 사직하였는데, 해조(該曹)에서 조방(助防)의 임무가 중하다 하여 허락하지 않았으나 공은 끝내 관직을 그만두고 돌아가 상례를 마쳤다.

45 전단(田單)은……수복하였는데 : 전단은 연(燕)나라 장군 악의(樂毅)가 제나라를 공격할 때 즉묵(卽墨)에서 맞서 싸운 제나라 장군이다. 연나라가 제나라를 공격하여 70여 성을 함락시켰는데, 전단이 즉묵을 지켜내 연나라를 물리치고, 이 승세를 타고 삽시간에 빼앗겼던 제나라의 70여 성을 수복하여 거의 망해 가던 제나라를 재건하였다. 《史記 卷82 田單列傳》

계묘년(1603, 선조36), 또 만언소를 올려 붕당(朋黨)의 폐해를 극론하고, 또 노추(奴酋 누르하치)가 조만간 침범할 것이니 응당 미리 대비할 계책을 강구해야 한다고 말하였는데, 훗날 과연 하나하나 신기하게 징험되었다. 을사년(1605), 정시(庭試)에 장원급제하여 사복시 주부, 사헌부 감찰에 제수되었다. 거상 중에 조심하지 않았다는 이유로 공을 탄핵한 자가 있어 공이 상소를 올려 스스로 변론하였는데, 얼마 뒤에 특별히 서용되었다. 또 공을 저지하는 자가 있어 오랜 뒤에야 서용되었고, 얼마 뒤에 선묘가 승하하였다.

혼조(昏朝 광해군)를 만나서는 낮은 벼슬을 전전하였는데, 내직으로는 성균관 전적, 예조·병조·형조 삼조(三曹)의 낭관(郎官)을 역임하였고, 외직으로는 연서(延曙)·대동(大同) 찰방, 황주(黃州)·함흥(咸興)·안악(安岳)·안성(安城)·옹진(瓮津)·장연(長淵)·울산(蔚山) 수령을 역임하였는데, 황주를 다스린 것은 백사(白沙 이항복(李恒福))와 한음(漢陰 이덕형(李德馨)) 정승의 추천 때문이었다. 치적이 제일 뛰어나 통정대부로 승진하였으며, 승지, 병조 참의, 광주 목사(廣州牧使)를 지냈다.

기미년(1619, 광해군11), 가선대부에 올랐다. 당시 이이첨(李爾瞻)이 정권을 잡아 전횡하였는데, 공이 자기 사위 신지익(申之益)을 대신시켜 상소를 올려 이이첨을 논핵하면서 괴리 영(槐里令)의 고사[46]를

46 괴리 영(槐里令)의 고사 : 임금이 물리쳐도 끝까지 버티고 간언한다는 일을 가리킨다. 한(漢)나라 성제(成帝) 때 괴리 영(槐里令) 주운(朱雲)이 안창후(安昌侯) 장우(張禹)를 참(斬)할 것을 청하였는데, 성제가 대노하여 주운을 죽이고자 하여 어사로 하여금 끌어 내리게 하니, 주운이 어전(御殿)의 난간을 붙잡고 버티고 서서 계속 간언하다가 난간이 부러져서 아래로 굴러 떨어졌기 때문에 목숨을 건질 수 있었다. 《漢書

본받고자 하였다. 이이첨은 공이 사주했다고 말하면서 양사(兩司)로 하여금 합계하여 공을 반역자로 지목하고 잡아다 국문할 것을 청하게 하니, 광해군이 허락하지 않았으나 공은 결국 연좌되어 삭탈되었다. 이이첨이 공을 매우 미워하여 또 몰래 무뢰배를 보내어 공을 해치고자 하였으나 뜻대로 되지 않았다.

계해년(1623, 인조1) 인조반정 때 공은 형조 참판에 제수되고 비변사의 직책을 겸임하였다. 가을에 도독 모문룡(毛文龍)이 군량미가 고갈되었다고 문서를 보내어 임진년의 군량 산동미(山東米) 수만 석을 요구하니, 공을 가도 문안사(椵島問安使)에 특별히 차임하였다. 공이 가도에 도착하여 문서를 올려 견감해 줄 것을 요청하니, 도독이 문서를 읽고 감탄하며 말하기를,

> "진(秦)나라 궁전의 뜰에서 통곡한 일[47]과 가생(賈生 가의(賈誼))의 지극한 상소[48]도 이보다 나을 수는 없다."

하고 결국 없던 일로 하였다. 공은 이어 순검사로서 양서(兩西 황해도와 평안도)의 성지(城池)를 순찰하고 조정에 돌아와 그 형편과 오랑캐를 방비할 상책(上策)·중책(中策)·하책(下策) 세 가지를 조목조목 아뢰었다.

卷67 朱雲傳》

47 진(秦)나라……일 : 춘추시대 오(吳)나라가 초(楚)나라를 침공하자 초나라 신하 신포서(申包胥)가 명을 받들고 진(秦)나라에 가서 구원병을 청하였는데, 진백(秦伯)이 곧바로 허락하지 않자 궁전의 뜰에 서서 7일 밤낮을 통곡한 끝에 마침내 구원병을 얻어내었다. 《春秋左氏傳 定公4年》

48 가생(賈生)의 지극한 상소 : 한(漢)나라 때 가의(賈誼)가 비통한 심정으로 문제(文帝)에게 올린 〈치안책(治安策)〉을 가리킨다.

갑자년(1624, 인조2), 이괄(李适)의 변란이 일어나자 흉도 이우(李佑) 등이 고(故) 정승 기자헌(奇自獻), 판서 유량(柳亮) 공 등 38명을 무고하였는데 공도 거기에 포함되어 함께 투옥되었다. 적이 갑작스레 쳐들어오자 대가(大駕)가 공주(公州)로 몽진하려고 했다. 판의금부사 김류(金瑬)가 투옥된 이들을 모두 죽여 내응(內應)하지 못하도록 청하였는데 연평부원군(延平府院君) 이귀(李貴) 공이 쟁론하였으나 받아들여지지 않았다. 공은 마침내 정월 24일에 죽음을 당하였으니 모든 이들이 원통하게 여겼다. 이듬해 이귀 공이 공의 원통함을 아뢰어 곧 관작을 회복하라는 명이 내려졌다.

공은 키가 크고 머리털과 수염이 수려하였으며 외모가 헌걸차고 풍채가 빼어났다. 어려서부터 여러 책들을 두루 읽었으며 《주역》의 이치에 정밀하였다. 위로는 천문(天文)부터 아래로는 의약(醫藥)에 이르기까지 통달하지 않은 것이 없었다. 충효는 평소 함양한 것이었으니 남들과 이야기할 때면 반드시 이 '충효' 두 글자로 면려하였다. 선묘의 더없는 은혜를 입고서는 스스로 면려하는 글을 써서 문 위에 첩으로 붙여두고 아침저녁으로 스스로 반성하여 말하기를,

"유형(有亨)이여, 유형이여. 나라의 은혜를 잊지 말지어다."

하였으니, 순국하겠다는 일념이 선혈처럼 빛났다.

혼조를 만나 낙척하여 불우하게 지내다가 성조(聖朝 인조)의 반정에 이르러 차츰 크게 쓰이고 있었는데 불행하게 뜻밖의 화에 걸려 원통함을 품고 지하에 묻혔다. 가령 수명이 연장되어 병자년(1636, 인조14)의 난리를 볼 수 있었다면 교만한 오랑캐의 창궐이 어찌 이 지경까지 이르렀겠는가. 원대한 포부가 만분의 일도 다하지 못한 점이 안타깝다. 그러나 사방에 힘을 펼치고 국사에 마음을 다하였으니 또한 선왕의

밝은 지우를 저버리지 않았다고 할 만하다.

전씨(全氏)는 정선(旌善)에서 나왔다. 고려 말에 시중을 지낸 우화(遇和)가 있으며, 그 손자 빈(賓)이 본조의 간의대부를 지내고 공로가 있어 평강(平康)을 식읍(食邑)으로 받아 그대로 본적으로 삼았다. 증조 휘 수산(壽山)은 104세까지 살아서 중종조에 양로연(養老宴)에 참석하고 품계가 올라 대호군이 되었다. 조부 휘 성로(誠老)는 현량과에 급제하고 조 정암(趙靜菴 조광조) 선생의 천거로 형조 정랑이 되었다. 부친 휘 인(絪)은 진사시에 합격하였으나 덕을 감추고 벼슬하지 않았다. 모친 하양 허씨(河陽許氏)는 종사랑 희철(希哲)의 따님으로 좌의정 허조(許稠)가 그 선조이다.

공의 부인은 인동 장씨(仁同張氏)로, 아들 익(釴)은 진사시에 합격하였고 딸은 참봉 신지익(申之益)에게 시집갔다. 재취 태원 안씨(太原安氏)는 부사 봉(鳳)의 딸로, 강(鋼), 감역 현(鉉) 두 아들을 두었다. 기수(起洙)・기렴(起濂)・중추부 도사 기한(起漢), 영안군 (靈安君) 목(沐)과 현감 윤채(尹埰)에게 시집간 두 딸은 장남 익(釴)의 소생이다. 차남 강(鋼)은 외동딸을 두었는데 생원 장명(張溟)에게 시집갔다. 기연(起淵)・기징(起澄)・감찰 기제(起濟)・기문(起汶), 통덕랑 박안계(朴安繼)에 시집간 딸은 삼남 현(鉉)의 소생이다. 나머지는 다 기록하지 않는다.

공은 자가 숙가(叔嘉)이고 호가 학송(鶴松)이니 가정(嘉靖) 병인년(1566, 명종21)에 태어났고 향년 59세이다. 괴산(槐山) 우암(牛巖) 오향(午向)의 언덕에 안장하였으니 이곳은 공이 살던 마을이다.

직장 정공 묘표[49]

直長鄭公墓表

정씨(鄭氏)는 동래(東萊)에서 나왔다. 복야를 지낸 목(穆)이 고려 때 처음으로 현달하였고, 본조에서는 익혜공(翼惠公) 난종(蘭宗), 문익공(文翼公) 광필(光弼) 부자가 이름난 신하였다. 공의 고조부인 부사 광보(光輔)가 문익공의 형님이다. 부사가 현령을 지낸 한용(漢龍)을 낳았고, 현령이 부사를 지낸 순우(純佑)를 낳았고, 부사가 좌랑을 지낸 상의(象義)를 낳았으며 이분이 공을 낳았다.

공은 휘가 형원(馨遠)이고 자가 덕훈(德薰)이다. 어려서부터 독서를 좋아하였고 또 글솜씨도 뛰어났는데 여러 번 향시에 응시했으나 합격하지 못하였다. 혼란한 광해군 때를 만나 호서의 고향에 은거하여 시대를 아파하고 나라를 근심하였는데 종종 이를 시에 드러내었다. 인조 정축년(1637, 인조15), 음보로 숙녕전(肅寧殿) 참봉에 제수되고 차례대로 승진하여 상의원 직장을 지냈다. 58세가 되던 기묘년(1639, 인조17) 세상을 떠났다.

공은 3세 때 모친을 여의고는 종신토록 슬피 사모하였으며, 부친의 상례 때는 죽을 먹으며 시묘살이를 하였는데 한밤에도 상복을 벗지 않았고 남들은 공이 입 벌리고 웃는 모습을 보지 못하였다. 계모를 더욱 더 잘 섬겼다. 성품이 조심스럽고 중후하여 한 번도 남의 장단점을 말하지 않았다. 자손을 가르칠 적에는 학문을 근본으로 삼아 항상

49 직장 정공 묘표 : 저자가 정형원(鄭馨遠, 1582~1639)을 위해 쓴 묘표이다.

말하기를 "사람이 배우지 않으면 금수와 무엇이 다르겠는가."라고 하였다. 공은 고가(故家)의 자제로 어려서부터 분발하여 선대의 지업(志業)을 계승하기를 기약하였으나 정체되고 불우하여 결국엔 뜻을 하나도 펼치지 못하였으니, 아 천명이로다.

공은 모두 세 번 장가들었으니 남원 양씨(南原梁氏), 수원 백씨(水原白氏), 보성 오씨(寶城吳氏)이다. 옥봉(玉峰) 백광훈(白光勳)의 아들 홍남(興南)이 공을 한번 만나보고 기특하게 여겨 자신의 딸을 공에게 시집보냈다. 백씨는 시집가서 공의 검소한 덕에 감복하여 한결같이 환소군(桓少君)의 고사[50]처럼 행하였다. 아들 지언(之偃)은 백씨의 소생이다. 직장 이익진(李益珍), 사인 이언(李言), 이정호(李挺豪)의 아내가 된 딸들은 오씨의 소생이다. 지언의 아들은 행건(行建), 행민(行敏), 행선(行選)이다. 홍주(弘周), 욱주(郁周), 생원 형주(衡周)는 행건의 소생인데, 욱주는 행민의 후사가 되었다. 홍주의 아들 노석(老錫)이 실제로 공의 제사를 모시고 있다. 공은 광주(廣州) 성달리(省達里)에 안장하고 오씨를 부장하였다.

50 환소군(桓少君)의 고사 : 검소한 남편의 뜻을 따라 소박하게 생활하는 아내를 뜻한다. 환소군은 후한(後漢) 발해(渤海) 사람으로, 부유한 집안에서 자라나서 가난한 선비인 포선(鮑宣)에게 시집갔는데, 청고함을 숭상하는 남편의 뜻을 따라 화려한 혼수와 종들을 모두 친정으로 돌려보내고 남편과 함께 녹거를 타고 향리로 돌아가 청빈하게 살면서 부도(婦道)를 실천하였다. 《小學集註 卷6 善行》

교관 곽공 묘표[51]

教官郭公墓表

우암 선생(尤菴先生)이 일찍이 곽 교관(郭教官)을 위한 제문을 지으면서 스스로를 문인 아무개라 일컬었으니,[52] 공이 바로 그 사람이다. 공은 휘가 지인(志仁)이고 자가 이선(而善)이다. 곽씨(郭氏)는 현풍(玄風)에서 나왔는데, 고려 조정에서 평장사를 지낸 우현(佑賢)이 선산(善山)에 옮겨 봉해졌기에 자손들이 마침내 선산 사람이 되었다. 승지를 지낸 휘 은(垠)이 있었는데 우암이 그 묘비명을 지었으니[53] 공의 5대조이다. 증조부 형(詗)은 훈도를 지냈고, 조부 치중(致中)과 부친 린(磷)은 모두 장사랑을 지냈으며, 외조부는 남양(南陽) 홍세웅(洪世雄)이다.

공은 지극한 성품을 타고났다. 집이 본래 가난하여 항상 부모님이 식사를 하셨는지 여쭌 뒤에야 자신이 밥을 먹었고, 맛난 음식을 하나라도 얻으면 번번히 자신의 입은 잊어버리고 부모님께 올렸다. 어려서 배울 시기를 놓쳤으나 만년에 발분하여 문사가 빨리 진보하여 만력(萬曆) 임자년(1612, 광해4) 사마시에 합격하였다. 혼조(昏朝)를 만나서

51 교관 곽공 묘표 : 저자가 곽지인(郭志仁, 1586~1664)을 위해 쓴 묘표이다.

52 우암 선생(尤菴先生)이……일컬었으니 : 《송자대전(宋子大全)》 권152 〈제곽교관문(祭郭教官文)〉 서두에 "문인(門人) 송시열(宋時烈)"로 되어 있다.

53 우암이……지었으니 : 《송자대전》 권174에 수록된 〈담양 부사 곽공의 묘갈〔潭陽府使郭公墓碣〕〉을 가리킨다.

는 은거하여 벼슬길을 접고 날마다 마을의 훌륭한 자제들과 강학하였고, 또 비천한 일까지 몸소 행하는 경우가 많았는데 일찍이 스스로 되뇌기를 "사람이 하는 일 없이 놀면서 입고 먹는 것이 도둑질과 무엇이 다르겠는가."라고 하였다.

공은 대대로 옥천(沃川)의 구룡촌(九龍村)에 살았는데 우암의 부친 수옹공(睡翁公 송갑조(宋甲祚)이 그곳에 우거하게 되면서 공과 매우 즐겁게 종유하였다. 당시 어린아이였던 우암이 공에게 수학한 것이 바로 이때의 일이다. 효종 때 널리 배우고 힘써 행한 것이 조정에 알려져 동몽교관에 제수되었으나 나아가지 않았다. 79세가 되던 숭정(崇禎) 갑진년(1664, 현종5) 세상을 떠났다.

공의 부인 장수 황씨(長水黃氏)는 정각(庭珏)의 따님으로 익성 상공(翼成相公 황희(黃喜))의 후손이다. 삼남을 두었는데 장남 준(埈)은 뛰어난 재능을 지녔으나 요절하였고 차남 채(埰), 삼남 타(墕)가 있다. 장남은 후사가 없고 이남의 아들은 필강(必綱), 필완(必完)이며 삼남의 아들은 필간(必簡), 필대(必大)이다. 세렴(世濂)과 세담(世澹)은 필대의 소생이다.

공은 같은 고을 적등강(赤登江) 가의 기곡리(碁谷里)에 안장하고 황의인(黃宜人)을 합장하였다. 묘소에 비석이 없어 세담이 도보로 나를 찾아와 묘비문을 부탁하였는데 나는 감히 할 수 없다고 사양하면서 또 말하기를,

"공의 묘소에 우옹의 글이 없는 것은 어째서인가?"

하니, 그가 대답하기를,

"선생이 일찍이 승낙하셨지만 미처 짓지 못하였습니다."

하였다. 내가 말하기를,

"비록 그렇지만 내가 일찍이 선생이 공을 위해 지은 제문을 보니, 공의 성품과 행실을 논해서는 정직하고 진솔하다고 하였고, 남을 가르친 일에 대해서는 법도를 엄격히 하였다[54]고 하였으니, 그 말이 간략하고 절실하여 백대 후에도 징험하여 믿을 수 있다. 또 만일 우옹이 일찍이 공을 스승으로 삼은 일을 후대 사람이 안다면 공의 어짊은 묻지 않고도 알 수 있으니, 또 어찌하여 나의 말이 필요하겠는가."

하였다. 세담이 일어나 절을 하고 말하기를,

"알겠습니다. 돌아가서 이를 비석 뒷면에 새겼으면 합니다."

하였다.

54 공의……하였다 : 송시열의 〈곽교관을 위한 제문(祭郭教官)〉에 "진솔하게 산수를 즐겼으니 명리와 영화를 어찌 추구했으리. 또한 법도를 엄격히 하여 자제들을 가르쳤네.〔眞率是耽, 利榮誰營? 亦嚴規繩, 共誨螟蛉.〕" "공은 정직하여 찾을 수 있는 흠결이 없었네.〔維公正直, 吹毛無瘢.〕"라고 하였다.

별제 나공 묘표[55]

別提羅公墓表

나씨(羅氏)는 나주(羅州)에서 일어나 그대로 그곳을 관향으로 삼아 나주 사람이 되었다. 고려 때부터 본조에 이르는 수백여 년 동안 고관을 지낸 사람이 끊이지 않았다. 창(昶)이 사헌부 지평을 지내고 호당에 선발되었으며, 지평이 부장 사음(士愔)을 낳았고 부장이 호군 덕양(德讓)을 낳았으니 이분들이 바로 공의 3대이다.

공은 휘가 해봉(海鳳)이고 자가 응서(應瑞)이다. 어려서부터 수은(睡隱) 강항(姜沆)에게 수학하였으며 문사에 뛰어났다. 만력(萬曆) 병오년(1606, 선조39) 진사시에 합격하였고, 혼조(昏朝) 때 한번 문과에 급제하였으나 흉당들이 공을 미워하여 급제자 명단에서 빼버렸으니 이때부터 다시는 과거에 응시하지 않았다. 계해년(1623, 인조1) 반정 때 유일(遺逸)로 천거되어 침랑에 제수되었으나 나아가지 않았고, 뒤에 또 수성금화사 별제(修城禁火司別提)에 제수되어 마지못해 한번 사은하고 돌아왔다.

계곡(谿谷) 상공 장유(張維)가 나주에 외직으로 보임되었을 적에 공과 매우 즐겁게 지내면서 수창한 시를 남겼는데, 계곡이 시에 조예가 깊다고 공을 칭찬하였다. 공은 평소 서적에 기벽(奇癖)이 있어 길을 가거나 뒷간에 있을 때에도 입으로 외고 마음으로 생각하였으며, 늙어서는 특히 《주역》을 애호하여 잠심하여 완색하기를 죽는 날까지 그치

55 별제 나공 묘표 : 저자가 나해봉(羅海鳳, 1584~1638)을 위해 쓴 묘표이다.

지 않았다.

예전에 이이첨(李爾瞻)에게 붙은 고을 사람이 수모론(讎母論)[56]을 주장하면서 공을 빙자하여 무게를 싣고자 했으나 공이 바른 소리로 물리치니 듣는 자가 지레 목을 움츠렸다. 병자년(1636, 인조14) 남한산성에서 곤액을 겪을 적에 공이 강개한 마음으로 격문을 지어 돌리니 의병이 사방에서 모여들었는데, 출정에 앞서 병이 났기 때문에 아들 준(俊)으로 하여금 대신 통솔하여 출정하게 하였다. 얼마 지나지 않아 화친이 이루어지고 군사들도 해산되어 돌아오자 공은 통곡하며 시를 지어 "우리는 오랑캐가 되겠구나.〔吾其被髮〕"라는 시구를 남겼으니 그 충의가 늠름하였다. 이 두 가지 일로도 공의 평생을 개괄하기에 충분하다. 그러나 또 듣자니 공이 일찍이 여막(廬幕)에서 3년을 지내고 시묘살이를 마친 다음에도 여막의 이름을 "종모(終慕)"라 하였는데 고을의 선사(善士) 찰방 김선(金璇)이 기문을 지어 공의 효성을 극진하게 칭찬하였다. 아, 이것이 공의 절행(節行)의 근본이로구나.

공은 모년 모월 모일에 태어나 모년 모월 모일에 세상을 떠났고 고을의 동쪽 석현(石峴)에 안장하였다. 공의 부인 함풍 이씨(咸豐李氏)는 곤(坤)의 따님으로 공보다 20년 뒤에 세상을 떠나 공의 묘에 합장하였다.

4남을 두었으니 장남 참봉 준(俊), 차남 진사 휴(休), 임(任), 탁(倬)이다. 측실 소생은 인(仁)이다. 원기(遠器), 세기(世器), 군수 중기(重器)는 장남 소생이고, 단기(端器), 면기(冕器), 정기(鼎器), 구

56 수모론(讎母論) : 광해군 때 정인홍, 이이첨 등이 광해군의 아우인 영창대군(永昌大君)을 역모죄로 몰고 인목대비(仁穆大妃)를 유폐시키는 논의를 가리킨다.

기(九器)는 4남 소생이다. 증손은 몽규(夢奎), 진사 병규(炳奎), 찬규(燦奎), 형규(炯奎), 성규(聖奎), 서규(瑞奎), 환규(煥奎), 회규(會奎), 태규(兌奎), 한규(漢奎)이고, 현손은 정좌(廷佐), 정보(廷輔), 정태(廷泰), 진사 정식(廷軾), 정일(廷一), 정필(廷弼), 정기(廷夔), 정익(廷益)이다. 이것으로 묘표를 짓노라.

동지 정공 묘표[57]

同知鄭公墓表

공은 휘가 동엽(東燁)이고 자는 자회(子晦)이니 장기(長鬐) 사람이다. 고려 안종(安宗 현종의 생부)의 부마 자피(子皮)의 아우인 자여(子輿)가 공의 비조이다. 그 후로 고관대작을 지낸 분들이 이어져 고려가 끝날 때까지 대대로 끊이지 않았다. 5대조 휘 자오(自悟)는 봉사를 지냈고 고조 휘 세영(世榮)은 참봉을 지냈고 증조 휘 승주(承周)는 성균관 사성을 지냈고 조부 휘 진생(晉生)은 진사로 참봉을 지내고 승지에 추증되었으며 부친 휘 담(霮)은 호조 참판에 추증되었다. 외조부는 감찰을 지낸 상주(尙州) 박윤함(朴允諴)이다. 공은 가정(嘉靖) 계묘년(1603, 선조36) 2월 27일 태어나 숙종 을축년(1685, 숙종11) 12월 24일 세상을 떠났으니 향년 83세이다.

신묘년(1651, 효종2) 사마시에 합격하고 갑오년(1654, 효종5) 명경과에 급제하였다. 성균관 전적, 사헌부 감찰, 형조·예조·공조의 좌랑, 태상시 판관을 역임하고, 외직으로는 예안(禮安)·진보(眞寶)의 현감, 은계도 찰방(銀溪道察訪)을 지냈다. 임술년(1682, 숙종8)에 사예를 거쳐 통정대부 첨지중추부사에 올랐으며, 을축년에 가선대부 동지중추부사에 올랐다.

공은 천성이 온아(溫雅)하고 일처리가 주밀하였다. 부모에게는 효도하고 형제에게는 우애로웠으며 벗에게는 신의가 있었다. 기쁘고 화

57 동지 정공 묘표 : 저자가 정동엽(鄭東燁, 1603~1685)을 위해 쓴 묘표이다.

난 속내를 겉으로 드러내지 않고 평소에 남의 과실을 말하기 좋아하지 않았다. 마을에 있을 때는 남들과 틀어지지 않고 간격을 두지 않았으니 비록 동렬(同列) 이하의 사람이라도 지목하여 이름을 부르지 않았기에 모두에게 환심을 얻었다. 평소 음식과 기거에 모두 절도가 있었고 집이 가난하여 양식이 자주 떨어지더라도 근심하는 기색이 없었다. 오직 날마다 경서(經書)와 사서(史書)를 보고 흥이 이르면 시를 읊조릴 따름이었다. 관직에 있을 때는 청렴하고 근실함을 지켰기에 자리를 떠날 때마다 백성이 공을 사모하였다.

공은 모두 두 번 장가들었으니 고성 남씨(固城南氏)와 광주 김씨(光州金氏)이다. 처음에는 공주(公州) 향지산(香芝山)에 안장하였다가 뒤에 대조동(大鳥洞)으로 이장하고 김 부인을 합장하였다. 남 부인의 묘는 향지산에 있다.

아들딸 각 3명을 두었으니, 태행(泰行), 태성(泰成), 태중(泰重)이고 장사랑 최준원(崔俊元), 사인 송상정(宋相鼎), 선전관 민경삼(閔敬三)은 사위인데 장녀는 원배 소생이다. 태중(泰重)의 아들은 세형(世衡), 세보(世輔), 세채(世采)이다. 장남에게 아들이 없어 세보를 후사로 삼았고, 차남 또한 아들이 없어 세채를 후사로 삼았다. 세형의 아들은 내교(來僑)이다. 이것으로 묘표를 짓노라.

좌참찬 이공 묘표[58]

左參贊李公墓表

목은 선생(牧隱先生 이색(李穡))의 초상화가 한양에 있었는데, 세상에서 전하기를 참찬공이 목은 선생을 빼닮았다고 하니 공이 바로 10세손이다. 우암 선생(尤菴先生)이 지은 공의 신도비[59]를 얻어서 읽어보니 용모만 닮았을 뿐만 아니라 충후와 겸손이 목은의 후손이 되기에 부끄럽지 않았다.

공은 휘가 홍연(弘淵)이고 자가 정백(靜伯)이니 이유당(怡愉堂) 덕수(德洙)의 아들이요 풍옥(風玉) 조수륜(趙守倫) 선생의 외손이다. 풍옥에게는 아들 척(滌)이 있었는데, 공은 어려서부터 그에게 수학하였고 또 정 기옹(鄭畸翁 정홍명(鄭弘溟)), 조 죽음(趙竹陰 조희일(趙希逸))에게 수학하여 문예가 일찍 성취되었다.

갑자년(1624, 인조2) 생원시에 합격하고 성균관에서 유학하였다. 상소를 올려 원종(元宗)으로 추숭하는 것[60]이 예가 아니라고 논하였는데, 추숭한 일을 기념하여 경과(慶科)를 시행하자 응시하지 않았다. 또 율곡(栗谷 이이(李珥))과 우계(牛溪 성혼(成渾)) 두 현인을 문묘에 종

58 좌참찬 이공 묘표 : 저자가 이홍연(李弘淵, 1604~1683)을 위해 쓴 묘표이다.

59 우암 선생(尤菴先生)이……신도비 : 《송자대전》 권168에 수록된 〈좌참찬 이공의 신도비명〔左參贊李公神道碑銘〕〉을 가리킨다.

60 원종(元宗)으로 추숭하는 것 : 인조(仁祖)의 생부 정원군(定遠君)을 추숭하여 원종으로 삼은 것을 가리킨다.

사하는 논의를 주선하였으니 사론(士論)이 공을 추중하였다. 의금부도사, 익위사 세마·시직에 제수되었고 남한산성으로 임금을 호종하였다.

정축년(1637, 인조15) 가을에 문과에 급제하였다. 예조·병조의 좌랑, 성균관의 전적·직강, 사간원의 정언·사간, 사헌부의 지평·장령·집의, 시강원의 문학·보덕, 군기시·사복시의 정을 역임하고 서장관으로 연경(燕京)에 사행을 갔다.

임진년(1652, 효종3)에 통정대부에 오르고 계축년(1673)에 가선대부에 올랐다. 예조·호조·병조·형조의 참의와 참판을 지내고, 승정원에서는 동부승지에서 도승지에 이르고, 장례원 판결사, 한성부 좌윤을 지냈으며 여러 번 대사간이 되었다. 외직으로는 부안(扶安), 부평(富平), 회양(淮陽), 서천(舒川)의 수령을 지내고 황해도(黃海道), 강원도(江原道), 충청도(忠淸道), 경기도(京畿道) 등의 관찰사를 지냈는데 충청도 관찰사는 두 번 역임하였다. 중간에 흉흉한 세도를 만났으나 대대로 녹봉을 받은 신하로 자임하여 차마 자리를 떠나지 못하였다.

경신년(1680, 숙종6), 옥사(獄事)를 평의(評議)한 공로로 한 자급만 올라야 했으나 성상께서 친히 자급을 높여주어 마침내 지중추부사에 제수되었다. 공조 판서를 지내다가 의정부 참찬에 옮기고 이어 기로소에 들어갔다. 하루는 조회를 마치고 당을 내려오다가 넘어졌는데 성상께서 환관을 시켜 부축해서 나가게 하고 또 의원을 보내 문병하였다.

계해년(1683, 숙종9), 80세의 나이로 특별히 숭정대부에 가자되었는데, 이해 3월 26일에 세상을 떠났다. 자손들에게 선대의 가업을 실추시키지 말라는 경계의 말을 남겼다. 처음에는 청주(淸州)에 안장하였다가 뒤에 연기(燕岐)의 대곡(大谷) 모향(某向)의 언덕에 이장하였다. 원배 전주 이씨(全州李氏)는 부제학 호신(好信)의 따님이고, 후부인 상산 김씨(商山金氏)는 감사 상(尙)의 따님이니 모두 공과 합장하였다.

공은 집안의 행실이 순수하게 갖추어져 어버이를 섬김에 뜻을 거스르는 일이 없었고, 천륜에 독실하여 그 마음을 종친에게까지 미루어나갔으니 재능 있는 자제를 기르고 고아가 된 친족을 보살피기를 미치지 못할 것처럼 하였다. 상제(喪祭)에는 슬프고 공경하는 마음을 다하는데 힘쓰고 묘도에 비석을 빠트리는 일이 없었다. 평소에는 게으른 모습을 보이지 않고 늙어서는 마음을 더욱 공경히 하였다. 벼슬이 높아지고 녹봉이 많아져도 집안 살림은 불어나지 않고 세간은 검소하게 하였다. 남들과는 허물없이 어울렸으나 마음속에 지키는 바가 있었다.

공이 대간(臺諫)으로 있을 적에 적신(賊臣) 김자점(金自點)이 오랑캐의 세력을 끼고 여섯 명의 오랑캐 사자(使者)가 국경을 압박하여 온 나라가 벌벌 떨었다. 이때 김자점을 유배시키기를 청하는 계사가 있었는데 중론이 속히 중지하도록 권하였으나 공은 더욱 힘써 쟁론하니 김자점이 마침내 유배되었다. 을묘년(1675, 숙종1) 문곡(文谷 김수항(金壽恒))이 귀양갈 적에 공은 도승지로서 상소하여 변론하다가 마침내 견책을 받았다.

백성을 다스릴 적에는 실질적인 은택을 위주로 하고 찬란한 명성은 구하지 않았으니, 일찍이 말하기를 "선(善)은 나에게 달려있고, 알아주고 알아주지 않음은 남에게 달려있다." 하였다. 또 말하기를 "남들의 비방에 처신하는 것은 스스로 반성하는 것을 귀하게 여긴다." 하였으니, 이 때문에 조정에서 벼슬한 지 50년 동안 한직을 배회하고 간혹 횡역을 만났으나 남을 원망하고 미워하는 일이 없었다. 두문불출하고 독서하며 담박함을 견지하여 영욕과 굴신은 일체 명에 맡겼다. 아!

세상에 우쭐대며 남들을 좇아다니기 좋아하여 명성과 작위를 훔치면서 스스로 유능하다고 여기는 자는 부끄러움을 알아야 할 것이다.

재(縡)는 목은의 외후손이다.[61] 증조부께서 이유공(怡愉公)과 사이 좋게 지내고 또 풍옥(風玉)에게 수학하였으니 실로 여러 대에 걸친 집안끼리의 교의(交誼)가 있었다. 공의 손자 경력 수형(秀衡)이 묘표를 부탁하였는데, 우옹(尤翁)의 비문이 불후하게 전해지기에 충분하니 어찌 감히 쓸데없이 한 마디 말을 덧붙이겠는가. 삼가 공의 언행의 대체를 이처럼 드러내고, 성씨의 계보 및 자손들은 이미 신도비에 실려 있으니 다시 상세하게 기록하지 않는다.

61 재(縡)는 목은의 외후손이다 : 저자의 고조모가 한산 이씨 이공로(李公潞)의 딸이다.

첨정 홍공 묘표[62]

僉正洪公墓表

공은 휘가 처심(處深)이고 자는 자천(子淺)이니 남양(南陽) 사람이다. 먼 선조인 열(悅)은 고려(高麗) 태사를 지냈다. 그 후로 공경이 연이어 나와 대대로 이름난 분들이 있었으니, 충평공(忠平公) 휘 관(灌)과 광정공(匡定公) 휘 규(奎)가 가장 저명하였다. 본조에 들어와서는 호가 우국(友菊)인 휘 경손(敬孫)이 동지성균관사를 지냈으며, 2대를 내려와 호가 석벽(石壁)인 휘 춘경(春卿)이 관찰사를 지냈으니 이분이 공의 고조이다. 증조 휘 일민(逸民)은 현감을 지내고 의정부 참찬에 추증되었으며, 조부 휘 영필(永弼)은 진사에 합격하고 이조 참판에 추증되었으며, 부친 휘 명원(命元)은 경기도 관찰사를 지내고 찬성에 추증되었는데 호가 해봉(海峰)으로 문장과 명망이 한 시대를 압도하였다. 모친 파평 윤씨(坡平尹氏)는 부호군 민준(民俊)의 따님으로 다섯 아들을 두었다. 공은 순서상 두 번째이고 참판 처후(處厚), 감사 처윤(處尹), 지추 처대(處大)가 공의 형님과 아우들이다.

공은 만력(萬曆) 갑진년(1604, 선조37) 태어났다. 계유년(1633, 인조11) 생원시에 합격하고, 이듬해 전조(銓曹)에 있던 선친의 벗이 공이 가난한 살림으로 어버이를 봉양한다고 해서 현릉 참봉(顯陵參奉)에 제수하였는데 마지못해 한 번 나갔다가 얼마 지나지 않아 그만두었다. 무자년(1648, 인조26) 금정도 찰방(金井道察訪)에 제수되었고, 임진

62 첨정 홍공 묘표 : 저자가 홍처심(洪處深, 1604~1671)을 위해 쓴 묘표이다.

년(1652, 효종3) 상서원 직장에 옮겼다가 장악원 주부에 올랐다. 갑오년(1654) 사복시 판관을 거쳐 남평 현감(南平縣監)에 제수되었다. 을미년(1655) 모친상을 당하였다. 무술년(1658) 공조 좌랑에 제수되었고, 경자년(1660, 현종1) 안협 현감(安峽縣監)이 되었다가 을사년(1665) 임기가 차서 체직되니 백성이 비석을 세워 공을 기렸다. 병오년(1666) 또 공조에 들어가 정랑을 지내고 사재감 첨정에 올랐으며 외직으로 나가 합천 군수(陜川郡守)를 지내다가 기유년(1669)에 파직되어 돌아왔다. 경술년(1670)에 좌수운 판관에 배수되었다. 신해년(1671) 3월 21일에 집에서 세상을 떠나니 향년 68세였다. 뒤에 차남의 종훈(從勳)으로 인해 승정원 좌승지에 추증되었다.

공은 자품이 순후(醇厚)하고 기국이 빼어났다. 어버이를 섬김에 지극한 행실이 있었고 형제들 사이에서는 즐겁게 지내며 틈이 없었다. 편안히 앉아있을 때에도 일찍이 몸을 기댄 적이 없었으니 곁에서 모시는 자제들이 모두 엄숙하였고 공이 묻지 않으면 감히 말하지 않았으니 가법이 그러하였다. 문장이 일찍 성취되고 또 글솜씨가 뛰어나 쉽게 급제할 수 있으리라 생각했는데, 시운(時運)이 맞지 않아 마침내 과거에 급제하지 못하고 녹봉을 위한 벼슬에 부침하여 평소 온축한 바를 펼치지 못하였다. 볼 만한 것은 오직 군읍에서의 정사인데, 또한 찬란한 명성이나 자질구레한 시혜에 힘쓰지 않았으며 고요하고 간략함으로 스스로를 지키고 성심과 사랑으로 백성을 보살폈으니 이 때문에 고을을 떠날 적마다 백성이 공을 사모하였다. 평소 문 밖 출입이 드물고 천성이 학문을 좋아하여 늙어서도 손에서 책을 놓지 않았다. 세상에 남을 쫓아가며 우쭐대는 자를 보면 자신의 몸이 더럽혀질 듯이 멀리하였으니, 공의 자질과 재능으로 벼슬이 이 정도에 그친 것은 그럴만한 이유가 있었다. 그러나 이 점에서 공의 대체를 살펴볼 수 있다.

공의 아내 숙부인 나주 박씨(羅州朴氏)는 참찬 금계군(錦溪君) 동량(東亮)의 따님으로 경서와 사서를 섭렵하여 대의에 통달하여 여사(女士)의 풍모가 있었다. 가정을 다스림에 정연하여 법도가 있었으니 종친들이 여사라 칭찬하였다. 공보다 10년 늦게 세상을 떠났으니 향년 77세였다.

5남 2녀를 두었으니, 아들 수항(受恒)은 진사에 합격하고 수태(受泰)는 생원에 합격하고 현감을 지냈으며, 수제(受濟)는 진사에 합격하고 정랑을 지냈으며, 수진(受晉)은 이조 참판에 추증되었으며, 수점(受漸)은 문과에 장원급제하고 부사를 지냈으며, 딸은 우윤 맹주서(孟胄瑞), 진사 최석령(崔錫齡)에게 시집갔다.

수항은 아들이 없어 조카 우칭(禹偁)을 후사로 삼았으니 우칭은 진사에 합격하고 현감을 지냈다. 수태(受泰)의 아들은 우귀(禹龜)이고 딸은 목사 이희담(李喜聃)에게 시집갔다. 수제의 다섯 아들은 진사에 합격하고 사과를 지낸 우현(禹賢), 우천(禹天), 우칭(禹偁), 우전(禹傳), 우선(禹宣)이고, 우전은 출계하여 수진의 후사가 되었으니 문과에 급제하고 지금 경상도 관찰사를 지내고 있다. 수진의 네 딸은 이민영(李敏英), 감역 송필희, 윤직교(尹直敎), 생원 이우항(李宇恒)에게 시집갔다. 수점의 아들은 우문(禹文)이고 딸은 진사 심정서(沈廷瑞), 나연(羅演), 이신보(李莘輔)에게 시집갔으며, 측실 소생 딸은 이운식(李雲植)에게 시집갔다. 맹주서(孟胄瑞)의 아들은 만익(萬益), 대사간 만택(萬澤), 현감 만석(萬錫)이고 딸은 시직 이상겸(李尙謙)에게 시집갔다. 최석령(崔錫齡)의 계자 창억(昌億)은 도사를 지냈다. 내외의 증손과 현손은 다 기록하지 않는다.

처음에 공을 광주(廣州)에 안장하였다가 부인의 상례 때 통진(通津)으로 이장하여 합장하였다. 을축년(1685, 숙종11) 또 충주(忠州) 덕령산(德靈山) 오좌(午坐)의 언덕에 이장하였다.

목사 정공 묘표[63]

牧使鄭公墓表

정시형(鄭時亨) 공은 순량(循良)한 지방관으로 현종과 숙종 두 조정에서 이름이 났는데 늙어서 강호에 은거하니 사대부들이 공의 풍치(風致)를 높이 칭송하였다. 81세의 나이로 세상을 떠나 공주(公州) 반탄산(半灘山)에 안장하고 부인 문화 유씨(文化柳氏)를 합장하였다.

공은 자가 숙하(叔夏)이니 광산(光山) 사람이다. 정유년(1657, 효종8) 사마시에 합격하였고 이듬해 벼슬을 시작하여 내직으로는 의금부 도사, 도원 찰방, 제용감 직장, 활인소 별제, 사헌부 감찰, 형조 좌랑, 공조와 호조의 정랑, 익위사 위솔, 한성부 판관과 서윤, 선공감 부정 등을 지내고, 외직으로는 공산(公山), 부평(富平), 해주(海州), 원주(原州)의 수령을 지냈으며, 80세의 나이로 인해 통정대부에 오르고 첨지중추부사로 끝마쳤으니 이것이 공의 관력이다.

공은 복잡한 공무에 재능이 뛰어났다. 부친 군수공이 여러 번 군읍을 다스렸는데 해결하기 어려운 일이 있을 때마다 공에게 자문하니, 아침저녁으로 도움이 많았다. 공이 벼슬길에 올라서는 온 마음으로 직분을 다하였다. 김좌명(金佐明) 공과 민정중(閔鼎重) 공은 강직하고 분명하여 위엄이 있었는데 낭료 가운데 인정한 자가 드물었으나 유독 공의 일처리 능력을 칭찬하였다. 그래서 공이 금천(金川)과 면천(沔川) 두 곳의 군수에 제수되자 도로 전임(前任) 자리에 잉임할 것을 청하였다.

63 목사 정공 묘표 : 저자가 정시형(鄭時亨, 1619~1699)을 위해 쓴 묘표이다.

공은 다스림이 간엄(簡嚴)하여 삼가고 조심하며 법도를 잘 지켰고 한 때의 명예에 구차하지 않았다. 이르는 곳마다 온갖 병폐를 씻은 듯 제거하여 아전이 경외하고 백성이 사모하니 근세에서 양리(良吏)를 꼽을 적이면 대번에 공을 으뜸으로 꼽았다. 어려서부터 문장에 뛰어나 조만간 문과에 급제하리라 기대하였는데, 여러 번 급제의 범위 안에 들었는데 결국 급제하지 못하고 녹봉을 위한 벼슬에 부침하였으나 공의 뜻이 아니었다. 일찍이 천둥의 변고로 인해 인재 예닐곱 명을 선발할 적에 공이 포함되었으니, 조정의 의론이 공이 낭묘의 그릇임을 안 것이었으나 끝내는 크게 쓰이지 못하였다.

기사년(1689, 숙종15) 사화 때 인륜이 무너지는 것을 애통하게 생각하여 완전히 산천으로 돌아가 성시에 발걸음을 가까이하지 않았다. 물가와 숲속 정자에서 편안히 유유자적하게 지내면서 손님이 오면 술 마시고 시를 읊조리며 답답한 마음을 풀었다. 얼마 지나지 않아 조정이 다시 새로워졌으나 그대로 머물면서 나오지 않았다. 아, 사람을 살필 적에는 응당 늘그막의 행적을 보아야 하니, 이것으로 공의 대체를 알기에 충분하다.

그러나 공은 집안에서의 행실도 매우 돈독하였다. 부모에게는 효성스럽고 종친과는 화목하게 지냈으며 스스로의 몸가짐 또한 매우 엄하여 다급한 지경에도 해이하지 않았다. 남들에게는 신의로 대하고 일은 의리로 처리하여 고을의 이웃 사람이 잘못을 저지르면 그 일을 공이 알게 될까 걱정하였다. 아내의 집안이 부유하였으나 후사가 없어 공의 차남에게 뒷일을 부탁하려고 했는데, 공이 완강하게 허락하지 않고 처가의 조카를 후사로 삼도록 권하였으니 재물과 이익에 담담하기가 또한 이와 같았다.

시조 신호(臣扈)가 고려 때 찬성을 지냈고, 본조에 들어와서는 대대로 고관을 지냈다. 응교 웅(熊)은 중종 초에 사관을 지냈는데 점필재(佔畢齋 김종직(金宗直))와 탁영(濯纓 김일손(金馹孫))의 원통함을 풀어주기를 청하였다. 응교가 수사 응규(應圭)를 낳고 수사가 동지중추부사 연(演)을 낳고 동지중추부사가 현감 보문(保門)을 낳았다. 군수공은 현감의 아들이다. 군수공 휘 유(維)는 폐조(廢朝 광해군) 때에 절의를 수립하였다.[64] 군수공의 아내 함양 박씨(咸陽朴氏)는 봉사 한(澣)의 따님이다.

공의 아내 유 부인(柳夫人)의 부친은 현감을 지낸 동발(東發)인데, 부인은 유순하고 검소하여 자못 부덕(婦德)이 있었다. 4남 1녀를 두었으니, 아들은 음보로 현감을 지낸 휘(徽), 문과에 급제하여 정랑을 지내고 출계하여 백부의 후사가 된 징(徵), 무과에 급제하여 부사를 지낸 민(敏), 부(敷)이고, 김규(金湀)는 사위이다. 손자는 오상(五常), 오행(五行), 오서(五叙), 오교(五教), 오준(五俊), 오덕(五德), 오봉(五鳳), 오규(五奎), 오위(五緯), 오운(五雲)이고, 외손은 상화(相華), 상열(相烈), 상현(相顯), 상철(相哲)이다.

오규가 묘에 묘표를 세우면서 내게 비문을 부탁하였다. 공이 공산현감으로 있을 적에 우리 조부 의정공(議政公 이숙(李翻))이 관찰사로 있으면서 매우 즐겁게 어울렸는데 공이 지방의 수령에만 머무는 것을

64 군수공……수립하였다 : 정시형(鄭時亨)의 부친 정유(鄭維)는 광해군 때에 진사에 합격하였는데, 함께 합격한 자들이 인목대비(仁穆大妃)를 폐위하라는 상소문을 올리려 하자 그 의론을 배척하였다가 여러 해 동안 시골로 쫓겨나 있었다.《藥泉集 卷21 僉知中樞府事鄭公墓碣銘》

항상 안타까워하였다. 두 집안의 자제들 또한 서로 간의 교의(交誼)가 쇠하지 않았기에 내 비록 공을 뵙지는 못했으나 그 덕행과 공업을 익히 들었으니 그 중대한 점만 대략 서술하여 돌려보낸다.

직장 한공 묘표[65]

直長韓公墓表

청주 한씨(淸州韓氏)는 우리나라의 명망 있는 집안이다. 그 가운데 한 지파(支派)가 안성(安城)에 살았는데, 협소재(愜素齋 한효상(韓孝詳))가 우계(牛溪 성혼)를 사사한 이후로 그 후손들이 대체로 유학(儒學)을 중시하고 덕의(德義)를 숭상하였다. 휘 여기(如琦)는 일찍부터 신독재(愼獨齋) 김 문경공(金文敬公 김집)의 문하에서 수학하여 우암(尤菴 송시열)과 동춘(同春 송준길) 두 선생이 모두 애지중지하였으니, '정일(精一)'이라는 당(堂)의 편액은 춘옹(春翁)의 글씨이다. 또 공이 고을에 사계(沙溪 김장생) 문원 선생(文元先生)이 선정을 베푼 은혜가 남아있다고 하여 서원을 창건하여[66] 제사 지내니, 우옹(尤翁)이 서원 옆에 있는 영귀정(詠歸亭) 기문[67]에서 성대하게 공을 추중하였다. 공이 일찍이 《주자가례(朱子家禮)》와 《격몽요결(擊蒙要訣)》 가운데 제의(祭儀)에 대해 두 선생에게 질정한 것을 이름하여 《이례초(二禮抄)》라 하고 집안에서 준행하는 법도로 삼았다.

공은 품성이 지극히 효성스러워 어려서부터 기쁜 낯빛과 온순한 태도를 지니며 어버이에 대한 공경과 사랑이 지극하였다. 겨우 12살의

65 직장 한공 묘표 : 저자가 한여기(韓如琦, 1630～1709)를 위해 쓴 묘표이다.

66 서원을 창건하여 : 안성군(安城郡)에 있던 도기서원(道基書院)을 가리킨다.

67 영귀정(詠歸亭) 기문 : 《송자대전》 권144 〈안성군도기서원영귀정기(安城郡道基書院詠歸亭記)〉를 가리킨다.

나이에 부친을 여의어 슬퍼하는 안색과 애도하는 곡읍(哭泣)이 성인(成人)과 다를 바 없어 조문하는 자들이 모두 감복하였다. 모친이 따라죽지 않았음을 애통해 하여 삼년상을 마치고도 채식(菜食)하였다. 공이 맛난 음식을 권해도 모친이 드시지 않으면 공 또한 눈물을 흘리며 먹지 않았으니, 모친이 공이 병이 생길까 걱정하고 그 정성에 감동하여 마침내 억지로 공을 따랐다. 아침저녁으로 밥상을 차릴 때 반드시 몸소 음식을 조리하고 입맛에 맞을 만한지 살핀 뒤에 올렸으며 하루도 모친 곁을 떠난 적이 없었다. 모친이 병환이 생겼을 때 목욕재계하고 하늘에 기도하며 손가락을 베어 피를 올리니 곧 병환이 차도를 보였다. 모친상을 당해서는 여막에 머물면서 슬픔을 다하였다. 하루는 태풍이 불어 공이 머물던 여막이 무너졌는데, 이웃 사람들이 모두 공이 압사했을 것이라 생각하여 황급히 와서 구조하였다. 들어가서 살펴보니 공이 착용하고 있던 상관(喪冠)이 무너진 들보에 눌려 끊어질 정도였는데 공은 빈틈 사이에 들어가 있어서 몸이 온전하고 상처 난 곳이 하나도 없었다. 사람들이 공의 효성에 감응한 것이라 생각하였다. 매일 사당문 안에서 배알하였는데, 노년이 된 이후에 그만 넘어져 다리를 다치고서야 새벽에 배알하는 일을 그만두었으니 이를 죽을 때까지 한으로 여겼다.

고을 사람이 공의 학행(學行)을 조정에 아뢰어 후릉 참봉(厚陵參奉)에 제수되었고 선공감 봉사로 옮겼다가 또 상서원 직장으로 옮겼다. 신미년(1691, 숙종17), 간사한 이에게 미움을 사서 파직되어 고향으로 돌아왔다. 기축년(1709, 숙종35)이 공의 회혼(回婚)이 되는 해인지라 중뢰연(重牢宴)을 거행하니, 듣는 이들이 감탄하며 말하길 "어진 이는 반드시 장수한다고 하니 과연 그렇구나." 하였다. 이해 7월 25일 정일재(精一齋)에서 세상을 떠나니 향년 80세였다. 9월에 같은 고을 호현(狐峴)의 임좌(壬坐) 언덕에 안장하였다. 조정에서 공의 지극한 행실을 가상히 여겨 추후에 정려(旌閭)의 명이 내렸다.

협소재(愜素齋)의 휘는 효상(孝詳)이고 협소재의 아들 필진(必震)은 의금부 도사를 지냈으니, 이분들이 공의 조부와 부친이다. 아내 전주 이씨(全州李氏)는 도사 사숙(士淑)의 따님으로 아들이 없어서 종형 여회(如晦)의 아들 정익(廷羽)을 후사로 삼았다. 장손 성시(聖時) 또한 효행으로 사헌부 지평에 추증되었으며 차손은 성조(聖朝)이다. 성시가 아들이 없어 성조의 아들 명익(命益)을 후사로 삼았다. 성조는 4남을 두었으니 명익(命益), 명직(命稷), 명기(命夔), 명룡(命龍)이다. 명직이 내게 수학한 자인데, 찾아와 공의 묘표에 새길 비문을 부탁하기에 대략 이렇게 써서 비석 뒷면에 새기게 하였다.

찰방 송공 묘표[68]

察訪宋公墓表

공은 휘가 기덕(基德)이고 자가 군적(君積)이니 은진(恩津) 사람이다. 우암 선생(尤菴先生)은 성품이 엄격하여 인정한 자제들이 적었으나 유독 공만은 매우 인정하였으니, 선생이 시킨 일을 공이 처리하여 보고하면 항상 칭찬하였다. 공은 또 동춘 선생(同春先生)에게 수학하였는데, 동춘이 공을 지목하여 말하길 "이 사람이 그 집안의 중부를 자못 빼닮은 자이다."라고 했으니, 중부는 우암을 가리킨다.

공은 침착하고 강직하며 성실하여 남을 대할 적에 겉치레가 없었다. 일찍부터 과거를 그만두고 두문불출하며 스스로 수양하였다가 천거되어 신유년(1681, 숙종7) 영릉 참봉(寧陵參奉)에 제수되었다. 몇 해 뒤에 모친의 병환 소식을 듣고 사직하고 속히 돌아왔는데, 공은 본래 천연두를 꺼려했으나 피하려고 하지 않았다. 모친상을 당한 뒤에 전염병으로 인해 목숨이 거의 위태롭게 되었는데, 우암이 편지를 보내 말하기를,

"네가 죽음을 무릅쓰고 양어머니의 위급한 상황에 달려갔으니 하늘이 필시 네게 복을 내릴 것이다. 그러하니 근심하지 말거라."

하였는데, 과연 그러하였다.

뒤에 다시 도원도 찰방(桃源道察訪)에 제수되었는데, 관직이 낮다고 해서 공무를 게을리 하지 않고 삼가고 조심하며 법도를 지켰다.

68 찰방 송공 묘표 : 저자가 송기덕(宋基德, 1634~1702)을 위해 쓴 묘표이다.

임기가 거의 찰 무렵 기사년(1689, 숙종15)의 사화를 만나 관직을 그만두고 돌아왔다. 우암을 따라 탐라(耽羅)에 들어가고 또 따라서 초산(楚山 정읍)까지 이르렀는데, 우암이 죽음을 앞두고 공을 돌아보며 말하기를,

"내가 선대를 현양하는 일에 대해서 여한이 없으나 오직 삼현려(三賢閭)[69]를 위한 비석을 세우지 못했으니, 이 일은 너희들의 책무이다."

하였다. 공은 눈물을 흘리며 명을 받들어 1년이 채 되기 전에 선생의 뜻을 이루었다.

공은 어버이를 섬길 적에 능히 순종하면서도 간언하였고 제사를 받들 적에는 풍성하게 하지 않았으나 정결하게 하였다. 고향에 살면서는 조세를 남들보다 먼저 납부하였다. 몸가짐이 엄정하였는데 더욱 악을 미워하고 굽히지 않았다. 남들이 비록 친밀하게 굴더라도 감히 함부로 대하지 않았다. 어려서부터 학문을 좋아하여 손에서 책을 놓지 않았다. 만년에 '이빙(履冰)'이라 당호를 지었으니 공이 종신토록 경외하는 마음을 알 수 있다. 숙종 임오년(1702, 숙종28) 윤달 여름 세상을 떠나니 향년 69세였다. 아무 고을 아무 언덕에 공을 안장하였다.

수옹(睡翁)의 휘는 갑조(甲祚)로 큰 절의가 있었다. 다섯 아들을 두었는데, 군수 휘 시묵(時默)과 부사 휘 시걸(時杰)이 순서상 둘째와 다섯째이다. 군수의 아내 가평 이씨(加平李氏)는 봉사 시생(蓍生)의 따님이다. 공이 그 둘째아들인데 부사가 공을 데려다 후사로 삼았다.

69 삼현려(三賢閭) : 송시열의 백증조 귀수(龜壽), 귀수의 동생 인수(麟壽) 그리고 귀수의 사위인 성제원(成悌元)이 모두 도의로 큰 명성을 지녀 당시 사람들은 그들이 살던 곳을 '삼현려(三賢閭)'라고 불렀다.

공은 두 번 장가들었으니, 창녕 성씨(昌寧成氏)와 능성 구씨(綾城具氏)이다. 아들 규석(圭錫)은 요절하였고, 강석(康錫)은 계부의 후사로 나갔는데 학행이 있어 참봉을 지냈으며, 참의 이자(李蓄), 사인 이사제(李思齊)는 사위이다. 막내 훈석(勛錫)은 구씨(具氏) 소생이다. 장남의 아들은 형원(泂源), 명원(命源), 영원(永源)이고, 차남의 아들은 담원(潭源), 순원(淳源), 수원(洙源), 창원(滄源)이고, 삼남의 아들은 홍원(弘源)이다. 원상(元相), 보상(保相), 일상(一相), 운상(雲相), 주상(舟相), 매상(梅相), 한상(漢相)은 증손이다.

다음과 같은 일을 들었다. 우암이 일찍이 효종의 밀찰(密札)[70]을 공에게 주면서 말하기를,

"단단히 간수해야 할 것이다."

하였다. 을묘년(1675, 숙종1)에 선생이 북쪽으로 유배되어 어떤 화가 닥칠지 예측할 수 없는 지경이 되자 자제들이 그 밀찰을 성상께 올려 만에 하나라도 풀려나기를 도모하고자 하였다. 선생이 공을 거듭 면려하며 말하기를,

"너의 눈알을 뽑아줄지언정 이 편지를 내놓아서는 안 된다."

70 효종의 밀찰(密札) : 효종이 하루는 좌우 사람들을 다 물리치고 손수 글 한 장을 써서 친히 봉표(封標)한 다음, 현종을 불러 밀찰(密札)을 주면서 이르기를 "네가 직접 이판(吏判 송시열)에게 가서 꿇어앉아 이것을 올리고 물러나 시립(侍立)해 있다가 이판이 만일 답서를 써 주거든 또 꿇어앉아 받아가지고 오너라." 하였다. 효종이 세상을 떠난 이후에 송시열이 화양동으로 들어가면서 효종의 밀찰을 송기덕(宋基德)에게 맡기며 이르기를 "이것은 효묘(孝廟)의 밀찰이다. 효묘께서 승하하신 이후로 이것을 안고 산중으로 돌아와 삼가 굳게 지키려고 하였는데, 지금 내가 이미 늙었으니, 나를 이어 이것을 지킬 사람은 오직 너뿐이다." 하였다. 《寒水齋集 卷22 宋君積御札承受事實記》

하였다.

친우들이 그 밀찰을 한 번 보길 원하였는데, 심지어 뜰에 내려가 무릎을 꿇고 청하는 자도 있었으나 공은 완고하게 허락하지 않았다. 훗날 사국(史局)에서 전대(前代) 조정의 글을 수습하려고 할 적에 선생이 그 밀찰을 돌려달라고 구하니, 공이 몸소 갖다드렸다. 공과 같은 이는 선생이 부탁한 뜻을 저버리지 않았다고 할 만하며, 선생 또한 사람을 잘 알아본 것이로다. 공의 충심과 신의를 의지할 만한 점이 이와 같거늘 안타깝게도 세상에 쓰이지 못하였다.

훈석(勛錫)이 내게 묘표의 비문을 부탁하였다. 나는 후생(後生)으로서 공을 뵌 적이 없었으나, 평소 부사(父師)로부터 인정을 받은 점은 모두 믿을 만하니 후세에 불후하게 전해지기 충분하다. 이를 써서 돌려보내어 비석에 새기게 하노라.

판서 서포 김공 묘표[71]

判書西浦金公墓表

숙종 정묘년(1687, 숙종13), 김만중(金萬重) 공이 지경연으로 입대하여 정사를 말하다가 성상의 노여움을 사서 법관의 심문을 받고, 얼마 뒤에 평안도 선천부(宣川府)로 유배되었다. 당시 대신 김수항(金壽恒) 등이 성상의 명으로 정승을 추천하였는데 네 차례나 추가로 추천하였으나 성상의 뜻에 맞지 않아 입대하여 거듭 청하니, 성상이 특별히 조사석(趙師錫)을 천거하여 임명하였다. 후궁 장씨(張氏)가 막 총애를 받고 있었기에 항간에서는 조사석이 정승에 제수된 것은 사사로운 연줄과 청탁 때문이라고 아우성이었는데,[72] 공이 개연한 마음으로 말하기를,

"우리 성명(聖明)하신 임금께서 어찌 이런 일을 하시겠는가."

하였다.

그러나 항간의 비방이 들끓는데도 조정에서 얼버무리자 공이 마침내 성상의 덕에 누가 될까 두려워 숨김없이 모두 아뢰고 이어 수신제가(修身齊家)의 도를 권면하였다. 성상이 마주하여 힐난하자 공은 대답하기를,

"신은 임금을 부모처럼 여기고 있기에 이러한 말을 들은 이상 감히

71 판서……묘표 : 저자가 김만중(金萬重, 1637~1692)을 위해 쓴 묘표이다.

72 항간에서는……아우성이었는데 : 당시 조사석(趙師錫)의 정승 발탁을 두고 항간에서는 그가 장씨(張氏)의 어미와 친밀한 관계가 있었기 때문이라고 비방하였다.

아뢰지 않을 수 없었습니다."

하였다. 우암 선생(尤菴先生)이 이 일을 듣고 감탄하며 말하기를,

"저 사람은 말을 하지 않을지언정, 말을 하면 꼭 남들이 하기 어려운 말을 한다.[73]"

하였다.

당시 역적 이항(李杭)이 가까운 종친의 신분으로 후궁 장씨와 결탁하고 은총을 빙자하여 교만하고 방자하였는데, 공이 아울러 논핵하고자 했으나 미처 하지 못하여 유배길에 오를 때 시를 지어 뜻을 드러내었다.[74] 적소에서 2년을 보내고 사면되어 돌아왔다. 기사년(1689, 숙종 15) 군흉들이 득세하고서 소문의 근원을 추궁하도록 청하여 성상의 뜻에 영합했는데, 공이 다시 하옥되어 사실대로 대답하였으나 끝내 고문을 면치 못하였다. 얼마 뒤 의계(議啓)하라는 명이 내려 마침내 죽을죄를 용서받고 남해(南海)의 섬으로 위리안치되었다.

공은 유복자로 태어나 부친의 얼굴을 알지 못하는 것을 종신의 통한으로 여겼다. 지극한 사랑으로 모친 윤 부인(尹夫人)을 섬겨 모친의 마음을 즐겁게 해드리는 것이 옛날에 새끼를 가지고 장난하고 어린애 울음소리를 내던 노래자(老萊子)와 거의 비슷하였다. 부인이 책을 좋아하였기에 옛날 역사책과 진기한 책부터 패관잡기에 이르기까지 모아 밤낮으로 곁에서 얘기를 나누면서 웃음거리로 삼았다. 어려서부터 늙

73 저……한다 : 《논어》 〈선진(先進)〉에 "저 사람이 말을 하지 않을지언정, 말을 하면 반드시 도리(道理)에 맞음이 있다.〔夫人不言, 言必有中.〕"라고 한 말을 변개한 것이다.

74 유배길에……드러내었다 : 김만중(金萬重)의 《서포집(西浦集)》 권3에 수록된 〈9월 13일 의금부를 나와 선천 배소로 가는 길에〔九月十三日出禁府赴宣川配所〕〉라는 시를 가리킨다.

어서까지 공적인 일이 아니면 한 번도 부인의 곁을 떠난 적이 없었다. 따로 살게 된 후에는 매일 새벽에 가서 문안을 드리고 인정(人定)이 된 후에야 돌아왔는데, 이웃사람이 몰래 기록해보니 하루도 차질이 없었다. 공의 효성이 이와 같았으나 나라를 위해 남김없이 아뢸 적에는 늙은 모친이 계시다는 이유로 스스로 변명하지 않았다. 처음 공이 귀양 갈 적에 부인이 태연하게 말하기를,

"산과 바다로 멀리 귀양을 떠나는 것은 선현도 면치 못하였으니, 귀양길에 자중자애하고 나는 염려치 말거라."

하니, 듣는 이들이 모두 눈물을 흘렸다. 공이 남해에 있을 적에 부인이 세상을 떠나자 공은 기절할 정도로 울부짖으며 더 이상 살려는 뜻이 없는 듯하였다. 조석으로 신위를 설치하여 제수를 올리고 어린애가 우는 것처럼 하니 섬사람들이 애통해 하였다. 너무 슬퍼한 나머지 병이 생겨 상기(喪期)를 마치자마자 세상을 떠나니 바로 임신년(1692, 숙종18) 4월 30일이었다.

공은 자가 중숙(重叔)이고 호는 서포(西浦)이니 광주(光州) 사람이다. 사계(沙溪) 문원 선생(文元先生)은 휘가 장생(長生)으로 세상의 유종(儒宗)이었으며, 그의 손자 익겸(益兼)은 생원시에 장원하고 사림(士林)의 중망이 있었는데 정축년(1637, 인조15) 강도(江都)의 난리 때 분신(焚身)하여 죽어[75] 사헌부 지평으로 추증되었으니 공은 이분의 아들이다. 윤 부인(尹夫人)은 이조 참판 지(墀)의 따님으로 지평공이

75 분신(焚身)하여 죽어 : 저자의 부친 김익겸(金益兼, 1615~1637)은 병자호란 때 강화로 가서 항전하였는데, 전황이 불리해지자 강화 유도대장(江華留都大將) 김상용(金尙容)과 함께 남문 위에서 폭탄을 터뜨리고 스스로 목숨을 끊었다.

절의를 위해 목숨을 바치고 한 달이 지났을 때 공을 낳았다.

윤 부인이 기르고 가르쳤는데 공은 젖을 떼기도 전에 이미 글씨를 배웠다. 영민하여 일찍 성취하였으니 14세에 초시에 합격하고, 16세에 진사에 1등으로 합격하였는데, 당시 아직 장가들기도 전이었다. 29세에 정시(庭試)에 장원급제하여 규례대로 성균관 전적에 제수되었고, 사간원, 사헌부, 춘방, 옥당, 이조의 낭관, 지제교를 역임하였다. 일찍이 정승 허적(許積)의 간사함을 논척하다가 금성(金城)에 유배되었다.

을묘년(1675, 숙종1) 통정대부에 오르고, 승지로서 또 윤휴(尹鑴)와 허목(許穆)을 논핵하다가 견책을 받고 삭탈관직되었다. 서용되어서도 여전히 순탄치 않은 벼슬길에 있었다. 경신년(1680, 숙종6) 정국이 바뀌었을 때 흉당들이 쫓겨나자 공이 다시 승지가 되고 대사성 겸 승문원 부제조로 옮겼다. 문형의 천망(薦望)에 들고 이어 홍문 제학, 동지경연에 발탁되었다. 여러 번 대사헌, 부제학을 지내고 현묘(顯廟) 실록(實錄)의 찬수에 참여하였다.

신유년(1681, 숙종7) 가의대부에 오르고, 계해년(1683, 숙종9) 자헌대부에 올랐다. 갑자년(1684, 숙종10) 정헌대부에 오르고 얼마 뒤에 숭정대부에 올랐다. 의정부 참찬, 예조 판서를 지내고 병조로 옮기게 되자 힘써 사양하여 체직되었으며, 두 차례 대제학에 제수되었으나 모두 나아가지 않았다. 공이 지경연이 된 것은 정묘년(1687, 숙종13)의 일이다.

공의 모습은 옷의 무게도 감당하지 못할 듯하고 말은 입 밖으로 나오지 못할 듯하였으나 그 마음은 확고하여 맹분(孟賁)과 하육(夏育)도 뺏기 어려운 용맹함이 있었다. 논해야 할 일이라면 권귀(權貴)의 세력을 꺼리지 않고 친우와의 교의도 신경 쓰지 않았다. 강연(講筵)의 자리에서는 말의 기운은 온화하고 강설(講說)은 분명하여 당시 사람들이 참된 학사(學士)라고 칭송하였다. 효숙대비(孝肅大妃)[76]가 우연히 창문 사이로 현묘(顯廟)가 경연을 여는 모습을 보았는데, 공이 진강하는 것을 보고는 윤 부인이 자식을 잘 가르쳤다고 자주 칭찬하였다.

전후로 임금에게 아뢴 말은 모두 간단하고 명백함을 위주로 하였으며 또 차분하고 간곡하여 임금이 우레와 같은 기세로 꺾어 누르더라도 더욱 편안히 하고 자세히 아뢰었다. 아! 기질이 한쪽으로 치우친 지 오래되었는데, 공과 같이 한쪽으로 치우치지 않고 온화하고 올곧은 성품을 모두 가진 이를 어찌 쉽게 다시 얻을 수 있겠는가. 더군다나 남들은 하나의 재주나 기예만 있어도 걸핏하면 자득하여 스스로 기뻐하는데, 공은 넓은 학식이 천도(天道)와 인도(人道)를 꿰뚫는데도 능력이 없는 것처럼 겸손하였다. 권세가 막강하고 영화로운 자리는 세상 사람들이 치달리며 탐내는 것인데, 공만은 헌신짝처럼 여겨 초연히 자처하지 않았다. 비록 낭묘의 자리에 있더라도 산택의 비쩍 마른 선비처럼 초연하였으니, 이는 남들보다 한 등급 뛰어날 뿐만이 아니다. 공의 시문(詩文)은 타고난 재주가 매우 높은데다 《시경》에 근원하고 《이소(離騷)》를 참작하였으니, 거의 이른바 일창삼탄(一唱三歎)하여 여음(餘音)이 있는[77] 경지이다.

76 효숙대비(孝肅大妃) : 현종의 생모 인선왕후(仁宣王后)을 가리킨다. 우의정 장유(張維)의 딸이자 우의정 김상용(金尙容)의 외손이다.

77 일창삼탄(一唱三歎)하여 여음(餘音)이 있는 : 한 사람이 노래를 선창하면 세 사람이 화답한다는 뜻으로, 시문이 매우 뛰어남을 뜻한다. 《예기》 〈악기(樂記)〉에 "청묘(淸廟)의 슬(瑟)은 붉은 현(絃)으로 되어 있고 소리가 느릿하여서 한 사람이 선창하면 세 사람이 화답하여 여음(餘音)이 있다." 하였다.

아! 고인의 말에 죽고 사는 것이 또한 중대한 일이라고 하였다. 정묘년의 일은 공이 말을 하면 화가 뒤따른다는 것을 몰랐던 것이 아니지만 그 마음은 단지 자신의 임금이 사랑할 만하다는 점만 알고서 도거정확(刀鋸鼎鑊)의 형구는 일절 아랑곳하지 않았으니 전일한 충심은 천지귀신에게 질정해도 부끄러울 게 없다. 나는 일찍이 〈구가(九歌)〉와 〈천문(天問)〉 등의 글을 읽고 굴원(屈原)의 충심을 슬퍼하였는데, 굴원은 본디 충심이 지나친 자이긴 하지만 또한 불행하게도 때를 만나지 못했을 뿐이다. 우리 성고(聖考 숙종)의 지극한 어짊과 밝음으로도 끝내 공으로 하여금 충심을 품고 원통함을 안은 채 실의하고 시름하는 가운데 죽게 하였으니, 아! 하늘이 그런 것인가, 사람이 그런 것인가?

갑술년(1694, 숙종20) 성상의 은례(恩例)로 복관시키고 치제하였으며, 그 후에 또 대신의 말로 인해 공의 마을에 효자지문(孝子之門)이라 정려하도록 명하였으나 끝내 한 사람도 이전의 일을 거론하여 공의 마음을 밝힌 자가 없으니 더욱 슬퍼할 만하다. 나는 근세의 이름난 사대부를 위해 명(銘)을 지은 것이 많은데, 공에 대해선 실로 지하에서 살려내고 싶은 바람이 있기에 우선 묘비의 뒷면에 충효의 큰 절의를 드러내어 후세에 보이노라. 공은 처음에 광주(廣州)에 안장하였다가 신묘년(1711, 숙종37) 장단(長湍) 대덕산(大德山) 아래로 이장하였다.

현감 이공 묘표[78]

縣監李公墓表

나는 어려서부터 외가의 이 연풍(李延豐) 어른을 여러 번 뵈었는데, 공은 예스러운 모습과 마음을 지녀 속세의 기운이 한 점도 없었다. 내가 비록 몽매하여 식견이 없었으나 공이 독실하게 옛 것을 좋아하는 군자임을 알 수 있었다. 공이 세상을 떠난 지 30여 년이 되었을 때 공의 외손 정확(鄭擴)이 공의 가장(家狀) 한 부를 보여준 이후에야 공을 상세하게 알 수 있었다.

공은 휘가 만형(萬亨)이고 자는 자하(子夏)이니, 우리 태종대왕의 별자 효령대군(孝寧大君) 보(補)의 후손이다. 명원군(明源君) 휘 호(灝)에 이르러 종실의 명적(名籍)이 비로소 끊겼으니 공의 5대조이다. 증조 휘 경운(卿雲)은 문과에 급제하고 내자시 정을 지냈으며, 조부 휘 광원(光遠)은 효행이 있었다. 부친 휘 익현(益賢)은 병자년(1636, 인조14)과 정축년(1637) 이후로 과거를 그만두고 자숙하였는데, 창원 현감(昌原縣監) 황식(黃植)의 따님을 아내로 맞이하여 인조(仁祖) 무인년(1638)에 공을 낳았다.

나이가 겨우 관례를 치렀을 때부터 이미 위기지학(爲己之學)에 뜻을 두었다. 부친의 명으로 우암 선생(尤菴先生)에게 수학하였는데, 선생의 문하에서 수학하는 이들이 많았지만 진실한 마음으로 각고의 공부[79]

78 현감 이공 묘표 : 저자가 이만형(李萬亨, 1638~1706)을 위해 쓴 묘표이다.

79 진실한……공부 : 주희(朱熹)의 문인 황간(黃榦)이 임천현(臨川縣)에서 현승(縣

를 한다고 공을 자주 칭찬하였다. 이때부터 과거 공부를 그만두고 학문에 전심하였다. 한성에서 금릉(金陵)의 시골집으로 이사 가서는 몸소 농사를 지으며 어버이를 봉양하였고, 어버이가 돌아가셨을 때는 거상(居喪)을 잘 한다고 일컬어졌다.

을묘년(1675, 숙종1), 군흉들이 득세하자 우암 선생이 예송(禮訟)으로 무함을 받고 북쪽 변방으로 유배되었다. 공이 개연한 마음으로 홀로 상소하여 변론하고 이어 당국자의 죄악을 모두 드러내었는데, 승정원에서 저지하여 올리가지 못하였다. 얼마 뒤 윤휴(尹鑴)가 방자하게 상소하여 이 아무개의 상소는 그 죄과를 밝히지 않을 수 없다고 하여 의금부에서 김포(金浦)로 공문을 보내어 공을 압송해 오라고 하였다. 공이 밤새 서울로 끌려와 승정원에 도착하여 이전의 상소를 찾아보니 이미 불태운 뒤였다. 종이와 붓을 주면서 상소를 베껴 써서 올리게 하니, 성상이 그것을 보고 즉시 변방에 정배(定配)하라고 명하였다. 공이 금성(金城)에 이르렀을 때, 정승 허적(許積)이 이미 물린 상소를 가지고 중형을 내리는 것은 국체(國體)을 손상시키는 일이라고 생각하여 정배를 환수하기를 청하고 단지 유벌(儒罰)을 시행한다는 소식이 들려왔다. 공은 곧장 고향집으로 돌아가 시름과 걱정 속에 살면서 날마다 서적으로 자신을 달랬다.

경신년(1680, 숙종6), 허견(許堅)과 이남(李柟) 등이 역모를 꾀하다 사사되고 윤휴의 일당이 축출되어 조정이 청명해지자 우암 선생이

丞)의 아들인 하기(何基)를 제자로 받아들일 적에 "학문은 반드시 진실한 마음 바탕 위에서 각고의 공부를 해야만 가능하다.〔必有眞實心地, 刻苦工夫, 然後可.〕"라고 일러 주었다.《宋史 卷438 何基列傳》

사면되어 고향으로 돌아왔다. 공은 선생을 찾아가 궤장(几杖)을 잡고 모시면서 옛날에 배웠던 것을 탐구하였다. 계해년(1683, 숙종9), 경서에 밝고 행실이 바르다고 천거되어 장릉 참봉(章陵參奉)에 제수되고 차례대로 올라 선공감 봉사가 되었다. 정승 이상진(李尙眞)이 제조로 있었는데 시행하는 일이 법을 벗어난 것들이 많았다. 공이 그때마다 의리를 끌어와 쟁론하였으나 관철되지 않자 곧장 벼슬을 그만두고 떠났다.

기사년(1689, 숙종15), 군흉들이 다시 득세하여 성후(聖后 인현왕후)는 폐위되었으며, 우암 선생은 절도(絶島)에 위리안치되었다가 곧 사사되었다. 공은 슬퍼하고 한탄하며 살려는 뜻이 없는 듯하였다. 같은 문하의 여러 사람들과 상소를 올려 억울함을 호소하였으나 올라가지 않자 곧장 사람들을 이끌고 돈화문(敦化門) 밖에서 통곡하니 승정원에서 공을 잡아다 심문하기를 청하였다. 공이 "대궐에 엎드려 통곡하는 것은 원래 고사(故事)가 있으니, 이는 원통하고 분한 마음을 그칠 수 없기 때문이다."라고 공술(供述)하니, 엄형(嚴刑)을 두 차례 가한 뒤 유배시키라는 특명이 내려졌다. 공은 온갖 고문을 당하면서도 답변하는 말이 끝내 흔들리지 않았는데, 한 달이 지나서야 비로소 고성(固城)으로 귀양 갔다. 고성은 남쪽 지방에서 가장 풍토가 나쁜 곳인데 공은 청량한 지방에 사는 듯이 지내며 문을 닫고 독서하였고 생계가 몹시 고달팠으나 근심하는 기색을 보이지 않았다.

갑술년(1694, 숙종20), 성상이 크게 뉘우쳐 왕후의 자리를 다시 바로잡고, 우암 선생의 무함이 깨끗이 씻어져 복관시키고 사제(賜祭)하였다. 공 또한 방환되고 얼마 뒤 서용되어 즉시 공릉 참봉(恭陵參奉)에 제수되었는데, 공이 벼슬살이를 좋아하지 않아 한 번 사은하고는 곧 체직되었다.

을해년(1695, 숙종21), 다시 건원릉 참봉(健元陵參奉)에 제수되었다. 이전에 공이 원릉(園陵) 제향(祭享)의 소찬(素饌)이 예가 아니라는 내용으로 상소하여 바로잡기를 청했으나[80] 예조에서 반대하는 의견을 올렸다. 공은 관직의 대소에 관계없이 그 직분을 다하지 못하면 떠나야 한다고 생각하여 마침내 사직하여 체직되었다. 이때 다시 제수되어 이전의 청을 거듭 아뢰고, 또 존왕양이(尊王攘夷)의 대의를 말하면서 종묘(宗廟)의 선성(先聖) 및 각 원릉에 쓰는 고제축문(告祭祝文)에 오랑캐 연호를 쓰지 말고 단지 모년간지(某年干支)만을 쓰도록 청하였다. 다시 예조에 내려졌으나 예조에서 다시 반대하는 의견을 올렸다.

무인년(1698, 숙종24), 세자익위사 세마로 옮기고, 이듬해 장악원 주부에 올랐다. 공은 종묘의 음악이 대부분 잘못된 것을 개탄하여 상소를 올려 하나하나 말끔히 고치기를 청하였는데, 예조에 내려져 논의되었으나 또 중지되고 시행되지 못하였다. 의금부 도사를 거쳐 외직으로 나가 연풍 현감(延豐縣監)이 되었다. 연풍은 조령(鳥嶺)의 요충지에 해당하였는데, 공이 부임하여 요해처(要害處)의 이해(利害)를 조목조목 아뢰어 조령에 성을 쌓고 각 고을로 하여금 군량을 실어 나르도록 청하였다. 성상이 후한 비답을 내렸으나 조정의 논의에 부딪쳐 또한 시행되지 못하였다. 6년 동안 관직에 있으면서 헛된 명성은 구하지

80 공이……청했으나 : 이만형(李萬亨)이 능침(陵寢)의 제향(祭享)에 순전히 소찬(素饌)을 쓰는 것이 예가 아님을 말하고 육찬(肉饌)으로 바꾸기를 청하였으나 시행되지 않았다. 《肅宗實錄 10年 5月 18日》

않고 전적으로 실질적인 혜택에 힘써 백성이 송덕비를 세워 공을 기렸다. 병술년(1706, 숙종32) 모월 모일에 금릉의 서재에서 세상을 떠나니 향년 71세였다.

공은 타고난 자질이 뛰어난데다 또 대현(大賢)을 만나 그에게 귀의하였다. 인륜을 애호하였는데 특히 생삼사일(生三事一)[81]의 도에 독실하였으니 스승과 생사영욕을 함께 하며 지조가 더욱 굳세었다. 낮은 벼슬을 하찮게 여기지 않아 그때마다 직분에 맡은 바를 생각하는[82] 의리를 다하여, 세속의 비웃음은 개의치 않고 품은 생각을 반드시 개진하였다. 종묘의 음악과 원릉의 제향에 대한 잘못이나 요해처를 두는 편리함을 논할 때마다 모두 사리에 적중하였으니 대체로 꽉 막힌 유자나 세속의 선비가 미칠 수 있는 바가 아니었다. 체용(體用)을 온전히 갖춘 학자가 아니라면 어찌 이처럼 할 수 있겠는가. 다만 시행되고 시행되지 않는 것은 남에게 달려있고 자신에게 달려있는 것이 아닌지라 예로부터 성현도 기필하지 못했으니, 공이 어찌하겠는가.

공의 집안이 본래 청렴하고 검소하여 평소 강학하는 것 외에는 어떠한 일도 마음에 두지 않았기에 자신을 단속함이 공정하고 청렴하며 집안을 다스림이 검약하였다. 자녀들을 가르칠 적에는 항상 선현이

81 생삼사일(生三事一) : 부모와 스승과 임금을 똑같이 섬기는 것을 가리킨다. 진(晉)나라 대부 난공자(欒共子)가 "사람은 세 분에게서 살게 되었으니 이분들을 섬기기를 똑같이 해야 한다. 아버지는 나를 낳아주시고, 스승은 나를 가르쳐 주시고 임금은 나를 먹여 주셨다.〔民生於三, 事之如一. 父生之, 師敎之, 君食之.〕"라고 한 데서 나온 말이다. 《國語 晉語》《小學集註 明倫》

82 직분에……생각하는 : 《시경》〈실솔(蟋蟀)〉에 "너무 편안하지 않은가. 직분에 맡은 바를 생각하라.〔無已大康, 職思其居.〕"라고 한 데서 나온 말이다.

남긴 법도를 말하였고, 또 반드시 당시 사람들이 좋아하는 바를 좇아가지 않도록 경계하였다. 가정 내에서는 조정에서처럼 근엄하였으나 또한 온화한 기운은 잃지 않았다.

부인 양씨(梁氏)는 문양공(文襄公) 성지(誠之)의 후손이요 응렴(應濂)의 따님이다. 1남 억령(億齡)을 두었는데 요절하고 아들이 없었으며, 1녀는 사인 정평(鄭枰)에게 시집갔다. 사후에 족자(族子) 현욱(顯郁)을 데려와 후사로 삼았는데 현욱도 요절하였다. 그의 두 아들은 모두 어리며 장녀는 현감 윤지인(尹志仁)에게 시집가고 차녀는 사인 정오악(鄭五岳)에게 시집갔으니 확(擴)은 그의 아들이다. 측실 소생 몽령(夢齡)도 요절하였고, 사위는 김휘원(金輝遠)인데 아들 병갑(炳甲)이 있다.

확이 모친의 명으로 공의 무덤에 세울 비문을 구하였다. 아! 옛날 중랑(中郞)에게 딸이 있었지만[83] 이러한 일은 듣지 못했으니 참으로 기특하구나. 마침내 이를 써서 확에게 전하여 묘표의 뒷면에 새기게 하노라.

83 중랑(中郞)에게 딸이 있었지만 : 후한(後漢) 때 중랑장(中郞將)을 지낸 채옹(蔡邕)의 딸 문희(文姬)를 가리킨다. 채옹은 아들이 없었는데, 딸 문희가 가업을 계승하여 문학으로 명성이 높았다.

참봉 오공 묘표[84]

參奉吳公墓表

숙종 기사년(1689, 숙종15), 양곡(陽谷 오두인(吳斗寅)) 오공(吳公)이 국모를 위해 간하다가 세상을 떠났다.[85] 성상께서 진노하여 그의 자제와 조카 및 사위에 이르기까지 모두 금고(禁錮)를 명하였는데, 막내 동생 두규(斗奎)는 인조(仁祖)의 능(陵) 침랑(寢郞)으로 있다가 또한 파직당하였다. 양성(陽城)의 선영 아래로 돌아와 통곡하고 상심한 채 살고자 하는 마음이 없는 듯하였는데, 마침내 이듬해 4월 24일 병으로 세상을 떠났다. 양곡공의 묘 왼쪽 언덕에 안장하였다. 그 후 4년이 지나 성상께서 크게 뉘우쳐 왕후의 자리를 마침내 바로잡았다. 이에 양곡을 영의정에 추증하고 충정(忠貞)이란 시호를 내렸으며 또 여문(閭門)에 정표(旌表)하였으나 공은 이미 세상을 떠난 뒤라 이 일을 볼 수 없었다.

공은 자가 휘경(輝卿)이니, 숭정(崇禎) 경진년(1640, 인조18)에 태어났다. 풍채가 수려하고 자질이 온순하였으며 어려서부터 지기(志氣)를 품어 일을 만나면 과감히 행하였다. 그래서 선배들 대부분이 공이 원대하게 되리라 기대하였으나 불행히도 운수가 없었다. 48세에 진사

84 참봉 오공 묘표 : 저자가 오두규(吳斗奎, 1640~1690)를 위해 쓴 묘표이다.

85 양곡(陽谷) …… 떠났다 : 1689년(숙종15) 5월 인현왕후(仁顯王后) 민씨(閔氏)가 폐위되자 오두인(吳斗寅)은 이세화(李世華), 박태보(朴泰輔)와 함께 이에 반대하는 소를 올려 국문을 받고 의주로 유배가다가 파주에서 죽었다.

가 되고 50세에 낮은 관직을 맡았으나 몇 개월이 채 지나기도 전에 화를 만나 끝내 그 재능을 시험하지 못하였으니, 안타깝도다.

증조 정방(定邦)은 경상우도 병마절도사를 지내고 광해군이 모후(母后)를 폐위시킬 때 우뚝하게 수립한 바가 있었으며,[86] 조부 사겸(士謙)은 종친부 전부를 지냈으며, 부친 상(翔)은 사복시 주부를 지내고 이조 판서에 추증되었다. 모친 완산 이씨(完山李氏)는 영의정 양원(陽元)의 증손으로 부친은 목사 복광(復匡)이다. 공은 남양(南陽) 홍집(洪鏶)의 따님을 아내로 맞이하였다. 장남은 경주(經周), 차남은 현감 위주(緯周)이고, 딸들은 진사 이지억(李祉億), 사인 김주호(金胄豪)에게 각각 시집갔다. 강주(綱周)와 유주(維周)는 측실 소생이다. 경주의 아들은 순(珣)과 아무개이다.

나는 양곡공의 집안에 장가들었는데 공이 세상을 떠나고 몇 년이 지난 때였다. 장모 황 부인(黃夫人)은 항상 공을 칭송하기를, 두 형을 부친처럼 섬기고 그 마음을 여러 종형제들에게 미루어 나가 모두에게 환심을 얻었으며 또 거상(居喪)을 잘 치렀다고 하였다. 황 부인은 여사(女士)로서의 식견이 있었으니 그 말은 본디 믿을 만하였다. 공의 두 아들과 종유하게 되었을 적에 이들이 모두 효우(孝友)로 가업을 계승하고 있었으니, 공이 스스로 갖추었고 또 후손에게 남겨주었음을 더욱 믿게 되었다. 경주(經周)가 묘소에 비석을 세우면서 나에게 글을 부탁

86 광해군(光海君)이……있었으며 : 계축년(1613, 광해군5) 폐모(廢母) 문제를 논의하는 자리에서 오정방(吳定邦)은 "신은 무부(武夫)로서 《사략(史略)》 초권(初卷)의 '잘 다스려 간악한 데에 이르지 않게 하였다.'라는 말만 읽었습니다."라고 말하였는데, 이 일로 인해 오랫동안 낙척하였다. 《白軒集 卷42 慶尙右道節度使吳公神道碑銘》

하였기에 견문한 바를 이처럼 대략 서술하니, 후손들이 참고할 점이 있을 것이다.

좌랑 이공 묘표[87]

佐郞李公墓表

지위는 낭관보다 낮으면서 행실은 고인보다 높은 이가 있으니 바로 자가 치원(致遠)인 이곤(李琨) 공이다. 공은 원주(原州) 사람으로 증조 승정(承頲)은 참봉을 지냈고, 조부 업(㦧)은 벼슬하지 않았으며, 부친 응한(應漢)은 과의 교위를 지냈다. 대대로 원주에 살다가 교위공(校尉公)에 이르러서 광주(廣州)로 옮겨 살았다.

공은 어려서 우리 외조부 민 문정공(閔文貞公 민유중) 형제를 스승으로 모셨는데, 《소학》 책을 받아 읽고는 말 한마디 행동 하나도 모두 이를 법도로 삼았다. 겨우 12세의 나이에 교위공의 상을 당하여 늘 여막에 거처하며 성인(成人)처럼 집상(執喪)하였다. 상복을 벗지 않고 입에서 곡소리가 끊어지지 않으니 남들이 효성스런 아이라고 칭찬하였다. 교위공이 병환이 들었을 때 공은 두 손가락을 베어 피를 올려드렸는데, 교위공은 숨이 거의 끊어졌다가 회생하여 말하기를,

"내 입속에 넣어준 것이 무엇이냐? 그 맛이 시원스러우니 깊은 병이 사라진 듯하구나."

하였다. 병이 조금 차도가 있어 교위공이 생선을 먹고 싶어 했는데 당시 겨울이라 강물이 꽁꽁 얼었고, 공은 또 손가락 상처가 심했다. 마침내 맨발로 얼음 위로 올라가 배회하며 눈물을 흘렸는데, 갑자기 얼음 구멍 속에서 물고기가 팔딱거리니 마침내 물고기를 찔러서 잡았

87 좌랑 이공 묘표 : 저자가 이곤(李琨, 1641~1697)을 위해 쓴 묘표이다.

다. 사람들이 공의 효성에 감응한 것이라고 하였다.

공이 편모를 봉양할 적에 집이 가난하여 변변찮은 끼니도 잇질 못한지라 원주에서 꾸어서 곡식을 등에 지고 광주까지 왔다. 광주는 원주와 3백 리 떨어져 있었는데, 지켜보는 이들이 그 수고로움을 안타깝게 여겨 곡식을 나누어 지려는 이들이 많았다.

기유년(1669, 현종10) 명경과에 발탁되어 급제하였다. 내직인 성균관 전적, 사헌부 감찰, 공조 좌랑 겸 춘추관 기사관, 외직인 양재도 찰방(良才道察訪), 의령 현감(宜寧縣監), 옹진 현령(瓮津縣令), 보령 현감(保寧縣監), 음죽 현감(陰竹縣監)이 공의 이력이다.

공은 어진 마음으로 남을 불쌍히 여겼으니 집에 한 말의 곡식이라도 있으면 남의 굶주림을 볼 때마다 나누어 주었으며, 몸에 한 벌의 옷이라도 있으면 남의 추위를 볼 때마다 또한 나누어 주었다. 다섯 고을을 두루 다스리면서 털끝만큼도 법을 어긴 적이 없었다. 친족이 공이 체직되었다는 소식을 들으면 매번 한 노복의 집을 깨끗이 치우고 곡식을 모아 공을 기다리며 말하기를,

"이 사람은 본디 살 만한 집도 없고 먹을 만한 양식도 없다."

하였다.

정축년(1697, 숙종23) 6월 음죽(陰竹)에서 벼슬을 그만두고 돌아오다가 이천(利川)의 읍내에서 10월 20일 세상을 떠나니 향년 57세였다. 광주의 사촌(沙村) 손향(巽向)의 언덕에 반장(返葬)하였으니 선영을 따른 것이다. 상례와 장례를 치른 것은 모두 친족과 벗들이 보낸 부의로 충당하였으며, 자손들 또한 가난하여 살아갈 방도가 없었으니 마을 사람들이 탄식하며 "청렴한 관리 노릇을 어찌 할 수 있겠는가."라고 말하였다.

공은 성품이 검약하여 겨울에는 명주옷을 입지 않고 여름에는 모시옷을 입지 않았으며, 고을의 수령이 되어서는 두 종류의 고기반찬을 먹지 않았다. 음죽에 있을 적에 고을이 본디 지극히 가난하였는 데도 을해년(1695, 숙종21)과 병자년(1696)의 대기근을 만나자 관문을 활짝 열어 찾아오는 친족과 벗들을 맞이하였으며, 매월 1일 자신의 요미(料米)를 세상을 떠난 족척(族戚)과 붕우의 집에 나누어준 것이 모두 수십 곳이었다. 공이 세상을 떠나고 몇 년이 지났을 때 광주 사람들이 공의 효행을 가지고 본부에 공문을 올려 조정에 아뢰어 정표(旌表)해 주기를 청하였으니 여기에서 공론을 볼 수 있다.

부인 수원 최씨(水原崔氏)는 천헌(天憲)의 따님으로, 공보다 2년 앞서 세상을 떠났다. 안장한 곳은 원주(原州) 도도리(途道里) 미향(未向)의 언덕인데, 공의 조부 묘소 오른쪽 기슭이다. 후사가 없어 형의 아들 문병(文炳)을 데려와 후사로 삼았고, 딸 한 명은 진사 변욱(邊頊)에게 시집갔다. 문병의 두 아들은 육(堉)과 훈(壎)이다. 측실 소생의 아들 두 명은 문욱(文煜)과 문혁(文爀)이다. 문혁의 아들은 염(埝)과 척(墌)이고, 척은 문욱의 후사로 나갔다.

내가 일찍이 큰외숙 지재공(趾齋公 민진후(閔鎭厚))의 좌중에서 공을 뵈었는데 중후하고 덕이 높은 사람이었다. 또 다음과 같은 얘기를 들었다. 공이 일찍이 대관(臺官) 여필용(呂必容)에게 논핵을 당했는데, 지재공이 궐 안에서 여필용을 만나 "이 아무개는 벼슬살이가 청백(淸白)하고 권세가를 두려워하지 않는 자이니 그대의 논핵은 잘못되었소."라고 말하자, 여필용이 즉시 일을 논한 것이 제대로 살피지 못했다고 스스로를 탄핵하였다. 아! 지재공은 자신이 좋아하는 사람에게 아첨하는 분이 아니니, 오직 이 한 마디 말로 공의 평생을 개괄할 수 있다.

더군다나 공의 타고난 효성은 더욱 탁월하니 세속을 장려하고 세상의 모범이 되기에 충분하다. 이를 대략 써서 문혁(文爀)에게 전하여 비석의 뒷면에 새기게 하노라.

동지 이공 묘표[88]

同知李公墓表

공은 휘가 우(寓)이고 자는 전해지지 않으니 우봉(牛峰) 사람이다. 고조 휘 집(緝)은 사헌부 집의를 지냈고, 증조 휘 세명(世銘)은 기묘명현(己卯名賢)으로 세마를 역임하고 호가 여재(慮齋)이며, 조부 휘 한(僩)은 경력을 지내고 참판에 추증되었으며, 부친 휘 의원(義元)은 동지중추부사를 지내고 참판에 추증되었다. 모친 음성 박씨(陰城朴氏)는 전(悛)의 따님으로 충민공(忠愍公) 순(淳)의 후손이다.

공은 인조 무자년(1648, 인조26)에 태어났다. 어려서부터 지극한 행실이 있었다. 한번은 배를 얻자 동추공(同樞公)에게 드렸는데, 동추공이 사람을 시켜 엿보게 하였다. 배나무가 매우 높아서 배를 딸 수가 없었는데, 공은 겨우 여섯 살의 나이로 배나무 밑에 가서 빌면서 말하기를,

"하늘이시여! 배를 떨어뜨려 주세요. 저희 부모님께 올리고자 합니다." 하였다. 배가 과연 땅에 떨어지자 그것을 품고 가서 올린 것이었다.

어버이가 병환이 생기자 변을 맛보고 하늘에 기도하였다. 한번은 교하(交河) 지역을 가다가 살아있는 생선을 얻었는데 어버이께 바치고자 밤을 무릅쓰고 달려서 돌아왔으니, 어버이를 봉양하는 정성이 대체로 이와 같았다.

처음 벼슬길에 올라 순릉 참봉(順陵參奉)에 제수되었다. 한번은 소

88 동지 이공 묘표 : 저자가 이우(李寓, 1648～1735)를 위해 쓴 묘표이다.

나기가 내리는 가운데 신동(神童)을 만나 시를 짓게 하였는데, "67세에 비로소 남들을 놀래키리라.〔甲七始人驚〕"라는 시구가 있었다. 뒤에 전옥서 봉사, 종친부 전부, 평시서 령, 상의원 첨정, 외직으로는 상운도 찰방(祥雲道察訪)을 역임하였다. 효종[89] 을미년(1715, 숙종41)에 삼대신(三大臣)이 공의 지극한 효성을 아뢰자 특별히 정려(旌閭)하라는 명이 내렸다. 이때 공의 나이가 67세였으니 신동의 시가 과연 징험되었다. 공은 새벽과 저녁에 반드시 사당에 배알하였는데 극심한 병이 아니면 그만둔 적이 없었고, 기일을 만나면 한 달 동안 채식(菜食)하기를 젊은 시절부터 늙어서까지 한결같이 행하였다. 가선대부 동지중추부사에 오르고 백동(柏洞)의 정침(正寢)에서 세상을 떠나니 향년 88세였다.

부인 남양 홍씨(南陽洪氏)는 아들이 없어 집안 종제의 아들 후응(後膺)을 데려다 후사로 삼았고, 후응 또한 아들이 없어 계자 척(滌)을 두었으며, 척 또한 계자 제화(濟華)를 두었다. 한 명의 사위는 직장 안오성(安五星)이니 그 아들은 진사 여대(如岱)이다.

나는 같은 종파의 후생인지라 그래도 집안 어르신들한테 공의 행의(行誼)를 익히 들었으나 가승(家乘)이 산실되어 참고할 만한 게 없다. 그저 한두 가지 전해지는 것을 가지고 대략 글을 서술하여 제화에게 주어 묘표의 뒷면에 새기게 하노라.

89 효종(孝宗) : 실제로는 숙종이다.

우의정 민공 묘표[90]

右議政閔公墓表

지금 성상 몇 년[91]에 고(故) 우의정 민진장(閔鎭長) 공에게 문효공(文孝公)이란 시호를 하사하였으니, 이분은 노봉(老峰) 문충공(文忠公 민정중(閔鼎重))의 아드님이다. 문충공의 부친 관찰공(觀察公 민광훈(閔光勳)으로부터 공에 이르기까지 3대가 장원급제하였으며, 문충공이 우리 숙종조에 정승을 지내고 세상을 떠난 지 10년도 못 되어 공이 또 정승이 되었기에 사대부들이 성대한 일로 여겼다. 그러나 이러한 일은 옛날에도 더러 있는 일이다. 다만 부자지간에 충심과 효성으로 우리나라를 크게 빛낸 경우는 매우 드물다. 근세에 시호가 실질보다 지나친 경우가 많은데 공의 2대에 대해서는 온 나라 사람들이 이견이 없다. 아! 문충공이 훌륭한 아들을 두었다고 할 만하구나.

공은 자가 치구(稚久)이다. 헌걸차고 수염이 수려했으며 마음은 화평하고 기운은 온화하였으며 행동에 위의(威儀)가 있었다. 기유년(1669, 현종10) 사마시에 합격하였다. 처음엔 음보로 영릉 참봉(英陵參奉)에 제수되어, 전설사 별검, 의금부 도사, 공조 좌랑을 지냈으며, 지평(砥平)과 양천(陽川) 두 고을을 다스렸다. 병인년(1686, 숙종12) 별시문과에 급제하고 자궁(資窮)[92]으로 통정대부에 올랐으며 판결사,

90 우의정 민공 묘표 : 저자가 민진장(閔鎭長, 1582~1639)을 위해 쓴 묘표이다.

91 지금……년 : 민진장에게 시호가 내려진 해는 1726년(영조2)이다.

92 자궁(資窮) : 당하관(堂下官)으로서는 더 이상 올라가 자리가 없는 최고의 품계

승지, 참지를 지냈다. 외직을 구하여 양주 목사(楊州牧使)로 나갔다가 얼마 뒤에 다시 승지가 되었다.

기사년(1689, 숙종15) 사화(士禍)가 일어나 문충공이 서쪽 변방에 위리안치되었다가 세상을 떠나니, 공이 관을 호송하여 고향으로 돌아와 여막에 살면서 슬픔을 다하였다. 갑술년(1694, 숙종20) 정국이 바뀌자 성상께서 가장 먼저 문충공의 작위를 회복시켰다. 공이 상기(喪期)를 마치자마자 특별히 예조 참판에 제수하였고, 중간에 호조와 공조 및 도승지로 옮겼다. 을해년(1695, 숙종21) 자헌대부에 오르고 형조·병조·호조 삼조(三曹)의 판서, 한성부 판윤, 지중추부사, 의정부 참찬, 대사헌, 수어사를 지냈다. 무인년(1698, 숙종24) 판의금부사에 제수되었다가 얼마 뒤에 숭록대부에 가자되었다. 경진년(1700, 숙종26) 정월에 승진하여 우의정에 제수되었는데, 공의 병이 이미 심하여 숙배하지 못하고 3월 16일에 세상을 떠났다. 성상께서 슬퍼하여 조회를 거두고 의례대로 상사(喪事)를 돕게 하였다. 처음에는 여주(驪州)에 안장하였다가 뒤에 광주(廣州) 운길산(雲吉山) 신좌(辛坐)의 언덕에 이장하고 부인 남씨(南氏)를 합장하였다.

공은 태어나면서부터 어버이를 지극히 사랑하는 마음이 있었다. 문충공의 성품이 엄격하여 어려서부터 공부시켜 자주 회초리를 들었으나 공은 더욱 공손히 순종하였다. 저녁마다 손수 침소에 군불을 지펴 온도를 조절하였으며, 병환이 든 어버이를 간호할 적에는 10년 동안 옷의 띠를 풀지 않았다. 적소(謫所)에는 부녀자가 곁에 없어 음식을 마련하고 변기통을 씻는 일들을 일절 남에게 맡기지 않았다. 대부인이 근심과

로, 정3품 통훈대부를 말한다.

두려움으로 인해 정신병이 들었는데, 공이 처음 그 소식을 듣고는 피를 쏟듯이 눈물을 흘리다가 문총공의 곁에 나아가서는 애초에 근심이 없었던 것처럼 낯빛을 온화하고 유순하게 하였다. 만년에 공무에 분주할 적에는 매일 새벽 관아로 가면서 반드시 먼저 대부인에게 문안을 드리고 대부인을 위해 얼굴을 씻기고 머리를 묶어주었으며, 또 미음을 올려 드렸다. 퇴근할 때에도 대부인을 뵙고 아뢰었다. 크고 작은 길흉(吉凶)이나 원근의 출입을 반드시 일일이 대부인에게 고하여 알리고, 제정신이 아니라고 그만둔 적이 없었다. 남들과는 억지로 담소를 나누면서 마음속으로 애통해 하였는데, 술에 취할 때면 대부인의 무릎에 누워 젖을 빨면서 갓난아이처럼 재롱을 부렸다. 공이 세상을 떠났을 때 대부인은 여전히 무탈하였기에 조정에서 매달 늠료(廩料)를 내렸으며 또 연신(筵臣)이 아뢴 말로 인하여 공의 집에 정표하니, 이로 인해 세상 사람들이 모두 공의 효성을 알게 되었다.

그러나 공이 효자가 되는 이유는 여기에만 그치지 않는다. 증자(曾子)가 말하기를 "임금을 섬김에 충성하지 않는 것은 효가 아니요, 관직에 나아가 신중하지 않는 것은 효가 아니다."[93]라고 하였다. 인도(人道)

93 임금을……아니다 : 《예기》〈제의(祭義)〉에서 증자(曾子)가 효(孝)에 대하여 제자인 공명의(公明儀)에게 말하기를 "몸이라는 것은 부모가 남겨주신 유체(遺體)이니, 부모의 유체를 움직임에 어찌 감히 신중하지 않겠는가. 행동거지를 장중하게 하지 않는 것은 효가 아니며, 임금을 섬김에 충성하지 않는 것은 효가 아니며, 관직에 나아가 신중하지 않는 것은 효가 아니며, 붕우 사이에 신의를 지키지 않는 것은 효가 아니며, 싸움터에 나아가 용맹하지 않는 것은 효가 아니다. 이 다섯 가지를 실천하지 못하면 그 비난이 부모에게 미칠 것이니, 어찌 신중하지 않겠는가.〔身也者, 父母之遺體也, 行父母之遺體, 敢不敬乎? 居處不莊, 非孝也; 事君不忠, 非孝也; 莅官不敬, 非孝也; 朋友不信, 非孝也; 戰陳無勇, 非孝也. 五者不遂, 災及其親, 敢不敬乎?〕" 하였다.

는 충효보다 큰 것이 없고, 충과 효는 본래 둘이 아니다. 문충공이 일찍이 나라에 힘을 바친 것을 모두 공에게 후하게 맡겼고, 공은 한결같이 그 법도를 따라 넉넉하게 공적을 이루었다. 병자년(1696, 숙종22)과 정축년(1697)의 기근은 신해년(1671, 현종12)보다 극심하였으나 지성(至誠)으로 구제하여 선친의 훌륭한 업적[94]에 짝하였으니, 도성 사람들 가운데 심지어 수레를 바라보며 두 손을 모으고 감축하는 이도 있었다. 숙종께서 매번 공이 국사에 심력을 다하다가 병이 생긴 것을 가엾게 여겨 공이 죽은 후에도 추념해 마지않았으니, 공은 신하로서 충성스럽고 공경스럽다고 이를 만하다. 문충공은 강직하고 공은 너그러워 법도가 다른 듯하였지만, 마음을 다하여 공무에 힘쓰다가 죽어서야 그친 점은 달랐던 적이 없었다. 그런데 깊은 사랑과 두터운 은혜로 하인들의 마음을 달랜 점은 또 문충공이 미처 남들로부터 얻지 못한 것이니, 공의 효가 이 점에서 위대하다. 세상에서 한갓 어버이를 잘 섬기는 것을 효라고 여기는 것이 어찌 효자가 되기에 충분하겠는가.

관찰공은 휘가 광훈(光勳)이고 문충공은 휘가 정중(鼎重)이다. 문충공은 두 번 장가들었으니, 평산 신씨(平山申氏)가 원배(元配)이고, 공의 외조부는 관찰사 남양(南陽) 홍처윤(洪處尹) 공이다.[95] 남 부인(南夫人)은 판서 이성(二星)의 따님으로 총명하고 간결하여 여사(女士)의 풍도가 있었다. 5남 3녀를 두었다. 재수(在洙)는 정랑을 지냈고 계수(啓洙)는 판관을 지냈으며 안수(安洙), 학수(學洙), 덕수(德洙)는

94 선친의 훌륭한 업적 : 신해년(1671, 현종12)에 민정중(閔鼎重)은 진휼청 당상이었다.

95 공의……공이다 : 민진장은 민정중의 계배(繼配) 남양 홍씨(南陽洪氏) 소생이다.

뛰어난 재능을 지녔으나 모두 요절하였다. 좌랑 홍중석(洪重錫), 판서 박사익(朴師益), 목사 이굉(李浤)은 사위이다. 백남(百男)과 백능(百能)은 장남 소생이고, 차남의 아들 백붕(百朋)과 삼남의 아들 백징(百徵) 또한 모두 요절하였다. 백남은 현감을 지냈는데 두 아들을 두었으니 그중 관례를 치른 아들은 극렬(克烈)이다. 백남이 묘 앞에 묘표를 세우려고 하면서 내게 비문을 부탁하였기에 우선 공의 행실과 사업의 대체를 이처럼 서술하니, 본말에 대한 빠짐없는 기록은 응당 신도비가 있어야 할 것이다.

우의정 김공 묘표[96]

右議政金公墓表

임인년(1722, 경종2), 김일경(金一鏡)이 국정을 잡고서 맨 먼저 사친(私親 장희빈(張禧嬪))을 추존하기를 청하자 조정의 의론이 여기에 휩쓸렸고 이어 대신과 수의(收議)하였다. 숙종조의 옛 신하들은 모두 유배되었고, 영부사 김우항(金宇杭) 공 홀로 병으로 인해 집에 있다가 분연히 일어나 "이것은 법도에 어긋나는 논의이다."라고 논척하며 의견을 올리니 그 말이 엄정하였다. 당시 화색(禍色)이 날로 급박해져 자제와 빈객이 번갈아 간언하니, 공이 말하기를 "나는 감히 우리 선왕을 저버릴 수 없다." 하였다.

공은 지론(持論)이 고집스럽고 과격한 것을 좋아하지 않아 남들에게 원망이나 미움을 사지 않았기에 남들이 간혹 공이 너무 너그러운 점을 문제 삼기도 했는데, 이때에 이르러 모두 감복하였다. 군자가 말하기를 "사람은 응당 그 만년의 절의를 살펴보아야 한다." 하였으니 참으로 그러하구나.

공은 자가 제중(濟仲)이니 김해(金海) 사람이다. 숭정(崇禎) 기축년(1649, 인조27)에 태어나 21세에 진사에 합격하였으며 32세에 명경과에 급제하였다. 승문원을 거쳐 여러 번 사헌부 지평, 사간원 정언을 지냈다. 철산(鐵山)에 유배된 것은 우리 숙조(叔祖) 도헌공(都憲公 이상(李翔))을 구원하다가[97] 기사인(己巳人)[98]에게 쫓겨나서이다. 갑술년

96 우의정 김공 묘표 : 저자가 김우항(金宇杭, 1649~1723)을 위해 쓴 묘표이다.

(1694, 숙종20) 다시 동류들과 함께 벼슬에 나아가 홍문관 수찬·교리를 지내고, 사간원 집의, 시강원 사서·필선·보덕으로 옮겼다가 통정대부에 올라 일고여덟 관직을 역임하였는데, 승정원 승지와 대사간은 극선(極選)된 것이다. 외직은 회양 부사(淮陽府使)와 남양 부사(南陽府使), 그리고 승진하여 전라도 관찰사(全羅道觀察使)와 개성부 유수(開城府留守)를 지냈다. 공은 번잡한 공무를 잘 처리하였으며 폐단을 혁파하고 백성을 이롭게 하는 데 힘써 부임하는 곳마다 은택을 남겼기에 초상화를 그려 공에게 제사지내기도 하였다.

재차 도승지가 되고 육조(六曹)를 두루 거치고 이조 참판을 여러 번 지냈으며 대사성이 되었다. 공은 일찌감치 정승의 기량을 지니고 있었으나 조정에서는 이끌어주는 이가 적고 또 담박하게 묵묵히 있기를 견지하였기에 벼슬길이 대부분 순탄치 않았다. 공적이 성대해지자 성상의 지우가 날로 깊어져 경기 관찰사(京畿觀察使)로 있다가 형조 판서에 특별히 제수되었다. 이후로 4, 5년 동안 호조·병조·이조 삼조(三曹)의 판서를 번갈아 역임하고 중간에 한성부 판윤, 의정부 좌참찬을 지내고 수어사를 겸하였다. 공은 부지런하고 신중하게 봉직하며 대체(大體)를 지켰다. 전후로 호조에 오랫동안 있었는데 절용(節用)하여 재화를 넉넉히 만들었다고 일컬어졌다.

계사년(1713, 숙종39), 예조 판서를 거쳐 어필(御筆)로 우의정에

97 철산(鐵山)에……구원하다가 : 이상(李翔)이 중대한 옥사를 느슨하게 처리했다는 이유로 관직을 삭탈하라는 명이 내려졌는데, 이때 김우항(金宇杭)은 그를 변론하며 명을 환수시키기를 청하였다. 이후 기사사화가 일어나 남인들이 뒤늦게 이상을 논죄하여 감옥에서 죽게 만들었다. 《陶谷集 卷21 議政府右議政金公諡狀》

98 기사인(己巳人) : 1689년(숙종15) 기사환국 때 정권을 잡은 남인들을 가리킨다.

제수되자 공이 머리를 조아려 절하고 사직하니, 성상께서 말하기를 "사직하지 마라. 내가 경의 관후(寬厚)한 도량을 알고 있노라." 하였다. 공은 평소 양역(良役)이 편중된 것을 근심하여 반드시 바꾸어야 한다고 생각하였다. 하루는 성상을 모신 연회에서 반복하여 아뢰고 심지어 눈물까지 흘리니, 보는 자들은 공이 술에 취해 슬퍼한다고만 생각하고 공이 이처럼 지성으로 백성을 걱정하는 것은 알지 못하였다. 또 일찍이 기존의 성곽을 보수하고 축조하기를 청하였는데 공의 논의가 모두 시행되지 않았고, 이후에 다시 탕춘성(蕩春城) 축조의 잘못을 극론하였다.

기해년(1719, 숙종45), 성상께서 태조(太祖)의 성대한 고사[99]를 따라 기로사(耆老社)에 들어갔다. 기로연(耆老宴)에 참석한 이가 10명이었는데, 정승 이유(李濡) 공, 김창집(金昌集) 공 그리고 공까지 모두 내외종 형제들이라 당시 사람들이 영화롭게 여겼다. 성상께서 공이 술을 잘 마신다고 특별히 한 잔 더 내리고, 어악(御樂)을 거두어 기로사에 보냈다.[100] 숙종이 승하하자 공은 애통한 마음에 더 이상 살려는

99 태조(太祖)의 성대한 고사 : 태조 이성계(李成桂)가 1394년(태조3) 60세의 나이가 되어 기로소(耆老所)에 들어간 일을 말한다.

100 성상께서……보냈다 : 1719년(숙종45) 4월 18일에 숙종이 경덕궁(慶德宮)의 경현당(景賢堂)에서 연회를 베풀도록 명하고 기로소에 들어간 열 명의 신하를 불러 하루 종일 함께 즐겼다. 숙종이 친히 은잔을 내려 술 다섯 잔을 모두 비우도록 명하였는데, 신하들 가운데 어떤 이는 주량이 약하여 다 마시지 못하였다. 그러나 김우항(金宇杭)은 이 술을 사양해서는 안 된다고 생각하여 내려주는 잔마다 기어이 모두 마셨다. 그러자 성상이 말하기를, "김 판부사가 술을 잘 마시니 함께 대작할 만하다." 하고 술 한 잔을 더 내리라고 명하였다. 또 신하들이 이어서 하사한 술잔을 받들고 기로소로 돌아가 마실 것을 청하자, 숙종은 어악(御樂)을 거두라고 명하고 앞장서서 기로소로 갔다.

마음이 없었다.

이전에 공이 이돈(李墪)과 함께 정시(庭試)의 시관(試官)이 되었는데, 과옥(科獄)이 일어나자 이돈은 과거 응시자를 두루 찾아다닌 일로 유배되어 죽었다. 그 집안사람이 원통함을 호소하며 공을 끌어대어 증거로 삼았는데, 공이 사정(私情)을 쓴 진위를 다시 조사하기를 청하였다. 당시 사람들이 떠들썩하게 공을 의심하고 비방하니 마침내 이 일로 자리에서 물러났다.

신축년(1721, 경종1) 8월, 대신들을 패초하는 명이 내려졌으나 공은 병이 심하여 나아가지 못했기 때문에 새벽을 기다려 짧은 차자를 올리고 죄를 청하였다. 그래서 이날 밤에 건저(建儲)가 결정된 것을 공이 알지 못하였다. 당시 조정의 의론이 원래 공을 탐탁지 않게 여겨서 공의 차자 가운데 건저에 대하여 경하하는 말이 없다고 하면서 꼬투리를 잡아 죄를 청하였는데, 공은 태연한 마음으로 개의치 않았다. 얼마 뒤 사화(士禍)[101]가 일어나 네 명의 정승이 헤아릴 수 없는 화에 빠질 위기에 처해지자, 공은 마음속으로 그 억울함을 안타깝게 여겨 차자를 올려 구원하며 살리기를 좋아하는[102] 논의를 힘써 주장하고 대관(臺官)을 국문해서는 안 된다고 논하였다.

《陶谷集 卷21 議政府右議政金公諡狀》

101 사화(士禍) : 신임사화를 가리킨다.

102 살리기를 좋아하는 : 순(舜)임금의 살리기 좋아하는 덕〔好生之德〕을 가리킨다. 법관인 고요(皐陶)가 순임금을 찬양하면서 "죄의 경중이 의심스러울 경우에는 가벼운 쪽으로 처벌하고, 공을 세운 경중이 의심스러울 경우에는 중한 쪽으로 상을 주었다. 또 무고한 사람을 죽이기보다는 차라리 형법대로 집행하지 않는다는 비난을 감수하려고 하였다."라고 하였다.《書經 大禹謨》

박상검(朴尙儉)이 동궁을 해치려는 계획을 세웠는데 일이 발각되자 곧장 그를 죽여 그 흔적을 없애버렸다. 공이 철저히 조사하여 신인(神人)의 억울함을 풀 수 있도록 청하였다. 흉당들이 이미 눈을 흘리며 공을 미워하였는데 공이 의견을 올리자 김일경(金一鏡)이 특히 으르렁댔으나 끝내 공을 해치진 못하였다. 무옥(誣獄)이 잇따라 일어나자 공이 다시 간언을 할까 두려워한 나머지 남을 사주하여 공을 비방하게 만들었다. 공은 도성을 나가자마자 병든 몸으로 가마에 실려 돌아와 끝내 도성의 동쪽 집에서 세상을 떠나니 이때가 계묘년(1723, 경종3) 3월 4일이었다. 성상께서 조회를 거두고 거애(擧哀)하였다. 지금 성상 을사년(1725, 영조1), 충경(忠景)이라는 시호가 내려졌다.

공은 집안에서의 행실이 독실하였다. 모부인(母夫人)이 전염병으로 목숨이 위태로울 때 공이 손가락을 베어 피를 받아 올리니 회생하여 결국 80세까지 사셨다. 형을 부친처럼 섬겼으며, 누이들이 모두 곤궁하였기에 매달 봉급을 떼어 도와주웠다. 평생토록 사람과 물건을 해치려는 마음이 없었으며 지위가 높아도 검약하고 공손함을 견지하였다. 일을 할 적에는 신중하여 원대한 계획을 세우고 찬란한 명성은 구하지 않았다. 입으로 당론(黨論)을 말하지 않았는데 이에 대해 묻는 이가 있으면 그때마다 담소로 얼버무려 남들이 그 끝을 헤아릴 수 없었다. 그러나 국가의 큰 계책이나 사문(斯文)의 시비와 관계되면 반드시 피하지 않고 목소리를 높였다. 공은 천성이 화순(和順)하여 무능한 것처럼 공손하기만 했으나 마음속의 지조는 확고하여 빼을 수 없는 점이 있었으니, 당화(黨禍)로 사람이 죽어나가는 지경에도 끝내 몸을 보전하고 또 아름다운 명성을 실추시키지 않음이 마땅하도다.

증조 휘 진선(盡善)은 의금부 도사를 지냈고 조부 휘 덕승(德承)은 사간원 헌납을 지냈으며 부친 휘 홍경(洪慶)은 부사를 지냈다. 모친 안동 김씨(安東金氏)는 승지 광혁(光爀)의 따님이다. 이분들이 은총으로 추증된 것[103]은 모두 공의 품계에 따른 것이다.

공의 부인 광산 김씨(光山金氏)는 부친이 승지에 추증된 세정(世禎)이다. 군자를 섬겨 덕에 어긋남이 없었는데 공보다 6년 일찍 69세의 나이로 세상을 떠났고 공과 합장하였다. 아들 준희(俊熙)는 백부의 후사로 나갔고 언희(彦熙)는 목사를 지냈다. 딸은 각각 유수 송정명(宋正明), 목사 이사제(李思悌), 무과에 급제하고 참판을 지낸 신광하(申光夏), 군수 심보현(沈寶賢), 군수 이시선(李蓍選)에게 출가하였다. 측실 소생은 만희(晩熙)와 윤희(允熙)이다. 준희의 아들 원조(遠祚)는 진사에 합격하고 판관을 지냈으며, 언희의 아들은 기조(基祚)이다. 송정명의 아들 익보(翼輔)는 문과에 급제하고 감사를 지냈으며, 이사제의 아들은 규명(奎明), 문과에 급제하고 정언을 지낸 규채(奎采)이다.

내가 일찍이 낭관으로 있을 때 평소 공의 덕과 기량에 감복하였는데, 언희가 비석을 세우려고 나를 찾아와 비문을 청하기에 마침내 이와 같이 써서 비석의 뒷면에 새기게 하였다. 장단(長湍)의 용두리(龍頭里)는 바로 공의 선영이다. 공이 일찍이 묘도(墓道) 공사를 할 때에는 송도(松都) 사람이 지역을 넘어서까지 힘을 보태주었고, 공의 장례 때에는 또 늙은이와 어린아이가 서로 이끌고 와서 상엿줄을 잡은 채 눈물을 흘리고 떠났다.[104] 계해년(1743, 영조19), 선영의 구역 내 자좌

103 은총으로 추증된 것 : 증조 휘 진선(盡善)은 이조 판서에, 조부 휘 덕승(德承)은 좌찬성에, 부친 휘 홍경(洪慶)은 영의정에, 모친 안동 김씨(安東金氏)는 정경부인에 각각 추증되었다.《陶谷集 卷21 議政府右議政金公諡狀》

(子坐)의 언덕으로 이장하였다.

104 공이……떠났다 : 김우항(金宇杭)이 개성 유수(開城留守)로 있을 적에 선정을 베풀었기 때문에 그가 고을을 떠난 후에 생사당(生祠堂)을 세워서 제사를 지냈다. 훗날 김우항이 선조의 묘소를 잘 꾸미고자 한다는 소식을 듣자 장정을 차출해 비석을 운반하여 세워 주었고, 그를 장사 지낼 때에 또 일제히 묘소 아래에 와서 눈물을 흘리며 발인을 돕고 떠났다. 《陶谷集 卷21 議政府右議政金公諡狀》

경력 송공 묘표[105]

經歷宋公墓表

공은 휘가 무석(茂錫)이고 자는 희주(希周)이니 우암(尤菴) 문정 선생(文正先生)의 손자이다. 부친 휘 기태(基泰)는 동지중추부사를 지냈고, 모친 완산 이씨(完山李氏)는 동지돈녕부사 정한(挺漢)의 따님이다. 5명의 형제 가운데 셋째이다. 공은 기운과 도량이 출중하여 시남(市南) 문충공(文忠公) 유계(兪棨)가 만나보고 인재로 여겨, 자신의 아들 이부랑 명윤(命胤)의 딸을 시집보냈다. 공은 어려서 외가에서 자랐다. 돈녕공이 공이 모친을 여읜 것을 안타깝게 여겨 별도로 공을 위해 가산(家産)을 마련해주었는데, 친가로 돌아갈 때 하나도 가져가지 않으니 남들이 어려운 일이라 여겼다.

처음엔 과거공부에 매진하였는데 갑인년(1674, 현종15) 시사가 크게 바뀌자 곧 그만두었고 이어 기사년(1689, 숙종15) 화를 당하자 향리에 은거하여 세상에 뜻을 두지 않았다. 갑술년(1694, 숙종20) 정국이 바뀌자[106] 선공감 감역에 제수되었고 장악원·전생서·사복시의 주부, 조지서·전설서의 별제, 의금부 도사, 종묘서 영, 강화 경력(江華經歷)을 역임하였다. 외직으로는 용궁 현감(龍宮縣監), 영천 군수(永川郡

105 경력 송공 묘표 : 저자가 송무석(宋茂錫, 1652~1718)을 위해 쓴 묘표이다.

106 갑인년……바뀌자 : 갑인년(1674, 현종15)의 일은 두 번째 예송(禮訟)으로 서인이 축출된 갑인환국을, 기사년(1689, 숙종15)의 일은 인현왕후(仁顯王后) 민씨(閔氏)가 폐출되고 서인이 축출된 기사환국을, 갑술년(1694, 숙종20)의 일은 인현왕후 민씨가 복위되고 서인이 재집권한 갑술환국을 각각 가리킨다.

守), 재령 군수(載寧郡守)를 지냈다. 엄명(嚴明)하고 간약(簡約)하게 고을을 다스려 부역을 줄이고 기근을 진휼하는 것이 성심(誠心)에서 나와 결코 명예를 구하지 않았다. 용궁 현감으로 있을 적에 어사가 치적이 제일이라고 아뢰었고 공이 고을을 떠날 때 눈물을 흘리며 전송한 자도 있었다. 공은 애초에 늙은 어버이 때문에 마지못해 벼슬살이를 했으나 원래 공의 뜻이 아니었으니, 재령에서 파직되어 돌아와서는 다신 성시(城市)를 가까이 하지 않았다. 숙종 무술년(1718, 숙종44) 2월 4일 세상을 떠나니 향년 67세였다.

공은 몸가짐이 삼가고 조심하여 음악과 여색을 가까지 하지 않았으며, 화려하고 사치한 것을 좋아하지 않았다. 언론이 준엄하고 올발라 남들과 구차하게 영합하지 않았다. 동추공(同樞公)을 섬길 적에는 지물(志物)의 봉양[107]을 다하였으며, 또 이 마음을 확충하여 형제들과는 우애 있고 친척들과는 화목하게 지냈다. 연로하거나 곤궁한 사람을 보면 구제하기를 미치지 못할 것처럼 하였으니 그 독실한 행의(行誼)가 이와 같았다.

공은 우암 선생에 대해 실로 죽을 때까지 사모하는 마음이 있었으니, 선생이 화를 당한 이후로 한 번도 연회에 참석한 적이 없었다. 한번은 사람을 시켜 선생의 연보를 읽게 하였는데 정읍(井邑) 당시의 일[108]에 이르자 탄식과 눈물이 함께 쏟아져 읽는 이가 차마 끝까지 읽지 못하였

107 지물(志物)의 봉양 : 어버이의 뜻을 받들어 즐겁게 해드리고, 좋은 의복이나 음식으로 어버이를 모시는 것을 뜻한다.

108 정읍(井邑) 당시의 일 : 1689년(숙종15) 6월 8일 송시열은 정읍(井邑)에서 사사(賜死)되었다.

다. 동추공이 고을을 다스릴 적에 선생이 편지를 보내어 행장(行裝)을 씻은 듯이 텅 비우라고 경계하였는데, 공은 마음에 새기고 잊지 않아 고을을 다스릴 때마다 반드시 이 맹세로써 선생의 묘에 고하였다. 언행 하나하나에 불안해하며 말하기를 "이것은 선조의 가르침에 어떠한가?" 하였으며, 자손들을 가르칠 때에도 몸을 삼가고 의리를 지키는 것을 법도로 삼게 하였다. 아! 《시경》에 "일찍 일어나고 밤늦게 자서 너를 낳아주신 분을 욕되게 하지 말라.〔夙興夜寐, 無忝爾所生.〕"[109]라고 하였으니, 이것이 공의 뜻이리라.

공은 청주(淸州)의 화산(華山)에 터를 잡고 살았으니 이곳은 바로 선영(先塋)이자 우암 선생이 살라고 명한 곳이다. 공은 죽어서 이곳에 그대로 묻혔고 유 숙인(兪淑人)을 합장하였다. 숙인은 순수하고 단장하여 여사(女士)의 풍도가 있었으니 공보다 14년 늦게 세상을 떠났다. 3남 3녀를 두었다. 화원(和源)은 공보다 먼저 세상을 떠났고, 문원(文源)과 진원(眞源)이 있다. 사인 이시성(李蓍聖), 김정택(金廷澤), 현감 어유성(魚有成)은 사위이다. 화원과 문원은 각각 태상(台相)과 규상(奎相) 1남을 두었다. 진원은 3남을 두었으니 기상(箕相) 그리고 나머지는 어리다. 사위 이시성의 아들은 광제(匡濟)와 보제(普濟)이다.

진원이 묘 앞에 비석을 세우려고 하면서 내게 한 마디 말을 청하였다. 나는 후생(後生)으로 어리석은 사람이니 어찌 공을 제대로 알 수 있겠는가. 다만 듣건대 선생이 생전에 공을 충직하고 성실하며 순박하고 정직하다고 인정하였다. 아! 사람이 부형으로부터 이러한 인정을 받는 것이 이미 어려운 일이거늘 하물며 선생과 같은 분에게 인정을

109 일찍……말라 : 102쪽 주84 참조.

받았음에랴. 이것으로 공의 평생을 개괄할 수 있고 다시 개평(改評)할 것이 없으니, 어찌 이것을 가지고 돌아가 새기게 하지 않겠는가.

주부 김공 묘표[110]

主簿金公墓表

전의현(全義縣) 북쪽 고도촌(高道村)에는 4척 높이의 봉분이 솟아있으니, 장흥고 주부 김공(金公) 휘 항수(恒壽)와 영인(令人) 우봉 이씨(牛峰李氏)의 무덤이다. 김씨(金氏)는 신라 왕자 흥광(興光)에게서 나와 대대로 광산(光山) 사람이 되었다. 8대에 걸쳐 평장사를 지냈고, 휘 약시(若時)는 고려 말의 충신이었다. 여러 세대가 지나 관찰사를 지낸 지남(止男)은 광해군 시절 맑은 의론을 내세워[111] 이름이 났으니, 공이 바로 그의 현손이다. 조부 휘 우인(宇仁)은 현감을 지냈고, 부친 휘 만익(萬翼)은 좌랑을 지냈다. 모친 선산 김씨(善山金氏)는 부사 종필(宗泌)의 따님이다.

공은 재기(才氣)가 일찍 성취되어 8세에 시를 짓고 9세에 《소학》에 통달하였다. 장성해서는 타우 선생(打愚先生 이상(李翔))의 집안에 장가들었는데 선생이 훌륭한 그릇으로 여겼다. 무오년(1678, 숙종4) 생원시에 합격하고 이때부터 성균관에서 유학하였는데 사론(士論)을 힘써 부지하였다. 기사년(1689, 숙종15) 타우 선생이 화를 입고[112] 두

110 주부 김공 묘표 : 저자가 김항수(金恒壽, 1655~1708)를 위해 쓴 묘표이다.

111 광해군……내세워 : 인목대비(仁穆大妃)의 폐모론을 주장하는 정조(鄭造)와 윤인(尹訒)을 논박하여 한동안 폐모론을 중지시켰다. 《龍洲遺稿 卷14 監司龍溪金公墓誌銘》

112 타우……입고 : 이상(李翔, 1620~1690)은 기사환국 때 옥사하였다.

아들이 함께 세상을 떠나자 공이 뒷일을 경영하였다. 공이 처음에는 선생을 따라 살다가 뒤에 풍계(楓溪)로 이사하여 좌우에 도서(圖書)를 두고 시를 읊조리며 유유자적하였다. 만년에 순릉 참봉(順陵參奉)에 제수되었는데 그 공로로 원직(原職)에 올랐다가 곧 경미한 잘못으로 인해 파직되었고 후에 다시 제수되었다. 또 어버이 상을 당해서는 슬픔이 지나칠 정도로 집상(執喪)하였고, 종손(宗孫)이 빈약한 것을 안타깝게 여겨 스스로 사당을 짓고 제전(祭田)을 마련하였다. 상을 마쳤을 때 벼슬살이하라고 누군가 권하면 공은 근심스런 낯빛으로 말하기를,

"모의(毛義)가 격소(檄召)를 받고서 기뻐한 것[113]은 어버이가 살아계셨기 때문이 아니겠는가."

하였다. 관복을 도둑이 훔쳐가자 공이 웃으며 말하기를,

"시골 노인이 이 관복을 어디에 쓰겠나."

하였다.

기묘년(1699, 숙종25) 과옥(科獄)[114] 때 공의 글도 급제 취소자 명단에 들었는데 공은 개의치 않았다.

공이 어릴 적 타우선생을 곁에서 모실 때에 우암 선생(尤菴先生)을

113 모의(毛義)가……것 : 후한(後漢) 때 모의(毛義)가 어머니는 늙고 집이 가난한 상황에서 뜻밖에 수령(守令)으로 부르는 부(府)의 격소(檄召)를 받고는 희색이 만면하였는데, 그를 본 이들이 모두 그를 천히 여겼다. 그 후 어머니가 죽자 효렴(孝廉)으로 천거되었으나 끝내 응하지 않아 사람들이 그때서야 그의 진의(眞意)를 알고 감탄하였다. 《後漢書 卷39 劉平列傳》

114 기묘년(1699) 과옥(科獄) : 1699년(숙종25) 10월 단종의 복위를 경축하는 증광(增廣) 전시(殿試)를 실시하여 한세량(韓世良)을 포함한 34명을 합격시켰는데, 정언 이탄(李坦)이 시험에 부정이 있었음을 상소하여 부정 사실이 드러났다. 결국 급제자 33명 중 15명의 급제가 취소되었고, 시관(試官) 등 10여 명이 유배에 처해졌다.

뵈었는데, 선생이 진실한 바탕에서 각고의 공부를 하라[115]는 면재(勉齋 황간(黃榦))의 말을 외워 권면하니 공은 종신토록 그 말을 잊지 않았다. 손에서 책을 놓지 않았는데 특히 《주역》과 주자(朱子) 글을 좋아하였으며, 좌우(座右)에 고인의 격언을 내걸고 스스로를 경계하였다. 평소엔 급하게 말하거나 낯빛을 바꾸는 일이 없었고 남들에게 너그럽고 온화하게 대하였으니 한 번만 만나면 공이 중후하고 덕망이 높은 사람임을 알 수 있었다. 을미년(1655, 효종6) 5월 2일 태어나 무자년(1708, 숙종34) 모월 모일 세상을 떠났다.

영인(令人)은 어려서부터 예교(禮敎)를 익혀 공손하고 단정하였으며 부도(婦道)를 다하였다. 타우 선생이 화를 당했을 적에 매일 눈물을 흘리며 하늘에 기도하였고, 종사(宗事)의 주인이 없음을 애통해 하여, 임금의 행차 때 상소하여 족형 이만경(李晩慶)을 후사로 삼기를 청하니 숙종께서 가엾게 여겨 허락하였다. 이에 영인이 말하기를,

"나는 죽어도 여한이 없다."

하였다. 공이 죽고 4년 뒤 신묘년(1711, 숙종37) 세상을 떠나니 향년 58세였다.

2남을 두었으니, 생원시에 합격한 철근(鐵根)과 박근(璞根)이다. 철근은 문장으로 이름이 났는데 문과에 급제하지 못하고 세상을 떠났다. 아들 득성(得性)과 득운(得運)을 두었는데, 막내는 박근의 후사가 되었다. 박근이 공의 묘 앞에 묘표를 세우려고 철근이 지은 가장(家狀)을 가지고 와서 내게 비문을 청하였으니, 내가 타우 선생의 종손(從孫)이기 때문이었다.

115 진실한……하라 : 363쪽 주79 참조.

정랑 민공 묘표[116]

正郎閔公墓表

주부자(朱夫子)가 일찍이 《소학》을 엮으면서 형제의 인륜에 대해선 유곤(庾袞)의 일을 가지고 실증한 것은 형제끼리 급난(急難)을 구원하는 의리[117]를 다했기 때문이니 추워진 뒤에야 소나무와 잣나무가 늦게 시듦을 안다는 비유[118]도 지나치지 않다. 이 일은 옛날에도 어려운 일인데 하물며 지금에 있어서랴. 나는 근세에 이러한 사람을 알고 있으니 바로 민사로(閔師魯) 형님이다.

공은 좌의정 문충공(文忠公) 휘 정중(鼎重)의 손자요 우의정 문효공(文孝公) 휘 진장(鎭長)의 아드님이고, 판서 남이성(南二星) 공이 외조부이다. 공의 형제 5명[119]이 모두 영특하여 집안이 융성했을 때는

116 정랑 민공 묘표 : 저자가 민재수(閔在洙, 1668~1718)을 위해 쓴 묘표이다.

117 형제끼리……의리 : 형제의 우애를 비유하는 말로, 《시경》 〈상체(常棣)〉에 "척령(脊令)이 언덕에 있으니 형제가 급난(急難)을 구원하도다.〔脊令在原, 兄弟急難.〕"라고 한 데서 나온 말이다.

118 유곤(庾袞)의……비유 : 유곤(庾袞)은 진 무제(晉武帝) 때의 사람이이다. 집에 전염병이 들어 두 형이 죽고 또 그 아래 형이 위독해지자, 부모와 여러 아우들은 모두 병을 피해 다른 곳으로 갔다. 유곤이 홀로 남아 형을 간호하며 죽은 두 형의 영구를 어루만지며 곡하였다. 형을 간호한 지 100여 일만에 병이 쾌차되었고 유곤 또한 끝내 전염되지 않고 무사했다. 이를 두고 부로(父老)들이 말하기를 "남이 지킬 수 없는 것을 지키며 남이 행할 수 없는 것을 행하였다. 날씨가 추워진 뒤에야 소나무와 잣나무가 늦게 시듦을 아는 것이니, 이제 비로소 전염병도 감염시킬 수 없음을 알겠구나." 하였다. 《小學 善行》

세상 사람들이 모두 선망하고 칭송하였다. 문효공이 세상을 떠나자 동생들이 잇따라 요절하였고 공과 판관공 계수(啓洙)만 남아있었다. 동생들이 병들고 상을 치를 때에 모두 걱정과 근심을 다하였는데 막내가 병이 들었을 때에 더욱 지극한 행실이 드러났다. 의원이 "시체에 생기는 벌레가 병을 낫게 할 수 있다." 하고 또 "고양이나 뱀 고기도 좋다." 하였는데, 이것들은 모두 남들이 입에 대지 못하는 것이었으나 공은 그때마다 먼저 맛을 보았다.

막내가 사는 곁으로 집을 얻어 이사하여 앉거나 눕고 움직일 때 몸소 시중들었고 침과 콧물, 오줌까지 동복에게 맡기지 않았다. 밤에는 둘째 동생과 번갈아 주먹을 쥐고 다리를 안마하며 새벽이 되어도 피곤한 줄 몰랐다. 당시 혹한의 날씨에도 차가운 우물물로 목욕하고 바깥에 서서 하늘에 기도하였으니 이처럼 한 것이 여러 번이었다. 동생의 상을 당하자 애통해 하여 더 이상 살려는 뜻이 없는 듯하였다. 서쪽 고을로 돌아갈 적에 동생이 남긴 옷을 가지고 가서 매월 초하루에 집안사람과 더불어 전(奠)을 차려 곡하였다.

내가 일찍이 병든 막내 곁에 있는 공을 보았는데 지극히 사랑하고 간절한 마음이 비록 효자가 어버이를 섬김에 있었서도 이보다 나을 수는 없었다. 저 유곤(庾袞)이 전염병에 감염되지 않은 것도 본디 기이한 일이나 그가 죽은 사람을 애도하고 산 사람을 간호한 것은 다만 100여 일뿐이었다. 공은 8년을 한결같이 하였으니 어찌 더욱 어려운 일이 아니겠는가. 이는 마음에서 우러나오는 우애(友愛)의 덕[120]에 근

119 공의 형제 5명 : 5형제 가운데 민재수(閔在洙)가 장남이고, 그 아래로 계수(啓洙), 안수(安洙), 학수(學洙), 덕수(德洙)가 있다. 안수, 학수, 덕수는 요절하였다.

원한 것이나 실은 효성이 확충된 것이니, 이를 보면 공이 어버이를 어떻게 섬겼는지 알 수 있다.

공은 휘가 재수(在洙)이고 사로(師魯)는 그의 자이다. 숙종 기축년(1709, 숙종35) 음보로 내시 교관이 되었다. 신묘년(1711, 숙종37) 사마시에 합격하였다. 얼마 뒤에 사복시 주부로 옮겼다가 호조에 들어가 좌랑과 정랑을 지냈는데 삼가고 부지런하게 봉직하였다. 외직으로 나가 문화 현령(文化縣令)이 되었는데 너그럽게 다스려 백성이 그 은혜를 사모하였다. 5년을 지내고 병을 핑계로 도성에 돌아왔다가 무술년(1718, 숙종44) 5월 13일 세상을 떠나니 향년 51세였다. 공의 선조는 황려(黃驪 여주)에서 나와 종족의 무덤이 대부분 그곳에 있었는데 공 또한 구부곡(求富谷)에 묻혔으니 문충공의 묘에서 몇 리 떨어져 있다. 전배(前配)와 후배(後配)를 함께 합장하였다.

전배 달성 서씨(達城徐氏)는 영의정 문중(文重)의 따님이다. 1남 1녀를 두었으니, 백남(百男)은 군수를 지냈고 사위는 김섭(金燮)이다. 후배 칠원 윤씨(漆原尹氏)는 좌랑 흥적(興績)의 따님이다. 백능(百能)과 김교행(金教行)에게 시집간 딸은 이분 소생이다. 백남의 아들은 극렬(克烈)이고 딸은 송집중(宋集中)에게 시집갔다. 맏사위의 아들은 익균(翼均), 재균(載均), 덕균(德均)이고, 백능의 아들과 막내사위의 두 아들은 어리다.

공은 됨됨이가 자애롭고 선량하며 곧고 깨끗하였다. 집안에서는 자제로서의 허물이 없었으며, 친인척과 화목하게 지내고 벗들에게는 신

120 마음에서……덕 : 《시경》 〈황의(皇矣)〉에 "이 왕계(王季)가 마음에서 우러나와 우애하셨다.〔維此王季, 因心則友.〕"라고 한 데서 나온 말이다.

의가 있었고 위급하고 곤궁한 이를 구제하는 데 마음을 다하였다. 외숙의 묏자리가 불길하다고 해서 힘을 다해 이장하였고 또 그 자식을 기르고 학문을 가르친 것 또한 남들이 미치기 어려운 점이다. 평소 방안을 깨끗이 치우고 온갖 물건들은 정돈해 놓았다. 성품이 책을 좋아하여 하루도 책을 놓은 적이 없었다. 주량이 매우 세서 남들은 공이 취한 모습을 볼 수 없었다. 일찍이 말하기를,

"산수 사이에 정사(精舍)를 지어 천 권의 책을 쌓아두고서 그 사이에서 한가로이 술 마시고 읊조리며 여생을 마친다면 그것으로 족하다."

하였으니, 여기서 공의 고상한 뜻을 알 수 있다.

우리 외가는 가법이 매우 올발라 사대부의 모범이 되었으니 충(忠)과 효(孝)이다. 이것은 모두 인도(人道)의 큰 법도인데 그 근원을 궁구하면 한결같이 《소학》을 기준으로 삼았다. 아, 훌륭하도다! 나는 이미 공의 2대를 위한 명(銘)을 짓고[121] 공에 대해선 또 특히 형제간에 우애 있는 행실을 드러내어, 후인들로 하여금 공이 가업을 잘 계승했음을 알게 하고 공의 자손들로 하여금 응당 대대로 가업을 보존하고 지켜서 잃지 않도록 하노라.

121 나는……짓고 : 저자는 민정중(閔鼎重)과 민진장(閔鎭長)을 위해 신도비를 지었다.

영원군 묘표[122]

靈原君墓表

지금 성상 무신년(1728, 영조4) 봄에 종신(宗臣) 가운데 효행이 탁월한 자를 선발하라고 명하였다. 영원군(靈原君) 신(臣) 헌(櫶)은 7세 때 부친 광평군(光平君) 명(溟)의 병이 위중하자 번번이 하늘에 절하면서 수명을 연장해주기를 빌었다. 모친 신씨(申氏)를 섬길 적에는 항상 낯빛과 태도를 유순하게 하였으며, 크고 작은 일을 막론하고 반드시 여쭙고 감히 사사로이 재물을 소유하지 않았고 뜻을 따르는 데 힘썼다. 모친이 이질(痢疾)을 앓자 옷에서 띠를 풀지 않고 눈물을 흘리며 변을 맛보았는데 수염과 머리털이 모두 세었다. 상을 당해서는 슬픔에 몸이 많이 손상되었고, 매달 성묘를 갔으니 혹한과 혹서에도 그만두지 않았다. 제사 때마다 직접 제수를 살펴서 그 정성을 지극히 하였으니 늙어서도 더욱 게을리 하지 않았다. 종부시에서 이를 아뢰니 성상께서 가상히 여기고 특별히 가덕대부의 품계에 제수하였다. 3년 뒤에 세상을 떠나니 향년 62세였다. 성상께서 애도하여 매우 후하게 상례를 돕게 하였다.

공은 자가 문숙(文叔)이니 선조(宣祖) 소경대왕(昭敬大王)의 4세손이다. 광평군의 부친은 해령군(海寧君) 급(伋)이고 조부는 인성군(仁城君) 공(珙)이다. 신씨(申氏)는 계통이 고령(高靈)이니 선교랑 선호(善浩)의 따님이자 참판 유(濡)의 손녀이다. 공은 기유년(1669, 현종

122 영원군 묘표 : 저자가 이헌(李櫶, 1669~1730)을 위해 쓴 묘표이다.

10)에 태어났다. 처음에 영원수(靈原守)에 제수되었다가 정(正)에 오르고 또 도정(都正)에 올랐으며 또 군(君)에 올랐다. 별직으로 사옹원 부제조, 도총부 부총관과 도총관을 맡았는데, 종친부 유사당상에 제수된 것은 성상의 특별한 은혜였다.

선조 때 종계(宗系)를 변무(辨誣)한[123] 일로 명(明)나라 사람 마유명(馬維銘)이 축하하는 시를 지었는데, 선묘께서 그 시에 화답하고 여러 신하들에게 뒤이어 시를 지어 올리게 하였다. 공이 그 사본을 얻어 올리니 숙종께서 간행하여 반포하라고 명하였다. 영남의 승려가 덕흥대원군(德興大院君 선조의 생부)의 영정을 절에 보관하고 있다고 스스로 말하였는데, 공이 명을 받들고 가서 살피고는 그것이 가짜임을 밝히고 돌아왔다. 성상께서 공이 술을 잘 마신다고 해서 종친을 궁중에 불러 잔치하는 날에 특별히 공에게 큰 은 술잔을 하사하였다. 공의 아들 익형(益炯)이 신천 군수(信川郡守)가 되어 연회를 베풀 적에 하사받은 은 술잔으로 술을 돌리고 전문(箋文)을 올려 성상께 사례하니 세상 사람들이 영화롭게 여겼다.

공이 세상을 떠난 이듬해 익형이 묘에 묘표를 세우려고 하면서 내게 비문을 청하였다. 내가 생각건대 옛날부터 존귀한 집안의 자제들은 대체로 음악과 여색, 명견과 명마를 즐겼는데, 공은 삼가고 신중함으로 스스로를 단속하며 또 효성으로 이름이 나서, 성상의 아름다운 은총을 받들고 우리 성조(聖朝)가 친족을 돈독히 여기고 인륜을 숭상하는 다

123 선조……변무(辨誣)한 : 선조(宣祖)가 즉위한 뒤에 명(明)나라 《태조실록(太祖實錄)》과 《대명회전(大明會典)》에 조선 건국 초기 왕실의 종계가 잘못 기록되어 있는 것을 바로잡아 달라고 강력하게 요청하였는데, 결국 명나라가 이를 반영하였다.

스럼을 빛냈다. 이는 응당 묘도에 드러내어 마멸되지 않게 해야 하니 자잘한 행적은 생략한다.

공은 세 번 장가들어 2남 3녀를 두었다. 익형과 참봉 최성대(崔成大)의 아내는 허씨(許氏) 소생이고, 김성근(金聖根)의 아내는 오씨(吳氏) 소생이며, 익황(益熀)과 남은로(南殷老)의 아내는 정씨(丁氏) 소생이다. 묘는 송경(松京) 남의동(南衣洞)에 있고 허씨와 오씨를 합장하였는데 모두 군부인(郡夫人)에 추증되었다.

판관 민공 묘표[124]

判官閔公墓表

여흥(驪興) 민계수(閔啓洙) 공은 좌의정 문충공(文忠公) 휘 정중(鼎重)의 손자요 우의정 문효공(文孝公) 휘 진장(鎭長)의 아드님이다. 공의 형제는 5명인데 두 아우는 요절하고 막내 또한 위험한 질병에 걸리자 공은 형 정랑공(正郎公 민재수(閔在洙))과 함께 옆에서 간호하며 밤낮을 다하여 게을리 하지 않았는데, 더러는 자기 집 앞을 지나면서도 들어가 보지도 않고 또 노래와 놀이로써 막내의 마음을 즐겁게 하였다. 비록 자식의 효성과 어미의 인자함도 혹 이보다 낫지는 않을 것이니, 이와 같이 한 것이 8년이었다. 막내가 결국 세상을 떠났는데, 사람들이 말하기를,

"이와 같은 형들이 있었거늘 어찌 이리도 하늘은 불인(不仁)한가."

하였다. 문충공은 충성스러웠고 문효공은 효성스러웠으며 공은 우애로웠으니 훌륭한 아들과 훌륭한 손자라 할 만하다.

공은 어려서부터 영특한 기운이 있었으니 문충공을 빼닮았다. 관례를 올릴 때 문곡(文谷) 김수항(金壽恒) 공이 성원(聖源)이라는 자(字)를 지어주고 자신의 아들인 충헌공(忠獻公) 창집(昌集)의 딸을 공에게 시집보냈다. 기사년(1689, 숙종15) 사화(士禍) 때 문충공이 서쪽 변방으로 유배되었다가 세상을 떠나자 문효공이 부친의 관을 모시고 돌아왔다. 공은 당시에 어렸으나 여러 일들을 주관하며 털끝만큼도 빠트리

124 판관 민공 묘표 : 저자가 민계수(閔啓洙, 1671～1720)를 위해 쓴 묘표이다.

는 일이 없었다.

공은 현달해야 마땅한 데도 운수가 막혀서 만년에야 벼슬살이를 시작하여 선공감 감역, 의금부 도사를 지냈다. 서흥(瑞興)의 수령으로 있는 6년 동안 철두철미하게 다스리면서도 관대한 정사를 겸하였다. 두 차례 장악원 주부와 돈녕부 판관을 지냈다. 50세가 되던 경자년(1720, 숙종46) 5월 5일 세상을 떠났고 양주(楊州) 도산(陶山) 손좌(巽坐)의 언덕에 안장하였다. 아들은 백붕(百朋)이고 두 사위는 교관 조겸빈(趙謙彬), 사인 정지익(鄭志翼)이다.

공은 됨됨이가 화락하고 차분하였다. 어려서부터 예법을 배웠기에 일가의 크고 작은 길흉의 일은 그때마다 공에게 맡겼다. 세세한 일에도 반드시 그 오묘한 데까지 궁구하여 음양(陰陽)과 방기(方技)에 이르기까지 대략 통하지 않은 것이 없었다. 장악원 주부으로 있을 적에는 잘못된 소리를 손수 바로잡으니 노성한 악사들도 따지지 못하였다.

평소 남들에게 화를 내는 법이 없어 어떤 사람이 잘못을 하더라도 정성스럽고 간곡하게 깨우치고 타일렀으니 종복에게도 그러하였다. 인정이 곡진하여 곤궁한 자가 의탁할 곳으로 삼았고, 죽은 자를 위해선 관을 보내기도 했으며 병든 자를 위해선 약으로 구제해 주었다. 고을 경내에 종인(宗人)이 많았는데 초청하여 연회를 베풀고 또 천역(賤役)을 덜어주었다. 외조부 판서 박이성(南二星)이 세상을 떠난 뒤에 그 집안이 영락하였는데, 공이 외조부를 위해 시호를 청하고 수백 금을 내놓아 연시연(延諡宴)을 행하였으며, 또 죽은 장인을 위해 땅을 골라 이장해 드렸으니 모두 남들이 하기 어려운 일이었다.

만년에 정랑공이 또 세상을 떠나자 공은 더욱 고독하여 애통해 하며 살려는 마음이 없었으나, 정씨(鄭氏)에게 시집간 딸의 상을 당해서는 편안하게 이치대로 보아 넘겼다. 아! 세상 사람들이 부모의 자식인 형제를 자기 자식만 못하게 여기는 것은 어째서인가?

공이 세상을 떠났을 때 백봉은 아직 관례를 치르기 전이었는데, 장성해서는 공의 사적을 기록한 다음 내게 비문을 청하였다. 나는 어린 시절에 공의 형제들과 종유하였고 공은 또 나와 함께 공부한 사이다. 지금 살아남은 자는 나 혼자뿐인데다 늙고 병까지 들었으니, 이미 이로써 나 자신을 슬퍼한다. 한편 공에게 이러한 효자가 있음을 기뻐하여 대략 이렇게 써서 비석 뒷면에 새기게 하노라.

도암집

제39권

묘표 墓表

증 판서 조공 묘표[1]

贈判書趙公墓表

증 이조 판서 조응지(趙應祉) 공은 자가 자수(子綏)로, 중봉 선생(重峰先生 조헌(趙憲))의 부친인데, 그가 추증된 것은 선생의 원종 공훈 때문이다.[2] 묘는 우저서원(牛渚書院) 뒤편 몇십 보 되는 곳에 있는데, 우저서원은 선생을 제향하는 서원이다. 부인 용성 차씨(龍城車氏)와 강릉 김씨(江陵金氏)를 함께 장사지냈는데, 선생은 차씨 부인 소생이다. 선생이 세상을 떠난 지 백여 년 뒤에 서원의 선비들이 서로 의논하기를,

> "이 묘소가 오랜 세월이 지나 무너졌으니, 훗날 누가 분별할 수 있겠는가. 선생이 지하에서 지각이 있다면 어찌 편안히 제사를 받으시겠는가."

하였다. 이에 비석을 세워 표시하였다. 강화 유수(江華留守) 유척기(兪拓基) 대감이 실로 공역을 도왔으며, 서원의 선비들이 나에게 음기(陰記)를 부탁하였다.

내가 생각해보니 선생의 출생은 진실로 천지 사이의 정기(正氣)가 모여서 그렇게 된 것이고, 아마도 선조의 훌륭한 공덕을 물려받았을

1 증……묘표 : 이 글은 조응지(趙應祉, 15??~1578)의 묘표이다. 본관은 배천(白川), 자는 자수(子綏), 호는 감암(坎菴)이다.

2 선생의……때문이다 : 중봉 조헌은 임진왜란 때 금산전투에서 청주성을 수복하고 금산전투에서 전사하였다. 1604년 선무원종공신(宣武原從功臣) 1등으로 책록되고, 1734년(영조10) 영의정에 추증되었다.

터인데,[3] 대대로 쌓은 덕의 아름다움을 상세히 알 수 없는 점이 애석하다. 그러나 선생을 아들로 두었으니, 다른 점은 굳이 기록할 필요가 없다. 《시경》에 이르기를 "사람이 떳떳한 본성을 지녔기에 이 아름다운 덕을 좋아하도다."[4]라고 하였으며, 또 이르기를 "뽕나무와 가래나무도 반드시 공경한다."[5]라고 하였으니, 사람의 마음을 가진 자라면 선생의 덕을 좋아할 줄 알 것이며, 선생의 덕을 좋아할 수 있는 자라면 선생이 공경하던 바를 공경할 줄 알 것이다. 아, 오랜 세월이 지난 뒤에 누가 감히 이 묘를 밟겠는가.

3 선조의……터인데 : 한유(韓愈)의 〈청하군공방공묘갈명(淸河君公房公墓碣銘)〉에 "공은 선조의 빛나는 공덕을 이어받고 태어나 생장하는 동안 언제나 고전의 세계에 몸담고서 항상 눈으로 보고 귀로 들어 왔기 때문에 굳이 배우지 않고도 잘할 수가 있었다.〔公胚胎前光, 生長食息, 不離典訓之內, 目擩耳染, 不學以能.〕"라는 말이 나온다.

4 사람이……좋아하도다 : 《시경》 〈증민(烝民)〉에 나오는 말이다.

5 뽕나무와……공경한다 : 《시경》 〈소변(小弁)〉에 나오는 말로, 흔하고 미미한 것이라도 부모의 자취가 있는 곳은 공경함을 말한다.

학생 봉공 묘표[6]

學生奉公墓表

아, 이곳은 효자 봉시중(奉時中)의 묘소이다. 봉씨는 하음(河陰)에서 나왔으니, 고려 위위경 우(佑)가 그 시조이며, 조선에 들어와서는 휘 유례(由禮)와 즙(楫)이 부자지간으로 판서를 역임하였다. 그 후손인 판사 윤인(允仁)과 훈도 장(璋) 2대가 효자의 부친과 조부이다. 살던 곳은 남평현(南平縣)의 죽림촌(竹林村)이다. 효자는 장성하여 태헌(苔軒) 고경명(高敬命) 공의 문하에서 수학하였다.

세상에 전하는 말에 따르면 훈도공이 병에 걸려 물고기를 먹고 싶어 하자, 공이 그물을 설치하여 잡으려다가 바람과 우레를 만나 잡지 못하여 울면서 돌아왔는데, 도중에 갑자기 팔딱거리는 큰 잉어가 있어 가져다 올리니, 훈도공의 병이 드디어 나았다. 뒤에 훈도공의 상을 당하여 묘소에 여막을 짓고 거처하면서 아침저녁으로 곡을 하고 절을 올렸고, 또 반드시 모친을 시봉하기 위해 집으로 돌아갔다. 어떤 호랑이가 곁을 지키며 떠나지 않았고, 또 그의 행차를 호위하는 것처럼 하니, 사람들이 모두 기이하게 여겼다고 한다.

상을 마치자마자 결국 누적된 피로로 인해 병이 나서 33세 되던 기사년(1569, 선조2) 세상을 떠났다. 세상을 떠난 뒤 만력(萬曆) 기유년(1609, 광해군1) 고을에서 현에 아뢰고, 현에서 조정에 아뢰어 비로소

6 학생 봉공 묘표 : 이 글은 봉시중(奉時中, 1537~1569)의 묘표이다. 본관은 하음(河陰)이다.

복호(復戶)하라는 명이 내려졌으며, 신해년(1611, 광해군3) 특별히 그 집에 '효자(孝子)'라고 정려(旌閭)하였다.

아, 강에서 잉어가 뛰어오른 것은 왕상(王祥)의 효성에 하늘이 감응한 일에서부터 처음으로 역사서에 보인다.[7] 그러나 말세에는 거짓이 만연하여 고을 사람들이 효자를 칭송할 때면 반드시 버릇처럼 이 일을 원용하였으므로, 처음에는 백년이나 천년 만에 겨우 한 번 있던 일이 지금은 거의 그런 일이 없는 고을이 없으니, 거짓과 실제가 뒤섞인 것이 이와 같다.

공처럼 실제 행실이 있는 분도 역시 그 사이에 끼어 있어서 사람들이 의심하기도 한다. 그러나 집안에서 부모를 섬긴 행실이 진실로 남들보다 대단히 훌륭한 점이 있었으니, 한 고을과 한 현에서 믿어준 것이 어찌 까닭이 없겠는가. 이와 같은 행실이 있다면 필시 이와 같은 감응이 있는 것이 당연한 이치이다. 만일 공과 같은 사람에게 이러한 감응이 없었다면 옛부터 효도에 감응한 일은 모두 믿을 만한 것이 못 되니, 어찌 옥돌〔珉〕[8]이 싫다고 하여 진짜 옥을 버려서야 되겠는가.

공이 세상을 떠난 지가 지금 거의 200여 년인데 공론이 여전히 사라지지 않고, 지금도 그가 살던 고을을 가리켜 효자촌(孝子村)이라고 하니, 공의 깊은 사랑과 측은히 여기는 마음이 천성에서 나온 것이 아니라면 어찌 다른 사람들의 마음에 이처럼 깊은 감동을 줄 수가 있겠는가. 더구나 그 후손이 모두 효를 가업으로 삼고 있으니, 역시 봉황의

7 왕상(王祥)의……보인다 : 106쪽 주4 참조.

8 옥돌 : 민(珉)은 옥과 비슷하게 생긴 돌을 가리키고, 옥은 진짜 옥을 가리키는데, 전하여 현인(賢人)과 그렇지 못한 사람을 비유한다.

깃털[9] 하나를 볼 수 있다. 내가 도가 쇠미한 세상에 태어나 감히 진실과 거짓의 구분을 삼가지 않을 수 없기에 이렇게 쓰노라.

9 봉황의 깃털 : 훌륭한 부모를 닮은 뛰어난 자식을 가리키는 말이다. 진(晉)나라 때 사람 왕도(王導)의 다섯째 아들 왕소(王劭)의 자가 대노(大奴)였는데, 그의 자질이 아버지처럼 비범하였기 때문에 환온(桓溫)이 그를 두고 말하기를 "대노에게는 본래 봉황의 깃털이 있구나.〔大奴固自有鳳毛〕"라고 찬탄했다는 데에서 온 말이다.《世說新語 容止》

생원 한공 묘표[10]

生員韓公墓表

우계(牛溪) 성 선생(成先生 성혼(成渾))의 문하에는 당대의 뛰어난 인물이 많았는데, 역학(易學)으로는 협소(愜素) 한효상(韓孝祥) 경휴(景休)라는 분이 있다. 선생이 한번은 시를 지어 "종왕(鍾王)[11]의 글씨는 여사로 하였고, 선천(先天)과 후천(後天)[12]에 마음을 쏟았네."라고 하였으니, 얼마나 칭찬하고 허여했는지를 알 수 있다.

공은 가정(嘉靖) 을축년(1565, 명종20) 7월 9일 태어났다. 영특함을 타고나 말을 배우면서 바로 글자를 알았다. 장성해서는 독서를 하고 행실에 힘썼으며, 천부적인 자질이 뛰어나 만력(萬曆) 경인년(1590, 선조23) 생원시에 합격하였다. 선생이 세상을 떠난 뒤 간신들에게 무함을 받아 그 이름이 죄안(罪案)에 오르자, 공이 분개하여 홀로 상소를 올려 원통함을 변론하였는데, 성상이 특별히 정거(停擧)하라는 명을 내렸다. 이로부터 과거 공부를 그만두고 작은 집을 지어 '완오(玩五)'라

10 생원 한공 묘표 : 이 글은 한효상(韓孝祥, 1565~1605)의 묘표이다. 본관은 청주(淸州), 자는 경휴(景休), 호는 협소(愜素)이다.

11 종왕(鍾王) : 위(魏)나라의 종요(鍾繇)와 진(晉)나라의 왕희지(王羲之)를 말하는데, 이 두 사람은 모두 서예에 능하였다.

12 선천(先天)과 후천(後天) : 《주역》을 말한다. 북송의 소옹(邵雍)이 진단(陳摶)의 학문을 터득하여 《주역》을 설명하면서 복희(伏羲)의 역(易)을 선천(先天), 문왕(文王)의 역을 후천(後天)이라 하였으며, 〈복희선천괘위도(伏羲先天卦位圖)〉를 만들었다.

고 편액을 하였으니, 하도낙서(河圖洛書)의 오수(五數)[13]의 뜻에서 취한 것이다.

공은 성품이 침착하여 기쁨과 노여움을 드러내지 않았으며, 집안이 본래 가난하여 변변찮은 끼니도 잇지 못하였으나 태연하게 지내며 신경을 쓰지 않았다. 오직 의리(義理)를 맛있는 고기처럼 즐겼고, 부귀를 초개처럼 보았으며, 강학을 할 때에는 반드시 궁리(窮理)와 격물(格物)에 근본을 두었으며, 자신을 성찰할 때에는 반드시 기미를 삼갔다. 공의 탁월한 식견과 의론은 필시 전할 만한 것이 많았을 터인데, 병란을 겪고 난 뒤에 가승(家乘)이 흩어지고 일실되어 징험할 수 없으니, 더욱 애석하다.

공은 산수를 몹시 좋아하여 한가한 틈을 타 즐겨 원근을 유람하였다. 왜적들을 피하여 안음(安陰)에 살았던 적이 있었는데, 정유년(1597, 선조30) 명나라 장수 유정(劉綎)이 남원(南原)에서 큰 승리를 거두자 도원수 권율(權慄)이 기념비를 세우려고 하면서 공의 글씨 솜씨를 알고는 불러서 글씨를 쓰게 하였으니, 남원에 있는 유 총병(劉總兵)의 비석 글씨가 공의 필적이다. 만력 을사년(1605, 선조38) 7월 5일 세상을 떠났으니, 향년 41세였다. 광릉(廣陵 광주(廣州)) 음촌(蔭村) 임좌(壬坐)의 언덕에 장사지냈다.

한씨(韓氏)는 청주(淸州)에서 나왔는데, 고려 때 태위를 지낸 란(蘭)이 처음 족보에 보이며, 유항(柳巷) 휘 수(脩)가 가장 명성이 있었다. 조선에 들어와서는 휘 상경(尙敬)이 개국공신으로 영의정에 올랐으니, 시호는 문간(文簡)이다. 2대 후에 계희(繼禧)에 이르러서는 성

13 오수(五數) : 오행(五行)과 음양 변화의 운수를 말한다.

종 때 좌리공신에 올랐다. 증조 휘 윤창(胤昌)은 예조 참판을 역임하였다. 조부 휘 극공(克恭)은 별좌를 역임하고 좌승지에 추증되었다. 부친 휘 천뢰(天賚)는 생원으로 이조 참판에 추증되었다.

부인 여산 송씨(礪山宋氏)는 감찰 복흥(復興)의 따님이다. 슬하에 4남을 두었으니, 도사 필진(必震), 필항(必恒), 필익(必益), 직장 필승(必升)이다. 여기(如琦)는 장남 소생인데, 정우(廷羽)가 그의 양자이며, 성시(聖時)와 성조(聖朝)가 그의 손자이다. 여회(如晦)는 차남 소생인데, 정구(廷矩), 선전관 정보(廷輔), 정주(廷柱), 정오(廷五), 정우(廷羽), 정로(廷老)가 그의 아들이다. 성윤(聖胤), 희조(熙朝), 성후(聖後), 성계(聖繼), 성서(聖緖), 성종(聖縱), 성적(聖績), 성유(聖維), 참봉 성휘(聖徽), 성집(聖緝), 성급(聖級), 진조(振朝), 사조(師朝), 임조(任朝)가 그의 손자이다.

학생 이공 묘표[14]

學生李公墓表

이기조(李起肇) 수초(秀初) 공은 전의(全義) 사람으로, 대대로 충주(忠州)의 가흥(可興) 마을에 살았는데, 마을 사람들이 훌륭한 어른이라고 칭찬하였다. 44세의 나이로 현종 갑진년(1664, 현종5) 3월 30일에 세상을 떠나 처음에 충주의 북쪽에 안장하였다가 뒤에 갈동(葛洞)로 이장하였으니, 역시 충주 경내이다. 부인 한양 조씨(漢陽趙氏)를 합장하였다.

공은 키가 크고 훤칠하였으며 몸가짐에 법도가 있었다. 자신이 유복자라는 이유로 종신토록 슬퍼하여 부친의 묘소를 개장(改葬)할 때는 묘소 아래에 여막을 짓고 아침저녁으로 묘소에 올라 마치 어린아이처럼 울다가 상기(喪期)를 다 채우고서야 떠났다.

본종(本宗)에서 온 재산은 모두 돌려주어 제사를 도왔으며, 자신의 전택(田宅)을 남이 함부로 점거하더라도 다투지 않고 주었으니, 그 품행이 이와 같다.

공의 시조는 고려 태사 도(棹)이고, 조선에 들어와서는 효정공(孝靖公) 정간(貞幹)이 연로한 모친을 봉양하여 지극한 효성으로 이름났으며, 좌윤 사관(士寬)과 도관찰사 효장(孝長)이 이어서 현달하였다. 그 후 3대를 지나 휘 윤성(允成)이 참의에 추증되었으며, 이분이 여온(汝

14 학생 이공 묘표 : 이 글은 이기조(李起肇, 1621~1664)의 묘표이다. 이기조의 본관은 전의(全義), 자는 수초(秀初)이다.

溫)과 여량(汝良)을 낳았다. 여온의 아들 원충(元忠)은 동지중추부사를 역임하였다. 여량의 아들 현충(顯忠)이 공의 부친인데, 동지중추부사가 데려다 양자로 삼았다.

공은 아들 딸 세 명씩을 두었다. 아들은 상빈(尙賓), 광빈(光賓), 관빈(觀賓)이고, 딸은 윤홍리(尹興离)와 윤위(尹偉)에게 각각 출가하였으며, 장녀는 공이 병에 걸렸을 때 손가락을 베어 피를 올렸는데, 성인이 되기 전에 죽었다. 상빈은 후사가 없어 광빈의 아들 만근(萬根)을 후사로 삼았다. 생원 만표(萬標), 만정(萬楨), 만추(萬樞), 만지(萬枝)는 관빈의 소생이다. 나에게 찾아와서 묘표를 부탁한 사람은 만근의 아들 정엽(鼎燁)이다.

종사랑 정공 묘표[15]

從仕郞鄭公墓表

공의 휘는 귀징(龜徵), 자는 문서(文瑞)로 연일(延日)사람이며, 포은선생(圃隱先生)이 그의 10대조이다. 증조는 별제 휘 응선(膺善)이고, 조부는 전첨 휘 준(儁)이며, 부친은 군수 휘 운한(雲翰)이니, 3대가 좌승지에 추증되었다. 외조부는 사천(泗川) 목승조(睦承祚)이다.

공은 숭정(崇禎) 무진년(1628, 인조6)에 태어났다. 어려서 부모를 잃어 평생토록 애통해 하였으며, 부모 이야기가 나올 때면 반드시 눈물을 흘렸다. 서울에 있던 큰 형님의 병세가 위급해지자, 하룻밤 사이에 200리 길을 달려갔으며, 상을 당하자 부친의 상을 당했을 때처럼 곡을 하고 지나칠 정도로 슬퍼하였으니, 형제 사이의 독실한 우애가 이와 같았다.

평소에는 권세와 이익 및 화려함을 즐기지 않았고, 비록 가문을 위해 마지못해 과거에 응시하였으나, 끝내 합격 여부에 마음을 두지 않았다. 만년에는 여강(驪江) 가에 집을 짓고 시와 술과 바둑으로 마음을 달랬으며, 간간이 또 낚시를 즐거움으로 삼았는데, 고을에서 다투어 사모하여 문 앞에는 신발이 항상 가득했다. 신해년(1671, 현종12) 1월 22일 세상을 떠나서 본주(本州)의 쌍봉산(雙峰山) 아래 경좌(庚坐)의 언덕에 장사지냈다.

15 종사랑 정공 묘표 : 이 글은 정귀징(鄭龜徵, 1628~1671)의 묘표이다. 본관은 영일(迎日), 자는 문서(文瑞)이다.

부인 영산 신씨(靈山辛氏)는 응종(應宗)의 따님으로, 훌륭한 부덕(婦德)을 갖추고, 또 집안 살림을 잘 다스려 가업을 이루었다. 공보다 32년 뒤에 세상을 떠났으니, 용인(龍仁) 문장동(文章洞)에 묘를 썼다. 아들 다섯을 두었으니, 참봉 찬헌(纘憲), 찬조(纘祖), 찬창(纘昌), 찬성(纘成), 찬장(纘章)이다. 딸 두 명은 도사 김세영(金世瑛), 사인 강석삼(姜錫三)에게 각각 출가하였다. 측실 소생 아들은 찬립(纘立)이다. 손자는 진(鎭), 황(鎤), 수(鏽), 환(鍰), 류(鎏), 호(鯱), 린(鏻), 화(鏵), 기(錡), 준(鐏), 함(鍼), 당(鏜)이며, 증손은 관제(觀濟), 흥제(興濟), 겸제(謙濟), 건제(健濟), 순제(順濟), 원제(遠濟), 시제(時濟), 일제(一濟), 필제(弼濟)이다.

아, 공은 큰 현인의 후손으로 재주와 행실을 지니고서 끝내 조금도 세상에 드러나지 못했지만, 이처럼 자손들이 많고 성대하니, 하늘이 베푸는 보답은 여기에 있다고 하겠다. 이것으로 묘표를 짓는다.

학생 이공 묘표[16]

學生李公墓表

징사(徵士) 이재형(李載亨)은 북방의 명망 있는 선비로, 내가 오래 전부터 그의 명성을 들어서 한번 만나보고 싶었지만 그렇게 하지 못했다. 하루는 징사가 글과 폐백을 가지고 수천 리 길에 사람을 보내어 그의 생부 응서(應瑞)의 묘표를 부탁하였다. 내가 가장(家狀)을 읽어 보고서 탄식하기를,

"이 분은 바탕이 정직하고 의(義)를 좋아하는 사람이다. 예전에 징사가 먼 북방에서 분발하여 위기지학(爲己之學)에 뜻이 독실하니, 자질이 참으로 남다르고 아마도 훌륭한 부형과 사우가 있을 것이라 생각했는데, 지금 보니 과연 그렇구나."

하였다.

공의 자는 국정(國禎)으로, 전주(全州)사람이다. 원조(遠祖) 세량(世良)이 경성(鏡城)에 유배를 와서 자손들이 그대로 그 곳에 살았다. 가선대부 중립(中立), 무과 상효(尙孝), 학생 성(晟)이 공의 3대이다. 효종 정유년(1657, 효종8)에 우리 외조부 민 문정공(閔文貞公 민유중(閔維重))께서 이 고을을 다스릴 때에 예학(禮學)을 크게 일으켜 고을의 뛰어난 사람들을 선발하여 학생 수를 채우자 공이 그 인원에 들었는데, 문정공이 매우 칭찬하였다. 여러 번 향시에 합격하였으며, 고을 사람들

16 학생 이공 묘표 : 이 글은 이응서(李應瑞, 1636~1705)의 묘표이다. 본관은 전주(全州), 자는 국정(國禎)이다.

이 또 공의 국량과 지식 및 행실을 손꼽았는데, 결국 급제를 하지 못하였다. 숙종 을유년(1705, 숙종31) 5월 12일 세상을 떠났으니, 향년 70세였다.

부인 양천 허씨(陽川許氏)는 공보다 1년 먼저 태어났으며 경자년(1720, 숙종46) 세상을 떠났는데, 여사(女士)의 기풍이 있었다. 아들은 재태(載泰)와 재흥(載興)이며, 장악원 주부를 역임한 재형(載亨)은 서열로는 둘째인데, 남의 후사로 들어갔다. 사위는 현희설(玄希卨), 최두병(崔斗柄), 송홍서(宋弘緖)이다.

공은 집안에서의 행실이 아주 독실하였는데, 한번은 모친 장 유인(張孺人)이 말하기를,

"우리 아들은 어려서부터 어느 한 가지도 내 뜻을 거스른 적이 없었다."

하였다. 종조부가 몇 리 떨어진 곳에 살았는데 그다지 심한 병이 아니면 날마다 반드시 새벽 문안을 올렸으며, 맛있는 음식이 생기면 반드시 나누어 드렸다.

집안을 다스릴 때에는 질서정연하여 법도가 있어 내외가 엄정하였고, 자제를 가르칠 때에는 효제(孝悌)를 우선으로 삼았으며, 재화를 경계하였다. 향교에 있을 때는 엄격한 규율로 제생을 선도하여 비록 거칠고 사나운 사람이라 하더라도 감히 함부로 하지 못했으며, 또 남의 작은 허물은 용납해주었기 때문에 남의 증오를 산 적이 없다.

몸은 재야에 있었지만 임금에 대한 충성을 잊지 않았으며, 시비사정(是非邪正)의 구분에는 더욱 분명하였다. 인현왕후(仁顯王后)가 폐위되었을 때[17]와 율곡(栗谷)과 우계(牛溪) 두 선생이 문묘에서 출향되었

17 인현왕후(仁顯王后)가 폐위되었을 때 : 기사환국(1689, 숙종15) 때 정권이 남인

을 때에는[18] 탄식하며 대궐 앞에 엎드려 상소를 올리려고 하였으나 학질에 걸려 실행하지 못했다. 공의 볼만한 행실이 이와 같으니, 모두 학문에 근본을 둔 것이다. 평소에 《논어》를 즐겨 읽었으며, 또 예서(禮書) 2책을 초략하여 집안의 법도로 삼았다. 한번은 학자들에게 말하기를,

"독서의 차례는 사서(四書)를 우선으로 하고, 성(誠)과 경(敬)을 요체로 삼아야 한다."

하고, 또 말하기를,

"이익은 모든 악의 근원이니, 한번이라도 이런 마음이 생기면 명철한 사람은 어두워지고, 강한 사람은 유약해진다."

하였다. 아, 의리(義利)의 분별에 힘쓰는 것이 유자(儒者)에게 제일 중요한 의(義)인데, 학문을 하는 방법이 또 이처럼 단정했으니, 징사 같은 아들을 둔 것이 당연하다.

또 듣기로 문정공께서 공에게 준 편지에 누차 공을 위해 책을 샀다는 말이 있으니, 실로 공이 요청한 일이며 그 책은 모두 성리서(性理書)였다고 한다. 공이 몸소 선행을 닦고 후손에게 넉넉히 남겨준 것은 모두 여기에서 벗어나지 않으니, 공과 같은 분은 대체를 알았다고 할 만하다. 내가 진실로 글을 잘 짓지 못하지만, 징사의 효성을 가상히 여기고

(南人)으로 넘어가자 인현왕후가 폐위되어 궁중에서 쫓겨나 서인(庶人)이 된 일을 말한다. 인현왕후는 그 후 1694년(숙종20) 갑술환국 때 복위하게 된다.

18 율곡(栗谷)과……때에는 : 성혼과 이이는 서인 계통의 학자들로, 서인이 집권하던 시기인 1682년(숙종8)에 처음으로 문묘(文廟)에 배향되었는데, 1689년(숙종15)에 기사환국으로 남인들이 정권을 잡게 되면서 이들의 요구에 따라 문묘에서 출향되었는데, 이때의 일을 말한다. 그 후 1694년(숙종20)에 갑술환국으로 서인이 집권하면서 다시 문묘에 배향되었다.

또 공의 행적이 민멸되어 일컬어지지 않는 것을 슬피 여겨 뜻과 행실 가운데 중요한 것만을 기록하여 돌에 새겨 세상에서 징사를 아는 자들이 모두 "징사가 훌륭한 것이 아니라, 부친이 훌륭하다."라고 말하게 하리니, 북방의 선비들이 행여 권장받을 것이다.

학생 나공 묘표[19]

學生羅公墓表

나형규(羅炯奎) 군이 나에게 배웠는데, 하루는 울면서 다음과 같이 말하였다.

"우리 부친께서는 젊은 시절부터 우암 선생(尤菴先生)을 스승으로 섬겼습니다. 선생께서 북쪽으로 유배 갈 적에 걸어서 따라 가니, 선생이 시를 지어 주셨습니다. 선생께서 사사(賜死)될 때에 우리 부친 역시 기구한 재앙을 만나 영결을 하지 못해 평생토록 한으로 여겼습니다. 우리 부친은 일찍이 북인(北人)의 잔당들이 다시 설치는 것을 아주 싫어하여 힘써 올바른 논의를 견지하였습니다. 또 적신(賊臣) 민종도(閔宗道)[20]가 나주(羅州)에서 이배(移配)된 것은 실로 문곡 상공(文谷相公 김수항(金壽恒))께서 요청을 했기 때문인데,[21] 우리 부친이 나주 사람으로 평소 문곡 상공과 관계가 좋았기 때문에 흉도들은 이 일이 우리 부친에게서 나왔다고 생각하였습니다. 그래

19 학생 나공 묘표 : 이 글은 나세기(羅世器, 1641~1699)의 묘표이다. 나세기의 본관은 나주(羅州), 자는 자장(子長)이다.

20 민종도(閔宗道) : 1633 ~ 1693. 남인으로 민암(閔黯)의 조카인데, 억세고 사나워 남을 몰래 해치는 것이 흉악한 무리들 중에서도 특히 심하였으며 장희재와 결탁하여 음모(陰謀)를 꾸미고 인현왕후(仁顯王后)의 폐위를 조장하였다고 한다. 《肅宗實錄 15年 윤3月 7日 · 19年 1月 13日》

21 나주(羅州)에서……때문인데 : 민종도는 김수항의 건의에 의해 나주에서 종성(鍾城)으로 이배되었다. 《肅宗實錄 6年 7月 3日》

서 유감을 품고 교대로 모함을 하여 드디어 6년간 옥살이를 하게 되었습니다. 갑술환국(甲戌換局)[22]이 없었으면, 우리 부친은 거의 죽음을 면하지 못하였을 것입니다.

그 후로는 벼슬길을 단념하고 문을 닫고서 깊숙이 거처하면서 날마다 의리(義理)에 관계된 서적을 가까이하여 아침저녁으로 강론하였으며, 오직 한 마디 말과 한 가지 의리도 행여 스승의 가르침에 어긋날까 염려하였습니다. 집안에서의 행실을 잘 갖추었고, 형제간의 화목에 더욱 독실하여 고을 사람들이 관찰사에게 거듭 천거하니, 그때마다 편지를 보내어 만류하기를 '실제가 없는데, 감히 헛된 명성을 받을 수 있겠습니까?'라고 하였습니다. 우리 부친은 생전에는 예측하기 어려운 곤액과 치욕을 당하였고 사후에는 행적이 묻혀 일컬어지지 않으니, 만일 애달피 여기는 군자가 한마디 말을 해주신다면 지하에서 자신의 불행한 삶을 슬퍼하지 않을 것입니다."[23]

22 갑술환국(甲戌換局) : 1694년(숙종20) 갑술년에 김춘택(金春澤), 한중혁(韓重爀) 등 서인들이 폐위되었던 인현왕후의 복위 운동을 일으키자, 당시 집권세력이었던 민암(閔黯), 이의징(李義徵) 등 남인들이 이를 빌미로 서인들을 완전히 제거하려다가 오히려 자신들이 화를 당한 사건이다. 이 당시 숙종은 장 희빈(張禧嬪)에 대한 감정이 점차 악화되어 폐비 사건을 후회하고 있었는데, 남인들이 무모한 옥사를 벌이려 하자 분노하여 민암과 이의징 등을 유배보내고, 송시열, 민정중(閔鼎重), 김익훈(金益勳) 등 기사사화 때 축출된 서인들의 관작을 복구시키고, 서인을 등용하여 정국 전환을 꾀하였다.

23 지하에서……것입니다 : 한유(韓愈)와 친분이 있던 장원(張圓)이 도적을 만나 길에서 죽었는데, 그의 부인 유씨(劉氏)가 계집종을 시켜 어린 아들을 한유에게 데리고 가서 묘표의 글을 청하게 하며 말하기를, "선생께서 명문(銘文)을 써 주신다면 죽은 사람이 욕되지 않게 될 뿐만이 아니라 그 이름이 영원히 전해져서 길이 살아 남게 될 것이요, 세상에 남긴 혈육은 물론이요 그 자손들까지도 비호를 받게 될 것이니, 가령

내가 듣고서 탄식하여 말하기를,

"공자(孔子)께서 마을 사람들이 모두 좋아하고 모두 미워하는 것은 선한 사람이 좋아하고 불선한 사람이 미워하는 것만 못하다고 말하지 않았던가.[24] 고을 사람들 중에 그대 부친을 미워한 사람들은 이이첨(李爾瞻)과 민종도 같은 무리들이니, 좋아한 사람들은 반드시 선한 사람이었을 것이네. 더구나 생사와 화복의 사이는 여러 사람들이 허둥대며 급박하게 여기는데, 공은 지키는 바가 더욱 확고하였음은 자신의 뜻을 말한 글을 보면 알 수 있으니, 참으로 선생의 제자가 되기에 부끄러움이 없네."

하였다. 형규가 일어나 울면서 말하기를,

"군자에게 이런 말씀을 들은 것으로 충분하니, 돌아가 돌에 새기겠습니다."

하였다.

공의 휘는 세기(世器), 자는 자장(子長)으로 대대로 나주에 거주하였다. 5대조 창(昶)은 중종 때 독서당에 선발되었는데, 관직이 지평에 그쳤다. 조부 휘 해봉(海鳳)은 별제를 역임하였고, 부친 휘 준(俊)

죽은 자가 만일 알 수 있는 능력이 있다면 지하에서 자기의 불행을 슬퍼하지 않게 될 것입니다.〔先生賜之銘, 是其死不爲辱而名永長存, 所以覆蓋其遺胤若子若孫, 且死萬一能有知, 將不悼其不幸於土中矣.〕"라고 하소연한 기록이 한유(韓愈)의 〈당고하중부법조장군묘갈명(唐故河中府法曹張君墓碣銘)〉에 나온다.

24 공자(孔子)께서……않았던가 : 자공이 공자에게 묻기를 "마을 사람들이 모두 좋아하면 어떻습니까?"라고 하자, 공자가 "아직 안 된다."라고 하였다. "마을 사람들이 모두 미워하면 어떻습니까?"라고 하자 "아직 안 된다. 마을 사람 중에 선한 사람이 좋아하고 선하지 못한 사람이 미워하는 것만 못하다."라고 하였다. 《論語 子路》

은 참봉을 역임하였는데, 모두 고을에서 명망이 있는 선비였다. 공은 숙종 기묘년(1699, 숙종25) 8월 27일 세상을 떠났으니, 향년 59세였다. 나주의 서쪽 사기촌(沙器村)에 장사지냈는데, 원배(元配) 여산 송씨(礪山宋氏)를 같은 언덕에 장사지냈다. 여사(女士)라는 칭송을 받은 부평 이씨(富平李氏)는 공보다 35년 뒤에 세상을 떠났는데, 따로 영암(靈巖)의 수원(燧院)에 장사지냈으니, 계배(繼配)이다. 아들 셋을 두었으니, 병규(炳奎)는 송씨 소생이고, 진사 찬규(燦奎)와 형규는 이씨 소생이다. 병규의 아들은 정태(廷泰)와 정식(廷軾)이다. 정태와 정식의 아들은 득륜(得綸)과 득경(得經)이다.

학생 이공 묘표[25]

學生李公墓表

이응징(李應徵) 공 휴경(休卿)이 22세의 나이로 세상을 떠났는데, 그의 종형 응서(應瑞)가 자신의 아들 재형(載亨)을 양자로 보냈으니, 당시 재형의 나이가 3살이었다. 장성한 뒤에 불러서 그에게 말하기를,

"너의 양부는 8세에 부모의 상을 당하여 우리 부모에게 양육 되었고 또 나에게 배웠다. 우리 부모께서 그의 외로운 처지를 애달피 여겨 그다지 일과 공부를 권하지 않았으나, 스스로 힘써 게을리 하지 않았다. 현종 갑진년(1664, 현종5)에 외재(畏齋) 이단하(李端夏) 상국이 평사(評事)로 부임해 와서 날마다 여러 학생들과 강학하였는데, 당시에 너의 양부가 가장 나이가 어렸다. 외재공이 몹시 아껴 주자서(朱子書)를 주니, 너의 양부가 마음으로 기뻐하면서 밤낮으로 부지런히 공부하였다. 그 사이에 또 초략해 베껴서 책을 만들어 늘 몸에 지니고 다녔으니, 이처럼 학문을 좋아하였다.

종신토록 부모를 여읜 슬픔을 지니고서 남이 부모를 부르는 소리를 들으면 눈물을 흘리지 않은 적이 없었고, 늘 생일이면 음식을 입에 대지 않고 슬피 곡하였다. 우리 부모를 섬길 때에는 마치 효자가 부모를 섬기는 것과 같이 하였다. 한 명의 누이와 우애가 아주 돈독하여 누이가 성인이 되고 나서도 차마 헤어져 살 수가 없었는데,

25 학생 이공 묘표 : 이 글은 이응징(李應徵, 1645~1666)의 묘표이다. 본관은 전주(全州), 자는 휴경(休卿)이다.

자형이 감동하여 함께 살자 쓸 만한 밭뙈기와 노복을 골라 보태주었으니, 그의 독실한 행동이 이와 같았다. 너는 공경히 잘 기억하여라."

하였다. 재형이 이 말을 듣고서 감히 잊지 않았다.

몇 년이 지난 뒤에 가장(家狀) 한 편을 마련하여 자신의 아들 함(涵)을 시켜 나에게 묘표를 부탁하며 말하기를,

"저는 태어나면서부터 부친의 얼굴을 보지 못했으니, 더구나 덕행을 알 리가 있겠습니까. 오직 요행히 가정에서 전해들은 것이 이와 같지만, 또 민멸되어 전해지지 못할 것입니다. 저는 연로하여 죽음을 앞두고 있으니, 지하에서 두 부친을 뵐 면목이 없을까 두렵습니다. 또 기억하기로 제가 외재공을 한 번 뵌 적이 있는데, 공이 탄식하며 말씀하시기를, '온화하고 고상하며 강직하고 깨끗하기로 어찌 다시 그대 부친 같은 사람이 있겠는가.'라고 하셨습니다. 제가 다행히 당세의 대인(大人)께 들은 말이 이와 같으니, 이를 바탕으로 글을 지어 주시기를 바랍니다."

하였다. 내가 대답하기를,

"내가 일찍이 그대의 백부(伯父)[26]를 위해 묘표를 지었네. 그대의 백부는 질박하고 정직하며 사치를 일삼지 않아 자제를 구차히 칭송하는 분이 아니네. 더구나 외재옹은 세상에서 명경(名卿)으로 일컬어지는 분이니, 그분의 말씀이 영원히 후대에 전하기에 충분하네. 어찌 돌아가서 돌에 새기지 않는가."

하였다. 그러자 함이 일어서서 절을 하고는 "이 말을 우리 아버지께

26 그대의 백부(伯父) : 이응징의 종형 이응서(李應瑞, 1636~1705)를 말한다. 도암이 지은 묘표가 본서 제39권 〈학생 이공 묘표(學生李公墓表)〉에 실려 있다.

아뢰겠습니다."라고 하였다.

공은 전주(全州) 사람으로, 부친은 섬(暹)이고, 모친 충주 지씨(忠州池氏)는 뛰어난 행실로 정려를 받았다. 조부 상효(尙孝)는 무과에 급제하였으며, 증조 중립(中立)은 수직(壽職)으로 가선대부를 받았다. 그의 집안이 경성(鏡城)에 대대로 살게 된 것은 6대조 세량(世良) 때부터였다고 한다. 공이 병오년(1705, 숙종31) 1월 17일 세상을 떠나자 부인 박씨(朴氏)가 목숨을 버리고 뒤따라 죽으려고 칼로 목을 베었는데, 곁에 있던 사람이 급히 구하여 죽지 않았다. 10년이 지난 뒤에 부친 사언(士彦)이 딸이 야윈 것을 걱정하여 억지로 고기를 권하자, 박씨가 차마 부친의 뜻을 어길 수도 없고 또 차마 구차히 살 수도 없어 마침내 자신의 뜻대로 자결하였다. 지금 성상 정사년(1737, 영조13) 정려(旌閭)의 명이 내려졌다. 재형은 학행으로 조정에 불려와 장악원 주부를 역임하였다. 아들 셋을 두었으니, 장남은 함(涵), 차남은 담(湛), 삼남은 완(浣)이다.

통덕랑 이공 묘표[27]

通德郎李公墓表

공의 휘는 후성(後晟), 자는 회경(晦卿)이다. 우리 우봉 이씨(牛峰李氏)는 시중 공정(公靖)을 같은 시조로 모시는데, 고려 말에 두 파로 나뉘었으니, 판서 교(喬)와 판사 주(周)이다. 판서가 바로 공의 선조이다. 그 뒤에 사헌부 집의 집(緝)이란 분이 있는데, 집의는 아들 둘을 두었다. 세감(世鑑)은 행실로 천거되어 별좌를 역임하였고, 세명(世銘)은 익위사 세마를 지냈으며, 기묘명인(己卯名人)이다. 세마는 도총부 경력을 역임한 휘 한(僩)을 낳았다. 경력은 동지충추부사를 역임한 의원(義元)을 낳았다. 동지중추부사는 휘 주(宙)를 낳았는데, 영월 신씨(寧越辛氏)에게 장가들었으니, 감찰 여화(汝和)의 따님이다. 후사가 없어 공을 양자로 들였다. 공의 생부 헌(憲)은 별좌공의 증손이다.

공은 숭정(崇禎) 계미년(1763, 영조39)에 태어났다. 향교에 나아가 공부를 할 적에는 사우들 사이에서 명성이 있었다. 여러 차례 향시에 합격했으나 과거에 급제하지 못해 드디어 그만두고 모친을 모시고 파산(坡山 파주(坡州))에 우거하면서 산에서 나물을 캐고 낚시를 하여 맛있는 음식으로 봉양하였다. 모친이 돌아가시자, 더욱 세상에 뜻을 접고 문을 닫은 채 깊숙이 거처하며 홀로 서사(書史)를 즐기며 생을 마쳤다. 향년 67세로 기축년(1709, 숙종35) 6월 1일 세상을 떠나 본주(本州) 기동(基

27 통덕랑 이공 묘표 : 이 글은 이후성(李後晟, 1643~1709)의 묘표이다. 이후성의 본관은 우봉(牛峯), 자는 회경(晦卿)이다.

洞) 계좌(癸坐)의 언덕에 장사지냈다. 부인 완산 이씨(完山李氏)는 통덕랑 박(鎛)의 따님으로 공보다 10년 앞서 세상을 떠났는데, 이때 이르러 부장(祔葬)하였다. 아들은 해(瀣)와 항(沆)인데, 해의 아들은 명제(命悌)이고, 항의 양자는 명열(命悅)이다.

공은 총명하고 조숙하여 9세에 모친의 명으로 이종사촌 누이의 남편 헌납 이형(李逈)의 초상 때에 전(奠)을 올렸는데, 행동이 어른 같아 자리에 있던 고관들이 모두 감탄하였다. 젊었을 때에 많은 명사들과 종유했는데, 그들이 존귀해지자 한 번도 그 집에 발을 들인 적이 없었다. 집안이 가난하여 변변찮은 양식도 잇지 못했지만, 평생 동안 남에게 아쉬운 소리를 하지 않았으니, 고을 사람들이 모두 의롭게 여겼다. 오래된 매화나무를 좋아하였는데, 공이 세상을 떠나자 매화나무도 말라 죽었다.

아, 우리 종성(宗姓)은 그 수가 아주 적고 또 가세를 떨치지 못하였으니, 공처럼 훌륭한 문장과 행실을 지닌 자는 간혹 있다. 그러나 그 역시 조금도 재능을 펼쳐보지 못했으니, 어찌 운수가 쇠하여 다시 회복할 수 없는 것이 아니겠는가. 어찌 하늘은 두텁게 베풀어주고 명운에는 인색한 것인가. 내가 공의 자취가 사라져 일컬어지지 않는 것을 애달파하여 대략 이렇게 서술하여 묘소 옆에 게시한다. 나는 판서공의 후손이다.

통덕랑 김공 묘표[28]

通德郎金公墓表

선산(善山)의 서생 김의려(金宜礪)가 두 아들을 보내 나에게 배우게 하였고, 나도 그가 사는 평성(坪城)에 들른 적이 있는데, 연못과 정원에 제법 산수의 호기(豪氣)가 있었다. 지난해에 병이 들어 죽음을 앞두고 편지로 나에게 부탁하기를,

"우리 부친 휘 상현(相鉉)은 자가 태보(台甫)로 행실이 있었으나 명성 없이 때를 만나지 못한 채 세상을 떠났습니다. 볼 만한 행실이 후대에 전해지지 못하고 사라지는 것을 차마 볼 수가 없어 군자의 소중한 한 마디 말을 얻기를 원했으나 이제는 끝입니다. 만일 죽음을 앞두고 하는 말이라 여겨 내치지 않으신다면 눈을 감고 편안히 죽을 수 있겠습니다."

하였다.

내가 그의 뜻을 슬피 여겨 급히 가장(家狀)을 가져다 읽어보았다. 김씨가 선산에 거주한 것은 고려의 일선군(一善君) 추(錘)로부터 시작되었으며, 조선에 들어와서는 휘 취문(就文)이 문과에 급제하여 대사간을 역임하였으니, 호가 구암(久菴)이다. 박 송당(朴松堂 박영(朴英))에게 수학하여 여러 현인들에게 추중을 받은 사실이 《퇴계집》에 보인다. 이분이 공의 고조이다. 증조 휘 종유(宗儒)는 일찍 우계(牛溪 성혼)

28 통덕랑 김공 묘표 : 이 글은 김상현(金相鉉, 1643~1713)의 묘표이다. 김상현의 본관은 선산(善山), 자는 태보(台甫)이다.

의 문하에 유학하였으며, 사계(沙溪) 문원공(文元公 김장생)과 친밀한 벗으로 지냈다. 조부 휘 훤(翧)은 내시교관을 지냈는데, 호가 졸옹(拙翁)이며, 선비들 사이에서 명망이 있었다. 우암 선생(尤菴先生)이 양대의 행적을 상세히 기술하였다. 부친 휘 시민(時閔)은 지극한 행실이 있었으나 일찍 세상을 떠났다. 모친 연일 정씨(延日鄭氏)는 승의랑 유성(維城)의 따님으로, 옥산(玉山) 이우(李瑀)의 외손이다.

공은 숭정 계미년(1643, 인조21)에 태어났다. 겨우 두 살 때에 숙부 휘 시안(時顔)의 양자로 출계하였다. 공은 천부적인 자질이 순수했으나 정 부인(鄭夫人)이 늘 말하기를,

> "네가 일찍 아버지를 여의어 가르침을 받지 못한 것이 내 마음을 아프게 한다. 옛 사람이 '과부의 자식이 드러난 행실이 없으면 벗으로 사귀지 않는다.'[29]라고 하지 않았더냐.' 너는 명심하여라."

하고, 그 말을 손수 써서 경계를 시켰다.

공은 성품이 지극히 효성스러워 부모를 섬길 적에 비록 빈약한 처지라 하더라도 몸과 마음으로 지극한 봉양을 하여 부모의 마음을 거스른 적이 없었다. 일찍 과거 공부를 하였으나 그가 좋아한 일은 아니었다. 기사년(1689, 숙종15)에 큰 재앙을 보고는,[30] 벼슬길에 뜻을 접고 석천

29 과부의……않는다 : 《예기》 〈곡례(曲禮)〉에 말하기를 "과부의 자식이 드러난 행실이 없으면 벗으로 사귀지 않는다.〔寡婦之子, 非有見焉, 弗與爲友.〕"라고 하였다.

30 기사년에……보고는 : 기사환국을 말한다. 당시 집권세력인 서인이 숙원(淑媛) 장씨(張氏) 소생으로서 훗날 경종이 되는 왕자 이윤(李昀)의 원자 책봉을 반대하자, 이에 분노한 숙종(肅宗)이 서인의 영수 송시열(宋時烈)을 사사하고 김수흥(金壽興), 김수항(金壽恒) 등 서인의 지도층을 정계에서 대거 축출하고, 이어 1680년 경신대출척(庚申大黜陟)으로 실각하였던 남인들을 다시 등용한 사건이다. 이 일로 서인의 영수

정사(石泉精舍)를 지어 오직 시와 술, 화훼로 스스로 즐겼다.

정축년(1697, 숙종23), 사계 선생을 문묘에 배향하자는 청을 팔도에서 합사(合辭)로 올렸는데, 영남에서 불순한 무리들이 상소를 올려 저지하며 끝없이 무함하였다. 공이 분기를 참지 못하여 앞장서서 무함을 변론하자, 도내에서 일제히 호응하여 공을 소두(疏頭)로 추켜세웠으니,[31] 인망(人望)이 돌아갔기 때문이다. 이로부터 사류(士類)가 몹시 의지하고 기대하여 사문(斯文)과 관련된 모든 대소사를 공이 주장하였다.

평소에는 독서와 마음공부에만 힘썼으며, 만년에 이르러 질병에 걸렸을 때에도 게을리 한 적이 없었다. 계사년(1713, 숙종39) 11월 21일 세상을 떠났으니, 향년 71세였다. 이듬해 1월에 집 뒤에 장사지내고 10월에 개령현(開寧縣) 동쪽 숭산(崇山) 임좌(壬坐)의 언덕으로 이장하였다.

공은 덕성이 혼후하며 질박하고 성실하여 평생 모가 나거나 이상한 행동을 하지 않았으며, 힘을 쏟은 일은 인륜 및 일용의 상도를 벗어나지 않았다. 살아계실 때 봉양하고, 돌아가신 뒤에 장례와 제사를 지낼 때에는 정성과 예절을 다하여 부모를 섬기는 처음과 끝을 다하였다. 형제와 우애롭게 지내고 친구는 은혜로 대하였으니, 친한 사람으로부터 소원한 사람에 이르기까지 차례차례 질서 있게 대하였고, 겸손한

송시열을 비롯해 많은 서인계 인사들이 화를 입었다.

31 공이……추켜세웠으니 : 실록에 경상도의 유학(幼學) 김상현(金相鉉) 등이 상소하여 문원공(文元公) 김장생(金長生)을 문묘(文廟)에 종사(從祀)하도록 청하였으나, 임금이 허락하지 않았다는 내용이 보인다. 《肅宗實錄 23年 9月 26日》

태도로 자신을 다스리고 온화하며 너그러웠다. 남과 말을 할 적에는 신실하여 자기주장이 없는 듯하였으나, 정직한 자를 좋아하고 아첨하는 자를 싫어하였으니, 떳떳한 본성에 근본을 둔 것이다.

한번은 서울에서 장암(丈巖) 정호(鄭澔) 공을 만났는데, 지기(知己)로 허여하고, 헤어진 뒤에도 여전히 마음속에서 잊지 않았다. 정공이 남을 대할 때면 말하기를,

"김태보(金台甫)는 뜻과 행실이 높고 예스러우며 기개가 크고 넓어 근세에 쉽게 볼 수 있는 인물이 아니다."

하였다. 공이 세상을 떠나자 또 시를 지어 애도하기를,

우뚝한 영남의 큰 인물	磊落嶺之秀
아! 지금 세상을 떠났구나	吁嗟今也亡

하였다. 산을 볼 수 없으면 나무라도 보고 싶다는 옛 말을 어찌 믿지 않겠는가.

공은 평산 신씨(平山申氏)에게 장가들었으니, 통제사 류(瀏)의 따님으로, 여사(女士)의 행실이 있었다. 4남 4녀를 두었다. 아들은 의정(宜鼎), 생원 의련(宜鍊), 의건(宜鍵)이고, 막내가 의려(宜礪)이다. 딸은 사인 여광석(呂光錫), 심국번(沈國藩), 최응태(崔應泰), 손수해(孫壽海)에게 각각 출가하였다. 손자는 이연(履淵), 진사 이태(履泰), 이성(履成), 이진(履進), 이연(履延), 이원(履遠), 이운(履運), 이우(履遇)이다. 나머지는 다 기록하지 않는다.

통덕랑 홍공 묘표[32]

通德郞洪公墓表

내가 이미 의령 현감(宜寧縣監) 홍 선생(洪宜寧 홍백순(洪百順))을 위해 묘갈을 지었는데, 그의 손자 좌랑 하서(河瑞)가 훌륭한 조부를 잘 계승하였으나 때를 만나지 못한 채 불우하게 생을 마쳤다. 내가 평소 그를 훌륭하게 여겨 또 묘갈을 지어 후세에 전하였다. 박성원(朴聖源) 군이 다시 그가 지은 통덕랑 휘 우적(禹績)의 가장(家狀)을 나에게 보여주었으니, 의령 선생이 공에게는 증조가 되고, 하서는 그의 아들이다.

아, "영지(靈芝)는 뿌리가 없고, 예천(醴泉)은 근원이 없다."는 말을 두고 옛 사람 중에 그 말을 의심하는 자가 있었으니,[33] 깃털 하나를 보면 봉황의 전체를 알 수 있는 것[34]이 당연한 이치다. 자식이 되어 부모를 섬길 적에 자신의 직분을 다하는 자는 드무니, 부모가 살아서나 죽어서나 사랑과 공경을 다하는 일로 말하자면, 의령 선생이 먼저 실천하고 공이 그대로 따랐다. 공이 좌랑공에게 가르친 것 역시 여기에서 벗어나지 않으니, 이는 선대를 잘 본받아 후대에 넉넉히 전해준 것이라 고을을 교화하고 나라에 본보기가 되기에 충분하다. 어찌 아름답지

32 통덕랑 홍공 묘표 : 이 글은 홍우적(洪禹績, 1658~1733)의 묘표이다. 홍우적의 본관은 남양(南陽)이다.

33 영지(靈芝)는……있었으니 : 97쪽 주80 참조.

34 깃털……것 : 413쪽 주9 참조.

않겠는가.

또 전해 듣기로 좌랑공이 과거에 급제하였을 때, 공을 알던 자들은 모두 공이 쌓은 덕이 발현된 것이라 하였다. 그러나 공은 이미 영예로운 봉양을 오래도록 누리지 못했고, 좌랑공도 불행히 불우하게 생을 마쳤으니, 이 점이 의아하다. 그러나 성인이 효를 논하면서 말하기를,

"자신을 삼가지 않으면 날마다 세 종류의 희생을 드리며 부모를 봉양하더라도 오히려 불효가 된다."[35]

하였으며, 주자(朱子)가 말하기를,

"부귀는 얻기 쉬워도 명분과 절의는 지키기 어렵다."

하였으니, 세속의 정리로 보자면 진실로 대부분 부귀에 마음이 가지만, 주자의 뜻으로 보자면 어찌 "이와 같이 경시하고, 저와 같이 중시하는가."[36]라고 하지 않겠는가. 그렇다면 좌랑공이 일생동안 몸을 삼간 것은 명분과 절의를 잃지 않으려 한 것이니, 더욱 그의 효성을 알 수 있다. 어찌 이것을 가지고 천도를 의심하겠는가.

35 자신을……된다 : 《효경(孝經)》 〈기효행(紀孝行)〉에 "윗자리에 있으면서 교만하면 망하고, 아랫자리에 있으면서 난리를 치면 형벌을 당하며, 동료와 다투면 해를 입을 것이니, 이 세 가지를 없애지 않으면 아무리 날마다 세 종류의 희생을 드리며 부모를 봉양하더라도 오히려 불효가 된다.〔居上而驕則亡, 爲下而亂則刑, 在醜而爭則兵, 三者不除, 雖日用三牲之養, 猶爲不孝也.〕"라고 하였다.

36 이와……중시하는가 : 사마천(司馬遷)이 말하기를 "공자는 '추운 계절이 된 연후에야 소나무와 잣나무는 시들지 않고 푸르게 남아 있는 것은 안다.'라고 하였다. 세상이 혼탁해졌을 때 비로소 청렴한 자가 드러나게 마련이니, 부귀를 두고 어찌해서 세상 사람들은 저와 같이 중시하고, 청렴한 자는 이와 같이 경시하는 것일까.〔子曰, 歲寒然後知松栢之後凋, 擧世混濁, 淸士乃見, 豈以其重若彼, 其輕若此哉!〕"라고 하였다. 《史記 卷61 伯夷列傳》

공은 효종 무술년(1658, 효종9)에 태어나서 지금 성상 계축년(1733, 영조9)에 세상을 떠났으니, 향년 76세이다. 광주(廣州) 율리(栗里)의 묘좌(卯坐) 언덕에 장사지내고 부인 창원 황씨(昌原黃氏)를 부장하였다. 아들 셋을 두었는데, 하서의 아우 낙서(洛瑞) 역시 요절하였으며, 막내는 한서(漢瑞)이다. 한서는 나에게 배워 대대로 학문을 이었으니, 공의 남은 경사는 여기에 있다고 하겠다.

진사 한공 묘표[37]

進士韓公墓表

한후(韓侯) 도유(道愈) 제여(濟汝)는 대대로 남원의 어은곡(魚隱谷)에 살았다. 죽고 난 뒤에 성의 남쪽에 장사지내고 11년 뒤 정미년(1727, 영조3) 순창(淳昌)의 율북(栗北)으로 이장하여 부인 안동 김씨(安東金氏)를 합장하였다. 처음에 한후가 죽음을 앞두고 아들 택성(宅成)에게 당부하기를,

"우리 부모님은 무덤을 따로 썼고 묘소도 좋지 않으니, 훗날 하나의 언덕을 구해 내 뜻을 이루어주고, 나도 그 아래에 묻어다오."

하였는데, 결국 그의 말대로 해주었다. 얼마 뒤에 택성이 묘소 앞에 묘표를 세우려고 한천(寒泉)으로 나를 찾아와 글을 청하니, 내가 사양할 수가 없었다.

듣기로 한후는 지극한 행실을 타고나 병든 모친을 시봉할 적에 자신의 몸에 부스럼이 있어 전염시킬까 염려하여 별도로 자리를 마련하여 앉아 있다가 일어나면 자리를 치웠으니, 당시 나이가 일곱 살이었다. 정축년(1697, 숙종23) 큰 전염병이 돌아 연거푸 상화(喪禍)를 만났고 한후 역시 거의 죽다가 살아났으나, 오히려 제힘으로 죽을 먹으며 염(斂)과 장례를 모두 예법에 따라 거행하였다. 얼마 뒤에 전염병이 더욱 극성을 부려 동서로 피하였는데, 가는 곳마다 반드시 먼저 방 한 칸을

37 진사 한공 묘표 : 이 글은 한도유(韓道愈, 1659~1717)의 묘표이다. 한도유의 본관은 청주(淸州), 자는 제여(濟汝)이다.

마련하여 부친의 연궤(筵几)를 받들었다. 또 뒤이어 아내와 누이의 상을 당했는데도 하루도 전(奠)을 빠트린 적이 없었으니, 사람들이 하기 어려운 일이라고 하였다.

평생토록 어린아이처럼 부모를 사랑하는 마음이 있어 매일 새벽에 사당을 배알하고 심한 병이 아니면 그만두지 않았다. 제사 때가 되면 집안사람들을 신칙하여 목욕재개하도록 하고 모든 제수(祭需)를 정갈히 마련하였으며, 사당에 들어가서는 반드시 눈물을 흘렸고, 선인의 필적을 보면 역시 눈물을 흘렸다. 과부가 된 누이가 자식을 데리고 와서 의지하자 모친처럼 섬겼고, 누이가 죽자 이어서 조카를 길러 혼인시켰으며, 또 제전(祭田)을 마련하고는 막내아들에게 맡겨 서모(庶母)와 유복자로 태어나 혼례를 올리지 못하고 죽은 이의 제사를 지내주도록 하였다.

어려서부터 병에 걸려 독서를 하지 못하였으나, 깊이 생각하여 묵묵히 알았으며, 평상시 분수를 지키며 세속을 명리를 구하지 않았다. 성품은 검약을 즐겨 절대로 사치스러운 물건을 가까이 하지 않았다. 집안을 다스리고 일을 처리할 때는 각기 조리가 있었다. 자식들을 가르칠 적에는 반드시 효제(孝悌)를 먼저하고 학문을 뒤로 하였다. 한번은 말하기를,

> "하루 종일 다른 사람들과 어울리며 마음 쓰는 곳이 없고, 술 마시고 바둑 두며 우스갯소리를 하느라 부모의 봉양을 돌보지 않으면, 이는 군자의 죄인이다."

하였다. 또 자식들이 일정한 생업에 힘쓰지 않는 자와 교제하는 것을 통렬히 금지하니, 이 때문에 자제들이 모두 몸가짐을 삼가는데 힘썼다. 또 마을의 재능 있는 젊은이들을 잘 가르쳐 성취한 자들이 많았다

고 한다.

나는 한씨(韓氏) 집안과 대대로 우호가 있었으나 미처 한후를 알지 못했는데, 택성에게 한후의 일과 행적을 들은 것이 이와 같다. 택성이 또 울면서 말하기를,

“우리 부친이 일찍이 말씀하시길 ‘지금 사람들은 부모를 위해 행장(行狀)과 지문(誌文)을 지으면서 과장하고 부풀리기만 하니, 본분에 무슨 보탬이 되겠느냐. 어찌 죽은 자가 부끄러워하지 않겠느냐.’라고 하셨으니, 제가 마음속에 간직하고 감히 잊지 못하고 있습니다.”

하였다. 아, 그의 말이 더욱 믿을 만하다.

한씨는 청주(淸州)의 큰 성씨로 태위를 지낸 난(蘭)의 후손이다. 조선에 들어와서는 청성군(淸城君) 종손(終孫)이 있고, 청성군의 증손 복(輹)은 문과에 장원하여 승지를 지냈으니, 한후의 고조이다. 그 뒤에 첨정 응문(應文)과 판관 경생(慶生)이 모두 음관(蔭官)으로 벼슬길에 나갔다. 부친 석량(碩良)은 생원으로, 고을에서 행실로 칭송되었다. 한후는 숙종 계해년(1683, 숙종9) 진사시에 합격하였으며, 택성 역시 진사이다. 3대가 문장으로 집안을 이었으니, 또 귀하게 여길만하다.

한후는 기해년(1659, 효종10) 8월 1일 태어나 정유년(1717, 숙종43) 7월 12일 세상을 떠났다. 부인 김씨(金氏)는 진사 중현(重鉉)의 따님으로 부인의 덕을 잘 갖추었는데, 41세로 세상을 떠났다. 아들 둘을 두었는데, 택성이 장남이고 차남은 영성(永成)이다. 사위는 김중후(金重后)이다. 덕성(德成) 및 정수익(鄭受益)과 정익주(鄭翊周)에게 출가한 두 딸은 측실 소생이다. 택성의 아들은 방로(邦老)이고, 영성의 아들은 방걸(邦杰)이다.

증 참판 조공 묘표[38]

贈參判趙公墓表

문무의 재능을 갖추고 명공(名公)과 큰 인물에게 칭찬을 받았으나 결국 요절하여 한 가지 재능도 펼쳐보지 못한 사람이 있으니 조태하(趙泰夏) 사대(士大) 공이다. 그 선대는 고려 때 대장군을 역임한 장(璋)으로부터 나왔으며, 몇 대를 지나 옥천부원군(玉川府院君) 원길(元吉)이 있다. 옥천은 순창의 옛 이름으로, 자손들이 드디어 순창 사람이 되었다. 증조 원필(元弼)은 부사를 역임하였고, 조부는 부호군 성구(聖耉)이며, 부친은 승지에 추증된 이정(爾鼎)이다. 모친은 연안 이씨(延安李氏)로 그 부친은 관찰사를 역임한 천기(天基)이다. 승지공의 아우 진사 이려(爾呂)도 승지에 추증되었는데, 자식이 없어 공을 양자로 들였다.

공은 살결이 희고 미간이 선명하였다. 성품이 책을 좋아하여 독서를 할 때는 반드시 단정하게 옷깃을 바로하였으며, 책상과 자리까지도 정갈히 정돈하였다. 남과 말을 할 적에는 의기가 헌걸찼으며, 재물과 이익에는 담박하였다. 상을 치르면서 병이 들어도 끝내 강계(薑桂)[39]를 먹지 않았다. 늘 생전에 부모 봉양을 다하지 못한 일을 가슴아파하여 식사 자리에서 두 종류의 고기반찬이 있으면 먹지 않고 울면서

38 증 참판 조공 묘표 : 이 글은 조태하(趙泰夏, 1660~1692)의 묘표이다. 조태하의 본관은 순창(淳昌), 자는 사대(士大)이다.

39 강계(薑桂) : 79쪽 주69 참조.

말하기를,

"우리 모친이 살아 계실 때는 거친 밥뿐이었다."

하였다. 세 누이와 함께 살며 매우 화목하게 지냈다. 젊어서 명경과(明經科)를 공부하여 힘써 대의(大義)를 궁구하였으며, 크고 작은 향시에 합격하였다. 용기와 힘이 모두 남달리 뛰어났으나 남들이 알기를 원하지 않았으며, 노봉(老峰) 민정중(閔鼎重) 공이 장수의 자질이 있다고 조정에 천거하려고 했으나, 시행하지 못했다.

경자년(1660, 현종1) 9월 8일 태어나 임신년(1692, 숙종18) 4월 9일 세상을 떠났다. 처음에 고양(高陽)에 장사지냈다가 뒤에 교하(交河) 청암리(靑巖里) 신좌(辛坐)의 언덕으로 이장하였으며, 두 부인을 합장하였다.

고령 박씨(高靈朴氏)는 참판 상형(相馨)의 따님으로, 효성으로 시부모를 섬겼다. 시아버지의 상을 당했을 때, 집이 가난하여 세제(歲制)와 월제(月制)[40]를 마련하지 못했는데, 부인이 모두 갖추어 유감이 없도록 하였다. 26세의 나이로 세상을 떠났다. 슬하에 아들 명신(命臣)이 있다.

여주 이씨(驪州李氏)는 서윤을 지낸 동형(東亨)의 따님으로, 정숙하고 부인의 도가 있었으며, 명신을 자기 소생처럼 잘 돌봐주었다. 공과 같은 해 몇 달 후에 세상을 떠났으니, 상을 치르느라 몸을 상했기 때문

40 세제(歲制)와 월제(月制) : 관과 상복을 말한다. 《예기》 〈왕제(王制)〉에 "60세가 되면 장만하는 데 1년 정도 걸리는 상구(喪具)를 준비하고, 70세가 되면 한 계절 정도 걸리는 상구를 준비하고, 80세가 되면 한 달 안에 장만할 수 있는 상구를 준비하고, 90세가 되면 준비해 둔 상구를 날마다 손봐야 한다.〔六十歲制, 七十時制, 八十月制, 九十日脩.〕"라고 하였다.

이다. 아들은 호신(虎臣)이고, 딸은 박명승(朴命升)에게 출가하였다. 명신이 승지를 역임하다가 외직으로 광주 부윤(廣州府尹)에 보임되었기에 공이 참판으로 추증되었다. 호신은 지금 전라 병사이다.

아, 공과 같은 국량과 행실을 지닌 분이 큰일을 할 수 있을 듯 했는데 여기에 그치고 말았으니, "선(善)을 쌓은 사람은 보답을 받지 못하는 경우가 없으나, 그 시기가 더디고 빠른 경우는 있다."고 말한 구양수(歐陽修)의 말이 맞도다. 지금 두 아들이 문과와 무과에 급제하여 관직에 진출하였으니, 하늘이 공에게 보답한 것은 진실로 여기에 있다.

진사 유공 묘표[41]

進士柳公墓表

공의 휘는 영(渶), 자는 여호(汝浩)로, 문화(文化) 사람이다. 상조(上祖)는 고려에서 대승(大丞)을 역임한 차달(車達)이며, 조선에 들어와서는 찬성 만수(曼殊)가 가장 현달하였다. 조부 휘 승춘(承春)과 부친 휘 만세(曼世)는 효성과 우애로 집안을 잘 계승하였다. 외조부는 창녕(昌寧) 조옥(曹沃)으로, 매계(梅溪) 조위(曹偉)의 후손이다.

공은 살결이 희고 수염이 아름다웠으며, 우뚝한 국량이 있었다. 어려서 궁핍한 친척을 보면 불쌍히 여겨 새 옷을 벗어 그에게 입혀주었다. 장성해서는 우암(尤菴) 송 선생(宋先生)의 문하에 드나들었는데, 관혼상제를 한결같이 《가례》를 표준으로 삼았다. 정묘년(1687, 숙종13) 진사시에 합격하였다. 기사년(1689, 숙종15) 인현왕후가 폐위될 적에 공이 여러 유생들과 대궐 앞에서 호소했으나 끝내 상소를 올리지 못하고 물러나 부강(扶江 부여 백마강)가에 거처하였다. 갑술년(1694, 숙종20) 비로소 다시 과거에 응시하였다.

공은 문장이 넉넉한 데다 글씨를 잘 썼으나 결국 과거에 급제하지 못했다. 친구 중에 현달한 자가 있었는데, 한번도 그 집에 발을 들이지 않았다. 고을에서는 화목하게 지냈고, 자제들을 법도로 가르쳤으며, 빈궁한 사람들을 구휼하면서 늘 미치지 못할 듯이 하였다. 지평 정택뢰

41 진사 유공 묘표 : 이 글은 유영(柳渶, 1660~1722)의 묘표이다. 유영의 본관은 문화(文化), 자는 여호(汝浩), 호는 염재(濂齋)이다.

(鄭澤雷)와 의주 부윤 황일호(黃一皓)가 의열사(義烈祠)에 배향된 것은 실로 공이 앞장섰기 때문이니, 그가 절의를 높이고 권면한 것이 이와 같다. 임인년(1722, 경종2) 9월 9일 세상을 떠났으니, 향년 63세였다. 부인 달성 서씨(達城徐氏)는 동지중추부사 문진(文縉)의 따님으로, 공보다 4년 먼저 세상을 떠났다. 공은 염창리(濂滄里)에 장사지냈으니, 집과의 거리가 멀지 않으며, 부인을 합장하였다.

슬하에 6남 1녀를 두었다. 아들은 상훈(相勛), 상화(相華), 상하(相夏), 상은(相殷), 상로(相魯), 상한(相漢)이며, 사위는 정고(鄭槹)이다. 황(熿)과 욱(煜)은 장남 소생이고, 혁(爀)은 삼남 소생이다. 상훈이 황을 보내어 묘표를 청하였다. 내가 공을 모르지만 호우(湖右 충청남도)의 사우들에게 물어보니, 이른바 '한 고을의 선사(善士)'였다.

학생 황공 묘표[42]

學生黃公墓表

근래에 선행에 힘쓰면서도 남이 알아주기를 바라지 않아 지금 세상의 선비와는 다른 인물이 있으니, 황집(黃鏶) 중개(仲開) 공이 그 사람이다. 황씨는 창원(昌原)에서 나왔으니, 고려 때 시중을 역임한 충준(忠俊)이 시조이다. 조선에 들어와서는 종친부 전첨을 역임한 휘 탕경(湯卿)이 아들 다섯을 두었는데, 모두 현달하였다. 공의 고조는 한림을 역임한 휘 성(珹)이고, 증조 휘 자중(自中)은 부사를 역임하였으며, 조부 휘 류(瀏)는 통덕랑이다. 부친 휘 도종(道宗)은 인열왕후(仁烈王后) 외조부의 봉사손(奉祀孫)이라는 이유로 어릴 때에 궁중에 들어가 효종을 알현하였는데, 밥과 반찬을 내려주어 융성한 예우로 특별히 우대하였으나 장성해서는 불치병이 있어 벼슬에 나아가지 않았다. 부인 전주 이씨(全州李氏)는 동지중추부사 정린(廷隣)의 따님이다.

공은 현종 경술년(1670, 현종11)에 태어났다. 여덟 살 때에 모친의 명으로 용인(龍仁) 덕의동(德義洞)에 있는 외숙부의 집에 가서 수학하다가 그대로 외숙부의 부임지인 광양(光陽)으로 따라 갔다. 부모와 멀리 떨어져 있던 터라 매일 밤 그리워하여 먹고 자는 일도 그만두었는데, 얼마 뒤에 모친의 부고가 이르렀다. 공의 나이가 겨우 열 살이었는데, 셀 수 없이 곡을 하고 가슴을 쳤으며, 초상을 치르는 태도가 어른처

42 학생 황공 묘표 : 이 글은 황집(黃鏶, 1670~1739)의 묘표이다. 황집의 본관은 창원(昌原), 자는 중개(仲開)이다.

럼 의젓하였다. 외숙부가 공이 너무 수척해진 것을 근심하여 강계(薑桂)[43]로 기력을 북돋우라고 권하였으나 울면서 따르지 않았다.

본가로 돌아가서는 음식을 주관하는 사람이 없기에 직접 부친을 봉양하는데 정성을 다하였으니, 다만 몸소 모친의 궤연을 받들 뿐만이 아니었다. 장사지낼 때에 큰 비가 내렸는데 슬피 곡을 하고 울면서 어느 하나 예법에 어긋나는 일이 없었으니, 지켜보던 사람들이 감탄하였다. 상복을 벗고 나서는 거처할 집이 없어 늘 친척집을 전전하였다.

늘 독서를 할 때에는 바른 자세로 앉지 않은 적이 없었는데, 어른들이 하늘이 낸 학자라고 칭찬하였다. 간간이 과거를 볼 때마다 스스로 답안지를 작성하자, 남들이 군색하여 합격하지 못할 것이라고 하니, 공이 대답하기를 "비록 합격하고픈 마음을 떨쳐버릴 수 없다 하더라도 글씨 역시 어찌 감히 남에게 맡기겠는가."라고 하였다.

부친의 상을 당해서는 한결같이 모친상을 당했을 때처럼 예를 지켰으며, 합장할 때에는 비록 집안 살림이 넉넉하지 못했으나 장례를 치르는 데 자신의 힘을 다하였다. 십리 거리에 묘소가 있었는데, 삭망(朔望) 때가 아니더라도 슬픔이 일면 찾아가서 하루 종일 통곡하였는데, 눈물이 말라 피가 나오자 묘를 지키던 노복이 감격하여 눈물을 흘렸다.

상기(喪期)를 마치고는 그대로 과거 공부를 그만두었다. 집이 무너져 비가 새어 거의 앉을 만한 조그만 공간도 없었으나 밤새도록 독서를 하며 조금도 멈추지 않았다. 서책은 《효경》을 몹시 좋아하여 날마다 여러 번 반복해서 읽었는데, 혹자가 말하기를,

"이 책은 과거 공부에 필요한 것도 아닌데, 읽어서 무엇하겠는가."

43 강계(薑桂) : 79쪽 주69 참조.

하니, 공이 대답하기를,

"황산곡(黃山谷 황정견(黃庭堅))이 말하기를 '사대부가 3일 동안 독서를 하지 않으면 곧 언어가 무미건조하고 면목이 추해짐을 느낀다.' 라고 하였으니, 어찌 공명과 득실 때문에 책을 읽지 않아서야 되겠는가. 나는 죽은 뒤에 그만둘 것이니, 이밖에 더 이상 무슨 일을 하겠는가."

하였다.

벗을 대할 때는 오래되어도 공경하였고, 친척과는 화목에 힘썼으며, 남을 대할 때에는 별다른 말을 하지 않았다. 오직 남의 자식과 말할 때에는 반드시 효(孝)를 주장하였고, 벼슬아치들과 말할 때에는 반드시 충(忠)을 주장하였다. 고을에 살던 40년 동안 교유를 삼가고 출입하는 일이 적었으며, 한결같이 소박함을 지키고 조용히 수양하는 것을 마음에 두었다. 비록 궁핍하게 살았지만 국가를 위한 근심은 조금도 해이해진 적이 없었으니, 열 가지 조목으로 충심을 아뢰려고 하였으나 머뭇거리다 올리지 못했다.

인자하고 사랑스런 마음을 타고나 비록 하찮은 미물도 차마 해치지 못하였고, 몸가짐을 겸손하고 공손히 하였으며, 남들과 다투지 않았으며, 마음을 다잡고 일을 처리할 때 결코 공로와 이익에 관계된 말에 흔들리지 않았다. 지키는 바가 확고하여 수많은 사람이 있어도 반드시 결행하는 용기가 있었으며,[44] 평소 술을 즐겼으나 한잔 이외에는 더

44 수많은……있었으며 : 자신이 떳떳하면 아무리 많은 사람도 두렵지 않다는 기상이다. 《맹자》 〈공손추 상(公孫丑上)〉에서 맹자가 부동심(不動心)의 방법으로 용기에 관해 논하면서 "자신을 돌아보아 올바를 경우에는 비록 천만 명이라도 나는 가서 대적할

이상 마시지 않았다. 또 해학을 좋아하지 않았으며 여러 사람이 있는 곳에서 예의 없이 함부로 행동하는 사람이 있으면 번번이 피하여 함께 앉지 않았다. 공의 실제 행실을 추적하면 다만 한 고을의 선사(善士)일 뿐만이 아니니, 가령 일찍 큰 현인의 문하에서 배워 식견을 넓혀 더욱 원대한 사업에 힘썼다면 공의 성취가 어찌 다만 이와 같을 뿐이었겠는가. 이 점이 안타깝다.

공은 기미년(1739, 영조15) 10월 8일 세상을 떠났으니, 향년 70세였다. 철원 덕립동(德立洞) 손향(巽向)의 언덕에 장사지내고, 부인 원주 이씨(原州李氏)를 합장하였다. 공의 아들인 명하(明河)가 나에게 몇 년 동안 배웠기에 그로 인해 공의 훌륭한 덕성에 대해 익숙히 들었다. 그래서 대략 이렇게 서술하여 묘도(墓道)에 게시하게 하여 효자의 마음을 채워주고 선사(善士)를 권면하는 일로 삼는다.

것이다.〔自反而縮, 雖千萬人, 吾往矣.〕"라고 하였다.

생원 김공 묘표[45]

生員金公墓表

아, 이곳은 김철근(金鐵根) 석심(石心) 공의 무덤이다. 석심은 나보다 2년 앞선 무오년(1678, 숙종4) 출생으로, 태어나면서부터 총명하였으며, 여덟 살에 시를 지었다. 우리 조부 의정공(議政公 이숙(李翻))은 공의 외종조부이다. 한번은 공을 불러 나와 즉경시(卽景詩)를 짓게 하였는데, 공은 불러주시는 운자(韻字)에 응대하여 "불어오는 바람에 배꽃 향기 집안에 가득하구나.〔梨花風來滿院香〕"라는 구절을 지었다. 의정공이 그 절조에 감탄하며 나를 돌아보고 말씀하기를 "네가 미치지 못하는구나."라고 하였다. 이로부터 재명(才名)이 더욱 알려졌다.

늦은 나이로 기해년(1719, 숙종45) 생원시에 합격하였다. 신축년(1721, 경종1) 성균관 유생들을 이끌고 상소를 올려 역신(逆臣) 유봉휘(柳鳳輝)의 죄를 꾸짖고는 식구들을 데리고 전의(全義)의 풍계(楓溪)로 돌아갔다. 전의는 공의 외조부인 타우 선생(打愚先生 이상(李翔))이 터를 잡아 집을 지었던 곳으로, 공의 부친 주부공 휘 항수(恒壽)가 우거하던 곳이다. 공은 옛 집으로 돌아오고 나서 세상일에 마음을 끊고 오직 홀로 서사(書史)를 즐겼으며, 소나무, 대나무, 국화를 좋아하여 그 집의 편액을 절우당(節友堂)이라고 하였으니, 세한(歲寒)의 뜻[46]을

45 생원 김공 묘표 : 이 글은 김철근(金鐵根, 1678～1728)의 묘표이다. 김철근의 본관은 광산(光山), 자는 석심(石心)이다.

46 세한(歲寒)의 뜻 : 어떠한 역경에도 굴하지 않는 꿋꿋한 자태를 비유하는 말이다.

담은 것이다. 우리 중부(仲父) 귀락공(歸樂公)이 부안(扶安)으로 유배되었을 때에, 공이 말을 타고 찾아와 변산(邊山)을 두루 유람하고 돌아갔다. 무신년(1728, 영조4) 10월 4일 병이 들어 세상을 떠났다.

김씨는 광주(光州)에서 나왔으니, 고려의 충신 직제학 약시(若時)의 후손이다. 공은 두 번 장가를 들었다. 첫째 부인은 참의 한산(韓山) 이정익(李禎翊)의 따님으로, 슬하에 자식이 없다. 둘째 부인 서원 곽씨(西原郭氏)는 왕자사부(王子師傅) 시징(始徵)의 따님으로, 여사(女士)로 칭송되었다. 슬하에 2남 1녀를 두었는데, 장남은 득성(得性)이고, 차남 득운(得運)은 계부(季父)의 후사로 출계(出系)하였다. 사위는 사인(士人) 박광주(朴光宙)이다.

공은 천성이 인자하고 효성스러워 부모를 섬길 적에 뜻을 어긴 적이 없었고, 평소 붕우에게 신의를 인정받았으며, 노복들을 꾸짖지 않았다. 남과 있을 때에는 흉금을 터놓아 격의가 없었으며, 남의 선행을 말하는 것을 즐거워하였고, 남의 과오를 말하는 것을 부끄럽게 여겼다. 글을 지을 때에는 축적된 학식을 크게 드러내어 붓을 잡으면 즉시 수천 자를 써내려갔다. 천성이 술을 즐겨 술자리를 만나면 가득 따라 마셨는데, 유명(遺命)으로 제사 때에는 큰 사발로 올리라고 하였다. 집안 살림에 신경을 쓰지 않아 간간이 끼니를 거르는 경우가 많았지만 태연자약하였다. 남들이 벼슬을 하라고 권하면 말하기를,

"내가 녹봉을 받기 위한 벼슬을 싫어하는 것은 아니지만, 선비는 자신의 몸가짐을 처자처럼 해야 하니, 다만 스스로 바라서는 안 된다."

공자가 말하기를, "날씨가 추워진 뒤에야 송백이 늦게 시든다는 것을 알 수 있다.〔歲寒然後, 知松柏之後凋也.〕"라고 한 데서 나왔다. 《論語 子罕》

하였다.

공은 사람됨이 강개하였는데, 음양과 선악의 구분에 가장 엄격하였다. 말이 시사에 이르면, 지적하여 배척하며 꺼리는 바가 없었으며, 혹 눈물을 흘리기까지 하였으니, " 맑은 시대 못 보고, 아! 무덤으로 돌아갔구나.〔不及見淸時, 嗚呼就窀穸.〕"라고 한 두 소릉(杜少陵 두보(杜甫))의 시가 바로 공의 심사를 말한 것이다. 득성이 찾아와 묘표를 부탁하기에 대략 이렇게 서술하여 돌려주어 비석에 새기게 하노라.

처사 노학재 정공 묘표[47]

處士老學齋鄭公墓表

아, 이곳은 나의 벗 정오규(鄭五奎) 자문(子文) 공의 묘소이다. 공은 나보다 두 살이 많아 함께 한 세상에 태어났으나 노년이 되어서야 서로 알게 되었다. 공이 예전에 내가 을사년(1725, 영조1)에 올린 봉사(封事)를 구하여 읽어보고 며칠 동안 깊이 생각하다가 탄식하기를,

> "지금은 시비가 혼란스럽고 충신과 역신이 뒤섞여 있는데, 이 한 마디 말이 거의 후대에게 믿을 만한 증거가 되리라."

하였으니, 사우들이 나에게 이렇게 말해주었다.

내가 또 듣기로, 공은 평소에 독서를 즐겼는데, 중년에 산사(山寺)에 머물기를 좋아하여 날이 새도록 잠을 자지 않았다. 고행을 하던 노승이 자신도 할 수 없는 일이라고 하였으니, 매우 존경할 만하다. 만난 적은 없지만 마음으로 묵묵히 허여한 것이 이미 이와 같았으니, 만났을 때의 기쁨을 알 만하다.

공은 젊어서 수암(遂菴) 권 선생(權先生 권상하(權尙夏))에게 배웠는데, 선생이 큰 인물로 여겨 중시하였다. 모친의 유명(遺命)으로 차마 과거 공부를 그만두지는 않았으나 합격과 불합격에 마음을 쓰지 않았다. 여러 차례 내가 있는 한천(寒泉)을 방문하였고, 나 역시 배를 타고 황산(黃山)으로 가서 공이 사는 고암(鼓巖)으로 찾아갔는데, 매번 밤

47 처사……묘표 : 이 글은 정오규(鄭五奎, 1678~1744)의 묘표이다. 정오규의 본관은 광주(光州), 자는 자문(子文), 호는 노학재(老學齋)이다.

늦게까지 이야기하면서 피곤한 줄도 몰랐다.

가만히 살펴보니 공은 사람됨이 돈후하고 장중하며, 마음속에 쌓인 것이 밝았다. 경전과 여러 책을 모두 익숙히 읽었는데, 주자(朱子)의 글을 더욱 좋아하여 이것을 구경법(究竟法)[48]으로 삼았다. 문로(門路)가 이미 올바르고 실천이 매우 독실하였으니, 내가 세상을 산 지가 오래이지만 공처럼 학문의 도가 진실된 사람은 드물었다. 공이 한 번은 나에게 말하기를,

"우리는 죽을 날이 머지 않아 학문에 급급하지 않을 수 없지만, 사람들과 떨어져 혼자 사는 처지는 어찌할 수가 없으니, 의심이 나면 물을 수 있는 길은 오직 편지를 통하는 길이네."

하였다. 그 후로 한두 차례 편지를 주고받았으나 역시 계속 이어지지는 못했다. 내가 공의 병환이 심해졌다는 소식을 듣고 편지를 보내 안부를 물었으나 편지가 도착하기 전에 부고가 이르러 드디어 곡위(哭位)를 마련하여 곡을 하였다. 아, 우리가 했던 노년의 기약이 여기에 그친단 말인가.

공은 광주(光州) 사람으로, 고조 휘 보문(保門)은 현감을 역임하였고, 증조 휘 유(維)는 군수를 역임하였으며, 혼조(昏朝 광해군) 때 절개를 지켰다. 조부 휘 시형(時亨)은 목사를 역임하였고, 부친 휘 부(敷)는 문장과 행실이 있었으나 벼슬에 나아가지 않았다. 외조부 홍위(洪

48 구경법(究竟法) : 제법실상(諸法實相)을 뜻하는 불가(佛家)의 용어로, 최고 경지의 원리를 뜻한다. 《주자어류(朱子語類)》 권8에 "세간의 온갖 일은 잠깐 사이에 변화하여 없어지는 것인 만큼 모두 가슴속에 담아 둘 가치가 없다고 할 것이다. 오직 궁리하고 수신하는 것이야말로 구경법이라고 하겠다.〔世間萬事, 須臾變滅, 皆不足置胸中. 惟有窮理修身, 爲究竟法耳.〕"라고 하였다.

蕨)는 감사를 역임하였는데, 호가 청계(淸溪)이다.

공의 부인 광산 김씨(光山金氏)는 첨정 만준(萬埈)의 따님이다. 슬하에 2남 3녀를 두었으니, 아들은 구(捄)와 륜(掄)이고, 사위는 참판 이광덕(李匡德), 사인(士人) 이상중(李商重), 임취중(任取中)이다.

공은 대대로 임천(林川)에 살았는데, 갑자년(1744, 영조20) 8월 29일 독송정(獨松亭)에서 세상을 떠났으니, 향년 67세였다. 모월 모일 같은 고을의 반조원(頒詔院) 모좌(某坐)의 언덕에 장사지냈다. 내가 그의 묘표에 '노학재(老學齋)'라고 썼으니, 공이 학문을 일삼으며 스스로 늙는 줄도 모르고 죽은 뒤에 그만두려고 마음먹었으니, 비록 공이 겸손한 덕을 지녔지만 역시 사양하지 않을 것이다.

학생 유군 묘표[49]

學生兪君墓表

소옹(嘯翁) 유한룡(兪漢龍) 군은 뜻과 행실이 있었으나 29세의 나이로 세상을 떠났다. 삼주(三州) 이재(李縡)는 그의 묘표에 다음과 같이 기록한다.

군(君)은 기계(杞溪)사람이다. 부친은 언숭(彦嵩)이고, 조부 순기(順基)는 수직(壽職)으로 첨지중추부사의 직함을 받았고, 효성으로 호조 참판에 추증되었다. 군은 온아하고 선량한 성품을 타고나 얼굴빛과 말에 드러났으며, 부모와 조부를 섬기며 사랑과 공경을 다하여 고을에서 단정한 선비라고 칭송하였다. 경술년(1730, 영조6)에 오위(吳瑋) 군과 함께 나에게 배웠는데, 한천(寒泉)과 군이 살던 양성(陽城)이 인접해 있었기 때문이다. 군은 앞서 과거 공부를 하였으나, 좋아하지 않았는데, 《소학》을 읽고서는 몹시 기뻐하며 말하기를 "이 책은 종신토록 나의 사법(師法)이 되기에 충분하다."라고 하였다. 여기에 종사하여 꾸준히 진보하여 멈추지 않을 듯하였으나 갑자기 세상을 떠났다.

군은 갑신년(1704, 숙종30) 8월 3일 태어나 임자년(1732, 영조8) 3월 30일 세상을 떠났는데, 안성(安城) 옥정(玉井)의 선영에 장사지냈다. 두 번 장가를 들었으니, 외아들 세주(世柱)는 둘째 부인 이씨(李氏) 소생이다.

49 학생 유군 묘표 : 이 글은 유한룡(兪漢龍, 1704~1732)의 묘표이다. 유한룡의 본관은 기계(杞溪), 자는 군득(君得), 호는 소옹(嘯翁)이다.

아, 군은 나의 아우 대심(大心 이유(李維))과 동갑인데, 두 사람 모두 불행히도 요절하였다. 내가 평소에 안타까워하였으나 군에게는 대를 이을 후사가 있어 오히려 대심보다는 더 나으니, 어찌 다행이 아니겠는가. 내가 그 때문에 슬퍼하여 다음과 같이 묘표를 짓는다. "아, 이곳은 선사(善士)의 무덤이니, 후인들이여, 혹여나 훼손하지 말라."

부정 안공 묘표[50]

副正安公墓表

지금 만 명의 장부보다 뛰어난 용력을 지녔음에도 당세에 등용되지 못하고, 뜻과 절개가 큰 법을 세울 수 있으나 감히 세상에 드러내지 않았으며, 난리에 목숨을 바쳐 의(義)가 드러났으나 남들이 혹 도랑에서 목을 매어 죽은 것으로 의심을 하는 사람이 있다. 이 점이 그 사람이 필시 죽은 뒤에도 눈을 감지 못하고 구천에서 답답한 뜻을 품는 이유이니, 내가 고 부정 안응하(安應河) 공의 일에 번번이 탄식하여 거의 눈물을 흘릴 지경이다.

공의 자는 청중(淸仲)이며 죽산(竹山)사람이다. 그 선대는 고려 소감(少監) 준(濬)에서 나왔으며, 조선에 들어와서는 연창위(延昌尉) 맹담(孟聃)이 세종의 딸 정의공주(貞懿公主)에게 장가를 들었다. 그의 셋째아들 상계(桑雞)가 돈녕부 도정을 역임하였으며, 또 3대를 내려가 군수 휘 사흠(士欽)이란 분이 있는데, 이분이 공의 부친이다. 외조부는 대사헌 당진(唐津) 한숙(韓淑)이다.

공은 어려서부터 문장을 공부하였고, 또 글씨에 뛰어났다. 군수공이 영덕(盈德)을 다스릴 때에 병사(兵使) 아무개가 순행을 하다가 현에 이르렀는데, 공의 굳세고 용맹한 모습을 보고 감탄하여 말하기를,

"이 아이는 나라를 지킬 재목이니, 어찌 자잘한 문장을 공부하겠는가."

50 부정 안공 묘표 : 이 글은 안응하(安應河, 1569~1636)의 묘표이다. 안응하의 본관은 죽산(竹山), 자는 청중(淸仲)이다.

하고는 활과 화살 및 말을 주었다.

임진왜란이 일어났을 때 조정에서 무사를 선발하여 전투에 출전시켜 공이 동도(東道)의 장수 막하에 예속되었는데, 도중에 이일(李鎰)이 패배했다는 소식을 듣고는 중도에 그만두고, 군수공을 따라 안협(安峽)의 산중으로 갔다. 이일이 산길을 통해 행재소로 가려고 장사(壯士)를 모집하자 공이 들어가 만나보았는데, 이일이 공과 이야기하며 크게 기뻐하였다. 이일은 경험이 풍부한 장수로 비록 군사를 잃은 지 얼마 되지 않았지만, 호령을 엄숙히 하였다. 한 번은 군령을 어겼다는 이유로 50여 명을 모두 죽이려고 하였는데, 공 역시 그 속에 있었다. 형벌을 받게 되었을 때 하늘을 올려다보며 웃자, 이일이 말하기를,

"어째서 웃는 것인가?"

하였다. 공이 대답하기를,

"공이 의로운 용사를 규합한 것은 큰일을 도모하기 위함인데, 지금 갑자기 모두를 죽이려 하니, 공이 혼자 가서 무엇을 할 수 있겠습니까?"

하니, 이일이 그제야 용서해 주었다.

용만(龍灣 의주(義州))에 이르러 힘써 싸워 여러 차례 공을 세워 수문장에 보임되었다가 얼마 뒤에 별과에 합격하여 선전관, 비변사 낭관을 역임하였고, 차례를 뛰어넘어 훈련원 주부, 도총부 도사와 경력을 역임하였으며, 다시 훈련원으로 들어가 부정이 되었다. 외직으로는 교동현감(喬桐縣監), 회령(會寧)과 홍주(洪州)의 판관을 역임하였으며, 평해(平海)에는 부임하지 않았다. 회령에 있을 때, 조정에서 항복한 왜인들이 여러 차례 반란을 일으키는 것을 근심하여 밀지를 내려 각 지역에 있는 왜인들을 모두 죽이라고 명하였는데, 회령에 있는 사람도 수십

명이었다. 공이 연회를 베풀어 그들을 부르고 술에 흠뻑 취하자, 복병을 시켜 그들을 죽였다. 추장 1명이 술이 취하지 않아 검을 뽑아 일어서자 공 역시 검을 뽑아 일어섰다. 몇 보 사이의 거리에서 왜인이 빠른 칼놀림으로 공을 공격하자 공이 맞서 싸우다가 휙하고 떨어지는 소리가 났는데, 드디어 그의 목을 베었다.

선조(宣祖)가 한번은 행전(行殿)에서 공을 바라보고 말하기를 "저 준마를 타고 있는 훤칠하게 잘생긴 사람은 누구인가?"라고 하니, 학사 홍종록(洪宗祿)이 나아가 말하기를 "신의 조카사위 안모(安某)입니다."라고 하였다. 선조가 기쁜 얼굴빛을 하며 앞으로 크게 쓰려고 하였다. 얼마 뒤에 선조가 세상을 떠나고, 혼조(昏朝 광해군)의 정국이 어지러웠다. 공은 평소 강직하여 권세 있는 자에게 아첨하지 않았다. 어떤 명관(名官)이 공의 침향 갓끈을 보고 탐이 나서 부유한 고을에 부임하게 해주겠다고 꾀었는데, 공이 웃으며 말하기를,

"제가 어찌 뇌물을 바쳐 관직을 구할 사람이겠습니까."

하였다. 이로 인해 몇 년 동안 승진을 하지 못했다.

동지중추부사 홍희(洪熹)는 공의 처남으로 장릉(章陵)[51]과 가까운 사이였다. 한번은 그의 집에서 모시고 식사를 했는데, 장릉이 공의 완력을 알고는 사발을 가리키며 말하기를,

"공은 손가락을 튕겨서 저것을 부술 수 있는가?"

하니, 공이 말하기를,

"말할 나위가 있겠습니까?"

51 장릉(章陵) : 조선 선조의 다섯째 아들이며 인조의 아버지로서 추존된 왕 원종(元宗)이다.

하고는 손으로 쥐고 부수니, 장릉이 몹시 칭찬하였다.

인조가 거사를 도모할 때 평소 공을 장사라고 생각하여 반드시 동참시키려고 하여 은미한 뜻으로 와서 고하는 자가 있었는데, 손을 내저으며 거절했다. 하루는 동지중추부사 홍희가 검을 차고 와서 공을 일으키며 말하기를,

"내 두 아들이 오늘밤 능양군(綾陽君)을 따라 갔네."

하니, 공이 정색을 하며 말하기를,

"이는 큰일인데, 어째서 이렇게 늦게 말을 하는 것입니까? 공들은 힘쓰십시오."

하였다. 의군(義軍)이 공의 집 문 앞을 지났는데, 능성(綾城) 구굉(具宏)이 공의 자(字)를 불렀으나 역시 응하지 않았다. 이 일로 인조가 기뻐하지 않아 다시 관직을 제수하지 않았다.

이괄(李适)의 난과 정묘호란 때에 임금을 호종하였고, 난리가 끝나고 나서는 장단(長湍)의 선영 아래로 돌아와 날마다 시골 노인들과 어울려 술을 마시며 이 세상에는 뜻이 없는 것 같았으나 오직 변방의 난리를 걱정하여 술에 취하면 간혹 감정이 격해져 흐느꼈다. 병자년(1636, 인조14), 오랑캐가 장단(長湍)으로 갑자기 쳐들어와 부사(府使)를 잡아갔다. 당시 공의 나이는 68세였는데, 임금을 호종하러 가려고 했으나 임금이 계신 곳을 몰라 가속들을 이끌고 근처의 산골짜기로 데려다두고 다시 고을로 돌아왔다. 마침 부사가 도망쳐 돌아와서 공에게 기이한 계책을 묻자, 공이 말하기를,

"지금의 계책으로는 오직 흩어진 군사들을 모으고 널리 군사를 모집하여 요새지를 점거하여 지켜야 합니다. 서쪽 지방의 근왕군을 기다렸다가 합세하여 나아가서 오랑캐들을 격퇴하면 전날 사로잡힌 치

욕을 씻을 수 있을 것입니다. 내가 비록 늙은 몸이지만 함께 가기를 원합니다."

하니, 부사가 허락하고, 다음날 기병을 파견하여 알리겠다고 하였다. 다음날 아침에 두 기병이 달려왔는데, 노비가 급히 고하기를,

"오랑캐입니다."

하였다. 공이 말하기를,

"겁낼 것 없다. 고을 사람이다."

하였는데, 가까이 다가왔을 때 보니, 과연 오랑캐였다. 어떤 사람이 빨리 피하라고 권하자, 공이 말하기를,

"내가 어찌 구차히 피하겠는가."

하였다. 오랑캐가 문에 이르자 공이 검을 차고 나갔는데, 머리와 수염이 센 모습을 보고는 오랑캐가 얕잡아보아 해칠 뜻이 없었다. 공이 검을 뽑아 속히 목을 베고 또 뒤따라 들어오던 오랑캐를 베어 팔을 잘랐다. 조금 뒤에 또 몇 명의 오랑캐가 왔는데, 두 명의 오랑캐가 앞에 거꾸러진 것을 보고 말위에서 어지러이 화살을 쏘았다. 공이 문에다 검을 꽂고 급히 활을 잡고 번갈아 쏘았는데, 드디어 화살에 맞아 세상을 떠났으니, 12월 26일의 일이었다. 달아났던 노비가 숲에서 엿보았기에 그 일을 제법 자세히 말해주었다. 고을의 동쪽 답동(沓洞) 손향(巽向)의 언덕에 장사지냈다. 고을 사람들이 공의 행적을 열거하여 임금에게 보고하여 정표(旌表)를 청하였으나 공을 미워하는 자가 저지하여 마침내 시행되지 못했다. 증손 구(絿)가 동지돈녕부사가 되어 추은(推恩)하여 훈련원 정에 추증되었다.

공은 부모를 섬기는 데 독실하여 비록 위급한 전쟁 중일 때도 맛있는 음식이 떨어지게 한 적이 없었고, 3년 동안 시묘살이를 하여 머리가

다 하얗게 세었다. 이 마음을 임금을 섬기는데 미루어 직분에 마음을 다하였으니, 자신을 잊고 나라를 위해 목숨을 바친 것은 가슴 속에 축적된 것이 있어서이고, 늘 자제들에게 가르친 것도 역시 이와 같았다. 그러므로 결국 난리를 만나서도 구차하지 않았고, 목숨을 바쳐 뜻을 이루었으니, 역시 훌륭하다. 그러나 공이 한 곳의 요새를 얻어 승세를 탔다면 오랑캐의 세력을 막아서 우리 변방을 공고히 할 수 있었을 것이다. 비록 불행하게 패하였더라도 역시 한 세상에 의열(義烈)을 드날릴 수 있었을 터인데, 그렇게 하지 못하고 다만 세상에서 남의 아름다움을 이뤄주려 하지 않는 사람으로 하여금 떠들썩하게 뒷일을 논의하게 하였으니, 이는 궁한 운명이다.

그러나 사람을 볼 때에는 큰 면모를 보아야 하니, 반정(反正)할 때 천명과 인심이 떠나고 오는 기미는 지혜로운 자를 기다리지 않고도 알 수 있었다. 더구나 공처럼 뜻을 잃고 칩거하던 분은 소매를 떨치고 즐거이 나아가 남에게 뒤질까 염려했어야 마땅하다. 그에게 부귀를 취하는 일은 진실로 쉬웠을 것인데, 머뭇거리며 피하여 스스로 불우한 삶을 달게 여겼다. 이는 저기에 불안해하고 여기에 편안해 하는 점이 있어서이니 후세의 군자들은 행여 알 것이다.

공은 1남 1녀를 두었으니, 아들은 대재(大梓)이고, 사위는 교관 강원록(姜元祿)이다. 대재는 아들 세 명을 두었으니, 정수(廷燧), 정찬(廷燦), 정괴(廷焨)이다. 구(絿)는 정찬의 아들이다. 구가 그의 아들 지평 상휘(相徽)를 보내 나에게 묘표를 써달라고 하니, 공의 뜻과 일 가운데 중요한 것을 대략 서술하여 묘소에 드러나게 하노라.

현감 정공 묘표[52]

縣監鄭公墓表

공의 휘는 주한(周翰), 자는 무경(武卿)으로, 연일(延日) 사람이다. 포은(圃隱) 정 선생(鄭先生 정몽주)은 용구(龍駒 용인)의 문수산(文秀山) 아래에 묘를 썼는데, 자손들이 이어 대대로 그곳에 살았으니, 공이 그 9세손이다. 증조 진(震)은 주부를 역임하였고, 조부 종선(從善)은 현감을 역임하였는데, 모두 음직이다. 부친 간(侃)은 승지에 추증되었다. 외조부는 판관을 역임한 경주(慶州) 김천석(金天錫)이다.

공은 기유년(1669, 현종10) 무과에 급제하여 선전관, 무겸, 혜산(惠山)과 가덕(加德)의 첨사, 오위장, 내금위장, 홍주(洪州)와 청주(淸州)의 영장을 역임하였다. 공은 도적을 잘 다스리기로 명성이 있었는데, 말을 듣고 모습을 보면 귀신같이 가려내었으며, 또 엄정하고 맹렬하게 그들을 대하였다. 청주에 있을 때 감사가 사적으로 죄수 1명을 석방하려고 하였는데, 공이 따르지 않았다. 감사가 순찰하러 오자 공무로 인해 들어가 뵈었는데, 심할 정도로 모욕을 주고 꾸짖자 공이 전립(戰笠) 위에 있는 무장의 표식을 떼어 그 앞에다 내던지며 말하기를,

"내가 그대에게 곤욕을 당하는 것은 이 때문입니다."

하고는 인사도 하지 않고 나갔다. 감사가 더욱 분노하여 장계를 올려 파직시키려 하였다. 지나는 길에 판서 이수언(李秀彦)에게 들렀는데,

52 현감 정공 묘표 : 이 글은 정주한(鄭周翰, 1634~1701)의 묘표이다. 정주한의 본관은 영일(迎日), 자는 무경(武卿)이다.

이수언이 말하기를,

"나 역시 사적인 일로 청탁을 하려다 그렇게 하지 못한 적이 있네. 이 사람의 빳빳한 성정을 그대는 몰랐는가."

하니, 감사가 후회하여 수레를 돌려 사과를 하고서 떠났다.

정축년(1697, 숙종23), 큰 기근이 들자 조정에서 부고(桴鼓)[53]를 근심하여 공을 신창 현감(新昌縣監)에 임명하니, 도적들이 그 소문을 듣고 놀라 흩어져 경내가 편안해졌다. 중간에 경주 영장(慶州營將)으로 자리를 옮기게 되었는데, 부임하지 않았다. 숙종 신사년(1701, 숙종27) 4월 26일 세상을 떠났으니, 향년 68세였다. 부인 구씨(具氏)는 능성(綾城)의 큰 성씨로, 민(旻)의 딸이다. 공보다 12년 뒤에 세상을 떠나 같은 고을 왕곡(旺谷)에 합장하였으니, 문수산과 10리 떨어진 곳이다.

공은 부모를 잘 섬겨 모친이 병이 들자, 벼슬을 버리고 부친의 병간호를 한 검루(黔婁)처럼 하였다.[54] 자제들을 대할 때에도 매우 엄격하여 관을 쓰지 않으면 보지 않았고, 관직에 있을 때는 청렴하고 조심하여 자손을 위해 재산을 불리지 않았다. 젊었을 때에는 몇 말의 술을 마실 수 있는 주량이었는데, 어떤 사람이 미치광이처럼 술주정을 하는

53 부고(桴鼓) : 전쟁 또는 도적을 잡거나 쫓을 때에 북을 쳐서 신호하여 경계하는 것이니, 거듭된 기근으로 인해 도적떼가 날뜀을 말한다.

54 벼슬을……하였다 : 검루(黔婁)는 유검루(庾黔婁)를 말한다. 남재(南齊) 사람으로 자는 자정(子貞)이다. 잔릉(孱陵) 수령이 되었다가 어느 날 부친이 병환에 걸렸을 것임을 마음으로 느껴 곧바로 벼슬을 버리고 집으로 돌아왔다. 그리고는 아버지 병세의 차도를 알기 위해 대변이 쓰고 단지를 맛보고 매일 저녁마다 북극성에 부친의 병을 자신이 대신하기를 빌었다고 한다.《南史 권50 庾黔婁列傳》

것을 보고는 다시는 입에 대지 않았다.

성격이 강개하고 의기와 절개를 좋아하여 고금의 충신열사에 관한 일을 들으면 주먹을 불끈 쥐고 눈물을 흘리지 않은 적이 없었다. 성품이 또 헌걸차고 오만하여 세상과 맞지 않아 이로 인해 벼슬이 현달하지 못했다. 벼슬이 없을 때는 곧장 고향으로 돌아와 이따금씩 사냥을 하며 홀로 즐겼다. 공은 팔척장신으로, 남다른 용력이 있었는데, 바라보면 위엄이 있어 범할 수가 없을 듯했다고 한다. 옛날에 한 문제(漢文帝)가 이광(李廣)에게 말하기를 "그대가 고제(高帝) 때에 살았더라면 만호후(萬戶侯)가 되고도 남았을 것이다."라고 하였으니, 아, 인생살이에 때를 만나고 만나지 못함은 운명이니, 공이 어찌하겠는가.

공은 아들이 둘인데, 도징(道徵)은 방어사이고, 덕징(德徵)은 병마절도사이며, 손자 찬술(纘述)은 삼도통제사이니, 모두 공이 누리지 못한 복을 받은 것이다. 공 역시 병조 참판에 추증되었다. 찬술은 덕징의 아들로 도징의 후사가 되었는데, 찬지(纘志)는 그의 아우이다. 절도사가 벼슬에서 물러나 집에서 노년을 보냈는데, 나와 같은 고을에 산다는 이유로 찬지를 보내어 묘소에 세울 묘표를 부탁하였다. 내가 비록 공을 뵙지는 못하였으나 오히려 그 기개를 상상할 수 있으니, 공과 같은 분은 어찌 이른바 〈주남(周南)〉의 토끼를 잡는 야인과 같은 부류[55]가 아니겠는가.

55 주남(周南)의……부류 : 《시경》 〈주남(周南) 토저(兎罝)〉 에 "맞게 쳐진 토끼 그물, 말뚝 소리 정정하도다. 씩씩한 무부여, 공후의 간성이로다.〔肅肅兎罝, 椓之丁丁. 赳赳武夫, 公侯干城.〕"라는 구절이 있는데, 그 주(註)에 "현명한 인재가 많아 비록 토끼를 잡는 야인이라도 그 재간의 쓸 만함이 오히려 이러했다.〔賢才衆多, 雖罝兎之野人, 而其才之可用, 猶如此.〕" 하였다.

선전관 이공 묘표[56]

宣傳官李公墓表

공의 휘는 후의(後儀), 자는 여빈(汝彬)으로, 우봉(牛峰)사람이다. 고조 휘 세명(世銘)은 세자세마로, 기묘명현(己卯名賢)이며 참판에 추증되었다. 증조 휘 한(僩)은 도총부 경력으로 참판에 추증되었으며, 조부 휘 지원(智元)은 훈련원 첨정이며, 부친은 휘가 환(寰)이다. 모친 원주 변씨(原州邊氏)는 첨정 이제(以濟)의 딸이다. 본생 부친은 휘 식(寔)이다.

공은 숭정(崇禎) 병자년(1636, 인조14)에 태어났다. 약관의 나이에 객지에서 부친의 상을 당하였는데, 공은 비록 슬프고 경황이 없는 와중에도 처음부터 끝까지 모든 상구(喪具)를 직접 마련하여 예법을 잃지 않았으니, 지켜보던 자들이 모두 감탄하였다. 모친을 모시고 교하(交河)의 선영 아래에 우거하면서 정성과 힘을 다하여 맛있는 음식으로 봉양하였다. 모친이 늘 칭찬하기를 "우리 아들은 참으로 효자이다."라고 하였는데, 남들이 그 말에 다른 말을 할 수가 없었다.

집안이 가난하고 모친이 늙어 생활을 꾸려나갈 수가 없었기에 문사(文辭)가 넉넉하고 뛰어났지만 늦은 나이에 붓을 던지고 병진년(1676, 숙종2) 무과에 응시하여 합격하였다. 당시에 무변(武弁)은 많았으나 벼슬에 진출하는 길이 좁아 별도로 취재를 실시하였는데, 공이 수석을

56 선전관 이공 묘표 : 이 글은 이후의(李後儀, 1636~1701)의 묘표이다. 이후의의 본관은 우봉(牛峯), 자는 여빈(汝彬)이다.

차지하였다. 판서 이사명(李師命) 공이 당시에 병조 참판이었는데, 공의 강독을 보고는 감탄하여 말하기를,

"이번 취재를 시행하지 않았다면 이런 인재를 어찌 얻을 수 있었겠는가."

하고, 즉시 선전관에 임명하였다.

벼슬길에 나아간 지 몇 해 만에 모친이 세상을 떠나니, 이후로는 세상에 뜻이 없었고, 또 외아들을 잃자 지기(志氣)가 더욱 쇠락하여 벼슬길을 접고 묘사(墓舍)로 돌아와 그곳에서 여생을 마칠 계획을 하였다. 기사년(1689, 숙종15) 민암(閔黯)이 권력을 잡았을 때, 공의 사위가 민암과 가까운 친척인 데다 그의 별업이 공의 집 근처에 있었는데도 공은 한 번도 찾아간 적이 없었다. 공을 모르는 자들은 공이 오만하다고 하고, 공을 아는 자들은 공을 고매하다고 하였다.

신사년(1701, 숙종27) 2월 3일 세상을 떠났으니, 향년 66세였다. 옛 고을 신오리(新五里) 모향(某向)의 언덕에 장사지냈다. 부인 제주 고씨(濟州高氏)는 공보다 16년 앞서 세상을 떠났는데, 이때에 공과 합장하였다. 슬하에 양자 관(灌)이 있고, 조이정(趙頤貞)과 윤광일(尹光一)에게 출가한 딸 두 명이 있다. 관의 아들은 명인(命仁)이다. 사위 윤광일의 아들은 숙(塾)이며, 그의 사위는 진사 한종한(韓宗漢)이다.

공은 기국이 강하고 정직하여 남의 옳지 못한 점을 보면 그때마다 면전에서 질책하고 조금도 그냥 넘어가는 법이 없어서 사람들이 대부분 공을 두려워하였다. 권귀(權貴)의 집안에 머리를 숙이려 하지 않아 평생 동안 불우하게 지냈으며, 어두운 밤에 권세가를 찾아가 애걸을 하여 벼슬자리를 얻는 사람을 보면 자신의 몸을 더럽힐 것처럼 여길 뿐만이 아니었으니, 그의 천성이 이와 같았다. 또 집안 행실에 독실하

여 아우와 누이의 혼기(婚期)를 놓치게 하지 않았으며, 고아가 된 조카들 역시 거두어 양육하여 그들이 잘 성장하게 해주었으니, 이 역시 남들이 하기 어려운 일이다. 기억하기로 내가 어릴 적에 여러 번 공을 뵈었으니, 그가 충후한 어른임을 알 수 있었다. 지금 묘소에 묘표를 세우기에 내가 대략 이와 같이 서술한다.

증 첨정 서후 묘표[57]

贈僉正徐侯墓表

아, 이곳은 고(故) 선무원종공신 서경충(徐敬忠)의 묘소이다. 만력(萬曆) 계사년(1593, 선조26) 함경도 도순찰사 윤탁연(尹卓然)이 급히 장계를 올려 한 방면을 평정하는데 공을 세운 장사의 등급을 나누어 보고하였는데, 경충이 일등이었다. 장계의 내용에,

"위 사람은 제가 도순찰할 때에 가장 먼저 앞으로 나왔습니다. 퇴조사(退朝社)의 복병장으로, 병사 300여 명을 모아 이유일(李惟一)의 부대에 소속되었으며, 10월 덕산사(德山社)와 11월 홍원(洪原)의 전투에서 많은 적들을 쏘아 죽였습니다."

하였다.

정유년(1597, 선조30), 또 별장 유응수(柳應秀)를 따라 영남(嶺南)의 남은 왜적을 토벌하였는데,[58] 다섯 번의 전투에서 모두 승리를 거두자, 병조에서 아뢰어 충무위 좌부장에 임명되었다. 을묘년(1615, 광해7), 또 조정의 명으로 길주(吉州)와 성진(城津)의 성을 축조하는 일을 감독하였으며, 집으로 돌아가 노년을 보내다가 73세의 나이로 무인년

57 증……묘표 : 이 글은 서경충(徐敬忠, 1566~1638)의 묘표이다. 서경충의 본관은 이천(利川), 자는 군보(君輔)이다.

58 정유년……토벌하였는데 : 정유년에 유응수를 별장으로 임명하여 영남(嶺南)의 남은 왜적을 토벌하게 하였는데, 유응수가 전투에서 늘 앞장서다가 경주(慶州)에서 전사하였다. 서경충은 이때에 유응수를 따라 영남 전투에 참전한 것으로 보인다. 《研經齋全集 卷60 北方忠義傳》

(1638, 인조16) 세상을 떠났다. 그 후 정승 노봉(老峰) 민정중(閔鼎重)이 함경도를 안찰할 때에 임진년(1592)에 충의(忠義)를 다한 장사를 표창하여 드러내었는데, 서후만 누락되었다. 60여년이 지난 뒤에 그의 후손 영후(永後)가 상언(上言)하여 호소하여 드디어 사재감 첨정에 추증되었다.

후의 자는 군보(君輔)이다. 서씨는 이천(利川)에서 나왔으니, 원조(遠祖)는 고려 장위공(章威公) 희(熙)이며, 11세 유(愈)는 우리 태종의 좌명공신으로 판서를 역임하였는데, 시호가 양경(良景)이다. 9세조 인비(仁庇) 때부터 함경도로 옮겨 살았는데, 자손들이 그대로 함흥(咸興)에 머물러 살았다. 부친은 천수(千壽)이고, 조부는 한걸(漢傑)이며, 증조는 국의(國依)이다.

아내 한씨(韓氏)는 인봉(仁鳳)의 딸로, 슬하의 딸 둘은 한국준(韓國俊), 한흥업(韓興業)에게 각각 출가하였는데, 한국준의 후손이 가장 번성하다. 측실 소생 아들 덕윤(德潤)은 요절하였고, 인준(仁俊), 예준(禮俊), 지준(智俊), 신준(信俊)이 있는데, 인준이 실제 서후의 제사를 주관하니, 영후는 그의 증손이다.

영후가 천리 길을 걸어서 나를 찾아와 몹시 부지런히 묘표를 부탁하였다. 듣기로 영후는 영부(營府)의 성시(城市)에 살면서 문을 닫고 예서(禮書)를 읽는다고 하니, 내가 그 사람을 가상히 여겨 이렇게 써서 그의 뜻을 충족시켜 주니, 돌아가서 묘지 앞에 새길 수 있으리라.

현감 조후 묘표[59]

縣監趙侯墓表

조후석(趙厚錫) 수지(受之) 후(侯)는 충정공(忠貞公) 휘 계원(啓遠)의 아들이다. 모친은 증 정경부인 평산 신씨(平山申氏)이며, 생모는 판관 전여진(全汝珍)의 딸이다. 나라의 제도에 아들 다섯 명이 과거에 급제한 사람은 포상하여 추증한다. 충정공의 여러 아들인 장령 진석(晉錫), 감사 귀석(龜錫), 의정 사석(師錫), 참의 가석(嘉錫)이 모두 문과에 급제하여 벼슬길에 나아갔으나, 충정공이 아무 관직에 추증된 것은 실제 후로 인해 이루어진 것이다.

후는 숙종 병진년(1676, 숙종2) 무과에 급제하여 처음 어영 장관(御營將官)에 보임되었다. 청성(淸城) 김석주(金錫胄) 공이 체찰 부사로 있을 때 막부에서 인망이 높은 사람이 많았는데, 후를 데려와 자신의 휘하에 두고는 말하기를 "이 사람은 장수의 자질을 지닌 사람이다."라고 하였다. 보사 원종공신(保社原從功臣)에 책록되고, 훈련원 주부와 판관을 역임하였다.

맹산 현감(孟山縣監)이 되어서는 고을을 다스릴 때 청렴하고 신중하면서도 위엄이 있었으며, 학교를 일으켜 선비를 권면하는 일을 우선으로 하였다. 또 훈국 장관(訓局將官)이 되어서는 후궁의 친속이 같은 반열에 있었는데, 그 사람의 행실이 너무 볼품이 없자 후가 그를 부끄

59 현감 조후 묘표 : 이 글은 조후석(趙厚錫, 1656~1701)의 묘표이다. 조후석의 본관은 양주(楊州), 자는 수지(受之)이다.

러워하여 스스로 관직을 떠났다. 서산 감목관에 제수되어서는 굶주린 자들을 잘 구제하여 목장 사람들이 비석을 세워 그리워하였다. 그 후로는 향리로 돌아와 더 이상 벼슬길에 나아가지 않았다. 46세의 나이로 신사년(1701, 숙종27) 2월 3일 세상을 떠나 홍주(洪州) 홍녕촌(興寧村) 축좌(丑坐)의 언덕에 장사지냈다.

후는 키가 크고 수염이 아름다웠다. 기개가 우뚝하여 불의를 보면 비록 벼슬이 높고 중요한 인물이라 하더라도 침을 뱉을 듯이 하였다. 평소 사소한 일에 얽매이지 않았으며, 성품은 선을 좋아하는데 독실하였다. 한 번은 과음을 하였는데, 모친이 화를 내며 기뻐하지 않자 엎드린 채 꾸중을 듣고는 물러나 밤새도록 눈물을 흘리다가 모친의 안색이 누그러지고 나서야 그쳤다.

내종(內從)이 일찍 세상을 떠나서 그의 자녀가 의지할 곳이 없었는데, 그들을 양육하여 혼인을 시켰다. 평소 면식이 없던 양 만호(楊萬戶)라는 사람이 길을 가다가 염병에 걸려 문을 두드리며 살려달라고 하였는데, 집 옆에 머물게 해주고 약물로 구완해주었으며, 그가 세상을 떠나자 또 관과 수의를 갖추어 염을 해주었다. 하루는 미천한 신분의 효자가 찾아왔는데, 그를 큰 손님처럼 대우하며 사람들에게 말하기를 "이 사람은 선인(善人)이다." 하고, 마음으로 자연스레 공경하였다.

만년에 책 읽기를 즐겼는데, 고금 성패의 자취에 이르러서는 피곤함도 잊고 담론하며 늘 탄식하기를 "일찍 독서를 알지 못했던 것이 한스럽다."라고 하였다. 술을 마시면 반드시 만취하였고, 취하면 반드시 노래를 부르며 피리를 부는 사람에게 그에 맞추어 연주를 하게 하였다. 팔에 매를 얹고 산에 오르기도 하였고, 바다에 가서 물고기 잡는 것을 구경하기도 하면서 답답한 마음을 풀었다. 어떤 사람이 벼슬을 하라고 권하면 그 때마다 박수를 치며 크게 웃었다. 근세에 조씨(趙氏) 가문보다 번성한 집안이 없는데, 후와 같은 재능을 지닌 사람이 유독 곤궁하게 평생을 마친 것은 어째서인가.

기억하기로 이전 갑술년(1694, 숙종20), 나는 후가 취하여 이웃집에 묵고 있다가 갑자기 길게 탄식하며 "나라의 적이 토벌되지 않고 윤리와 의리가 어두워졌으니, 이 어찌 장부가 벼슬할 때이겠는가."라고 말하는 것을 들었으니, 아, 그의 뜻을 알만하다.

후는 창녕(昌寧) 성시망(成時望)의 딸에게 장가를 들었는데, 슬하에 아들이 없어 아우인 군수 유석(裕錫)의 아들 태두(泰斗)를 양자로 들였는데, 태두는 찰방이다. 일찍이 나에게 묘표를 부탁하였는데, 글을 지어주기 전에 갑자기 세상을 떠났다. 내가 평소 후의 뜻과 기개를 좋아하였고, 또 차마 세상을 떠난 사람의 부탁을 저버릴 수가 없어 대략 이렇게 써서 묘소에 묘표를 세우게 한다.

태의 안군 묘표[60]

太醫安君墓表

태의 안군(安君)의 이름은 효남(孝男)으로, 일찍부터 사대부들과 교유하여 명성이 있었다. 효종이 병환이 들었을 때 여러 차례 약을 올려 효험이 있어서 특별히 첨지중추부사에 제수되었으며, 황해도 재령(載寧)으로 돌아가 노년을 보내다가 90세의 나이로 세상을 떠나 그곳에 장사지냈다. 그가 세상을 떠난 지 십년이 되던 신해년(1671, 현종12)에 큰 흉년이 들었다. 이때 우리 외조부 여양(驪陽) 민 문정공(閔文貞公 민유중)이 평안도 관찰사로 나갔는데, 안군은 일찍이 문정공의 집안에 공로가 있던 사람이었다. 하루는 문정공의 꿈에 나타나 말하기를,

"종족들이 조만간에 굶어죽을 지경이니, 바라건대 대감께서는 불쌍히 여겨 그들을 구휼해주소서."

하였다. 문정공이 허락하고 "가속(家屬)이 어디 있는가?"라고 묻자, 대답하기를,

"제 손자의 이름은 세원(世遠)인데, 재령(載寧)의 유동(柳洞)에 살고 있습니다."

하였다.

문정공이 꿈에서 깬 뒤에 촛불을 켜고 일어나 앉아 빨리 써서 기억하고는 재령군에 관문(關文)을 보내어 "아무 마을에 살고 있는 아무개의

60 태의 안군 묘표 : 이 글은 안효남(安孝男, 1572~1661)의 묘표이다. 안효남의 본관은 순흥(順興)이다.

손자 아무개를 즉시 보내라."라고 하였다. 재령군에서는 세원이 죄를 지었다고 생각하여 신속히 압송하여 보냈다. 문정공이 웃으며 그를 앞으로 나오게 하여 조용히 물으니, 하나하나 꿈속의 말과 부합하자, "신기한 일이다." 하고, 문서로 오십 곡(斛)의 쌀을 지급하여 돌려보냈다. 백성을 진휼하는 일로 왔던 수령이 그에 관해 듣고는 역시 각각 선물을 주었는데, 문정공이 명하여 모두 그 집에다 보내주었다. 그리하여 세원의 백여 식구가 온전히 살게 되었고, 또 그 나머지로 밭을 마련하여 안군의 제사를 받들었다고 한다.

내가 어릴 때에 서대문 밖에서 사우들과 공부를 할 적에 주인집 소년과 한가롭게 이야기를 한 적이 있는데, 그가 말하기를,

> "집안의 노인이나 어린아이나 밥을 먹을 때마다 반드시 먼저 제사를 지내고, 또 손을 모아 축원하기를 '이것이 누가 하사한 것인가?'라고 하면, 일제히 '민 감사(閔監司) 대감이시다.'라 하고, 이와 같이 한 뒤에 감히 밥을 먹으니, 집안의 가르침이 그렇습니다."

하였다. 그 까닭을 물으니, 모른다고 하고, 또 민공이 누군지 묻자, 모른다고 하였다. 그 집안의 노인에게 물어보게 한 뒤에야 그분이 우리 외조부인 줄을 알았다. 돌아와서 외숙부들에게 물어보아도 알지 못했다.

문정공이 평소에 남을 구제해 준 공로를 다 기록할 수 없지만, 이 일은 더욱 기이하다. 잠자고 꿈꾸는 사이에 진정으로 간절하고 측은하게 여기는 마음이 이와 같았으며, 또 더구나 살아서나 죽어서나 남에게 지극한 은혜를 베풀고서도 내세우지 않았으니, 이는 바로 옛날에 이른바 음덕(陰德)이란 것이다. 그러나 안군처럼 기백(氣魄)과 정신이 몹시 남다른 사람이 아니면 또 어찌 다른 사람을 감동시킬 수 있었겠는

가. 아니면 역시 안군이 사람을 살린 덕이 평소에 쌓였다 드러나 그렇게 하지 않아도 절로 그렇게 된 것인가.

사람이 누군들 자애로운 마음이 없겠는가마는 죽은 사람은 아득히 지각이 없는 법인데, 안군은 어진 군자에게 나아가 하소연하여 그 후손들이 무궁한 보살핌을 받도록 하였으니, 이 일로 보자면 죽은 자에게 지각이 있다고 해도 될 것이다. 아, 영험한 일이라 하겠다.

안군은 순흥(順興) 사람으로, 문성공(文成公) 유(裕)의 후손이다. 증조 장손(長孫)은 무신겸선전관이고, 조부 의순(義純)과 부친 연옥(連玉)은 모두 절충장군이다. 안군은 만력(萬曆) 임신년(1572, 선조5)에 태어나서 숭정(崇禎) 신축년(1661, 현종2) 세상을 떠났다. 아들 둘을 두었으니, 경창(景昌)은 첨지중추부사이고, 윤창(胤昌)은 사과이다. 윤창은 아들 셋을 두었으니, 장남은 세원이고, 홍원(弘遠)과 필원(必遠)이 있다. 필원의 손자 국빈(國賓)은 무과에 급제하였는데, 국빈이 안군을 위해 묘소 앞에 비석을 세우려 하면서 나에게 글을 부탁하였다. 내 생각에 이 일이 나를 만나 드러난 것이 어찌 우연이겠는가. 드디어 이렇게 써서 비석 뒤에 새기게 하노라.

어모 김군 묘표[61]

禦侮金君墓表

아, 이곳은 김덕준(金德峻) 군의 묘소이다. 군은 덕수(德水) 사람으로, 덕수에서 송도(松都)로 이주해 산 지가 4대째이다. 군은 충후하고 질박한 사람으로 젊었을 때 생업에 종사하여 조금 충족하면 곧바로 그쳤다. 무예 연마를 즐겼으며, 밤에는 서사(書史)를 읽었는데 하루도 빠트린 적이 없었다. 효성으로 부모를 섬겨 상을 당해서는 예법을 다하여 슬퍼하느라 몸을 상했다. 숙부가 가난하여 생계가 어려웠는데, 옷가지와 식량을 매달 공급해 주었으며, 사촌들의 혼례까지도 모두 때를 놓치지 않게 해 주었다. 몰락한 종가를 불쌍히 여겨 전답과 집을 구입하여 편안히 해 주었으니, 그의 도움으로 생계를 잇는 친척이 10여 집이었다.

무신난(戊申亂)에 조정에서 본부(本府)에서 병력을 징발하였는데, 군은 당시에 막부에 있었다. 마침 병이 심하게 들었는데, 억지로 몸을 일으켜 출정하며 말하기를 "나라에 난리가 일어났는데, 감히 내 몸을 돌아보겠는가?"라고 하였다.

군의 아들 시탁(時鐸)은 어려서부터 학문에 뜻을 두었는데, 군이 아주 기뻐하여 생업에 종사시키지 않고 또 과거공부도 권하지 않았다. 오직 서적을 구입하여 밑천으로 삼게 하였으니, 모두 경전과 성리서(性

61 어모 김군 묘표 : 이 글은 김덕준(金德峻, 1680~1737)의 묘표이다. 김덕준의 본관은 덕수(德水)이다.

理書)였다. 일찍이 말하기를,

"아이가 학문을 한 뒤로는 나의 언어와 위의(威儀)를 저절로 조심하지 않을 수 없으니, 매사를 반드시 자문을 한 뒤에 결정한다."

하였다.

정사년(1737, 영조13) 2월 10일 세상을 떠났으니, 그가 태어난 경신년(1680, 숙종6)으로부터 58년 되던 해이다. 병세가 악화되자 다른 말은 없이 다만 말하기를,

"아이의 학문이 성취되는 것을 보지 못하는 것이 첫 번째 한이고, 한천공(寒泉公 이재(李縡))을 뵙고 인사를 드리지 못한 것이 두 번째 한이다."

하였으니, 시탁이 나에게 배웠기 때문이다.

군은 아들 넷을 두었으니, 장남은 시구(時銶)이고, 차남은 시탁이며, 시기(時錡)와 시종(時鍒)이 있다. 시탁이 와서 묘표를 부탁하기에 내가 그의 정성에 감동하여 대략 서술하여 묘표의 뒷면에 새기게 하노라.

지은이 **이재(李縡)**

본관은 우봉(牛峰), 자는 희경(熙卿), 호는 도암(陶菴), 한천(寒泉)이다. 부친은 이만창(李晩昌), 모친은 민유중(閔維重)의 딸로 인현왕후(仁顯王后)의 동생이다. 1680년(숙종6) 9월 28일 한양 훈도방(薰陶坊) 주자동(鑄字洞) 외가에서 태어났다. 5세에 부친상을 당하여 중부(仲父) 이만성(李晩成)의 훈도를 받았다. 1702년(숙종28) 문과에 급제하여 예문관 검열, 이조 정랑, 함경북도 병마평사, 수원 부사, 대사성, 예조 참판을 역임하였다. 1722년(경종2) 중부가 신임옥사에 연루되어 옥사하자 인제(麟蹄)에 은거하였다. 영조 즉위 후 대제학, 이조 참판에 임명되었으나 모두 사직하고, 1728년(영조4) 모친상을 계기로 용인에 한천정사(寒泉精舍)를 짓고 강학에 몰두하였다. 이후 대사헌, 공조 판서, 좌참찬에 임명되었으나 모두 사직하였다. 1746년(영조22) 10월 28일 광주(廣州)에서 세상을 떠났다. 문집 《도암집(陶菴集)》과 함께 《사례편람(四禮便覽)》, 《서사윤송(書社輪誦)》, 《삼관기(三官記)》, 《주형(宙衡)》, 《검신록(檢身錄)》, 《사서강설(四書講說)》 등 많은 저술을 남겼다. 시호는 문정(文正)이다.

옮긴이

최예심(崔禮心)

1967년 충북 제천 출생. 민족문화추진회 국역연수원 연수부 및 상임연구부를 졸업하였다. 민족문화추진회를 거쳐 단국대학교 동양학연구원 선임연구원으로 재직 중이다. 《승정원일기》(공역), 《월정집》(공역), 《용주유고》(공역), 《어우집》(공역) 등을 번역하였다.

장유승(張裕昇)

1976년 서울 출생. 성균관대학교 한문학과를 졸업하고, 한국학중앙연구원 한국학대학원을 거쳐 서울대학교 국어국문학과에서 〈조선후기 서북지역 문인 연구〉로 박사학위를 받았다. 한국고전번역원 고전번역교육원 전문과정을 마치고 한국고전번역원 번역위원을 거쳐 현재 단국대학교 동양학연구원 책임연구원으로 재직 중이다. 《정조어찰첩》(공역), 《영조 승정원일기》(공역), 《동국세시기》, 《현고기》, 《한국산문선》(공역) 등을 번역하였다.

권진옥(權津鈺)

1979년 경북 영천 출생. 고려대학교 한문학과를 졸업하고, 동 대학교 국어국문학과에서 〈택당 이식의 변문·고문 연찬과 산문 창작의 실제〉로 석사학위를 받고 〈귤산 이유원의 학문 성향과 유서·필기 편찬에 관한 연구〉로 박사학위를 받았다. 고려대학교 민족문화연구원 연구원을 거쳐 현재 단국대학교 동양학연구원 선임연구원으로 재직 중이다. 《낙전당집》(공역), 《어우집》(공역), 《한비자집해》(공역), 《오천집》 등을 번역하였다.

이승용(李承容)

1981년 경북 의성 출생. 영남대학교 한문교육과를 졸업하고, 성균관대학교 한문학과에서 《조선후기 강화학파 한시연구》로 박사학위를 받았다. 한국고전번역원 고전번역교육원 연수과정과 전문과정을 마치고 단국대학교 동양학연구원 선임연구원으로 재직 중이다. 《완구유집》, 《정관정요》(공역), 《낙전당집》(공역), 《완역정본 택리지》(공역) 등을 번역하였다.

권역별거점연구소협동번역사업 연구진

연구책임자 **김문식**(단국대학교 사학과)
공동연구원 **윤재환**(단국대학교 국어국문학과)
김우정(단국대학교 한문교육과)
책임연구원 **허호구**(단국대학교 동양학연구원)
장유승(단국대학교 동양학연구원)
최예심(단국대학교 동양학연구원)
선임연구원 **권진옥**(단국대학교 동양학연구원)
이승용(단국대학교 동양학연구원)
연구보조원 **신윤수**(단국대학교 동양학연구원)

도암집 9

이재 지음 | 최예심 · 장유승 · 권진옥 · 이승용 옮김
2019년 12월 31일 초판 1쇄 발행
편집 · 발행 학자원
등록 2011.4.6 제2011-14호
주소 (05355) 서울시 강동구 천호대로 1121
전화 02-6403-1000 | 팩스 02-6338-1001 | 이메일 hakjaone@daum.net

값 30,000원
ISBN 979-11-6247-146-3 94810
979-11-6247-088-6 (세트)